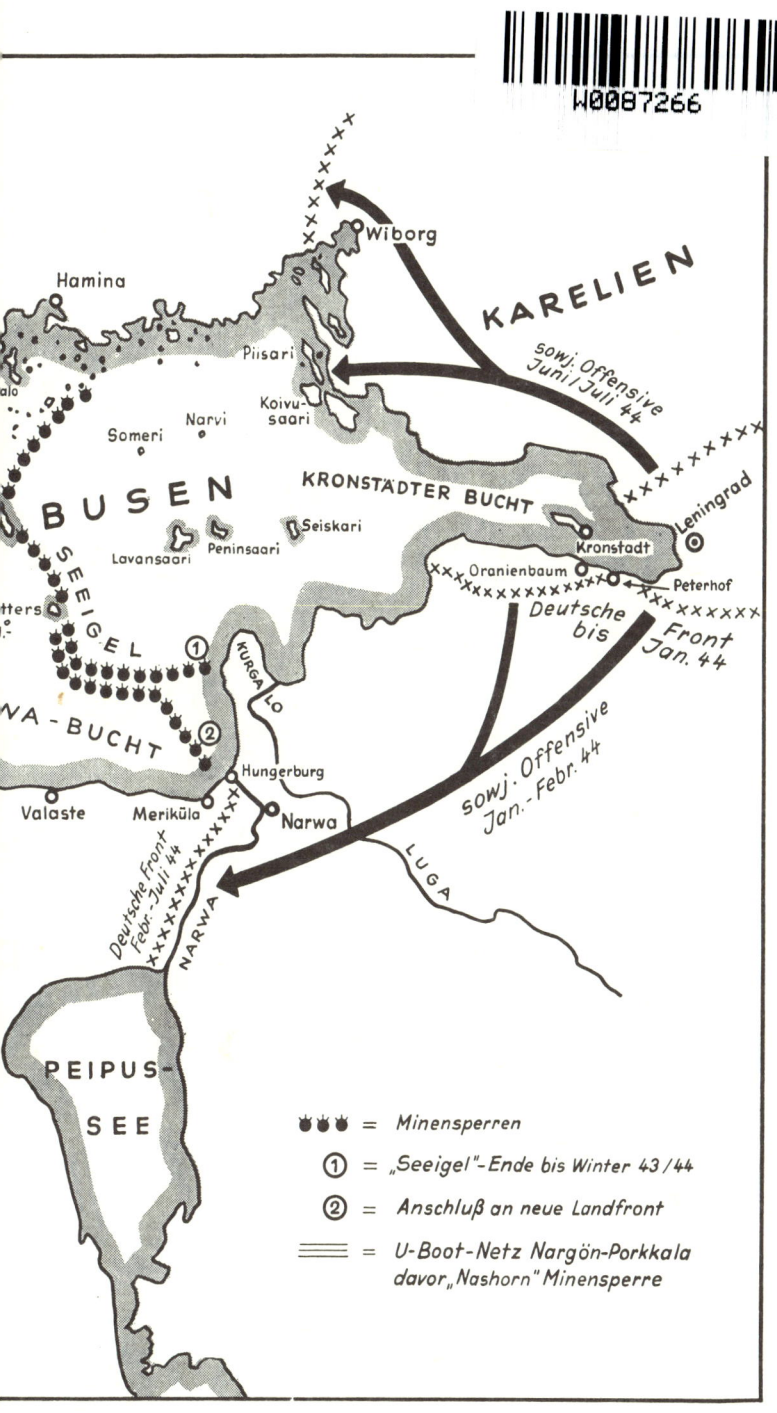

KARELIEN

Wiborg

Hamina

sowj. Offensive
Juni/Juli 44

Piisari

Koivu-
saari

alo

Someri   Narvi

Leningrad

B U S E N

KRONSTÄDTER BUCHT

Kronstadt

Seiskari

Oranienbaum

Peterhof

S E E I G E L

Lavansaari Peninsaari

Deutsche
bis
Front
Jan. 44

tters

KURGALO

NA - BUCHT

Valaste   Meriküla

Hungerburg

Narwa

sowj. Offensive
Jan.-Febr. 44

LUGA

Deutsche front Febr.-Juli 44

NARWA

PEIPUS-

S E E

👑👑👑 = Minensperren

① = „Seeigel"-Ende bis Winter 43/44

② = Anschluß an neue Landfront

≡ = U-Boot-Netz Nargön-Porkkala
davor „Nashorn" Minensperre

CAJUS BEKKER

Flucht übers Meer

CAJUS BEKKER

Flucht übers Meer

Ostsee
Deutsches
Schicksal
1945

BECHTERMÜNZ VERLAG

Die Fotos dieses Buches stellten zur Verfügung: Bibliothek für
Zeitgeschichte (1), Bode (1), Buch (2), Hergt (1), Hetz (1),
de Jong (1), Kieffer (2), Schmalenbach (6), Stern (2),
Temming (1), Urbahns (2).

Unveränderter Nachdruck der überarbeiteten
und ergänzten Auflage von 1964

Genehmigte Lizenzausgabe für
Weltbild Verlag GmbH, Augsburg 1999
Copyright © 1959 by Lis Berenbrok und AVA GmbH,
München-Breitbrunn (Germany)
Umschlaggestaltung: ARTelier, München
Umschlagmotiv: Wilhelm Gustloff, Bilderdienst
Süddeutscher Verlag, München
Gesamtherstellung: Wiener Verlag, Himberg bei Wien
Printed in Austria
ISBN 3-8289-0354-1

Inhalt

1

Oxhöfter Kämpe | **Rettung in letzter Stunde**

Ostern 1945: «Fester Platz» Oxhöfter Kämpe – Marschall Rokossowskis Flugblatt – Sowjets berennen die letzte deutsche Bastion an der Danziger Bucht – Die entscheidende Frage an die Marine – Stichwort «Walpurgisnacht»: Räumung gegen Hitlers Befehl – Vom «Nebenkriegsschauplatz Ostsee» zum Mittelpunkt des Kampfes auf See

Die Nacht vom 1. zum 2. April, Ostersonntag auf Ostermontag 1945, bricht herein. Doch die Dunkelheit schenkt kein Aufatmen. Pausenlos hämmert die russische Artillerie auf das letzte noch von den Deutschen gehaltene Bollwerk an der Küste der Danziger Bucht: die Oxhöfter Kämpe. Dieser Höhenzug beginnt oberhalb Gotenhafens und erstreckt sich nach Norden an der Küste entlang und ein gutes Dutzend Kilometer nordwestlich ins Land hinein. Einem Gebirge gleich steigen die felsigen Anhöhen bis zu 85 Meter hoch schroff aus der Niederung empor und fallen auf der anderen Seite ebenso steil zum Meeresstrand hinab; nur ein paar Schluchten zerreißen die Steilküste und dringen in das bewaldete Innere der Kämpe vor. Dort auf den Hängen und in den Wäldern haben sich die Reste der deutschen 2. Armee noch einmal festgebissen. Drei ausgeblutete Divisionen sind es, die dieses letzte Stückchen Erde, ein paar Quadratkilometer nur, mit dem Mut und der Kraft der Verzweiflung verteidigen; denn werden sie hier geworfen, dann wirft der Russe sie ins Meer.

Die 32. Infanterie-Division hat ihren Gefechtsstand in einem alten Munitionsbunker eingerichtet. Die Granaten mußten erst hinausgetragen werden und sind nun zu Hunderten rechts und links des Bunkers gestapelt. Aber es sind kaum Granaten darunter, die in die eigenen Feldgeschütze passen. Die Wälder der Kämpe boten bisher Schutz und Tarnung für ein ausgedehntes Munitionslager der Kriegsmarine. Die Stellungen der Landser ziehen sich mitten durch dieses kaum geräumte Lager. Allerorts jagen russische Volltreffer Stapel eigener Granaten mit in die Luft.

Der Divisionskommandeur, Generalleutnant Boekh-Behrens, schaut auf die Uhr. Er erwartet Besuch in dieser Nacht; Besuch, der ihm Klarheit verschaffen soll, ob es für seine Division in letzter Stunde einen Ausweg aus diesem Hexenkessel geben wird.

Draußen tobt die Schlacht. Die Sowjets, die Tag für Tag ohne Rücksicht auf Verluste mit Jagdbombern, Schlachtfliegern, Panzern und Schützenbrigaden gegen die deutsche Front anrennen, trommeln nun in der Nacht aus allen Rohren.

Der General sieht auf den Wisch Papier, den er in der Hand hält. Es ist ein Flugblatt des Feindes, vor einer Woche in Massen über der Front und besonders über den Verteidigern von Danzig und Gotenhafen abgeworfen. Als Unterschrift trägt das Blatt den Namen des sowjetischen Oberkommandierenden, Marschall der Sowjetunion K. Rokossowski. Im Text heißt es:

«Generale, Offiziere und Soldaten der 2. deutschen Armee!

Meine Truppen haben gestern, am 23. März, Zoppot genommen und eure eingeschlossene Kräftegruppe in zwei Teile aufgespalten... Unsere Artillerie beschießt die Häfen von Danzig und Gdingen... Der eherne Ring meiner Truppen um euch verengt sich immer mehr.

Unter diesen Umständen ist euer Widerstand sinnlos und wird nur zu eurem Untergang und zum Untergang von Hunderttausenden Frauen, Kindern und Greisen führen.

Ich fordere euch auf, unverzüglich den Widerstand einzustellen und euch mit weißen Fahnen gefangenzugeben. Allen Gefangenen garantiere ich das Leben und die Belassung des persönlichen Eigentums.

Alle Offiziere und Soldaten, die die Waffen nicht strecken, werden bei dem bevorstehenden Sturm vernichtet.

Euch wird die volle Verantwortung für die Opfer der Zivilbevölkerung treffen!»

Boekh-Behrens läßt das Blatt zu Boden fallen. In seinen Mundwinkeln spielt Verachtung – nicht gegenüber dem kämpfenden Gegner, sondern gegen den plumpen psychologischen Dreh dieser Kapitulationsaufforderung: Ergebt euch, dann wird nicht nur euer eigenes Leben, sondern auch das Leben von Hunderttausenden Frauen, Kindern und Greisen gerettet!

Welchen stärkeren Antrieb hätte es jemals für einen Soldaten gegeben, bis zum äußersten Widerstand zu leisten, als gerade die Gewißheit, nun den eigenen Heimatboden, die eigenen Frauen und Kinder zu schützen? Seine Männer sind Pommern; die 32. I.D. ist eine rein pommersche Division. Von Beginn des Rußlandfeldzuges an hat sie im Bereich der Heeresgruppe Nord stets in vorderster Front gekämpft. Ende Januar 1945, als die Rote Armee zum Stoß tief ins deutsche Mutterland hinein ansetzte, hat man sie eiligst aus Kurland herausgezogen, hat sie auf Schiffen von Libau nach Danzig gebracht und in Gewaltmärschen nach Süden geworfen, um dort eine neue Front aufzubauen; eine Front an der Nordflanke der zur Oder durchgebrochenen Russen, um den Feind wenigstens zu hindern, nach Norden einschwenkend ganz Hinterpommern bis zur Ostseeküste zu überrollen.

Pommern – die eigene Heimat, Haus und Hof, Frau und Kind, und dazu die Hunderttausende, die mit ihren Trecks aus Ost- und Westpreußen entkommen waren und über die eisbedeckten Straßen der einzig noch offenen Landbrücke nach Westen hasteten.

Und doch: Als die russischen Angriffsarmeen Ende Februar nach Norden zielten, zerbröckelten die dünnen deutschen Linien. Auch die 32. I.D., deren Front zuvor nie durchbrochen worden war, mußte es ohnmächtig geschehen lassen, daß sich die rote Flut durch eine breit klaffende Bresche an ihrer rechten Flanke über die Heimat ergoß. Die Division wurde abgedrängt und mußte zurück nach Nordosten, auf Danzig und Gotenhafen zu, woher sie vor vier Wochen gekommen war. In diese «Absetzbewegung», in der sich die Truppen und zivilen Flüchtlinge immer enger miteinander vermischten, stießen die Russen unnachsichtig hinein; mit Panzern, die alles überrollten; und mit Schlachtfliegern, die unterschiedslos niedermähten, was immer sich auf der Erde vor den eigenen Angriffsspitzen bewegte.

Kein anderes Motiv als dieses: die Not der Flüchtlinge, die Leiden dieser ungeschützten Menschen inmitten des Kampfgeschehens abzuwenden oder zu lindern – kein anderer Ansporn hätte dazu führen können, daß sich die zerschlagenen Divisionen noch einmal fingen, daß sie ihren Zusammenhalt wieder herstellten und eine neue Front aufbauten, wenigstens so lange, bis die Hunderttausende von der Küste den Absprung zur Flucht über See gefunden hätten!

So entstand, vor 20 Tagen, in verzweifelter Anstrengung die Widerstandslinie vor den beiden großen Häfen, für die die Propaganda natürlich gleich hochtrabende Namen wie «Brückenkopf Ordensland» oder «Festung Danzig-Gotenhafen» zur Hand hatte. Gewiß, sie mußten vor den wütenden russischen Angriffen weiter zurück, aber sie wichen nur Schritt um Schritt. Fast ohne eigene Artillerie, Panzer und Flieger, hätten sie den wütenden russischen

Angriffen allerdings nicht standhalten können, wenn nicht etwas Außergewöhnliches, Unerwartetes geschehen wäre:

Von der Küste her, aus ihren Stellungen rings um Gotenhafen, griff die Marineartillerie in die Schlacht ein, sobald die Front in die Reichweite ihrer Geschütze gerückt war. Seit Jahren hatten die Rußlandkämpfer so etwas nicht mehr auf ihrer Seite, zu ihrer eigenen Unterstützung erlebt: Batterien, die den bei der Heeresartillerie chronischen Munitionsmangel offenbar nicht kannten, und die den Feind mit einem wahren Hagel von Geschossen zudeckten.

Es war wie ein Wunder. Die Sowjets stockten. Ihre Panzer blieben, von der Marineflak zu Dutzenden im Direktbeschuß getroffen, mitten im Angriff liegen. Russische Gefangene, Soldaten des 1. Garde-Panzerkorps, berichteten von der verheerenden Wirkung dieses Feuers. Ihre Brigade sei mit 35 Panzern vorgegangen und völlig aufgerieben. Mit unheimlicher Treffgenauigkeit seien außerdem zahlreiche Granatwerferstellungen vernichtet worden.

Nun gut, das hatte etwas Luft gegeben. Drei, fünf, acht Tage lang hatte sich die Front nahezu in derselben Linie gehalten. Aber dann war die Überlegenheit des Feindes wieder so drückend wie zuvor. Aus seinen schier unerschöpflichen Reserven warf Rokossowski immer neue, frische Brigaden in die Schlacht. Am 23. März gelang ihnen schließlich der Durchbruch zur Küste. Mit einem breiten Keil auf das Seebad Zoppot spalteten sie den deutschen Verteidigungsring. Nun war das Schicksal der Häfen binnen weniger Tage besiegelt. Gotenhafen fiel am 28., Danzig, oder vielmehr die brennenden Trümmer dieser alten Stadt, am 30. März.

Und sie, das zusammengeschmolzene Häuflein der Verteidiger, sitzen nun hier auf der Oxhöfter Kämpe, ihrer letzten Bastion, unaufhörlich vom sowjetischen Feuer zermürbt und von Sturmtruppen berannt, ein Stückchen geworfen und aufs neue festgebissen... Wo, überlegt der General, wo läge der Sinn dieses letzten Widerstandes? Etwa in den Führerbefehlen, «keinen Schritt zurückweichen» und «bis zum letzten Blutstropfen kämpfen»?

Nein, ihre Aufgabe ist erfüllt. Zwei Wochen hat der Riegel gehalten, zwei Wochen, in denen noch einmal viele Zehntausende ihrer Schutzbefohlenen im Chaos der Häfen auf ein Schiff gelangt sind und Rettung über See gefunden haben. Die anderen, die Zurückgebliebenen, haben keine Chance mehr, seit der rote Sturm über sie hinweggefegt ist. Daran können sie hier oben auf der Kämpe nun nichts mehr ändern. Ihre Kraft ist erschöpft; sie reichte nicht einmal mehr aus, sich selbst zu behaupten, wenn nicht die Marine in ihrem Rücken stünde.

Die Marine – immer wieder die Marine!

Ihre Landbatterien haben bis zu dem Augenblick gefeuert, in dem sie buchstäblich von den Sowjets überrannt wurden. Aber nun fahren Kreuzer und Zerstörer in der Danziger Bucht auf und ab. Nun sind es die Schiffsgeschütze, sind es ihre schweren Kaliber, die über die Köpfe der letzten deutschen Divisionen auf der Oxhöfter Kämpe hinwegheulen und immer wieder in die Bereitstellungen des Feindes und in seine rollenden Angriffe hineinschlagen.

Und wenn auch das nichts mehr hilft?

Der General lauscht zum Bunkereingang. Es ist jetzt 3 Uhr in der Nacht vom Ostersonntag auf Ostermontag 1945. Draußen tobt die Schlacht. Ungeduldig wartet Boekh-Behrens auf den angekündigten Besucher. Ob ihm etwas dazwischengekommen ist? In den nächsten Stunden, noch ehe der Morgen graut, soll es sich entscheiden, ob noch ein Funke Hoffnung für die Rettung der Division besteht.

*

Endlich holpert der abgeblendete Wagen über den schlechten Waldweg heran. Erleichtert eilt der Ia der 32. I.D., Major Koch, dem herausspringenden Marineoffizier entgegen.

«Na, Gott sei Dank», ruft er, «wir dachten schon, Ihnen wäre unterwegs was passiert.»

«Um ein Haar», gibt der andere lachend zurück, «und Sie hätten mich im Lazarett besuchen können!» Es ist Fregattenkapitän Forstmann, der Chef des Stabes beim «Admiral östliche Ostsee», der als oberster Marinebefehlshaber dieses Kampfraumes in einem Bunker auf der Halbinsel Hela sitzt.

Die beiden Männer schütteln sich die Hand. Sie kennen sich schon lange, seit über einem Jahr, seit Kochs damalige Division zusammen mit der Marine von Reval aus ein Landungsunternehmen im Finnenbusen vorbereitet hatte. Daraus war eine enge kameradschaftliche Bindung zwischen dem Heeres- und dem Marineoffizier entstanden. Der eine lernte die Aufgaben, aber auch die Sorgen und Schwierigkeiten des anderen besser kennen und verstehen. Die sonstige Fremdheit, diese nicht einmal böswillige Kluft des Unwissens zwischen den Trägern der grauen und der blauen Uniform, war für sie überwunden. Aus Kameradschaft wurde Freundschaft.

Deshalb hat Forstmann keine Minute gezögert, als er am gestrigen Abend den Funkspruch mit der Bitte erhielt, in der Nacht zu einer dringenden Besprechung in den Gefechtsstand der Infanterie-Division auf der hart umkämpften Oxhöfter Kämpe zu kommen.

«Das haben Sie großartig hingekriegt, mich hier 'rüberzulotsen», sagt Forstmann anerkennend. «Meine Funker waren ganz platt, als sie auf einer reinen Marinewelle einen Spruch von der Infanterie durchbekamen.»

Koch lacht. «Ich habe mir doch als alter Nachrichtenhase gleich Ihre Frequenz besorgt, als hier der Tanz losging. Mit Erfolg, wie Sie sehen. Aber sagen Sie lieber, wie Sie von Hela 'rübergekommen sind.»

«Mit einem unserer Boote, die heute nacht wieder im Pendelverkehr Flüchtlinge von der Küste abholen und nach Hela transportieren. An der Pier Hexengrund kamen wir prompt in einen Feuerüberfall russischer Granatwerfer hinein; in einem Augenblick, in dem gerade Tausende von Menschen auf die Schiffe verladen wurden. Gottlob rauschte der größte Teil ins Wasser. Der Russe weiß leider ganz genau, daß wir die lange Pier unseres alten Torpedoschießstandes Hexengrund für die Einschiffungen benutzen. Von da bis zu seinen Artilleriestellungen in Gotenhafen sind es ja kaum drei Kilometer Luftlinie! Allerdings, die Ecke der Steilküste ist dazwischen, so daß er keine direkte Einsicht hat. Aber die verdammten Stalinorgeln und Granatwerfer streuen die ganze Gegend ab. Nur dicht unter dem Steilhang liegt ein toter Winkel. Da ballen sich noch Zehntausende, alles, was noch aus Gotenhafen auf dieser Seite 'rausgekommen ist. Auf Abruf geht's dann vom Hang weg im Laufschritt auf die wartenden Boote; auch wenn's schießt. Die Nächte werden rasch kürzer, Verzögerungen können wir uns nicht leisten, wenn alle abgeholt werden sollen...»

Der Fregattenkapitän hält inne, er nimmt die Mütze vom Kopf. Seine Stirn ist schweißgebadet.

«Wie lange», sagt er und sieht den Heeresoffizier eindringlich an, «wie lange könnt ihr euch hier noch halten? Die Armee verweist uns auf den Führerbefehl, nachdem die Kämpe überhaupt nicht aufgegeben werden soll. Aber das ist ja Unsinn.»

«Damit schneiden Sie genau das Thema an, über das wir mit Ihnen sprechen wollten.»

Inzwischen sind beide in den Gefechtsstand der Division getreten. Forstmann meldet sich beim Kommandeur und überbringt dem General die besten Wünsche seines Befehlshabers, Vizeadmiral Burchardi.

«Ich danke», erwidert Boehk-Behrens, «und bitte Sie gleichzeitig, Ihrem Befehlshaber und allen beteiligten Verbänden meinen und meiner Truppe tiefempfundenen Dank für die entscheidende Unterstützung unseres schweren Abwehrkampfes durch die Marineartillerie zu übermitteln. Ich kann ohne Übertreibung sagen, daß wir in diesem Augenblick längst nicht mehr hier stünden, wenn die Wucht

der Feindangriffe nicht immer wieder vom Feuer Ihrer Schiffsgeschütze gebrochen würde. Trotzdem...» der General stockt und
sucht nach dem richtigen Wort, «es geht einfach über unsere Kräfte.
Wenn der Feind weiter derart massiert angreift, können wir die
Kämpe vielleicht noch zwei, höchstens noch drei Tage halten. Dasselbe gilt für unsere beiden Nachbardivisionen. Sehen Sie selbst», er
geht an die Karte, auf der die Frontlage eingezeichnet ist, «Major
Koch wird Sie kurz über den Stand der Dinge unterrichten.»
      Der Marineoffizier starrt auf die Karte. Er hatte angenommen,
der gesamte Höhenzug der Oxhöfter Kämpe befinde sich fest in
deutscher Hand, und die Russen stünden jenseits in der Niederung.
Nun sieht er, daß die Front den Steilhang der Kämpe schon an
manchen Stellen erklommen hat und ins Innere vorgeprellt ist. Dort hat
der Brückenkopf, von der Küste bis zur Front, kaum noch 6 km Tiefe.
      «Nun kennen Sie unsere Lage hier oben», schließt der Ia seinen
Vortrag, «ungeschminkt und ohne Propagandaschnörkel. Es wäre
unverantwortlich gegenüber unseren immerhin noch Zehntausenden
von Soldaten, die hier vorn im Feuer liegen, sich darüber Illusionen
zu machen.»
      «Sie wissen wahrscheinlich», nimmt der Divisionskommandeur
das Gespräch wieder auf, «daß die Oxhöfter Kämpe vom Führerhauptquartier zum ‹festen Platz› erklärt worden ist. Das heißt, wir
haben sie bis zum letzten Mann zu verteidigen. Wir werden diesem
Befehl folgen, solange er überhaupt durchführbar ist. Wir haben Sie
hierhergebeten, Herr Kapitän, um Sie um die Beantwortung der für
unsere Soldaten entscheidenden Frage zu bitten: Wird die Marine
in der Lage sein, die kämpfende Truppe in letzter Not hier abzuholen und nach Hela zu transportieren?»
      Gespannt richten sich die Augen der Heeresoffiziere auf ihren
Kameraden in der blauen Uniform. Forstmann zögert keine Sekunde
mit der Antwort:
      «Selbstverständlich, Herr General! Wir haben bereits alle not-
wendigen Vorbereitungen für diesen Fall getroffen. Sämtliche Fahrzeuge, mit denen wir seit dem Verlust Gotenhafens hier unten am
Strand Verwundete und Flüchtlinge abholen, stehen sowieso zur
Verfügung. Andere, die zur Zeit zwischen Hela und unseren Brückenköpfen an der Weichselmündung und auf der Frischen Nehrung
pendeln, werden wir ebenfalls hierfür einsetzen. Zusammen sind das
rund 30 Marine-Fährprähme, 25 Kriegsfischkutter und ein Dutzend
andere Typen, darunter die flachgehenden schweren Artillerieträger.
In jeder der folgenden Nächte kann diese Transportflotte etwa eine
Stunde nach Abruf hier an der Küste sein. Wenn die Einschiffung

reibungslos klappt, das heißt, wenn die Einheiten von der Kämpe hinab pausenlos geordnet zu den Landeplätzen nachströmen, können wir in einer Nacht alle 30000–35000 Mann schaffen; das ist jedenfalls die Zahl, die uns das Armeeoberkommando genannt hat.»

«Die Armee?» fragen die Offiziere fast gleichzeitig in ungläubigem Staunen.

«Jawohl», bestätigt Forstmann, «die genannten Vorbereitungen haben wir im Einvernehmen mit General von Saucken getroffen; die Marine hier in der Danziger Bucht untersteht in diesen Fragen ja ebenfalls dem Oberbefehl der 2. Armee.»

«Und wir hier vorn an der Front hatten bisher den Eindruck, daß die Armee lediglich die Durchhaltebefehle von oben an uns weiterleitete!»

«Die Räumungsvorbereitungen laufen sozusagen unter der Hand. Offiziell ist es ja verboten, auch nur an den Rückzug zu denken. Wir glauben aber aus den Äußerungen General von Sauckens entnehmen zu können, daß er nicht auf den Räumungsbefehl aus Berlin warten will, bis es zu spät ist, sondern vorher auf eigene Verantwortung handeln wird.»

Der Divisionskommandeur und sein Ia sehen sich an. Nun wissen sie wenigstens, woran sie sind. Eine gute Idee, mit der Marine zu sprechen! Von ihr, von dritter Seite also, erhalten sie die wichtige Nachricht, deren direkte Übermittlung von der Armee über das Korps an die Divisionen als «defätistisch» verschrien wäre und daher unterbleibt: die Nachricht, daß die kämpfende Truppe noch nicht abgeschrieben ist; daß man insgeheim ihre Rettung in letzter Stunde vorbereitet.

«Ob der Abtransport gelingt», fügt Forstmann hinzu, «wird allerdings wesentlich davon abhängen, ob er rechtzeitig befohlen wird. Wenn der Russe schon oben am Steilhang steht und direktes Schußfeld auf die Einschiffungen hat... na, dann geht es auch noch, aber die Verluste, die dann eintreten, kann man ja wirklich vermeiden.»

Die Heeresoffiziere verstehen. Die Marine kann erst losfahren, sie abzuholen, wenn die Armee ja gesagt hat. Es wird also ihre, der Divisionen, Aufgabe sein, auf General von Saucken einzuwirken, damit der rechte Augenblick nicht verpaßt wird.

Den rechten Augenblick nicht verpassen...

Plötzlich wendet Major Koch den Kopf und fragt frei heraus, was ihm auf dem Herzen liegt:

«Und wenn der Befehl nicht kommt? Nicht rechtzeitig oder überhaupt nicht? Wenn die Regimenter buchstäblich kämpfend ins Meer getrieben werden? Wird die Marine auch dann zur Stelle sein?»

14

Zwei, drei Sekunden bleibt es still im Raum. Dann antwortet der Fregattenkapitän, und seine Stimme ist ruhig und fest:

«Sollte es wirklich soweit kommen, dann haben Sie ja unsere Marinefrequenz, um mir einen Notruf hinüberzufunken. Die Fahrzeuge werden Nacht für Nacht in Bereitschaft liegen – Sie können sich auf uns verlassen.»

*

Am darauffolgenden Tage, dem 2. April, greifen die Russen weiter mit aller Gewalt an. Sie erzielen nur wenig Einbrüche, ihr Geländegewinn ist gering, doch sie kommen vorwärts.

In der Nacht zum 3. April wird Generalleutnant Boekh-Behrens als ältester Kommandeur beauftragt, im Namen der drei auf der Oxhöfter Kämpe im Kampf stehenden Divisionen, darunter auch der 7. Panzerdivision unter Generalleutnant Mauß, beim VII. Panzerkorps vorzusprechen und die unhaltbare Lage der Truppe darzustellen. Der Kommandierende General, von Kessel, gibt diese Darstellung an die 2. Armee weiter und bittet um den Räumungsbefehl. Doch es steht nicht in der Macht des Oberbefehlshabers, General von Saucken, gegen den ausdrücklichen Befehl Hitlers und des Oberkommandos der Wehrmacht zu handeln, demzufolge die Kämpe, koste es, was es wolle, gegen jeden Ansturm zu halten ist.

Nach dem Trommelfeuer der Nacht gehen die Sowjets am nächsten Morgen wieder zum Angriff vor. Den ganzen Tag hindurch stürzen sich ihre gepanzerten Schlachtflugzeuge, fast ungehindert von irgendeiner Gegenwehr, auf die deutschen Stellungen. Auf den Kreuzern in der Danziger Bucht schweigen die Türme der schweren Artillerie; nur bei ganz dringenden Anforderungen des Heeres fallen sie noch mit vereinzelten Salven in die Schlacht ein. Der Bestand an 28-cm-Granaten auf der *Lützow* und an 20,3-cm-Granaten auf *Prinz Eugen* ist auf weniger als 100 Stück zusammengeschmolzen, und Nachschub ist in keinem Ostseehafen mehr aufzutreiben. Dagegen schießt die Mittelartillerie der Schiffe um so häufiger und heftiger – wenn nicht zum eigenen Schutz gegen die angreifenden sowjetischen Bomberverbände, dann sofort gegen die dringend benannten Landziele; denn die Russen stehen nun überall im Bereich der 15-cm-Batterien und der 10,5-cm-Schiffsflak. Am Abend haben die am weitesten voran gekommenen Angriffsspitzen des Feindes Punkte erreicht, die nur noch vier bis fünf Kilometer vor der Küste liegen...

Um so dringender sind die Vorstellungen, die die Kommandeure in der Nacht zum 4. April bei ihren Vorgesetzten erheben. Noch wäre es möglich, die Einheiten im Schutz der Dunkelheit aus der

Front zu lösen, sie im Eilschritt zum Strand zu führen und abzutransportieren. Sollte es dem Feind morgen auch nur an wenigen
Stellen gelingen, bis zur Küste durchzustoßen, würde es dafür zu
spät sein. General von Saucken meldet die Lage nach Berlin. Die
Divisionen haben ihre Aufgabe erfüllt. Alle Flüchtlinge und Verwundeten unter ihrem Schutz sind aus der unmittelbaren Gefahrenzone abgeholt. Sie können sich nicht länger behaupten. Sie werden
verbluten, wenn der Befehl zur Räumung der Kämpe nicht innerhalb der nächsten 24 Stunden gegeben wird.

Alle Fahrzeuge, die die Sicherungsflottillen der Marine entbehren
können, halten sich bereit, um auf das Stichwort an die Küste hinüberzufahren. Die 9. Sicherungsdivision unter Fregattenkapitän Adalbert v. Blanc gibt am 4. April als geheime Kommandosache den
«Befehl für die Räumung der Oxhöfter Kämpe» heraus – zu einer
Zeit also, da laut «Führerbefehl» die Kämpe niemals geräumt werden
soll! In dem Dokument heißt es:

«Aufgabe: Abtransport sämtlicher Truppen und, soweit möglich,
des Gerätes des VII. Panzerkorps von der Oxhöfter Kämpe. Durch-
führungsbefehl muß kurzfristig erwartet werden. Er wird ausgelöst
durch das Stichwort ‹Walpurgisnacht›, das durch Funkspruch auf
allen in Frage kommenden Wellen und auf UK (Ultrakurzwelle) abgesetzt wird.

Nachrichten vom Feind: Die Truppen sind auf engstem Raum
zusammengedrängt. Mit starkem Beschuß der Brücke Hexengrund
und der Beladestellen nördlich und südlich davon ist zu rechnen.

Teilnehmende Fahrzeuge:

Fahrzeug	Fassungsvermögen	Zusammen
25 KFK (Fischkutter)	ca. 200 Mann	5 000 Mann
27 MFP (Fährprähme)	ca. 700 Mann	18 900 Mann
5 SAT (Artillerieträger)	ca. 600 Mann	3 000 Mann
«Regulus»	ca. 1 200 Mann	1 200 Mann
«Nautik»	ca. 500 Mann	500 Mann
«Südpol»	ca. 500 Mann	500 Mann
«Kurisches Haff»	ca. 800 Mann	800 Mann
«Scharnhorst»	ca. 300 Mann	300 Mann
	Insgesamt	30 200 Mann

Voraussetzung dabei ist günstige Wetterlage, keine Fahrzeugausfälle, reibungslose, flüssige Verladung. Die Zahl von 30 200 Menschen ohne Gerät ist als erreichbare Höchstzahl anzunehmen. Bei Beladung der MFP's mit Gerät würde sich die Menschenzahl auf etwa 17 000 verringern...»

In dem vierseitigen Geheimbefehl werden dann alle Einzelheiten der Operation «Walpurgisnacht» festgelegt. Wo die Landestellen an der Küste liegen. In wieviel Wellen die Fahrzeuge mit einstündigem Abstand auszulaufen haben. An welche Stege sie herangehen sollen. Und schließlich: daß für das ganze Unternehmen, 30 000 deutsche Soldaten vor Tod oder Gefangenschaft zu retten, zwei Nächte veranschlagt werden.

Und nun liegen die Fahrzeuge auf dem Sprung. Sie warten nur noch auf das Stichwort. Halbstündlich fragt die Marine bei der 2. Armee an, doch immer ist die Antwort negativ. Als endlich der Funkspruch aus Berlin kommt, ist es für diese Nacht bereits zu spät. Unmöglich, die Zehntausende noch vor dem Morgengrauen abzuholen. Und der neue Befehl des Oberkommandos der Wehrmacht läßt das auch gar nicht zu. Er lautet:

«Oxhöfter Kämpe entsprechend Führerbefehl mit letztem Einsatz weiter verteidigen, um sowjetische Angriffsarmeen dort zu binden.»

Dieser erneute Durchhaltebefehl stürzt General v. Saucken nur noch tiefer in den Gewissenskonflikt, in dem sich jeder führende Offizier in seiner Lage befindet: Auf der einen Seite die Befehlstreue des Soldaten. Auf der anderen Seite die klare Erkenntnis, daß er die ihm anvertraute Truppe mit der Weitergabe dieser Parole dem Untergang preisgibt. Kann es wirklich von Bedeutung sein, ob die hier eingesetzten russischen Armeen zwei oder drei Tage früher oder später frei werden? Ist diese Frage den Preis von 30 000 Soldaten wert, die dafür geopfert werden sollen? Von 30 000 Menschen, die alle noch gerettet werden könnten? Das zu entscheiden, ist nun allein die Sache des Generals v. Saucken.

Der 4. April bringt einen neuen Ansturm sowjetischer Panzer- und Schützenbrigaden. Am späten Nachmittag endlich, als die Front zusammenzubrechen droht, dringt von oben eine neue Parole bis zum Landser in vorderster Linie durch:

Die Front unter allen Umständen bis zum Einbruch der Dunkelheit halten! Halten, damit die gesamte kämpfende Truppe in der Nacht abtransportiert werden kann!

Der Oberbefehlshaber der 2. Armee hat das erlösende Wort gesprochen. General v. Saucken läßt die Oxhöfter Kämpe räumen, obwohl ihm selbst hierfür die Erlaubnis von Berlin nach wie vor verweigert wird. Endlich erhält auch die Marine das Stichwort «Walpurgisnacht», auf das sie seit Ostermontag wartet. Aber jetzt haben die Flottillen keine zwei Nächte mehr zur Verfügung, um das VII. Panzerkorps zu retten. Entweder schaffen sie es bis zum Morgengrauen des 5. April – oder alle, die dann noch auf dem Festland zurückbleiben, sind verloren.

*

Um 18 Uhr an diesem 4. April wird der Flottillenchef der 3. U-Jagdflottille, Kapitänleutnant d. R. Dr. Teichmann, in den Bunker «Löwe» auf Hela gerufen. Zu einer Chefbesprechung bei der 9. Sicherungsdivision. Die Würfel sind gefallen. Kapitän v. Blanc teilt den versammelten Flottillenchefs ihre Gruppen zu. Teichmann ist für die Einschiffung an der Pier «Emil» zuständig, dem südlichsten Landesteg in unmittelbarer Nähe von Oxhöft. Die Chefs der 3. Artillerieträger-, der 31. Minensuch- und der 3. Sicherungsflottille erhalten gleiche Aufgaben an den weiter nördlich gelegenen Landestegen.

Schon um 19.50 Uhr läuft Teichmann mit dem Räumboot *R 71*, das ihm als Gruppenführerboot zugeteilt ist, von Hela aus. Bald muß er sich den *U-Jäger 304* als Navigationshilfe heranholen, weil auf dem R-Boot infolge Bombennahtreffer der Kompaß ausgefallen ist. Außerdem nimmt er noch einen Schlepper mit, für alle Fälle. Man kann nie wissen, was passiert. Vielleicht kann der Schlepper havarierte Boote auf den Haken nehmen, die sonst voller Menschen im feindlichen Feuer liegenbleiben würden.

Die See wird die Rettungsaktion heute gottlob nicht verhindern. Es herrscht Windstärke 2 in einer dunklen, aber klaren Nacht. Nach knapp zwei Stunden macht Teichmann mit seinen ersten beiden Fährprähmen an der Pier «Emil» fest. Die Pier ist nur ein zerbrechlicher Hilfsbootssteg mit kaum 2 Meter Wassertiefe am Kopfende.

Die nächste Überraschung: von Heeressoldaten keine Spur. Nur ein paar Versprengte finden sich ein. Der Kampflärm des Artillerieduells dröhnt von der Kämpe herunter. Sollten sich die Truppen nicht vom Gegner lösen können? Oder was hält sie sonst zurück?

Wertvolle Stunden verrinnen. Endlich gelingt es Oberleutnant Langneff von der 31. Minensuchflottille, den Beladungsoffizier des Heeres für die Pier E ausfindig zu machen. Kopfschüttelnd erscheint Major Reimann auf dem Steg bei den wartenden Fahrzeugen.

«Wir haben noch keinen Räumungsbefehl», sagt er verzweifelt, «alles soll wieder bis zur nächsten Nacht verschoben sein.»

In diesem Augenblick meldet der Funker, daß gerade das Stichwort «Walpurgisnacht» auf allen Wellen durchgegeben wird. Danach gibt es keinen Zweifel mehr. Die Uhren rücken schon auf Mitternacht zu, und noch ist nichts geschehen. Trotzdem muß das Rettungswerk in dieser Nacht abgeschlossen werden, müssen 30000 binnen fünf Stunden über See fortgeschafft werden.

Als erstes beladenes Schiff läuft der Fährprahm *F 404* mit 700 Mann Heerestruppen ab nach Hela. Teichmann gibt ihm den Befehl mit, nach dem Entladen so schnell wie möglich zurückzukehren. Dann übernehmen andere Fähren Heeresgerät, Kraftwagen und leichte Geschütze. Es sind einfach keine Soldaten da, die abtransportiert werden könnten.

Erst nach 1 Uhr nachts ändert sich das schlagartig. Nun strömen binnen einer halben Stunde Tausende an den schwachen Holzsteg heran. Nun hat Teichmann gerade keine Fähre mehr verfügbar. Aber die Ausgucks auf seinem R-Boot passen auf. Sie entdecken ein Fahrzeug, das in der dunklen Nacht viel zu weit südlich an die Küste heransteuert. *R 71* jagt hinterher. Erwischt den Fährprahm – es ist *F 378* – gerade noch rechtzeitig, bevor er den Russen in die Arme läuft. Und dirigiert ihn an die Pier «Emil» heran. Binnen 20 Minuten sind 750 Mann an Bord, und *F 378* ist schon auf dem Rückmarsch nach Hela.

Dennoch muß Teichmann jetzt, um 2.10 Uhr, an die 9. Sicherungsdivision funken:

«Restbestand Pier E 6000 Mann, keine Fahrzeuge.»

Eine Stunde später gibt Hela zurück: «Es sind zwei unterwegs für Sie.»

Aber was sind zwei Fahrzeuge für 6000 Mann? Teichmann ist mit seinem R-Boot zu einem Nachbarsteg gelaufen und hat sich einen MFP «ausgeborgt», der dort gerade überzählig war. An Land veranlassen die Beladungsoffiziere, daß ein Teil der wartenden Truppen zu den nördlicher gelegenen, größeren Stegen abmarschiert. Gegen 4 Uhr früh dämmert schon der neue Tag. Der geborgte MFP legt mit 800 Mann ab nach Hela. Bald kommen neue leere Schiffe an. Aber auch von Land drängen immer neue Truppen nach. Nun sind schon Nachhuten darunter, die noch vor einer Stunde im Kampf mit den Sowjets gelegen haben. Überall lösen sie sich jetzt vom Gegner. Sie kommen im Laufschritt aus den Schluchten hervor. Oder sie rutschen einfach das Steilufer hinab. Manche tragen oder stützen ihre Kameraden, die noch in dieser Stunde verwundet worden sind. Sie haben die Stellung bis zu dem Augenblick gehalten, in dem die Reihe an sie gekommen ist. Nun steht niemand mehr hinter ihnen, der ihren Abzug decken könnte.

Inzwischen hat Kapitänleutnant Teichmann vorsorglich 220 Mann, darunter den Kommandeur der 83. Infanterie-Division, Generalmajor Wengler, an Bord seines kleinen R-Bootes genommen. Schließlich gehen noch die Reste eines Regiments, das bis zuletzt im Feuer gelegen hat, an Bord. Ein einziger MFP, im Räumungsbefehl für höchstens 700 Mann vorgesehen, faßt jetzt 850. Der Regimentskommandeur, Major Sauermilch, meldet, daß niemand – außer den Russen – mehr kommen könne. Darauf funkt Teichmann nach Hela: «Landungssteg E 5.15 Uhr geräumt», und läuft mit seinen überladenen Fahrzeugen von der Küste ab. In seinem Kriegstagebuch heißt es: «Insgesamt habe ich an dieser primitiven Behelfspier 3 800 Mann und zusätzlich auf einem MFP zwei Pionierfähren Heeresgerät verladen und abtransportieren können – also die Hälfte mehr als im Einsatzbefehl vorgesehen war... Trotz unregelmäßigen Artilleriefeuers ist die Aktion anscheinend vom Feind unbemerkt geblieben, da sonst an dieser südlichsten Anlegestelle mit erheblich stärkerer Feindeinwirkung zu rechnen gewesen wäre. Erst als ich mit *R 71* und dem letzten Fährprahm bei hellem Tageslicht ablief, setzte Beschuß mit Stalinorgeln ein. Keine Treffer. Keine Ausfälle...»

Doch auch hier gibt es Versprengte, die den Anschluß verloren haben. Die zu spät zum Strand kommen und die Rettungsflotte nur noch am Horizont verschwinden sehen. Darüber berichtet Leutnant z. S. Ernst Oberdieck, ein Gruppenführer der 3. U-Jagdflottille, der mit dem *U-Jäger 304* die ganze Nacht als Reserve vor den Einschiffungsstellen gelegen hat. Bisweilen wird der ehemalige Fischkutter von Pioniersturmbooten angelaufen, Soldaten steigen herüber, und die Sturmboote hasten zurück an den Strand. Um 6.30 Uhr ist es dann soweit: Der Führer der Sturmbootgruppe meldet, daß der Strand menschenleer ist, so weit er sehen könne. Stabsobersteuermann Hübner, der Kommandant von *UJ 304*, läßt eine Leine hinübergeben und nimmt die wackeren Pionierboote in Schlepp. So steuert dieser Zug auf Hela zu.

Plötzlich schert ein R-Boot auf Reichweite heran. Bei Hexengrund sollen noch etwa 15 Versprengte auf Abtransport warten. *UJ 304* macht sofort kehrt und geht wieder unter die feindliche Küste. 800 Meter vor Hexengrund werfen die kleinen Sturmboote los und brummen nochmals zum Strand hinüber.

Inzwischen ist es 7 Uhr früh. Seit zwei Stunden heller Tag. Schon beginnt ein russisches 15-cm-Geschütz, auf das einsame Boot vor der Küste zu feuern. Die Sturmboote pendeln zwischen dem Strand und *UJ 304* hin und her. Sie holen immer neue Soldaten. Natürlich haben sich weit mehr als 15 angesammelt. Sie liegen auf der Pier, die jetzt von MG-Feuer bestrichen wird, in Deckung. Andere haben sich am

Strand eingegraben. Oder sie paddeln auf primitiven Flößen vom Ufer fort. Wie die Bienen summen die Sturmboote vor der Küste umher und nehmen an Bord, wen immer sie erreichen können. Dann laufen sie zu ihrem «Stützpunkt», dem U-Jäger, zurück. Die Männer springen hinüber. Und wieder beginnt die wilde Jagd.

Um 7.30 Uhr schießt sich die russische Batterie vom Steinberg bei Gotenhafen auf den Fischkutter ein. Plötzlich liegen mehrere Salven deckend: 10 Meter an Backbord, 15 Meter an Steuerbord, 20 Meter voraus wuchten die Aufschläge aus der See. Leutnant Oberdieck geht auf Höchstfahrt, steuert Zickzackkurse und läßt Nebelbojen werfen. Endlich wird das Feuer ungenauer. *UJ 304* kann drangehen, seine Küken, die Pionierboote, wieder einzusammeln. Sie kommen auch alle zurück. Aber sie melden, daß immer noch Gruppen von versprengten deutschen Soldaten am Strand eintreffen.

Es ist inzwischen 8.15 Uhr. Jeden Augenblick müssen die gepanzerten sowjetischen Jabos erscheinen, denen der Fischkutter mit seinen zwei 2-cm-Zwillingen ziemlich hilflos ausgeliefert ist. Deshalb läßt Oberdieck jetzt einen Morsespruch in Richtung Hela abgeben und bittet um Ablösung. Sofort meldet sich das auf halbem Wege stehende Räumboot *R 229*. Dieses Boot, unter dem Kommando des Stabsobersteuermanns Herlyn, ist zweifellos das letzte, das nochmals zur feindbesetzten Küste hinüberläuft und dort, lange nach dem offiziellen Schluß des Unternehmens «Walpurgisnacht», die letzten Landser abholt. Und das auch sie in die Freiheit bringt – ebenso wie der *U-Jäger 304* mit seinen vollbesetzten Pionierbooten im Schlepp.

Die deutsche Front auf der Oxhöfter Kämpe hat sich über Nacht aufgelöst. Als die Russen es merken, stoßen sie nach – aber ihr Stoß geht ins Leere. Die See gebietet ihnen Halt – dieselbe See, die den abrückenden Deutschen eine Brücke geschlagen hat.

Dies also ist die Geschichte von der Rettung des deutschen VII. Panzerkorps, das wie so viele andere von der obersten Führung bereits abgeschrieben und der Vernichtung preisgegeben war. Die Geschichte hat noch eine makabre Pointe: Sechs Stunden nach der Rückkehr der vollbeladenen Schiffe und Boote nach Hela gibt Hitler auf die unentwegten Vorstellungen des Generals v. Saucken endlich die Erlaubnis, die Oxhöfter Kämpe zu räumen. Sechs Stunden zu spät – am hellen Tage, an dem der Abtransport undurchführbar wäre, und in einem Augenblick, in dem die Sowjets bereits leichtes Spiel mit den im Stich gelassenen 30 000 Deutschen gehabt hätten.

*

«Die Marine wird es schon schaffen! Das war unsere feste Überzeugung. Als wir hörten, daß ihr mit euren Pötten bereitliegt, um uns aus dem Dreck herauszuholen, da hatten wir sofort wieder Vertrauen und fühlten uns nicht mehr verraten und verkauft...»

Das ist höchstes Lob aus dem Mund der Landser, der alten Rußlandkämpfer, die sich in Hela von der Besatzung des Marine-Fährprahms, der sie herübergebracht hat, verabschieden.

Liebevoll und sogar ein wenig stolz streifen die Blicke der Seeleute über ihren «schwimmenden Untersatz», über diesen oft verfluchten, als lahmen, alten Vogel gelästerten MFP. Was haben sie auf diesem Boot alles erlebt – und überstanden! Gewiß, sie waren immer nur in der Ostsee eingesetzt, die von den Kameraden im Westen und ebenso von der hohen Seekriegsleitung lange Jahre als «Nebenkriegsschauplatz» abgetan wurde. England war der Hauptgegner zur See, und deshalb richtete die Kriegsmarine alle Anstrengungen in den Atlantik, um dort die Entscheidung zu erzwingen.

Die Sowjetmarine galt dagegen nicht als ebenbürtig.

Aber manche Flottille, die aus dem englischen Kanal in die östliche Ostsee verlegt wurde und sich auf ein erholsames, ruhiges Leben freute, erwachte sehr unsanft aus solchen Träumen; denn die Kugeln pfiffen hier so heiß wie anderswo, und es war ein hartes Brot, das an der über See verlängerten Ostfront täglich verdient werden mußte.

Erst recht seit einem Jahr, seit die Ostsee mehr und mehr in den Mittelpunkt des Kriegsgeschehens zur See rückte. Die Schlacht um den Atlantik war verloren, auch wenn man es noch nicht wahrhaben wollte. Aber hier in der Ostsee stellte sich der Marine eine letzte große Aufgabe. Hier konnte sie, auch in der Zeit des unaufhaltsam fortschreitenden Zusammenbruchs der deutschen Fronten, noch beweisen, was es bedeutet, die Seeherrschaft in einem bestimmten Gebiet zu besitzen – und sie sogar gegen die absolute Luftherrschaft des Feindes zu behaupten!

Die deutschen Heeresverbände, die das Glück hatten, sich mit dem Rücken an die See zu lehnen, nachdem sie dem übermächtigen Feind hatten weichen müssen, gewannen an der Küste neuen Halt.

Die See wurde ihnen zum Freund.

Sie führte ihnen Nachschub jeder Art heran, wenn der Feind die Transportwege über Land längst durchschnitten hatte.

Von ihren Küsten griff die Schiffsartillerie in den Landkampf ein, wenn die eigenen Geschütze verloren, zerstört oder in hoffnungsloser Minderheit waren. Und über See blieb schließlich immer noch ein Weg zur Rettung offen, wenn die Front an Land zerbrach, wenn Tod oder Gefangenschaft drohten.

Die See wurde zum Freund – aber nur, weil dort eine Marine fuhr, auf die man sich verlassen konnte.

Diese Fährprähme zum Beispiel, die sich mit ungelenken, viereckigen Bewegungen durchs Wasser schoben und doch übergroße Transportleistungen vollbrachten – ob mit finnischen Landungstruppen in der Kronstädter Bucht direkt vor der Nase der Sowjets, ob, vollgepackt mit Minen, beim Ausflicken der großen Sperren im Finnenbusen, oder ob sie Menschen und Material unermüdlich entlang der ganzen deutschbesetzten Ostseeküste an jeden befohlenen Platz brachten.

Oder die «M-Böcke», die großen Minensuchboote, die die Hauptlast des schweren Abwehrkampfes in der östlichen Ostsee zu tragen hatten, und auf denen jetzt die Verantwortung für den Schutz der großen Flüchtlingsgeleite gegen sowjetische Luft- und U-Boot-Angriffe ruhte.

Daneben die wendigen Räumboote, oder die Vielzahl der aus Hilfsfahrzeugen zusammengestoppelten Flottillen, die Fischdampfer, -kutter und Walfangboote, die Schlepper, Leichter und blechernen Küstenmotorschiffe, die alle bis zur Grenze ihrer Trag- und Seefähigkeit Geschütze an Bord genommen hatten und damit den Kleinkrieg im Küstenvorfeld, den Kampf in den Schützengräben der See, bestritten.

Wer weiß schon, was sie alles erlebt und geleistet haben?

Dann, als es immer «dicker» wurde im Osten, kamen kampfkräftige Einheiten, kamen Schnellboote, Zerstörer und moderne Torpedoboote, und schließlich die schweren Kreuzer, die schon einmal wegen Nutzlosigkeit verschrottet werden sollten, und deren Artillerie nun dem Heer an allen Brennpunkten der Schlacht wirkungsvolle Unterstützung brachte.

Dieses eine Jahr harten Kampfes in der Ostsee, vom Frühling 1944 bis zum Mai 1945, hat den Deutschen unter schwierigsten Bedingungen manchen Erfolg, aber auch schmerzliche Verluste eingetragen. Die Geschichte über diese Ereignisse dürfte freilich mehr als nur der Bericht über irgendeinen Kriegsschauplatz sein. Denn unter der Geißel des unaufhaltsamen Vordringens der roten Eroberer wurde die Ostsee zur letzten Hoffnung für Hunderttausende, aus dem Zusammenbruch der Heimat und dem Verlust allen Hab und Gutes wenigstens das nackte Leben zu retten. Selten hat die See direkter und sichtbarer auf das deutsche Schicksal eingewirkt als in jenem Jahr 1944/45.

Heute ist es an der Zeit, diese Geschichte wahrheitsgetreu zu erzählen.

2

Von Kotka bis Hungerburg | **Ostfront auf See**

«Seeigel»-Minensperren riegeln den Finnenbusen ab – Die Sowjets landen im Rücken der deutschen Front – Flottillen und Hilfsschiffe des F. d. M. Ost – Zerstörer greifen ein – «Gruppe Kieffer» läuft von Kotka aus – Im Kampf mit sowjetischen Schnellbooten und Jagdbombern

Wie ein mit herrischer Gebärde ausgestreckter Arm der Ostsee zielt der Finnische Meerbusen an der Küste der baltischen Staaten entlang auf das nördliche Rußland. Die Küsten sind einander so nah, daß es selbst an der breitesten Stelle nur wenige Stunden dauert, von einer Seite auf die andere hinüberzufahren; und das Wasser ist nirgends tief genug, um das Vorhandensein wirkungsvoller Minensperren von vornherein auszuschließen.

«Die Badewanne», sagen die deutschen Seeleute mit einem Achselzucken, das zugleich Verachtung, gelinden Zorn und Ergebenheit ausdrücken mag; denn sie können ja nichts daran ändern, daß der Krieg sie mit ihren durchaus seetüchtigen Schiffen und Booten in diese «Pfütze» verschlagen hat, in der sie fast immer in Sichtweite irgendeiner Küste fahren, und in der die Nähe des Landes erheblich auf die Geschehnisse zu Wasser einwirkt – mehr jedenfalls, als es der deutschen Marine lieb ist.

An einem nämlich besteht kein Zweifel: Dieser Finnische Meerbusen oder kurz: der Finnenbusen ist in der Zeit, über die hier berichtet wird, eines der am heftigsten umkämpften Seegebiete des zweiten Weltkrieges. Mit ungleichen Mitteln und verschiedenem Einsatz, doch mit derselben erbitterten Härte ringen Finnen und Deutsche auf der einen und Russen auf der anderen Seite um die Seeherrschaft in der «Badewanne». Erst wenn gegen Ende des Jahres der Krieg im Eis erstarrt, haben die Schiffe eine etwa dreimonatige Schonzeit. Die Flottillen des «F. d. M. (Führer der Minensuchboote) Ost», auf deren

24

kleinen Booten dreiviertel des Jahres hindurch die ganze Last des Kampfes ruht, können endlich aufatmen. Die meisten verlegen weit nach Westen in die Heimat, nach Swinemünde und Kiel, manche sogar bis Hamburg und Wilhelmshaven. Dort gehen die Boote zur Grundüberholung in die Werft, und viele Seeleute haben das Glück, gerade rechtzeitig zu Weihnachten oder Neujahr auf ihren langverdienten Urlaub nach Hause zu fahren.

Außer dieser angenehmen Begleiterscheinung verhilft der russische Winter den Deutschen an der «verlängerten Ostfront» im Finnenbusen ausnahmsweise auch zu einem beachtlichen taktischen Vorteil. Das liegt daran, daß die See von Osten nach Westen zufriert, im Frühjahr aber umgekehrt von Westen nach Osten wieder auftaut. Die deutschen Boote sind also schon voll bewegungsfähig, sie können ihre Positionen beziehen und ihre «Stellungen» auf See ausbauen, wenn die sowjetische Marine in der Kronstädter Bucht noch vom Eis eingeschlossen ist und der Aktivität ihrer Gegner ohnmächtig zusehen muß.

Stellungen auf See? Dieser Ausdruck ist allerdings berechtigt für das ausgedehnte System von Minensperren, das die verbündeten Deutschen und Finnen wie einen eisernen Riegel vor den östlichen Zipfel des Meerbusens geschoben haben (siehe Karte im Anhang). Die starke, den Flottillen der Verbündeten theoretisch weit überlegene sowjetische Ostseeflotte ist dadurch auf engstem Raum zusammengepfercht und verharrt wie gelähmt in ihren Schlupfwinkeln. Nur ihre U-Boote haben 1942 und 1943 mit dem Mut der Verzweiflung versucht, die Sperren zu durchbrechen und die nahezu friedensmäßig unbehinderte deutsche Versorgungsschiffahrt auf der freien Ostsee anzugreifen. Das ist ihnen 1942 auch mit wenigen Booten gelungen, während im folgenden Jahr alle Durchbruchsversuche an dem zusätzlich ausgelegten doppelten U-Boot-Netz scheiterten.

Jedenfalls bildet der deutsch-finnische Minensperrgürtel tatsächlich eine ebenso heftig angegriffene wie verteidigte Stellung – berannt von den Russen, um das Gewicht ihrer Flotte endlich gegen die deutschen Ostseeverbindungen in die Waagschale zu werfen, verteidigt von den Deutschen, um diese Bedrohung im Keim zu ersticken. Auch hier spielt das Eis eine gewichtige Rolle. Wenn nämlich im Frühjahr der Eispanzer rings um die Sperren aufbricht und Strom und Seegang die Schollen wie klotzige Hämmer gegen die Minen schlagen, dröhnen zahlreiche Explosionen über die See und reißen unkontrollierbare Lücken in die Sperren. An anderen Stellen brechen die Ankertaue, und ganze Minenfelder schwimmen, im Eis verkeilt, davon. Wieder andere Minen explodieren zwar nicht, doch die Zündeinrichtungen werden verbogen, und die «Fühler», deren Berührung normalerweise für jedes Schiff den Tod bedeutet, haben ihre Gefährlichkeit verloren.

So setzt, kaum daß das Eis gewichen ist, auf deutscher und finnischer Seite das große Flicken, Ausbessern und Neuwerfen der Sperren ein. Diese Arbeiten müssen beendet, die Stellungen neu befestigt sein, ehe die sowjetischen Räumverbände aus dem Winterschlaf erwachen und von ihrer Seite aus versuchen, ganze Stücke aus dem Sperrgürtel herauszureißen.

Der Kampf entbrennt aufs neue, und er verspricht 1944 noch erbitterter geführt zu werden als in den Jahren zuvor.

Das ist jedenfalls die Meinung des F. d. M. Ost, Konteradmiral Böhmer, als er in der winterlichen Ruhepause die Bilanz des Jahres 1943 zieht, die Erfahrungen der letzten Monate auswertet und einen Ausblick auf die zukünftigen Ereignisse zu geben versucht.

«Unsere Aufgabe», schreibt der Admiral, «wird nach dem Aufgehen des Eises in der Kronstadt-Bucht die gleiche sein wie im Jahre 1943.» Das heißt also Bewachung des gesamten, ausgedehnten Sperrsystems von Minenfeldern, das sich aus den finnischen Schären südlich des Hafens Kotka heraus zunächst mit einer von den Finnen gelegten Sperre bis zur Insel Hochland (finnisch Suursaari) erstreckt; dort schließt sich zwischen Hochland und Groß-Tütters (Suur-Tytärsaari) die deutsche «Seeigel»-Sperre an, die dann am äußeren Rand der Narwa-Bucht aus der bisherigen Nord-Süd-Richtung nach Osten abschwenkt und auf die Spitze der Halbinsel Kurgalski zuläuft, die die Bucht auf der östlichen Seite begrenzt. Auf den genannten Inseln stehen deutsche und finnische Küstenbatterien, die ein gutes Stück der Minenfelder mit ihrem Feuer bestreichen können. Aber dieser Schutz allein würde die Russen nicht hindern können, die Sperren an günstig gelegenen Stellen zu durchbrechen. Deshalb kann man auf die schwimmenden Wachverbände nicht verzichten.

Und doch gibt es gegenüber dem Vorjahr einige tiefgreifende Unterschiede, nicht in den Aufgaben für die deutschen Flottillen, wohl aber in den Voraussetzungen, die oft über Erfolg oder Mißerfolg entscheiden. Mitte Januar nämlich treten die Sowjets mit starken Kräften von Leningrad her und aus dem Oranienbaumer Kessel zum Angriff an, und die deutsche Front muß schließlich bis hinter die Narwa zurückgenommen werden, wo sie zwischen dem Nordufer des Peipus-Sees und der Küste der Narwa-Bucht bei Hungerburg neuen Fuß faßt. Nach dem Rückzug befindet sich auch die Halbinsel Kurgalski in russischer Hand, und das dortige Ende der «Seeigel»-Sperren hängt frei und unbewacht vor der feindbesetzten Küste. Unter diesen Vorzeichen fordert der F. d. M., die Sperren südlich der bisherigen

Linie zu verstärken. Neue Minenfelder müssen gelegt werden, nach Süden auf die Küste der Narwa-Bucht zu, um dort Anschluß an die neue Hauptkampflinie des Heeres zu gewinnen und die plötzlich aufgerissene Lücke des Sperrsystems wieder zu schließen.

Noch ehe dies geschehen kann, demonstrieren die Russen, daß sie durchaus den Vorteil zu nutzen gewillt sind, der sich ihnen durch das fehlende Stück deutscher Minenfront dicht vor der Küste der Narwa-Bucht bietet.

In der Nacht zum 14. Februar 1944 stehen drei deutsche Minensuchboote unter Führung von *M 460* südlich Tütters auf Bewacherposition an der «Seeigel»-Sperre. Der F. d. M. Ost hat die wenigen Boote, die er so früh im Jahre fassen konnte, schon ab Ende Januar in den Osten zurückbeordert. Die überraschend milde Witterung, die die Minenfelder erst gar nicht einfrieren ließ, dazu das Zurückweichen der deutschen Landfront, haben diese Vorsichtsmaßnahme diktiert; es könnte sonst geschehen, daß die Sowjets auch zur See schon offensiv werden, ehe überhaupt deutsche Streitkräfte zur Stelle sind.

Die Nacht neigt sich ihrem Ende zu. Die «Hundewache» auf *M 460* ist aufgezogen, und auf der Brücke schlürfen der W. O. und seine Wachgänger den brühheißen Kaffee. Gegen 4.30 Uhr blitzt es im Süden plötzlich mehrmals auf: Artilleriefeuer! Aber nicht auf See, sondern an der Küste, ziemlich genau dort, wo die deutsche Front stehen muß. Seltsamerweise verteilt sich das Feuer nicht auf einen längeren Abschnitt, sondern konzentriert sich offenbar auf einen Punkt. Den Seeleuten will es von ihrem fernen Beobachtungsort aus sogar so scheinen, als feuerten die Geschütze von der Küste aufs Wasser hinaus...

Das Boot meldet seine Beobachtung nach Reval, bleibt aber, da ihm nichts anderes befohlen wird, zunächst auf seiner Position. Erst kurz nach 9 Uhr, als der ferne Feuerschein schon im Tageslicht verblaßt ist, kommen mit einem KR-Funkspruch, das heißt mit höchster Dringlichkeit, Aufklärung und Befehl von seiten des F. d. M. Ost:

«Russische Streitkräfte zwischen Hungerburg und Meriküla gelandet. Landungsboote bekämpfen. Eigener Fliegereinsatz ist vorgesehen.»

Sofort wenden die M-Boote und halten mit hoher Fahrt auf die Küste zu. Die Männer besetzen ihre Gefechtsstationen; denn nun muß es ja wohl zum ersten heißen Artillerieduell dieses Jahres kommen. Die freundliche Ankündigung des F. d. M., daß auch deutsche Jäger eingreifen sollen, läßt wenigstens hoffen, daß sich die Boote nicht nur mit allen Waffen ständig die russischen IL-2-Jagdbomber vom Leibe halten müssen.

Der Feind im Rücken der deutschen Front gelandet... das ist eine ganz neue Sprache, mit der hier zu Beginn des neuen Jahres aufgewartet wird; so etwas hat es zuvor in der östlichen Ostsee nicht gegeben. Ein Beweis mehr, wie wichtig die Minensperren sind. Kaum haben die Russen sie im Süden umgangen, als sie auch schon über See offensiv vorgehen. Eine geschickte Ausnutzung ihres Vorteils – das muß man ihnen lassen.

Am Abend dieses nachdenklich stimmenden 14. Februar treffen noch drei weitere M-Boote mit dem Chef der 25. Minensuch-Flottille, Korvettenkapitän Leonhardt, in der Narwabucht ein. Mit sechs frisch ausgerüsteten, kampfkräftigen Booten ist man gegen die möglichen Überraschungen der folgenden Nacht besser gewappnet. Denn zuzutrauen wäre es den Sowjets, daß sie trotz einer vernichtenden Abfuhr in der ersten Nacht neue Landeversuche unternähmen.

«Bei den Russen muß stets mit dem Unwahrscheinlichen gerechnet werden», schreibt Konteradmiral Böhmer in seinem Bericht. «Ferner muß damit gerechnet werden, daß der Gegner mit seinen Schnell-, Räum- und Kanonenbooten noch aktiver wird als im Jahre 1943. Auf einer am 28. Dezember in Leningrad stattgefundenen Besprechung mit englischen Seeoffizieren soll für das Frühjahr 1944 ein verstärkter Einsatz der russischen Seestreitkräfte beschlossen worden sein. Insbesondere wird der Gegner aber seine Luftwaffe noch stärker einsetzen. Deshalb ist es unbedingt erforderlich, daß die eigene Luftwaffe im Jahre 1944 gegnerische Schiffsziele, besonders Räumverbände, im Finnenbusen bekämpft und Jagdschutz für die eigenen Bewacher an den Minensperren stellt; ohne solche Unterstützung aus der Luft kann die Sperrbewachung auf die Dauer nicht aufrechterhalten werden...»

Der Admiral, der diese warnenden Sätze schreibt, ist seiner Natur nach alles andere als ein übervorsichtiger Mann. Klein von Gestalt und daher von seinen Untergebenen respektlos-liebevoll «Stumpen-Böhmer» genannt, hat er diesen äußerlichen Mangel stets durch Draufgängertum ausgeglichen. Sein Ritterkreuz hatte er gleich zu Beginn des Krieges für den besonderen Schneid erhalten, mit dem er die gewagten Minenunternehmungen in der Nordsee und oftmals dicht unter der britischen Küste durchgeführt hatte.

Als F. d. M. Ost verlangt der Admiral von seinen Booten, die draußen an der «Seeigel»-Sperre auf und ab fahren, auch im dichten Bombenhagel äußerste Standhaftigkeit und den eisernen Willen zum Durchhalten. Wenn Böhmer daher schreibt, daß der Kampf noch härtere Formen annehmen werde, wenn er sogar warnt, daß die Front auf See mit den alten Kräften allein nicht zu halten sein werde, dann hat diese Meinung schon Gewicht und sollte gebührend beachtet werden.

Doch der Admiral macht sich selbst keine Illusionen darüber, daß seine Forderung nach einem stärkeren Einsatz eigener Luftstreitkräfte über See in den Wind gesprochen ist. Es ist eine bittere Erfahrung, daß die Überlegenheit der deutschen Marine auf dem Wasser allein nicht ausreicht, um die Seeherrschaft über ein so landnahes Gewässer wie den Finnenbusen auf die Dauer aufrechtzuerhalten. Gegen die bedrohlich anwachsende Marineluftwaffe des Feindes ist bald kein Kraut mehr gewachsen.

Wieder einmal rächt es sich, daß sich die deutsche Kriegsmarine Görings Herrschaftsanspruch über alles, was fliegt, unterordnen mußte und keine eigene Luftwaffe aufbauen durfte. Nun entbehren die Boote vorn an den Sperren, kaum 20 Flugminuten von den russischen Einsatzplätzen entfernt, fast jeden Schutz aus der Luft; denn die wenigen Maschinen der eigenen Luftwaffe werden so dringend an der Landfront gebraucht, daß sie nur im äußersten Notfall und auch dann nur nach einem langwierigen Anforderungsweg einmal über See erscheinen.

So kämpfen die Gegner mit allzu ungleichen Mitteln um den Besitz des Minensperrgürtels in der östlichen Ostsee: Die Verteidiger nur mit ihren Flottillen auf See, die Angreifer zwar auch mit Schnellbooten und Kanonenbooten auf dem Wasser, doch zur Hauptsache mit ihren Bomber- und Jagdbomberverbänden aus der Luft. Und so viele Maschinen die aus allen Rohren feuernden deutschen Boote auch vom Himmel herunterholen, es werden immer mehr.

*

Welche Flottillen und welche Bootstypen stehen dem F. d. M. Ost für den erwarteten heißen Abwehrkampf zur Verfügung?

Da sind zunächst als Kern der deutschen Seestreitkräfte in diesem Raum drei Minensuch-Flottillen mit insgesamt 20 einsatzbereiten «aktiven» M-Booten; diese recht gut bewaffneten, kampfkräftigen Fahrzeuge sind ihrer ursprünglichen Aufgabe des passiven Minensuchens längst entwachsen und greifen an allen Seefronten mit beachtlicher Feuerkraft aktiv in das Kampfgeschehen ein. In Reval und in den finnischen Schären, nahe Kotka, haben die 1. und die 3. Minensuch-Flottille mit je 7 M-Booten vom Typ 35 und die 25. Minensuch-Flottille mit 6 Booten des etwas kleineren Typs 40 ihre Liegeplätze. Die Minensucher des Typs 35 haben Ölfeuerung, während man bei dem Kriegsentwurf des Typs 40 zur Kohle als Energiequelle für den

Schiffsantrieb zurückgekehrt ist. Die Kohleboote fallen schon äußerlich dadurch auf, daß sie zwar kürzer sind, aber den dickeren und größeren Schornstein tragen; bei Nacht und mit auf äußerste Kraft laufenden Maschinen fahren diese Boote mit dem «roten Hahn» zur See, denn das unter den Kesseln kräftig geschürte Feuer leckt mit seinen Flammen manchmal zum Schornstein hinaus.

Weiter ist die 1. R.-Flottille mit 15 Minenräumbooten in der östlichen Ostsee «zu Hause». Diese wendigen, flachgehenden Boote rutschen sogar unbeschadet über die meisten Minensperren hinweg und werden äußerst vielseitig eingesetzt; sie sichern Geleite, suchen die Zwangswege nach Minen ab, karren, wo es not tut, Munition nach vorn und holen Verwundete aus der Feuerlinie nach hinten; sie fahren auch manche Sonderunternehmen jenseits der Minensperren im russisch beherrschten Zipfel des Finnenbusens.

Gut für ihre Transportaufgaben geeignet sind die etwa 40 fahrbereiten Marine-Fährprähme der 13., 21. und 24. Landungsflottille. Der flache, langgestreckte Schiffskörper eines solchen MFP faßt drei Panzer oder 90 t Material, gleich welcher Art, wenn es nur über die Bugrampe hinaufgeschafft und am Bestimmungsort wieder ausgeladen werden kann. Ein gutes Dutzend dieser MFPs kann auf seinen besonders breit ausgeführten Seitendecks auch Minen transportieren und selbst werfen. Allerdings hapert es mit der Navigation, weil nur ein Magnetkompaß an Bord ist, und schließlich sind diese etwas schwerfälligen Fahrzeuge besonders gern das Ziel von Luftangriffen, deren sie sich selbst nur mangelhaft erwehren können.

Aus beiden Gründen sind den Landungsflottillen Hilfsschiffe zugeteilt, die bei der Navigation aushelfen und, gespickt mit Fla-Waffen, die angreifenden roten Jagdbomber vertreiben sollen. Diese Helfer in der Not sind alle einmal als friedliche «Kümos», als Küstenmotorschiffe, zur See gefahren, ehe man sie umrüstete und mit so vielen Geschützrohren bestückte, wie sie nur tragen können. Seither sind sie unter den stolzen Bezeichnungen LAT und SAT – das heißt Leichte Artillerie-Träger, wenn sie nur Fla-Waffen an Bord haben, und Schwere Artillerie-Träger, wenn außerdem noch eine 12,7-cm-Kanone auf dem Mitteldeck steht – in die fahrenden Verbände der Kriegsmarine eingereiht und sind doch froh, wenn sie bei den heftigen Erschütterungen der eigenen Abschüsse noch zusammenhalten und immer wieder den rettenden Hafen erreichen. Bombentreffer bedeuten, wie das Jahr 1943 bewiesen hat, fast stets den sofortigen Verlust dieser wackeren, auf Krieg frisierten Kümos.

Eine Vielzahl anderer Bootstypen mußte erst für ihre jetzige Aufgabe hergerichtet werden. So gehört zu der Streitmacht des F.d.M.

Ost auch die 7. Artillerieträger-Flottille: 17 Fährprähme, die nicht zum Transport bestimmt sind, sondern beim Umbau zahlreiche zusätzliche Rohre, vom 2-cm- bis zum 10,5-cm-Geschütz, erhalten haben, um sich besser gegen Luftangriffe behaupten und auch in den Erdkampf an der Küste unterstützend eingreifen zu können. Dieser umgewandelte Schiffstyp trägt nun die Bezeichnung Artilleriefähren. Schließlich sind die Flottillen zu erwähnen – die 31. Minensuch-Flottille, die 3. und 14. Sicherungs-Flottille und die 3., 9. und 17. Vorposten-Flottille – die mit insgesamt über 120 Fischdampfern, Kriegsfischkuttern, Walfangbooten, Dampfloggern und alten Minensuchbooten aus dem ersten Weltkrieg Tag für Tag hinausfahren, sofern Wind und Seegang es ihnen erlauben. Dort stehen sie im Geleitdienst, schützen die Küsten und die Häfen und halten als Bewacher an den rückwärtigen Minensperren und vor allem an dem großen U-Boot-Netz zwischen Nargön und Porkkala aus. Ein vielfältiger Dienst, für den – gäbe es die «kleinen Krauter» nicht – kampfkräftige Boote aus der eigentlichen Seefront abgezogen werden müßten.

Das also sind die Verbände, über die Konteradmiral Böhmer von seiner «Stabsarche» aus – dem Flottenbegleiter *F 3*, mit dem er gewöhnlich in Reval liegt, bisweilen aber auch nach Helsinki hinüberwechselt – gebietet. Es sind praktisch dieselben Flottillen, die auch 1943 schon die Hauptlast des Kampfes getragen haben. Ob die Warnung Böhmers in seinem Bericht zur Jahreswende ungehört verhallt?

Da treffen am 14. Februar, demselben Tag, an dem der russische Landeversuch hinter der deutschen Front bei Meriküla scheitert, die beiden Zerstörer *Z 25* und *Z 35* und das neue Flottentorpedoboot *T 30* in Baltischport und Reval ein. Diese Schiffe sind schon fast zu groß für die «Badewanne». Ihre Ankunft beweist aber, für wie ernst die Lage gehalten wird, nachdem die Russen durch den Erfolg ihrer Winteroffensive plötzlich an der Narwa-Bucht unmittelbar gegenüber dem eigenen Minensperrgürtel stehen.

In der zweiten Februarhälfte sinkt das Thermometer noch einmal weit unter Null, aber ab Anfang März geht das Eis dann endgültig zurück. Die Zerstörer erhalten ihre erste Aufgabe: Am 11. und 12. März stehen sie in der Narwa-Bucht vor Hungerburg und überschütten die feindliche Landfront mit Artilleriefeuer.

Drei weitere Zerstörer, *Z 28*, *Z 36* und *Z 39*, stoßen in diesen Wochen zu ihren Schwesterschiffen und vervollständigen die 6. Zerstörer-Flottille. Fünf dieser großen Schiffe und dazu ein modernes Torpedoboot, ein Verband von beachtlicher Feuerkraft – und doch wäre dem F. d. M. Ost eine gleiche Anzahl Jagdfliegerstaffeln zweifellos sehr viel lieber gewesen ... Zerstörer – das bedeutet unter den

Schützengraben-Bedingungen des östlichen Finnenbusens, wo die wertvollen Schiffe ihrerseits wieder geschützt werden müssen, eher zusätzliche Belastung als wirkliche Hilfe. Doch wenn man sie schon nicht ohne allzu großes Risiko bei Tage in die vorderste Linie der Ostfront zur See schicken kann, so verrichten sie wenigstens nachts als Minenleger mit großem Fassungsvermögen nützliche Arbeit. Von Mitte März bis Ende April werden von den Zerstörern zusammen mit anderen, «berufsmäßigen» Minenlegern die Sperren geworfen, die sich südlich an die bisherigen «Seeigel»-Felder anschließen und die Narwa-Bucht bis zur deutschen Front gegen überraschende Vorstöße russischer Schiffe sichern.

Das Anflicken an alten Minensperren ist freilich keine ungefährliche Aufgabe. Da die Lage der Sperren ja nur auf der Karte vermerkt ist und sonst keine sichtbaren Zeichen auf die tödlichen Teufelseier hinweisen, kommt es auf exakteste Navigation an, wenn man, zumal nachts, den richtigen Anschlußpunkt finden und keine böse Überraschung erleben will. Hinzu kommt, daß die neuen Sperren nicht in einem Anlauf geworfen werden können; es sind allein in diesem Frühjahr 1944 zum Ausbau und zur Stärkung der «Seeigel»-Bastion über 10000 Minen verschiedener Systeme und Sperrschutzmittel! Das geht nur, wenn in immer neuen Anläufen dort fortgefahren wird, wo man beim letzten Mal aufgehört hat. Diese wichtigen Stellen werden meist durch Bojen bezeichnet – ein System, das einem bei Tage über das fragliche Seegebiet hinwegfliegenden aufmerksamen Gegner Gelegenheit gibt, seinerseits durch verschiedene Kunstgriffe eine «Korrektur» der Bezugspunkte vorzunehmen. So ist es vorgekommen, daß sich flachgehende Motorboote an die Bojen heranmachten, um sie ein ganzes Stück in das bereits geworfene Minenfeld hineinzuverlegen.

Als das 2430 BRT große deutsche Minenschiff *Roland* in der Nacht zum 21. April am Bezugspunkt nichtsahnend auf den Wurfkurs eindreht, um die Arbeit der letzten Nächte weiterzuführen, wird es plötzlich von einem betäubenden Schlag getroffen. Die Vernichtung, die dem Feind bestimmt war, führt nun binnen weniger Minuten für die *Roland* selbst zum Untergang. Nur wenige Besatzungsmitglieder überleben die Katastrophe dieses ehemaligen Seebäderschiffes des Norddeutschen Lloyd, das in besseren Zeiten Zehntausende fröhlicher Feriengäste in die Nordseebäder gebracht hatte. Es ist möglich, daß der Minenleger auf die eigene Sperre aufgelaufen ist. Wahrscheinlich aber werden die Russen die Bezugsboje am Tage entdeckt und unbeobachtet ein paar Flugzeugminen in der Nähe abgeworfen haben.

Der Verlust ist eine neue Warnung. Die Zerstörer werden wenige

Tage später von ihrer gefährlichen Arbeit entbunden und kommen dann nur noch einmal, Ende Mai, zu einem kurzen Feuerüberfall der russischen Front so weit nach Osten in die Narwa-Bucht.

Inzwischen erwacht die «Ostfront zur See» mit den wärmeren Tagen zu neuer Aktivität. Der Kampf um die Sperren beginnt, und wieder ruht er auf den Schultern der kleinen Boote, die sich mit den anstürmenden Bomberverbänden herumschlagen müssen. Es bedarf nur weniger Wochen, um die Voraussage des Admirals Böhmer in vollem Umfang bestätigt zu finden.

Der Kampf ist noch erbitterter, noch härter geworden.

*

In der schmalen Fahrrinne zwischen den Schären, die dem finnischen Hafen Kotka vorgelagert sind, strebt ein Verband deutscher Kriegsschiffe in langer Kiellinie südwärts. Sechs Minensuchboote sind es, an der Spitze *M 15*, das Führerboot der 3. Minensuch-Flottille. Am Ende der Linie folgen ein paar kleine Krauter, Kriegsfischkutter, die der Marschfahrt der großen Brüder kaum zu folgen vermögen, und auch einige R-Boote gehören noch zum Verband, zur «Gruppe Kieffer». An Backbord schieben sich die bewaldeten Ufer Kirkkomaansaaris vorbei, der letzten größeren Insel, bevor die Boote die freie See erreichen.

Es ist einer der letzten Maitage des Jahres 1944; wärmere Witterung hat auch hier, weit im Osten, die Nachhuten des Winters vertrieben. Entlang des Minensperrgürtels wartet die Bewacherposition, die die Gruppe Kieffer einzunehmen und zu verteidigen hat.

Auf *M 17*, dem Boot mit der großen taktischen Nummer «7» an der Vorderseite des Brückenaufbaus und dem Flottillenzeichen, einem überlebensgroßen roten Hummer daneben, betritt der Kommandant, Oberleutnant zur See Bode, das Ruderhaus.

Der Wachoffizier meldet ihm Kurs und Fahrt und die jüngsten Anweisungen des Verbandschefs. Dann fügt er, nachdem er mit sicherem Blick die gute Laune des «Alten» erkannt hat, hinzu:

«Sonst keine besonderen Vorkommnisse auf dem Zerstörer *M 17*...»

Bode lacht. «Zerstörer» nennen sie ihren alten M-Bock manchmal im Scherz, seit sie wissen, daß die Russen das Boot zu diesem sehr viel stärkeren Schiffstyp rechnen. Bei einem sowjetischen Spion auf einer Schäreninsel hatten sie eine Schiffserkennungstafel gefunden. Da stand es dann schwarz auf weiß unter der Silhouette und dem Foto eines 35er M-Bootes:

«Zerstörer der M-Klasse».

Schön wär's ja, dachte die Besatzung von *M 17*. Und stolz waren sie auch ein wenig, die Männer von der Minensuch. Auf diesem indirekten Wege bestätigte ihnen der Iwan praktisch, daß er Respekt vor dem «Feuerigel» des M-Boots hatte, Respekt vor den beiden 10,5-cm-Geschützen und den vielen Vier- und Zwozentimetern, die dem Abwehrfeuer seinen Höllenlärm verliehen.

Und noch etwas anderes schien sich durch die Fehlansprache als «Zerstörer» aufzuklären. Sie hatten sich immer gefreut, aber auch gewundert, daß mit Ausnahme von *M 22* im September 1943 nie wieder ein M-Boot auf die Minen gelaufen war, die von sowjetischen Flugzeugen nachts in die schmalen Ausfahrten zwischen den finnischen Schären geworfen wurden. Womöglich waren diese Minen, auf Zerstörer berechnet, immer zu tief verankert worden; denn ein Zerstörer hat immerhin einen mittleren Tiefgang von 4 Metern, während die M-Boote nur auf 2,40 Meter kommen.

Oberleutnant Bode hat die Meldung seines W.O. lachend quittiert. Es ist ihm auch nicht entgangen, daß der Obersteuermann einen kurzen, prüfenden Blick auf seinen, des «Alten», Kragenausschnitt geheftet hat, als er die Brücke betrat.

«Keine Angst, Obersteuermann», sagt Bode, als könne er Gedanken lesen, «das Hemd des Kommandanten geht in Ordnung!»

Das Brückenpersonal grinst, jeder einzelne weiß Bescheid.

Seeleute sind abergläubisch. Am bekanntesten ist die Tatsache, daß ein Kapitän niemals freiwillig am Freitag, dem 13., aus einem Hafen ausläuft. Zwingen ihn die Umstände doch dazu, dann passiert auf dieser Reise mit Schiff, Besatzung oder Ladung todsicher irgendein Unheil. Auf *M 17* hat die Farbe des Hemdes, das der Kommandant im Einsatz auf der Brücke trägt, eine ähnlich drohende Vorbedeutung. Im allgemeinen gehört ja ein weißes Hemd in die blaue Marineuniform. Doch was für den Landgang nützlich sein mag, wäre an Bord unpraktisch. Daher hat auch der Kommandant auf *M 17* immer dunkelfarbige oder karierte Hemden an – bis auf das eine Mal, als er aus unerklärlichen Gründen mit strahlend weißem Kragenausschnitt auf der Brücke erschien...

Das war am 29. August 1943. *M 17* stand mit einem weiteren Schwesterboot auf Bewacherposition an der «Seeigel»-Sperre. Dann kamen sie: Sowjetische IL-2-Jagdbomber, begleitet von Jägern, obwohl sich weit und breit keine deutsche Maschine sehen ließ. Sie kamen wie immer aus der Sonne heraus, und griffen wie immer mit bewundernswertem Schneid an. Sie stürzten sich unbeirrt in das rasende Feuer der Schiffsflak hinein. Drei solcher Angriffe waren schon überstanden. Außer den üblichen Einschlägen von den Bordwaffen der Sowjets und den Splittern der in nächster Nähe an der Wasseroberfläche zerplatzenden Bomben verzeichnete das Boot keine nennenswerten Schäden.

Beim vierten Anflug dieses Tages aber passierte es: Eine Bombe hieb auf der Höhe der Brücke ins Boot und rasierte die ganze Backbord-Brückennock weg. Die Männer an der dort stehenden Zweizentimeter waren entsetzlich verstümmelt und auf der Stelle tot. Die Schotte wurden aus den Angeln gerissen, der ganze Brückenaufbau glich an Backbord einem Haufen Schrott. Der Kommandant, die Offiziere und die Gefechtsbrückengäste fanden sich mit Brüchen und Prellungen in den Ecken wieder, in die der Explosionsdruck sie geschleudert hatte. Gleichzeitig schlug auch auf dem Nachbarboot *M 30* eine Bombe ein. Fünf Tote und 15 Verletzte waren nach diesen Bombentreffern zu beklagen. Angeschlagen mußten die beiden M-Boote nach Kotka zurücklaufen.

Seither gibt es auf *M 17* ein Tabu: Der «Alte» darf sich nicht im weißen Hemd auf der Brücke sehen lassen! Wenn er es versehentlich doch einmal tut, schlägt ihm das vereinte Entsetzen seiner Männer entgegen.

Der Kommandant sieht die Kiellinie des Verbandes entlang. Die letzten Schären sacken gerade achteraus. Sie dampfen mit südwestlichem Kurs in den Finnenbusen hinaus. Vorn die 35er Ölboote der 3. Minensuch-Flottille, zu der auch *M 17* gehört. Mit qualmenden Schornsteinen folgen die drei 40er M-Böcke, die Kohlenboote von der 25. Minensuch. Bei der Sperrbewachung sind sie aus Erfahrung und Zweckmäßigkeit dazu übergegangen, in solchen gemischten Verbänden zu fahren. Die Ölboote haben zwei 10,5-cm-Geschütze, die Kohlenboote nur eins, dafür aber meist ein paar Rohre leichte Flak mehr an Bord.

Seit die Angriffe der sowjetischen Luftwaffe immer zahlreicher und heftiger geworden sind, hängt sehr viel davon ab, ob der deutsche Verband einen wirkungsvollen Feuerigel um sich herum aufbauen kann. Deshalb fahren die 3. und die 25. Minensuch nicht nach Flottillen getrennt, sondern sie kombinieren ihre Boote. Der Chef der 3., Korvettenkapitän Kieffer, führt das Kommando über den Verband, zu dem *M 17* heute gehört, daher «Gruppe Kieffer». Draußen an der verlängerten Ostfront werden sie die ähnlich zusammengesetzte «Gruppe Leonhardt» ablösen, benannt nach dem Flottillenchef der 25. Minensuch, der dort das Kommando führt.

Viermal 24 Stunden sind die Männer jetzt draußen; dann freuen sie sich auf Ruhe, auf eine Pause in der nervenzerrenden Anspannung ständiger Fliegeralarme. Sie sehnen sich danach, sich endlich einmal wieder rundum ausschlafen zu können, nachdem sie vier Tage und Nächte nicht mehr aus dem Anzug gekommen sind.

Das ist der Törn: Vier Tage am Feind – vier Tage Ausruhen in den Schärenverstecken: normaler Dienst, vielleicht ein Abstecher nach Reval oder Helsinki, und dann schon wieder vorbereiten auf den neuen Einsatz.

Nicht nur «aktive» Minensuchboote, sondern alles, was fahren und schießen kann, wird in die gemischten Verbände eingereiht. So zum Beispiel die Flakjäger 25 und 26, die ehemaligen Zollkreuzer *Yorck* und *Nettelbek,* die ein paar 2-cm- und 3,7-cm-Rohre tragen können und so klein und wendig sind, daß ihnen auch im übelsten Bombenregen nie etwas Ernsthaftes passiert. Oder die bedauernswerten Kümos mit dem klingenden Namen schwere Artillerie-Träger; im Hafen belächelt, stehen sie doch draußen ihren Mann und haben oft entscheidend zur Abwehr der Feindangriffe beigetragen. Allerdings muß man stets befürchten, daß sie vor Anstrengung auseinanderbrechen, und wenn sie wirklich von einer Bombe getroffen werden, sinken sie rettungslos binnen weniger Minuten in die Tiefe.

Die Boote von der 25. und der 1. Minensuch-Flottille, die von Reval aus an die Front in der Narwa-Bucht fuhren, erhielten schon im März und April 1944 einen Vorgeschmack davon, wie heiß die Schlacht in diesem Sommer zu werden versprach.

Nach dem mißglückten Landeversuch der Russen an der estnischen Küste bei Meriküla war Mitte Februar zunächst noch einmal der Winter zurückgekehrt und hatte die Narwa-Bucht mit einer neuen Eisschicht überzogen. Anfang März aber mußten die ersten Bewacher auf Position ziehen. Der Feind schlug gleich mit aller Gewalt zu. Am 7. März flog er einen Massenangriff auf Kotka, den Hauptstützpunkt der verhaßten Bewacher-Flottillen. Doch der Zweck wurde, trotz heftiger Brände und Zerstörungen in der Stadt selbst, nicht erreicht, weil die Boote in ihren Schärenverstecken unentdeckt blieben. Schon in den nächsten Tagen stürzten sich daher die Jabos wieder auf die Boote in See. Die Verbände der Sowjets, 1943 meist 6 bis 8 Maschinen stark, schwollen nun auf 30 und noch mehr Flugzeuge an, die gemeinsam angriffen.

Der Auftakt im März 1944 trug den deutschen Wachverbänden in der Narwa-Bucht 137 Luftangriffe ein, wobei rund 7000 Bombenwürfe gezählt wurden, ganz zu schweigen von dem ständigen Feuer der Flugzeug-Bordwaffen. Doch die Boote wußten sich ihrer Haut zu wehren. Ein einziger Wachverband verschoß innerhalb von 20 Tagen über 2000 Schuß 10,5-cm-, 7000 Schuß 3,7-cm- und 100000 Schuß 2-cm-Munition. Das war eine respekteinflößende

Feuerkraft. Allein am Nachmittag des 23. März wehrte dieser Verband 21 Schlag auf Schlag folgende Luftangriffe von zusammen 150 Flugzeugen ab. Insgesamt stürzten im März 29 sowjetische Maschinen brennend oder von Volltreffern zerfetzt ins Meer.

Der Monat April brachte den ersten Totalverlust an der Sperrfront in der Narwa-Bucht: *M 459*, eines der Kohlenboote der 25. Minensuch, wurde am 10. April so schwer von Bomben getroffen, daß es auf der Stelle sank.

Im Mai vermag der Gegner seine Angriffe noch zu steigern. Am 19. werden über 60 Feindmaschinen zusammen im Tiefangriff auf die «Gruppe Leonhardt» gezählt. Trotz des geballten Abwehrfeuers aus allen Rohren, das die Russen zuletzt doch unsicher macht, muß es fast als Wunder gelten, daß nur ein im Verband mitfahrendes Walfangboot schwere Bombentreffer erhält und sinkt.

Das also sind die letzten Neuigkeiten von der Ostfront auf See, als die «Gruppe Kieffer» jetzt nach vorn dampft, um die Stellung vier Tage lang zu halten. Denn daran lassen die Befehle des F. d. M. Ost keinen Zweifel: Der verlängerte Arm der Narwafront, der schützend weit auf die See hinausgreift, ist mit allen Mitteln gegen jeden Ansturm zu verteidigen!

Auf dem Boot des Verbandschefs weht ein Flaggensignal aus, das eine allgemeine Formationsänderung befiehlt. Eifrig bemühen sich die Signalgäste auf den anderen Booten, das gleiche Signal zu wiederholen.

Oberleutnant Bode lehnt sich über die Brückennock und beobachtet die emsigen Vorbereitungen seiner Männer auf die kommenden Gefechte. Die Geschützbedienungen legen letzte Hand an ihre Waffen, Rohre werden gerichtet, Granaten griffbereit gestapelt, und bei den Maschinenwaffen werden gefüllte Magazine in die Gurte geschoben.

M 17 ist gerüstet – der Tanz kann beginnen.

*

Am 30. Mai stehen die Boote dicht hinter der Minensperre auf und ab. Dicht hinter der Sperre heißt: mit einem «Ehrfurchtsabstand» von einer halben Meile. – Diese Sicherheit ist das mindeste, was die Bewacher brauchen, um nicht unversehens, etwa im Laufe eines Gefechts, in die eigenen Minen zu geraten. Der Finnenbusen hat manche verborgenen Tücken. Unter bestimmten Wetterbedingungen kann sich ein Strom bilden, der die Boote mehrere Seemeilen in der Stunde nach Osten versetzt, also auf die Sperren zutreibt. Zudem sind diese Gewässer zum letzten Mal zur Zarenzeit vermessen worden, und die

Seekarten weisen seltsame Unregelmäßigkeiten auf. Die Zeichen und Landmarken sind zum größten Teil zerstört, die Leuchtfeuer sind gelöscht. Das kostet die Steuerleute der deutschen Boote bei der Navigation manchen Schweißtropfen und viel Kopfzerbrechen.

Jedenfalls ist es schon navigatorisch kein Kinderspiel, im Finnischen Meerbusen zur See zu fahren. Hinzu kommen die Gefahren der unsichtbar lauernden Minen und der hartnäckigen sowjetischen Luftangriffe. Aber da gibt es nichts: Die Sperrposition muß gehalten werden.

Auf *M 17* beobachten zahlreiche Augenpaare unablässig die Kimm, jenen Streifen, bei dem das zarte Graublau des Himmels auf die nur geringfügig dunklere Meeresfläche trifft. Für die Männer ist es immer aufs neue ein seltsames Gefühl, die Sperre zu bewachen; denn sie sehen ja nichts als das scheinbar unberührte Meer. Soldaten an Land, die ein wertvolles Gebäude oder auch ein im Walde versteckt liegendes Munitionslager zu schützen haben, ja selbst Seeleute, die mit ihren Booten Geleitaufgaben für große Kriegs- oder Handelsschiffe erfüllen, haben ihr Schutzobjekt stets sichtbar vor Augen. Die Lage der Sperre aber läßt sich nur durch eine Reihe theoretischer Berechnungen ergründen, und ganz sicher ist es nie, ob man nicht einen Fehler gemacht hat.

Durchschnittlich ist die Sperre, die von Hochland über Tütters bis zur Küste der Narwa-Bucht eine Länge von gut 30 Seemeilen besitzt, mehrere Meilen breit. Zwar steht auf dieser ganzen Breite nicht Mine an Mine. Die erhebliche Ausdehnung ist vielmehr dadurch zustande gekommen, daß auf der Westseite immer neue Teilsperren vorgelagert worden sind, wenn Eis oder Seegang die alten Minenfelder gelichtet hatten oder der Feind mit seinen Räumverbänden hier und da ein Stück von Osten her in die Sperre eingedrungen war. So kommt es, daß Gefechte mit sowjetischen Räumbooten, die auf der Ostseite an der Sperre «knabbern», meist auf große Distanz geführt werden müssen, ja, daß der Feind bei nebligem Wetter oder sonstwie schlechten Sichtverhältnissen gar nicht entdeckt wird.

In diesem Jahr 1944 ist allerdings noch keinerlei Feindtätigkeit auf See festgestellt worden. Nachdem das Eis die innere Kronstädter Bucht freigegeben hat, werden die Sowjets einige Wochen Übungszeit gebraucht haben, um ihre vom Winterschlaf befallenen Flottillen wieder einzufahren. Nun werden sie tagtäglich an der Sperre erwartet; denn ihr Befehl lautet zweifellos, es der Roten Armee an Land gleichzutun und den verhaßten Minengürtel auf jeden Fall im Laufe dieses Sommers zu durchbrechen. Die ständigen Luftangriffe sollen die deutschen Bewacher rechtzeitig zermürben.

So richtet sich die gespannte Aufmerksamkeit auf *M 17* und auf den anderen Booten der «Gruppe Kieffer» zugleich gegen den Luftraum und auf das Seegebiet am jenseitigen Rand der Sperren. Erfahrungsgemäß umgehen die sowjetischen Bomberverbände die deutschen Schiffe und greifen von Westen her an; beim Abflug haben sie dann nur wenige Minuten bis zu ihren Flugplätzen auf den Inseln Lavansaari und Seiskari oder auf dem Festland. Seestreitkräfte des Feindes aber können natürlich nur im Osten auftauchen.

Bisher hat der Tag nur ein ziemlich kurzes Gefecht mit einer Handvoll sowjetischer Jäger gebracht. Bei jedem Anflug drehten die Maschinen ab, sobald ihnen das vereinte Abwehrfeuer der Schiffe entgegenschlug. Die Einschläge ihrer Bordwaffen peitschten Hunderte von Metern vor den deutschen Fahrzeugen nur das Meer.

Die Besatzungen sind sich darüber klar, daß es nicht bei diesem harmlosen «Grußaustausch» bleiben wird. Die Jäger werden den deutschen Verband längst gemeldet haben. Die Ausgucks auf den M-Booten erwarten jeden Augenblick, den ersten Bomberpulk am Himmel zu entdecken.

Doch da geschieht etwas ganz anderes.

«Backbord querab am Horizont ein weißer Streifen!» meldet plötzlich ein Signalgast, der die Wasseroberfläche in diesem Sektor zu beobachten hat.

Die Köpfe fliegen herum. Der Kommandant läuft in die Backbord-Brückennock hinüber und preßt das Glas vor die Augen.

Tatsächlich: Ein zarter heller Schleier steht vor der etwas dunkleren Kimm. Noch ist das Gebilde unwirklich, und man hat den Eindruck, daß es sich in der nächsten Sekunde wieder verflüchtigen werde. Es kann aber auch größer und deutlicher werden, um sich schließlich als Bugwellen und Kielwasser einer Kleinboots-Flottille zu entpuppen.

Das wäre das erste Mal in diesem Jahr, daß die Sowjets sich der Sperre nähern!

Inzwischen hat auch das E-Meßgerät auf dem Signaldeck das Ziel aufgefaßt. Nun wird sich gleich herausstellen, ob es sich um eine Täuschung handelt. Was verrät die starke Optik? Die nächste Meldung lautet:

«Weißer Streifen enthält kleine schwarze Punkte. Wahrscheinlich Schnellboote. Werden rasch größer.»

Alarmklingeln schrillen durch das Boot.

Alle Mann auf Gefechtsstationen!

Ein Verband von fünf sowjetischen Schnellbooten braust heran, ihr Kurs ist direkt auf die deutschen M-Boote gerichtet. Mit äußerster

Kraft wühlen ihre Schrauben die See auf. Ein breiter weißer Streifen aus Gischt und Schaum kündet weithin ihren Weg. Jetzt etwa müssen sie den östlichen Rand der Minensperre erreicht haben, aber sie stoßen unbekümmert weiter vor. Die pfeilschnellen, flachen Boote brauchen die tieferstehenden Minen nicht zu fürchten.

Auch der deutsche Verband ist inzwischen auf hohe Fahrt gegangen. So haben die Boote ihre höchste Manövrierfähigkeit, um den erwarteten Torpedos rechtzeitig auszuweichen.

Alle 20 bis 30 Sekunden gibt das E-Meßgerät auf *M 17* die Entfernung der angreifenden Boote durch. Jetzt fahren sie schon im Bereich der eigenen 10,5, aber die Rohre schweigen noch. Ruhig stellen die Richtschützen die Entfernung nach. Nervosität scheint ihnen fremd zu sein. Ein Torpedoangriff steht bevor, und jeder Torpedo kann das Ende bedeuten. Wie kommt es, daß die drohende Gefahr die Männer so kalt läßt?

Auf der Brücke ermahnt der W.O. seine Ausgucks, die anderen Sektoren nicht zu vernachlässigen. Es ist schon vorgekommen, daß die Sowjets gleichzeitig auf dem Wasser und aus der Luft angegriffen haben. Wenn man seine Aufmerksamkeit zu sehr auf den einen Gegner konzentriert, könnte man von dem anderen überrascht werden.

Mit einer Mischung von Gelassenheit und aufkeimender Spannung sehen auch die Offiziere und Männer, die ihre Gefechtsstationen auf der Brücke haben, dem Feind entgegen. Ohne Kursänderung kommt er nach wie vor geradeswegs auf die deutschen Schiffe zu, die wie unbeteiligt weiterfahren, als hätten sie mit dieser Sache gar nichts zu tun. Endlich faßt der Kommandant von *M 17* in Worte, was seine Männer in diesem Augenblick bewegt:

«Na, sieht bis jetzt nicht so aus, als ob die Brüder was dazugelernt hätten.»

Das ist der Ursprung ihrer Gelassenheit: Schnellboot-Angriffe über die Sperre hinweg hat es im vergangenen Jahr viele gegeben, bei Tag und bei Nacht, und einer glich immer aufs Haar allen anderen. Gerade weil sie alle stur dem gleichen Schema folgten, hatten sie bald den Reiz der Neuheit verloren, und mit dem Ausbleiben irgendwelcher überraschender Wendungen schwand auch ihre Gefährlichkeit dahin. Gäbe es diese Erfahrung nicht – die deutschen Geschütze würden kaum noch schweigen...

Der Verbandschef hat über den UK-Sprechfunk den Befehl durchsagen lassen:

«An alle Boote: Nicht vor 60 Hundert (6 km) schießen. Feuererlaubnis vom Führerboot abwarten.»

Allmählich greift das Jagdfieber um sich. Auf der Brücke von *M 17* beginnt der A.O. (Artillerie-Offizier) laut zu denken: «Bitte, bitte», murmelt er, «laß sie nicht zu früh abdrehen! Laß sie sich nicht einnebeln!»

Unklar bleibt nur, an wen der Stoßseufzer gerichtet sein soll. Gleich darauf bringt ein neuer UK-Befehl des Verbandschefs Arbeit. Das Boot soll die Sowjets nicht im Direktbeschuß unter Feuer nehmen, sondern sie möglichst mit Granatsplittern aus der Luft abstreuen.

«Sprengpunkte hoch 5!» befiehlt der A.O. Das heißt, daß die Rohre 5/16 Grad über das Ziel gehoben werden, damit die Granaten unmittelbar über den Angreifern zerplatzen. Dann wachsen nicht die hohen Fontänen von den Einschlägen einzelner Granaten aus der See, sondern die zahlreichen Splitter stellen für Bruchteile von Sekunden ganze «Gartenzäune» aus Wasser rings um das Ziel. Auf diese Weise ist es leichter, Treffer zu erzielen; die Splitter genügen, um die Decks der feindlichen Boote leerzufegen oder die Benzinboote in Brand zu setzen.

Inzwischen sind die Sowjets noch näher gekommen. Sie stehen jetzt mitten auf den «Seeigel»-Sperren. Doch kurz vor dem Punkt, an dem das vereinte deutsche Abwehrfeuer sie empfangen soll, läßt ihre Fahrt plötzlich nach. Nur eins der Flügelboote des Verbandes prescht weiter, schwenkt dann ein und beginnt, quer zur Fahrtrichtung der anderen Boote, vor ihren Nasen herzulaufen.

«Sie nebeln!» rufen die deutschen Beobachter.

Das Einzelboot stößt dichte Schwaden milchigweißen Qualms aus. Im Nu ist der ganze Verband in der künstlichen Wolke verschwunden.

Wütend stampft der A.O. von *M 17* mit dem Fuß auf. Diese Feiglinge, denkt er erbost, um sich jedoch schon in der nächsten Sekunde einzugestehen, daß er selbst als S-Boot-Kommandant bei einem Angriff am hellen Tage auch nicht anders handeln würde.

Der Kommandant sieht belustigt herüber.

«Was wollen Sie denn, A.O., das tun die doch aus Respekt vor Ihrer Artillerie!»

«Immer dieselbe Masche», meint der W.O.

«Frage Entfernung bis zur Nebelwand!» will der A.O. von seinen E-Messern wissen.

«Feuer auf den ersten Angreifer konzentrieren», befiehlt der Kommandant. «Und Sie spitzen die Ohren auf meine Ruder-Kommandos», ermahnt er den Rudergänger, «sonst haben wir 'nen Torpedo im Bauch.» Von der Exaktheit und Schnelligkeit des Mannes am Ruder hängt es mit ab, ob die anlaufenden tödlichen Aale sicher ausmanövriert werden. Doch der Kommandant hat geübte und erfahrene Männer zur Seite, auf die er sich verlassen kann.

Der nächste Akt des Angriffs ist ihnen allen geläufig, obwohl der Feind seine weiteren Bewegungen zunächst jeder Sicht entzogen hat. Auch die Schnellboote können aus dem Nebel heraus nichts sehen. Deshalb werden sie gleich zum eigentlichen Torpedoangriff vorstoßen. Erfahrungsgemäß greifen sie nicht alle zusammen an, wie es taktisch richtig wäre, sondern schicken immer nur einzelne Boote aus dem sicheren Versteck heraus vor. Wie von Furien gepeitscht jagen sie dann zwei oder drei Minuten auf ihr Ziel zu, wenden zum Torpedoschuß aus ihrem Heckrohr und rasen auch schon wieder in die schützende Nebelwand zurück. Diese wenigen Minuten nur kann die eigene Artillerie zum Feuerüberfall ausnutzen.

Auch bei diesem ersten Seegefecht des Jahres kommt es «genau nach Plan». Kaum sind die Umrisse des ersten Angreifers schemenhaft vor dem künstlichen Nebel zu erkennen, als die Artillerie Feuererlaubnis erhält und die Granaten hinausjagt. Die Aufschläge stehen dicht am Ziel, vielleicht klirren schon Splittertreffer über die Boote. Jedenfalls drehen sie bereits nach kurzem Anlauf ab und ziehen sich weiter zurück.

Das nächste Schnellboot erscheint vor dem Nebelschleier, das Spiel beginnt von vorn.

Jetzt müssen sie auf den M-Booten auf Torpedoaufbahnen achten!

Die Geschütze nehmen unter Feuer, was immer sie vom Feind entdecken können. Plötzlich bleibt eins der S-Boote liegen. Es ist getroffen, sein Bug ragt jetzt hoch aus dem Wasser, während das Heck untertaucht.

Gleichzeitig laufen Blasenbahnen auf die deutschen Boote zu. Also auch hier nichts Neues: Die Sowjets schießen immer noch mit Preßluft-Torpedos, deren Weg weithin zu sehen ist.

Ein paar Ruderkommandos – und *M 17* dreht auf den feindlichen Aal zu, der einige Dutzend Meter entfernt an der Bordwand vorbei ins Leere stößt.

Bei den Sowjets ist schon ein neues Boot vorgeprellt, aber nicht zum Angriff, sondern um eine zweite Nebelwand zu ziehen, in der sich nun auch das getroffene Boot verbirgt. Zudem können die M-Boote jetzt nur noch mit dem vorderen Geschütz schießen, weil sie auf den Feind zugedreht haben, und das Feuer wird durch die Ausweichmanöver gestört und unregelmäßig. Diesen Augenblick nutzt der Feind, um seine Leute von dem bewegungsunfähigen Boot zu bergen und, immer noch im Schutz des Nebels, abzulaufen. Als die leichte Brise schließlich die Schwaden lichtet und auseinandertreibt, sind die vier restlichen Boote schon jenseits der Sperre und suchen das Weite.

Der erste Schnellboot-Angriff des Jahres ist abgeschlagen. Die Deutschen atmen auf. Mit einem Gegner, der seine Angriffe schulmäßig fährt, als wären es nur Übungen auf dem Schießstand, und sich nichts Neues einfallen läßt – mit einem solchen Gegner werden sie allemal fertig.

«Auf See», schränkt Oberleutnant Bode ein, «auf See! Denn die hartnäckige Marineluftwaffe der Sowjets wird uns noch böse fertigmachen, wenn wir keine eigenen Jäger dagegen einsetzen.»

Skeptisch sehen sie sich an. Die eigene Luftwaffe? Weiß der Teufel, wo die eigentlich steckt.

*

Eine Erfahrung des letzten Jahres besagt, daß die sowjetischen Schnellboote ihren bei Tag mißlungenen Angriff oft nachts wiederholen. Erst die Dunkelheit gewährt den kleinen, verwundbaren Angreifern genügend Schutz, um sich nahe genug für einen erfolgversprechenden Torpedoschuß heranzuwagen. Allerdings ist dann, sobald sie entdeckt sind, auch das Abwehrfeuer um so heftiger und treffsicherer.

Manchmal greifen die S-Boote auch an, um absichtlich die Aufmerksamkeit der deutschen Bewacher auf sich zu lenken. Dann ist meist an anderer Stelle der Sperre ein sowjetischer Minenräumverband an der Arbeit und versucht, eine Bresche in die Minenbarriere zu schlagen. Die «M-Böcke» kennen diese Tricks; sie stehen lange genug an der Sperre, um mit den Gepflogenheiten des Feindes vertraut zu sein, und lassen sich nicht täuschen.

In einer der folgenden Nächte trifft die «Gruppe Kieffer» auf einen solchen Räumverband. Im Schein der Leuchtgranaten werden 19 feindliche Boote gezählt. Die eigene Artillerie muß über die ganze Breite der Sperre hinwegschießen, denn näher herangehen können die M-Boote ja nicht. Dennoch lodert nach kurzem Gefecht drüben beim Feind Feuerschein auf: Zwei Boote brennen! Darauf brechen die anderen ihre Arbeit ab und machen, daß sie aus dem Bereich der deutschen Granaten fortkommen.

Das ist die Aufgabe der deutschen Wächter in der Narwa-Bucht: Jeden, der sich den Minensperren von Osten her nähert oder sich gar daran zu schaffen macht, mit wohlgezieltem Feuer zu vertreiben.

Die Diskussion über den neuen Erfolg ist noch nicht verstummt, als auf *M 17* wieder die Alarmglocken anschlagen. Diesmal wundern sich sogar die Ausgucks, denn sie haben nichts Verdächtiges festgestellt. Der Alarm wird durch eine Meldung des Horchraums ausgelöst. Mit den großen, empfindlichen Unterwasserrohren des Bootes sind deutlich Schraubengeräusche zu hören.

«Leuchtgranaten!» befiehlt der Kommandant.

Eine halbe Minute später sinken östlich des M-Bootes zwei gleißende Lichtquellen im Zeitlupentempo auf die See hinab. Sie liegen genau richtig; denn schon kommen die ersten Sichtmeldungen: Feindliche Schnellboote! Entfernung kaum 2 Kilometer!

Das hätte eine böse Überraschung geben können. Nun wird der Spieß umgedreht. Geblendet verharren die sowjetischen Boote noch am selben Ort und in derselben Lage, als die deutsche Schiffsartillerie schon loshämmert. Die leichten Maschinenwaffen fallen in das Feuer ein. Es ist ein Höllenlärm. Auch andere Boote beteiligen sich an dem Gefecht. Zwischendurch werden immer wieder Leuchtgranaten verschossen, die den überraschten Gegner mit taghellem Licht überfluten.

Die Sowjets sehen ein, daß ihr Plan gescheitert ist. Die Boote drehen ab und gleichzeitig schäumt die See auf. Im Horchgerät schwillt das Schraubengeräusch unvermittelt zu brüllendem Lärm an. Die S-Boote ziehen davon. Suchen sie nur das Weite, erschrocken wie aufgestöbertes Wild?

«Scharf auf Torpedolaufbahnen achten!» ruft der Kommandant.

Man kann nie wissen. Die Heck-Torpedorohre der Sowjets mahnen zur Vorsicht. Das Abdrehen kann Flucht bedeuten, und ebenso kann es mit dem Torpedoschuß erst den Höhepunkt des Angriffs bringen. Aber die Zeit verstreicht, und nirgends sind Torpedogeräusche zu hören. Entweder haben sie nicht geschossen oder weit vorbeigezielt.

M 17 setzt den S-Booten mit äußerster Kraft nach. Die 10,5 auf der Back schießt in schneller Folge. Doch der Abstand vergrößert sich zusehends. Außerdem mahnt der Obersteuermann, der die Kurve mitgekoppelt hat, zur Umkehr. Die Jagd kann allzu leicht ins eigene Minenfeld führen, und das wäre ein billiger Erfolg für die Sowjets. Der Kurs führt zudem genau auf die Sandbank Vigrund zu, eine Untiefe, auf der das M-Boot sich festrennen würde, wollte es die Schnellboote weiter verfolgen.

So schickt die 10,5 ihnen noch ein paar Leuchtgranaten nach – und dann ist die Nacht wieder so still und scheinbar friedlich wie vorher.

Am nächsten Vormittag, als es schon lange hell ist, trifft von der Inselbesatzung auf Groß-Tütters ein Funkspruch sonderbaren Inhalts ein. Ein kleineres Fahrzeug soll gesichtet oder geortet worden sein, das offenbar auf See festliegt, da es sich schon seit Stunden nicht mehr bewegt habe. Dann folgt eine Standortangabe.

«Das ist Vigrund!» platzt der Obersteuermann heraus; er kennt die Längen- und Breitenangaben auswendig.

Auf der Brücke von *M 17* sehen sie sich an. Vigrund? Die Untiefe, über die sich in der vergangenen Nacht die sowjetischen S-Boote aus dem Staub gemacht haben?

Wenig später erhält *M 17* die Erlaubnis, den Verband zu verlassen und mal nachzusehen, ob da tatsächlich etwas ist. Als sie nahe genug heran sind, ist es deutlich zu erkennen: Das Boot – es muß sich um eins der S-Boote der letzten Nacht handeln – liegt hoch auf der Sandbank. Der russische Kommandant muß sich, geblendet von den deutschen Leuchtgranaten, so unglücklich festgefahren haben, daß an kein Loskommen mehr zu denken war.

Das Schnellboot ist verlassen und halb zerstört – nicht nur von der hastigen Sprengung, sondern auch von Treffern aus dem nächtlichen Gefecht und von den Bomben sowjetischer Flugzeuge, die ihr eigenes Boot vor den Augen der Deutschen vernichten.

M 17 läuft mit hoher Fahrt ab. Der Kommandant will sein Boot keiner unnötigen Gefahr aussetzen. Ein Luftangriff auf das Einzelboot, das am Rande der Untiefe steht, wäre ein zu großes Risiko. Im übrigen wäre es zu schwierig und lohnte auch nicht, die Reste des feindlichen Schnellboots von der Sandbank zu bergen. Einige Tage später schon hat die Brandung die Stücke mit sich fortgerissen.

3

Kronstädter Bucht | **Jenseits der Sperren**

Große Torpedoboote im östlichen Finnenbusen – Um die Inseln vor Wiborg Besuch im finnischen Flottenstab – T 30 und T 31 auf «Drosselfang» 30 sowjetische Schnellboote greifen an

In einer Bucht der dem Hafen Kotka südwestlich vorgelagerten Insel Mussalo macht das bewaldete Ufer an einer Stelle einen unregelmäßigen Sprung nach vorn und weicht erst nach etwa 100 Metern in die sanft geschwungene Uferlinie zurück. Wenn man genauer hinsieht, entdeckt man, daß der Wald an diesem Vorsprung nicht natürlich gewachsen ist. Hier und da werden die Baumwipfel von schlanken Mastspitzen überragt. Durch das «Unterholz» blinkt bisweilen grau gemaltes Metall, das an eine Bordwand erinnert, und an dem Punkt, auf den das kleine Motorboot gerade zusteuert, wird nun auch ein richtiges Seefallreep sichtbar.

Nur der Eingeweihte vermag auf den ersten Blick zu erkennen, was sich hinter der Tarnung verbirgt; denn so gut ist kein Schiff zu verstecken, daß man seine Umrisse nicht erkennen könnte. Wichtig ist nur, daß feindliche Bomber nichtsahnend über den Platz hinwegfliegen und den Wald für Wald halten. Dieser Zweck ist bisher erreicht worden und läßt die Besatzungen der deutschen Boote, die sich auf solche Weise tarnen, die damit verbundenen Unannehmlichkeiten gern in Kauf nehmen.

Denn dieser Wald an Bord nadelt... und wie er nadelt!

Kein noch so gründliches Reinschiff kommt dagegen an. Manchmal finden die Seeleute die abgeworfenen Reste ihrer Tarnung sogar als würzige Beilage im Essen...

Seit sich das neue, große Torpedoboot *T 30* im Frühjahr 1944 diesen abgeschiedenen Liegeplatz in den Schären ausgesucht hat, gibt es auf dem Dienstplan eine ziemlich marinefremde Arbeitsgruppe:

die Holzfäller. Täglich zieht ein Kommando ins Innere der Insel und schlägt frische Stämme, um sie gegen die alten, vertrockneten auszutauschen, die ihre Nadeln schon freigiebig über die Decks und in alle offenen Luken und Niedergänge verteilt haben.

Kommandant von *T 30* ist Kapitänleutnent Buch. Als sein Boot im Februar zusammen mit den ersten Zerstörern der 6. Z-Flottille in Baltischport eintraf, hätte er es sich nicht träumen lassen, daß *T 30* jetzt im Juni schon seit geraumer Zeit als größtes deutsches Kriegsschiff so weit ostwärts im Kampfgebiet des Finnenbusens bereitliegen würde. Der Kommandant ist ein dynamischer Mann. Es konnte ihm auf die Dauer nicht behagen, daß sein modernes, wehrhaftes Boot immer nur als Flakschutz an der Seite der größeren Zerstörer ausharren sollte. Die vier 10,5-cm-Geschütze des sogenannten Flottentorpedobootes der Elbing-Klasse eigneten sich ausgezeichnet als schwere Flak, wie die Abschußerfolge der M-Boote mit dem gleichen Geschütz in der Narwa-Bucht bewiesen. Dagegen war die 12,7- und die 15-cm-Artillerie der Zerstörer mehr gegen See- und Landziele brauchbar; die Geschosse der eigentlichen Fla-Waffen der Zerstörer, der 3,7 cm, konnten gegen die gepanzerten Kanzeln der sowjetischen Jagdbomber meist nichts ausrichten.

Neben dieser reinen Flakschutz-Aufgabe durfte sich *T 30* als schneller Minenleger am Wurf der neuen Sperren beteiligen, die das «Seeigel»-System vervollständigen und an die Landfront anschließen sollten. Aber auch diese Tätigkeit war nicht so recht nach dem Geschmack der Torpedobootsfahrer. Minenwerfen war, so wichtig es auch sein mochte, eine rein defensive Angelegenheit. Und um im Hafen Flakschutz zu stellen, brauchte man ebenfalls kein rankes, schnelles Schiff.

Gab es denn im Finnenbusen keine echte Torpedoboots-Aufgabe?

Von jeher ging es zum Angriff, wenn T-Boote gegen den Feind geschickt wurden. Diese Tradition verpflichtet. Auch *T 30* hat eine guteingefahrene Torpedowaffe mit zwei Drillings-Rohrsätzen. Aber wo gäbe es lohnende Ziele für diese gefährliche Waffe?

Höchstens jenseits der Minensperren... Höchstens in jenem äußersten Zipfel des Finnenbusens, wo den Sowjets die Seeherrschaft kaum streitig gemacht wird – abgesehen von den nächtlichen Unternehmungen kleiner Boote, die die Seewege des Feindes hier und da mit ein paar Minen verseuchen. In diesem spucknapfgroßen Seegebiet liegen die Inseln Lavansaari und Seiskari, deren geplante Besetzung durch deutsche Truppen 1942 versäumt worden ist; während des russisch-finnischen Winterkrieges 1939 waren die Sowjets dort gelandet und hatten sie zu großen Flugplätzen und Stützpunkten für ihre Seestreitkräfte ausgebaut. Im Nordosten und Norden wird das navigatorisch schwierige Gewässer von den großen und kleinen Inseln der Bucht von Wiborg und von den zahllosen Schären vor der finnischen Küste begrenzt. Die Finnen sind auch die einzigen, die hier Bescheid wissen und angeben können, ob und wo ein Einsatz des großen T-Bootes lohnen würde.

Auf die ständigen Vorstellungen des Kommandanten hin erhielt *T 30* schließlich die Erlaubnis, wenigstens nach Helsinki hinüberzufahren. Kapitänleutnant Buch bot den Finnen sein schönes Boot «wie Sauerbier» an. Die Bundesgenossen wußten das Angebot durchaus zu schätzen. Doch östlich der Sperren würden sich kaum feindliche Schiffsziele finden lassen, die einen Torpedoschuß lohnten. Die Russen fuhren nur mit kleinen und kleinsten Booten zur See, obwohl nach sicheren Informationen eine fahrbereite Flotte mit einem alten Schlachtschiff, zwei großen Kreuzern, elf Zerstörern und sechs Torpedobooten in Kronstadt lag. Vielleicht gelang es, einige dieser Schiffe aus ihrem Schlupfwinkel hervorzulocken, wenn man ihnen mit größeren Booten als Köder vor der Nase herumfuhr?

Die Deutschen versicherten, daß im Laufe des Frühjahrs und des Frühsommers weitere T-Boote zu *T 30* stoßen sollten. Doch solche Gedanken und Möglichkeiten wurden von den Finnen schnell wieder verworfen. Das Risiko eines Einsatzes überwog bei weitem die Erfolgsaussichten. Das Boot bildete ein zu großes Ziel für die überlegene sowjetische Luftwaffe. Und wenn es nachts fuhr, wuchs die Gefahr heftiger Angriffe sowjetischer Schnellboote, die es sich so dicht vor ihren Stützpunkten und in ihrem eigenen Übungsgebiet schon etwas kosten lassen würden, den Eindringling zu jagen und abzuschießen.

Trotz dieser ganz vernünftigen Vorbehalte und Zweifel des finnischen Flottenstabes liegt *T 30* also nun bei Mussalo; von hier hat es auf dem Schärenweg nördlich um den Minensperrgürtel herum nur eine knappe Stunde Anmarschweg bis in die von den Sowjets beherrschte Kronstädter Bucht hinein. Die Haltung des finnischen Flottenstabes hat sich geändert. Der sowjetische Großangriff auf der karelischen Landenge fegt alle Bedenken gegen den Einsatz größerer Schiffe beiseite.

Der Angriff des Feindes bricht am 11. Juni los und gewinnt, da er mit vielfach überlegenen Kräften geführt wird, rasch an Boden. Die Finnen müssen auf Wiborg zurück und können auch diese Stadt nicht halten. Über See führen die Sowjets Nachschub und Truppenverstärkungen heran. Lange, gesicherte Geleitzüge kriechen unter der Küste dem Kampfgebiet zu. Der Augenblick ist gekommen, auch

T 30 gegen diesen Schiffsverkehr einzusetzen. Risikoerwägungen müssen nun zurückstehen. Die Finnen werfen ohnehin alle Fahrzeuge, die noch fahren und schießen können, an den bedrohten Küstenabschnitt. Die starke, abgewogene Feuerkraft des deutschen Torpedobootes wird willkommene Unterstützung und Hilfe bringen.

Der erste Einsatz wird auf das Stichwort «Wespe» hin befohlen. Gegen 19 Uhr beginnt die Besatzung, die Bäume vom Boot zu räumen; der Tarnwald wird an Land gestapelt oder in Bündeln ins Wasser geworfen, damit er sich länger frisch hält. Eine gute Stunde später meldet das Boot seeklar, und nach Einbruch der Dämmerung folgt es finnischen Minenräumbooten durch die Schären nach Osten. Bald liegen die eigenen und die bekannten sowjetischen Minenfelder hinter ihm. Die kleinen, menschenleeren Inseln Someri und Narvi werden an Steuerbord passiert. *T 30* befindet sich allein auf weiter Flur. Mit Ostkurs marschiert es durch ein Seegebiet, das der Feind als seinen alleinigen Herrschaftsbereich beansprucht.

Bald nach Mitternacht steht das Boot vor der Küste Kareliens, und wenig später erhält die Artillerie Feuererlaubnis. Über den Bildschirm des Funkmeßgerätes wandern plötzlich viele kleine Zacken. Das muß der sowjetische Geleitzug sein, auf den der finnische Flottenstab das deutsche Torpedoboot angesetzt hat. In der schummerigen Nacht ist der Schiffspulk nun auch durch das Glas zu erkennen. Leuchtgranaten verlassen die Rohre, der A.O. erhält genauere Entfernungsangaben. 10,5 und 3,7 ballern los. Der Gegner muß von dem Überfall völlig überrascht sein; denn erst nach geraumer Weile blitzt es drüben vereinzelt auf, und weit vor *T 30* steigen ein paar Einschläge aus der See.

Binnen kurzer Zeit lodern beim Feind Brände auf und zeugen von Treffern auf den sowjetischen Booten. Der Geleitzug dreht ab und sucht unter der Küste Schutz – das Gefecht ist beendet. Der finnische Funktrupp, der auf *T 30* eingeschifft ist, gibt mit Erlaubnis des Kommandanten eine kurze Meldung über das Vorgefallene ab. Jetzt müßten Schnellboote nachstoßen und das sowjetische Nachschubgeleit stellen. Dem einzelnen, großen T-Boot ist es nicht möglich, dem Feind in sein Versteck zu folgen. Bald darauf wird es abgerufen und tritt den Rückmarsch an. Mag sein, daß sich die Sowjets ihrerseits von der Überraschung erholt haben und versuchen werden, den Eindringling mit einer Schnellboot-Flottille abzufangen. Die Finnen an Bord aber schütteln die Köpfe. So schnell reagieren die Russen nicht, meinen sie. Sie tun nichts, was nicht von ganz oben befohlen wird, und das dauert seine Zeit. Beim nächsten Mal, ja, dann könnten sie auf der Lauer liegen...

Unbehelligt erreicht *T 30* wieder die Schären, wird durch die Minensperre geschleust und liegt wieder an seinem Platz vor Mussalo, ehe der Morgen graut. Der Husarenritt jenseits der Sperren, an den feindlichen Stützpunkten vorbei bis dicht unter seine Küste, war so recht nach dem Geschmack der Torpedobootsfahrer.

Wenige Tage nach dem Unternehmen «Wespe» reißen die Seeleute an Bord von *T 30* die Augen auf: Sie haben über Nacht einen Doppelgänger bekommen! Es ist das Schwesterboot *T 31*, das frisch aus der Heimat vor Mussalo eingetroffen ist. Das bedeutet doppelte Kampfkraft, acht 10,5-cm-Geschütze statt bisher vier, aber auch ein doppelt so großes Ziel, wenn die Boote nachts im Feindgebiet stehen.

«Wenn das so weitergeht», scherzen die Seeleute, «dann planschen wir hier bald mit 'ner ausgewachsenen T-Flottille im Spucknapf herum!»

Sie haben recht. *T 30* und *T 31* bilden nur die Vorhut der 6. T-Flottille, deren Boote nach und nach in den Finnischen Meerbusen verlegt werden – in die «Badewanne», in der es ja bei weitem nicht so schlimm sein kann wie an der Kanalküste im Westen und die doch den meisten Booten auf tragische Weise zum Verhängnis wird.

*

Am Nachmittag des 19. Juni 1944 meldet sich der finnische Verbindungsoffizier an Bord von *T 30*, Kapitänleutnant Herlevi, beim Kommandanten. Eigentlich ist Herlevi Schnellbootfahrer, aber nachdem er eine Zeitlang bei einer deutschen Flottille im Englischen Kanal zu Gast war, um dort Erfahrungen zu sammeln, hat er sich nun zur Verfügung gestellt, um die Schiffsführung des großen Torpedobootes mit seiner Kenntnis dieser schwierigen Gewässer zu unterstützen.

Der Finne überbringt Kapitänleutnant Buch die Bitte, zu einer Besprechung ins Hauptquartier der finnischen Flotte zu kommen.

Buch untersteht zwar dem deutschen F. d. M. Ost, aber sein Einsatz jenseits der Sperren wird vernünftigerweise von den Finnen gesteuert. Eine Besprechung im Flottenstab bedeutet, daß für die kommende Nacht ein neuer Angriff auf feindliche Schiffsansammlungen in Aussicht steht. Der Kommandant läßt den 1. Offizier rufen und gibt einige vorsorgliche Befehle, damit das Boot am Abend rasch seeklar ist. Dann wird auch das Schwesterboot unterrichtet; denn wahrscheinlich werden sie diesmal zusammen eingesetzt.

Kaum eine Stunde später macht ein kleines Motorschnellboot, das von Kotka ostwärts davongezogen ist, an einem Steg in der Nähe

Haminas fest. Dort liegen, im Wald versteckt, die Holzhäuser, in denen sich der finnische Flottenstab einquartiert hat.

Der Empfang ist von besonderer Herzlichkeit – wie immer, wenn deutsche Marineoffiziere hier erscheinen. Der Flottenchef, Konteradmiral Rahola, drückt seinem Besucher lange die Hand. Er fragt nach seinen persönlichen Wünschen, erkundigt sich nach dem Zustand des Bootes, dem Wohlergehen seiner Besatzung.

Dann werden die Finnen ernst. Der A I, Fregattenkapitän Saukkonen, erläutert die Lage. Es steht schlecht an der karelischen Front. Die sowjetische Offensive dringt weiter vor und springt nun auch auf die Inseln vor der Küste und in der Wiborg-Bucht über. Vor allem gegen die drückend überlegene rote Luftwaffe ist keine Abwehr ausreichend und kein Standhalten möglich.

Auf Bitten der Finnen setzt der F. d. M. Ost bereits alle Fahrzeuge, die in der Narwa-Bucht und bei den anderen eigenen Aufgaben zur Not entbehrt werden können, im Kampfgebiet vor der karelischen Küste ein. Verschiedene M-Boote der 3. Minensuch-Flottille, eine Landungsflottille mit Fährprähmen, dazu einzelne Artilleriefähren und schwere Artillerieträger greifen weit ostwärts der bisher verteidigten eigenen Seefront mit ihren Geschützen in den Landkampf ein, schießen sich mit den hier besonders aktiven sowjetischen Bewachern, Kanonenbooten und Küstenbatterien herum und suchen sich der rollenden Luftangriffe zu erwehren. Die MFPs springen ein, wenn finnische Verstärkungen zwischen dem Festland und den Inseln transportiert oder an anderer Stelle die Verteidiger, die sich nicht mehr halten können, abgeholt werden müssen.

Kapitän Saukkonen hält inne und greift nach einem roten Blatt Papier; es enthält die Auswertung des aufgefangenen Funkverkehrs der Russen. Die Finnen besitzen ein streng gehütetes Geheimnis: Sie sind in den Funkschlüssel ihrer Gegner eingebrochen und können einen großen Teil seiner chiffrierten Befehle und Meldungen mitlesen. Das kann ein entscheidender Vorteil sein – wenn man die Kraft hat, die heimlich gewonnenen Informationen zu überraschenden Gegenschlägen auszunutzen.

«Diese Meldungen besagen», führt der finnische Offizier aus, «daß der Gegner heute nacht Truppen auf den Inseln Koivusaari und Piisaari landen will, die sich zur Zeit fest in unserer Hand befinden. Es sollte möglich sein, die Landungsschiffe auf dem Wege dorthin abzufangen...» Fragend blickt er zu dem deutschen Kommandanten hinüber.

Kapitänleutnant Buch kennt dieses Spiel bereits. Die Finnen tragen nur die Lage vor und zeigen die Einsatzmöglichkeiten auf, vermeiden es aber, direkte Wünsche an die deutsche Hilfe oder gar bestimmte Erwartungen zu äußern. Die Entscheidung, was geschehen kann, überlassen sie den Deutschen selbst.

Buch reagiert ohne Zögern. Er bittet um die Genehmigung, diese Operation mit *T 30* und *T 31* durchzuführen. Ferner bittet er um weitere Einzelheiten und genaue Anweisungen.

Konteradmiral Rahola erkundigt sich zunächst noch einmal nach der Kriegsbereitschaft des neu eingetroffenen Bootes. Als er hört, daß *T 31* eine ebensogut eingefahrene Besatzung wie *T 30* und den gleichen Gefechtswert habe, stimmt der Flottenchef zu. Die Offiziere beugen sich über Karte, Funksprüche und Lageberichte. Die eigentliche Vorbereitungsarbeit beginnt.

So wird das Unternehmen «Drosselfang» aus der Taufe gehoben. Die besten Wünsche der Finnen begleiten die Deutschen, als sie von ihrem Schnellboot mit hoher Fahrt nach Mussalo auf die wartenden Boote zurückgebracht werden.

*

Kurz vor Mitternacht zum 20. Juni 1944 stehen *T 30* und *T 31* bereits östlich der Insel Narvi und nähern sich rasch dem Geleitweg der Russen aus der Kronstädter Bucht zur Front in Karelien. Alle Mann sind auf Gefechtsstationen. Seit wenigen Augenblicken wissen sie, daß sie auf den Gegner stoßen werden. Das Funkmeßgerät hat eine erste Ortung angezeigt, auf die sie jetzt mit einer Geschwindigkeit von 28 Knoten zuhalten.

Es erscheint fast ausgeschlossen, den Feind in diesem Seegebiet zu verfehlen, noch dazu, wenn man das Ziel des feindlichen Verbandes kennt. Andererseits werden auch die Sowjets gewarnt sein; nicht nur durch das erste überraschende Auftreten von *T 30* vor einigen Tagen, sondern weil beide Boote heute auf dem Hermarsch bereits eine kurze Gefechtsberührung hatten. Ein paar kleine Krauter waren es, wahrscheinlich Bewacher, die von ihrem Stützpunkt Lavansaari aus nach Norden vorfühlten, aber gleich wieder abdrehten, als einige Aufschläge der 10,5 sie mit hohen Wassersäulen eindeckten. Doch immerhin: Sie werden die mit Ostkurs vorbeiziehenden großen Boote sicherlich gemeldet haben.

In der Tat zeigen sich die Russen diesmal kaum überrascht über den Angriff, denn sie erwidern das Feuer sofort. Die Deutschen tauschen einen kurzen erstaunten Blick. Die ersten Schüsse des Gegners liegen gut, und die Höhe der Wassersäulen verrät, daß das Kaliber mindestens 10 cm betragen muß. Die feindliche Artillerie ist der eigenen gleichwertig, ja, sie dürfte sogar über erheblich mehr Geschütze verfügen; denn an der ganzen Linie des Geleitzuges entlang blitzt Mündungsfeuer auf.

T 30 gibt die Zielverteilung an das Schwesterboot, und das Artillerieduell entbrennt mit voller Kraft. Deutlich sind jetzt Einzelheiten des feindlichen Geleits zu erkennen. Die Kriegsschiffe überwiegen, sie haben sich schützend vor die nicht oder nur leicht bewaffneten anderen Fahrzeuge gelegt. Eine ganze Reihe Minensucher der Fugas-Klasse sind an den charakteristischen Merkmalen, niedrigen Aufbauten und einem kleinen Mittelschornstein, zu erkennen. Sie entsprechen in Größe und Bewaffnung etwa den deutschen M-Booten. Daneben fahren aber auch langgestreckte, größere Boote, auf denen es an mehreren Stellen vorn und achtern aufleuchtet, was auf eine höhere Geschützzahl schließen läßt. Das werden Kanonenboote vom Moskwa-Typ sein, von manchen wegen ihrer Schnelligkeit und guten Bewaffnung auch als Kleinzerstörer angesprochen – den deutschen T-Booten nahezu ebenbürtige Fahrzeuge.

Hinter diesem Geleitschutz ducken sich mehrere flache Leichter, die offenbar nicht mit eigenem Antrieb fahren, sondern von Schleppern gezogen werden. Das können die Landungsfahrzeuge mit Truppen an Bord, es können aber auch Transportleichter sein, die Nachschub zur Front heranschaffen.

Salve um Salve verläßt die Rohre. Nach wenigen Minuten künden flackernde Brände und der Feuerschein heftiger Explosionen von Treffern auf mehreren sowjetischen Fahrzeugen. Das feindliche Feuer liegt ebenfalls gut, doch haben *T 30* und *T 31* bisher Glück gehabt und sind von direkten Treffern verschont geblieben.

Gerade befiehlt der Artillerie-Offizier auf dem deutschen Führerboot Zielwechsel auf ein größeres, unbeschädigtes Feindfahrzeug, gerade überschlägt der Kommandant, ob die Munition wohl reichen werde, um die Bewacher niederzukämpfen und dann noch das eigentliche Transportgeleit anzupacken, als plötzlich die Meldung eines Ausgucks vom Signaldeck durchgerufen wird:

«Achtern vom Geleit viele Bugwellen!»

Mit einem Ruck wandern die Gläser in die angesagte Richtung, und Sekunden später sehen es alle:

«Ein Pulk kleiner Fahrzeuge – wahrscheinlich Schnellboote!»

Das ist eine völlig neue Lage.

Die großen T-Boote, deren Vorgänger und Vorbilder einst selbst aus den Linien eigener Panzerschiffe heraus zum Überraschungsangriff gegen die feindliche Flotte vorstießen, werden nun in gleicher Weise von den Torpedoträgern des modernen Krieges, den Schnell-

booten, attackiert. Sie sehen sich widerstrebend in die Rolle des
«Großkampfschiffes» gedrängt, das sich die Meute mit seiner überlegenen Artillerie vom Leibe zu halten sucht; es wäre zwecklos, die
eigene Torpedowaffe gegen die winzigen, pfeilschnellen Angreifer
einzusetzen – die Aale wären vergeudet, sie würden doch nichts
treffen.

T 30 und *T 31* müssen von dem Geleitzug ablassen und ihr Feuer
auf den neuen gefährlichen Gegner konzentrieren. Und eine weitere
Entscheidung muß so schnell wie möglich getroffen werden: Sollen
sie ihre Position halten oder vorsichtshalber ablaufen und ein Rück-
zugsgefecht liefern? Das hängt von der Zahl der Angreifer ab.

«Himmisakra», schimpft der Bayer Buch vor sich hin, «wie viele
sind das denn eigentlich?» Zum dritten Mal beginnt er zu zählen,
aber bei 16 oder 18 kommt er wieder durcheinander.

Im dichten Pulk, wie ein ferner Hornissenschwarm, ziehen die
sowjetischen Motor-Torpedo-Boote heran. Auch die anderen Brük-
kengäste auf *T 30* suchen das Gewirr zu ordnen, suchen die schwarzen
Punkte über den weißen Bärten der Bugwellen zu zählen.

«Ich komme auf 24», ruft der I. W. O., «wer bietet mehr?»

Die höchste Schätzung lautet «über 30». Dem Kommandanten
wird es, im wahren Sinne des Wortes, zuviel. Über das UK-Telefon
spricht er kurz mit dem Kommandanten des Schwesterbootes, Kapitänleutnant Peter-Pirkham. Erfahrungsgemäß sollen die Sowjets stur
durchhalten, wenn sie in solcher Übermacht sind, und sich auch nicht
durch wohlgezieltes Feuer einschüchtern lassen. Sollte auch nur die
Hälfte der Boote auf günstige Torpedoschußweite herankommen,
wird es riskant. Der Klügere gibt nach... Laufen können die T-
Boote auch; sie schaffen gut 33 Knoten. Also lauten die Befehle:

«Neuer Kurs 310 Grad!», und als die Wendung ausgeführt ist:
«Beide Maschinen dreimal äußerste Kraft voraus!»

Beide Boote zeigen dem Gegner nun das Heck. *T 31* bildet die
Spitze, *T 30* folgt, an Backbord achteraus gestaffelt, mit einem Ab-
stand von 500 Metern. So stieben sie nach Nordwesten, mit einem
Kurs, der dicht an Narvi vorbei auf die finnischen Schären zielt.

Der sowjetische Schnellbootpulk fegt schäumend hinterher. Das
Wendemanöver hat die deutschen Schiffe Zeit gekostet. Die Verfolger hatten außer der noch erheblich höheren Geschwindigkeit den
Vorteil eines sozusagen «fliegenden Starts». Der Vorsprung verrin-
gert sich rasch.

Inzwischen jagen die Granaten aus den je zwei achteren 10,5-cm-
Geschützen der T-Boote in rascher Schußfolge gegen den Feind. Oft
steilen die Aufschläge mitten im Pulk in die Luft. Die Sowjets müssen

auf das sonst übliche Nebeln verzichten, weil die schützenden Schwaden bei ihrer rasenden Fahrt sofort achteraus gerissen und nichts nützen würden. Die Boote könnten sich weiter auseinanderziehen, um das Feuer der Deutschen zu ve............ Aber nein: Sie halten stur geradeaus, im dichten Pulk, und bilden ein gutes Ziel.

Schon jubeln die Deutschen an den Geschützen auf: Fast gleichzeitig zünden zwei Brandfackeln mitten im feindlichen Verband! Die Boote fahren mit Benzin und brennen sofort hellauf, wenn sie direkt getroffen werden. Die beiden Opfer sacken aus dem Pulk und bleiben in Flammen gehüllt liegen.

Zwei weniger... Aber auf der Brücke von *T 30* ist die Freude über den Erfolg von kurzer Dauer. Was sind schon zwei, wenn mindestens zehnmal so viele weiterstürmen?

Eine schwere Sorge taucht auf: Die Munition schwindet dahin. Zwei Gefechte haben von den Beständen gezehrt, darunter das heftige Artillerieduell mit dem feindlichen Geleitschutz. Schon werden die restlichen Granaten von der 10,5 auf der Back nach achtern gemannt, weil das vordere Geschütz doch nicht direkt nach hinten feuern kann. Auch die Doppellafetten der 3,7 cm fallen bellend in das Gefecht ein. Ein weiteres Schnellboot aus der Verfolgergruppe geht in Flammen auf. Vielleicht sind andere Boote getroffen und zurückgefallen, ohne daß es bemerkt wurde.

Doch die Sowjets lassen sich nicht beeindrucken, und der Pulk erscheint so dicht und drohend wie zuvor.

Eine neue Meldung läßt den Kommandanten, der sich einen Augenblick über die Seekarte gebeugt hat, herumfahren:

«Feindverband teilt sich in zwei Gruppen!»

Nun wird es bedrohlich. Die beiden Gruppen scheren, jede nach ihrer Seite, aus dem Kielwasser der deutschen Boote aus und setzen offenbar zum Überholen an. Sie mögen 10 bis 12 Knoten schneller laufen als die T-Boote. Dieser hohe Geschwindigkeitsüberschuß erlaubt ihnen eine weit umfassende Bewegung. Was bisher noch nie von sowjetischen Schnellbooten berichtet worden ist – hier wollen sie zweifellos vorexerzieren, daß sie taktisch klug handeln können: Sie setzen zum Zangenangriff an!

Der Augenblick ist gekommen, in dem man sich vernünftigerweise nach Hilfe umsieht. Kapitänleutnant Herlevi ist überzeugt, daß eine Flottille finnischer Schnellboote die Russen zum Teufel jagen oder doch wenigstens so stark beschäftigen würde, daß sie von den großen Booten ablassen müßten. Herlevi weiß, daß zu dieser Stunde die Boote der 1. und der 2. finnischen MTB-Flottille auf See sind, aber er weiß nicht, welchen Auftrag sie gerade haben und wo sie daher zu finden sind. Jedenfalls sollte man den finnischen Flottenstab über die augenblickliche Lage unterrichten.

Durch das Auseinanderziehen des großen Pulks und ihre veränderten Kurse können die sowjetischen Boote nun auch leichter gezählt werden. Es sind, trotz ihrer bisherigen Verluste, immer noch 26, die sich nun zur Hälfte an Steuerbord und an Backbord in eine günstige Schußposition hineinschieben.

Jetzt könnten alle vier 10,5-cm-Geschütze in das Abwehrfeuer einfallen, aber sie schweigen; sie haben sich verschossen, und nur Leuchtgranaten liegen noch neben den Geschützen. Dafür hämmern die Maschinenwaffen pausenlos und schießen nochmals drei Boote aus dem Rudel der Angreifer heraus. Jeder westliche Schnellbootsverband würde Konsequenzen daraus ziehen – zumindest die Angriffstaktik ändern... Aber die Sowjets halten stur durch. Sie sind wie ein hungriges Wolfsrudel in winterlicher Steppe, dessen sausenden Lauf man nicht hemmen, und das man auch mit wohlgezielten Schüssen nur lichten kann; die anderen jedoch werden sich um so gieriger auf die Beute stürzen.

Die wilde Jagd hat sich schon bis zur Insel Narvi hingezogen. Auf *T 30* muß nun auch der Munitionsverbrauch bei den Maschinenwaffen eingeschränkt werden, um den Rest für die Abwehr des eigentlichen Torpedoangriffs aufzusparen.

Da: Jetzt drehen einige Schnellboote an Backbordseite ab und zeigen das Heck. Der Augenblick ist gekommen, in dem sie ihre nach achtern gerichteten Torpedos abschießen.

Gleichzeitig tastet der finnische Funktrupp an Bord des deutschen Führerbootes die Meldung hinaus: «T-Boote rückkehrend von ‹Drosselfang› von über 20 russischen MTBs angegriffen. Quadrat..., Kurs 310 Grad, Fahrt 33 Meilen. Erbitten Unterstützung.»

Die Nerven der Männer auf *T 30* sind zum Zerreißen gespannt. Die Nacht ist nicht hell genug, um alle Einzelheiten des feindlichen Angriffs zu verfolgen, aber auch nicht so dunkel, daß seine Züge ganz verborgen blieben. Gerade zerplatzt eine neue Leuchtgranate über dem Pulk an Steuerbord. Dort sind die S-Boote weit vorgezogen, bis auf die Höhe des vorauseilenden *T 31*. Noch einmal schlägt ihnen wütendes Abwehrfeuer entgegen, und sie beginnen, sich leicht einzunebeln. Gerade rechtzeitig wird auf *T 30* bemerkt, daß vier oder fünf Boote dieser Steuerbord-Gruppe zurückgeblieben sind und schon früher abdrehen. Ihre Torpedos gelten also dem eigenen, im deutschen Verband achtern stehenden Boot.

Auch die Backbord-Gruppe zieht sich jetzt, taghell angestrahlt, in der Fahrtrichtung auseinander.

Der ohrenbetäubende Lärm der Maschinenwaffen bricht wieder los. Auf beiden Seiten drehen immer mehr Schnellboote ab zum Torpedoschuß. *T 30* wendet um etwa 90 Grad, so daß der schlanke Rumpf nicht mehr quer, sondern längs zur erwarteten Laufrichtung der Torpedos liegt und nur eine schmale Angriffsfläche bietet.

«Paßt's mir auf die Blasenbahnen auf!» ruft der Kommandant. Dann kommen die Sichtmeldungen, Schlag auf Schlag, ebenso schnell gefolgt von Ruderkommandos. Wie ein Aal windet sich das Boot zwischen den von vorn und achtern anlaufenden Torpedos hindurch. Schließlich sind alle, die gefährlich nahe kamen, ausmanövriert.

Das Boot dreht auf den alten Kurs zurück, zumal die restlichen Sowjets, die von Westen angegriffen haben, gerade einzeln und paarweise nördlich des Bootes vorbeiziehen.

Der Kommandant und seine ganze Besatzung atmen auf. Sie haben es geschafft. Zwar gehen sie ohne einen Schuß Munition aus dem langen Nachtgefecht hervor, aber das Boot ist heil geblieben, es hat trotz aller feindlichen Granaten und Torpedos auch nicht einen Kratzer an der Bordwand davongetragen. Vier versenkte sowjetische Schnellboote kommen allein auf ihr Konto, ein fünftes haben sie in Brand geschossen.

Und das Schwesterboot, *T 31?*

In den letzten Minuten hatten sie mit sich selbst genug zu tun und kaum ein Auge zum Vordermann hinübergeworfen. Aber jetzt...

In diesem Augenblick steht Bruchteile von Sekunden ein blitzartiger Feuerschein über *T 31*. Drei Herzschläge lang bleibt es beklemmend still, dann folgt der dumpfe Hall einer Explosion.

«Torpedotreffer auf *T 31*», meldet irgend jemand mechanisch. Kaum hat er es ausgesprochen, als ein zweiter, hellerer Schlag herüberdröhnt.

Alle Augen richten sich auf das Boot, das aus rauschender Fahrt, als sei es vor einen Prellbock gerannt, plötzlich zusammenknickt und liegenbleibt.

Die Sowjets, die schon im Ablaufen waren, wenden und jagen auf ihr Opfer zu. Sie beginnen, von zwei Seiten einen Ring künstlichen Nebels um das todwunde Boot zu ziehen.

Sinkt *T 31?*

Ja, jetzt ist es deutlich zu sehen. Das Boot liegt mit starker Schlagseite halb unter Wasser, nur der Bug mit seinem geschwungenen Klippersteven ragt hoch hinaus.

Kapitänleutnant Buch starrt fassungslos hinüber, bevor die rasch aufsteigenden Nebelschwaden den letzten Akt der Katastrophe verhüllen. Er fühlt seine ganze Ohnmacht, empfindet es geradezu als körperlichen Schmerz, den Kameraden nicht beispringen, nicht helfen, sie nicht retten zu können. Sein eigenes, unversehrtes Boot passiert die Untergangsstelle in kaum 1 000 Meter Abstand. Er ist mit der Fahrt heruntergegangen, es wäre ein leichtes, den Kurs zu ändern und binnen weniger Minuten zur Stelle zu sein. Aber da steht die Nebelwand, in der die feindlichen S-Boote lauern. Und *T 30* kann weder angreifen noch sich wehren; seine Rohre stehen schweigend auf Null, verschossen bis zur letzten Granate.

Ein neuer Funkspruch jagt hinaus und meldet den Untergang von *T 31* und den genauen Schiffsort. Die Bitte um Unterstützung durch finnische Schnellboote wird erweitert: «... zur Rettung der Überlebenden.»

Dann steht *T 30* in dem schummerigen Dämmergrau der Nacht, die Nebelwand in Sichtweite, auf und ab und wartet. 30 Minuten mögen seit dem letzten Hilferuf vergangen sein, als ein neues Geräusch sie aufhorchen läßt: ein tiefes, melodisches Brummen, das sich von Norden nähert. Wieder blinken die weißen Bugwellen heranstürmender Schnellboote aus dem dunklen Meer:

Die Finnen kommen!

Was dann folgt, wird allen, die es erlebt und mit brennenden Augen verfolgt haben, zeit ihres Lebens unvergeßlich bleiben: Acht finnische Schnellboote sind es, die mit röhrenden Motoren in breiter Formation schnurstracks auf die Nebelwand zuhalten. Ohne die Fahrt zu drosseln, stürmen sie auf der einen Seite hinein – und nach kaum einer Minute auf der anderen wieder heraus...

Doch nein: Das sind gar nicht mehr die Finnen. Es sind ja viel mehr als acht – zwölf, oder fünfzehn. Das sind die Russen! Wie vom Teufel gejagt rasen sie davon. Als plötzlich die Finnen erschienen, müssen sie in panischem Schrecken kopflos die Flucht ergriffen haben. Nun suchen sie das Weite, 15 sowjetische MTB's, mit ganzen vier finnischen Booten hinter sich, die ihnen, aus allen Waffen feuernd, auf den Fersen bleiben.

Es ist gegen 01 Uhr in der Nacht zum 20. Juni 1944. Für die überlebenden deutschen Seeleute, die seit dem Untergang ihres Torpedobootes als Schiffbrüchige auf dem Wasser treiben, kommen die Finnen als Retter in höchster Not. Ein finnischer Offizier, Kommandant eines Bootes, der zur Untergangsstelle eilenden 1. MTB-Flottille, berichtet:

«Wir waren schon unterwegs, um die deutschen Torpedoboote aufzunehmen und zu sichern. Als wir die Funkmeldung über die Torpedotreffer auffingen und die genaue Position erhielten, holten wir das Äußerste aus unseren Maschinen heraus. Wir wußten, daß jede Minute wertvoll war, die wir eher am Kampfplatz eintrafen.

Nach unseren Erfahrungen gaben die Sowjets den Schiffbrüchigen nach einem solchen Gefecht kein Pardon, ebensowenig wie sie selbst in gleicher Lage Pardon erwarteten. Glücklicherweise konnten wir die feindlichen Boote im ersten Anlauf vollkommen überraschen und vertreiben. Dann gelang es uns, insgesamt 86 überlebende Deutsche – etwa die Hälfte der Besatzung von *T 31* – zu retten. Viele waren verwundet worden, ein Teil durch sowjetische Pistolenschüsse, als sie hilflos im Wasser trieben.»

Langsam heben sich die Rauchschleier über dem Kampfplatz, um dann mit einem Mal zu verwehen. Die vier zurückgebliebenen finnischen Schnellboote und *T 30*, das nun ebenfalls herangekommen ist, suchen jeden Quadratmeter Wasser nach Überlebenden ab. Unter den Geretteten befindet sich auch der Kommandant von *T 31*. Sein Boot hat weitere fünf sowjetische Schnellboote abgeschossen, bevor es ihnen selbst auf den Meeresgrund folgte. Insgesamt hat der Feind bei dieser hartnäckigen Attacke also neun Boote verloren. Doch er ist hart im Nehmen, und seine Überzahl und Zähigkeit brachten ihm schließlich den Erfolg.

Diese Erfahrung, aus einem nächtlichen Verfolgungsgefecht gewonnen, läßt sich durchaus verallgemeinern. Ob bei den Finnen an der karelischen Front, ob bei den Deutschen in der Narwa-Bucht: Überzahl und Unempfindlichkeit gegen schwere Verluste bringen die Sowjets letztlich vorwärts, an Land so gut wie auf See.

Vorläufig aber dringen deutsche Seestreitkräfte, auch an der inzwischen vom Feind besetzten Insel Narvi vorbei, weit nach Osten zu den Inseln der Wiborg-Bucht vor, um deren Besitz zwischen Sowjets und Finnen erbittert gerungen wird. Die Torpedoboote *T 30*, *T 8* und *T 10* fahren zu weiteren Vorstößen tief in das feindliche Seegebiet hinein – nach der bösen Erfahrung mit dem Verlust von *T 31* nun allerdings immer zusammen mit finnischen Schnellboot-Flottillen. Auch eine deutsche, die 5. S-Flottille, wird zur Verstärkung in den östlichen Zipfel des Finnenbusens verlegt, und schließlich tauchen sogar einige deutsche U-Boote in diesen für sie besonders schwierigen Gewässern auf. Aber wie den T-Booten mangelt es auch ihnen an Zielen für ihre Hauptwaffe; die wenigen von U-Booten hier versenkten russischen Wachboote und Küstenfahrzeuge lohnen kaum die Torpedos, die darauf verschossen werden.

Doch gleichviel: Noch erfüllen zahlreiche deutsche Boote, das Aufgaben jenseits der Sperren, in jenem abgeriegelten Gebiet ihre die Sowjets beherrschen, in dem es ihnen aber trotz aller Anstrengungen nicht gelingt, die Deutschen mit den Mitteln des Seekriegs vor ihrer Haustür zu vertreiben.

4

Narwa-Bucht | **Die Schlacht um Seeigel**

Neue Erschöpfungstaktik der Sowjetluftwaffe – Höhepunkte am 20. und 21. Juli 1944 – Ohne Munition im Bombenhagel – An der Landfront bahnt sich die Wende an – Die unwahrscheinliche Rettung von M 15 – Die Sperrbewachung wird tagsüber zurückgezogen – Das riskante Minenwurf-Unternehmen der 6. T-Flottille – Ein «Sprung» in der Seekarte des Finnenbusens – Drei Explosionen um Mitternacht – Die Ereignisse in der Minensperre

Am Nachmittag des 20. Juli 1944, dem Tage des Bombenattentats auf Hitler, läuft *M 443* von Reval aus und humpelt auf die Seefront in der Narwa-Bucht zu. «Humpelt» deshalb, weil es sich nur mit einer Schraube fortbewegt; bei der anderen ist das Lager ausgeschlagen, ein Schaden, zu dessen Reparatur das Boot in normalen Zeiten sofort in die Werft geschickt worden wäre. Aber diese Tage und Wochen sind alles andere als normal. Der Kampf um die deutschen Minensperren in der Narwa-Bucht hat sich zu einer wütenden See-Luft-Schlacht ausgewachsen. Auf See stehen die deutschen Wachverbände und versuchen mit allen Mitteln, sich der immer heftigeren sowjetischen Luftangriffe zu erwehren. Ein Ende ist nicht abzusehen – es sei denn, daß man sich bald an den Fingern abzählen kann, wie viele deutsche Boote noch ohne ernsthafte Schäden und kampfkräftig genug geblieben sind, um in vorderster Front auszuhalten.

Deshalb wird jedes Boot gebraucht, auch wenn es nur noch halbe Kraft läuft. Dann muß es eben Munition nach vorn karren, so wie es jetzt *M 443* tut.

Der Kommandant, Oberleutnant Remien, gilt als guter Nautiker und kennt das Seegebiet des östlichen Finnenbusens aus langer Erfahrung so genau wie die vertrauten heimischen Gewässer. Norddeutscher von Geburt und Wesensart, kritisch und überlegend, ein

Mann, der weder viele noch große Worte liebt, aber von trockenem Humor – das ist der «Alte» von *M 443*.

Eben nimmt er auf der Brücke einen Funkspruch in Empfang und überfliegt seinen Inhalt: Meldungen von den auch heute pausenlosen Angriffen auf die Narwa-Bewachung. Remien faßt sie in dem bezeichnenden Ausspruch zusammen:

«Sie stehen im Regen.»

Und seine Männer wissen Bescheid, was sie erwartet.

Auf dem Deck des M-Bootes reihen sich stapelweise die Granaten. So sieht heute jedes Boot aus, das frisch ausgerüstet seinen Stützpunkt verläßt. Die Kommandanten pflegen mindestens die doppelte Menge der Munition mitzunehmen, die normalerweise zur vollen Ausrüstung gehört; denn damit allein wären sie womöglich schon am Abend des ersten Kampftages verschossen.

Das ist die neue Taktik der Sowjets: Sie greifen den ganzen Tag über an, gar nicht einmal mit großen Verbänden, sondern oft nur mit drei, vier Maschinen bei jedem Anflug; aber es sind immer neue, fast pausenlos, und jedesmal fordern sie das rasende Abwehrfeuer der Deutschen heraus. Sie zermürben den Widerstand, suchen ihn zu erschöpfen. Dabei beobachten sie sorgfältig und melden, ob die Feuerkraft der Schiffe nachläßt, ob sie beginnen Munition zu sparen. Erst wenn es dafür sichere Anzeichen gibt, kommen die Sowjets mit einem Verband von 40, 60 oder 80 Maschinen auf einmal. Mit diesem Massenansturm im günstigen Augenblick wollen sie den Erfolg zwingen.

Wehe dem Boot, das dann nicht mehr genügend Munition besitzt, um sich seiner Haut zu wehren!

So kommt es zu den Hilferufen über Funk:

«*M 20*, Munitionsbestand noch ein Fünftel der vollen Ausrüstung» – obwohl das Boot mit der doppelten Sollmenge in See gegangen ist –, «erbitte dringend Nachschub, besonders für die 10,5.»

Dann laufen von Reval, Kotka und den anderen Stützpunkten die Fährprähme aus, vollgepackt wie Lastesel mit den Granaten, die die Front so notwendig braucht. Jedes Boot, das nach vorn geht, nimmt zusätzliche Munitionsmengen an Bord, um sie bei Nacht auf die Kameraden, die schon länger draußen stehen, zu verteilen. Nur so können sie sich über Wasser halten, können sie hoffen, die Angriffe des nächsten Tages zu überstehen.

Selbst nachts finden sie jetzt keine Ruhe mehr. Zwar ist den Russen die Methode der westlichen Alliierten, Radargeräte in ihre Flugzeuge einzubauen, damit sie Schiffsziele auch bei Dunkelheit erkennen und angreifen können, offenbar noch fremd. Aber sie kennen ja die Lage der Minensperren und wissen aus langer Beobachtung, daß die deutschen Wachverbände an ihrem westlichen Rand auf und ab fahren. Also schicken sie einzelne, sehr hoch fliegende Maschinen an der Minenfront entlang, die ihre Bomben wahllos und ungezielt ausstreuen. Bei dieser Methode besteht kaum eine Chance, ein deutsches Boot zu treffen. Trotzdem erreichen die Sowjets ihr Ziel; durch die Fliegeralarme ihrer Nachtruhe beraubt, sind die deutschen Seeleute schon übermüdet, wenn der neue Tag anbricht, und müssen doch weiter durchhalten. Auch das gehört zur Erschöpfungstaktik des Feindes.

Irgendwann muß sich das auszahlen. Irgendwann werden die Deutschen keine Granaten mehr haben, werden ihre Männer am Geschütz einschlafen, zu langsam reagieren, Befehle falsch ausführen, ungenau zielen...

Irgendwann – die Russen haben Zeit, darauf zu warten.

Unter diesen äußeren Umständen wird der Vier-Tage-Törn der Wachverbände – eine Gruppe soll immer vier Tage und Nächte an der Sperre aushalten, bevor sie abgelöst wird – nur noch theoretisch aufrechterhalten. Splitterschäden, zahlreiche Einschüsse von den Bordwaffen der Jagdbomber und Verwundete wie Tote an Oberdeck sind auf den Booten zur Regel geworden. Aus solchen Gründen stecken sie schon nicht mehr auf; R-Boote kommen längsseits und übernehmen die Verwundeten zum Rücktransport nach Reval oder Helsinki. Gleichzeitig wird von MFP's oder Nachbarbooten Munition ergänzt, und es kann wieder weitergehen am nächsten Morgen. Wenn ein Boot jedoch direkte Bombentreffer erhält oder ihm durch andere Beschädigungen wichtige Gefechtswerte ausfallen, muß es wohl oder übel in den Stützpunkt entlassen werden. Manchmal schickt die 9. Sicherungs-Division Ersatz, um die Feuerkraft des Verbandes wieder zu stärken, meist aber müssen die Boote selbst sehen, wie sie sich des Feindes weiterhin erwehren.

An diesem 20. Juli ist, ganz unabhängig von den Ereignissen in der fernen Wolfsschanze und im noch ferneren Berlin, an der Narwa-Sperrfront der Teufel los. Seit dem frühen Morgen rollen die Angriffe der sowjetischen Marineluftwaffe Schlag auf Schlag. Da sind die Verbände der Pe-2-Bomber, graublau gemalt wie der Himmel. Sie stürzen sich aus großer Höhe schräg auf ihre Ziele, lösen bei etwa 1 500 Meter eine schwere Bombe aus und fliegen sofort ab, um nach kaum einer Stunde erneut anzugreifen.

In der Zwischenzeit werden sie von je 50–80 IL-2-Maschinen abgelöst. Diese kleineren schnellen Jagdbomber fliegen tief über dem Wasser an. Sie kommen immer aus der Sonne heraus. Die Maschinen sind gepanzert und daher ziemlich unempfindlich gegen leichte Flak – der gleiche Typ ist auch als Schlachtflieger im Landkampf eingesetzt. Schon von weitem suchen sie die Schiffsflak durch das Feuer aus ihren Bordwaffen zu irritieren und zu lähmen. Schlimmer sind die kleinen Splitterbomben, die sie in der Nähe der Boote in großer Zahl abwerfen. Beim geringsten Aufschlag, also auch auf der Wasseroberfläche, spritzen sie auseinander, und ihre Füllung von rostigem Schrott bohrt sich in Bordwände und Aufbauten.

An diesem Tag gibt es kein Boot der deutschen Sperrbewachung, das von solchen Treffern verschont bliebe. Die Jabos vom Typ IL-2 sind nur mit der 10,5 cm herunterzuholen. Die leichteren Fla-Waffen halten zwar kräftig mit, doch dürfte ihre Unterstützung höchstens psychologischen Wert haben – nach dem Rat eines deutschen Piloten, der den Seeleuten einmal berichtet hat: «Wir wissen ja nicht, was ihr schießt, aber jagt 'raus, was ihr nur könnt – es wirkt!» Freilich: Nur zu oft prallen sogar Volltreffer der 3,7 wirkungslos an den gepanzerten Sichtkanzeln der IL-2 ab.

Auf das Erfolgskonto der 10,5 kommt dagegen auch an diesem heißen Tag wieder ein halbes Dutzend Abschüsse. Das ist keine Zahl, die die Angreifer erschrecken oder fühlbar dezimieren könnte. Ob sie noch einmal über die Boote herfallen, ehe die Dunkelheit ihnen eine Pause aufzwingt?

Diese bange Frage wird vor allem auf *M 20* gestellt; denn nach einem 24stündigen Abwehrgefecht befindet sich nun keine einzige 10,5-cm-Granate mehr an Bord, und Nachschub ist noch nicht in Sicht. Die Männer hoffen zu früh und vergeblich auf den Einbruch der Nacht; schon wird die übliche Vorwarnung von dem Ortungstrupp auf Groß-Tütters durchgesagt:

«Feindlicher Verband, etwa 60 Maschinen, Quadrat . . ., im Anflug.»

Ein kurzer Ton mit dem elektrischen Horn sticht durch das Boot, von Lautsprechern in die Wohndecks übertragen. Das Signal bedeutet:

«Voralarm. Oberdeck räumen. Artillerieoffizier auf die Brücke. Alle Mann klarhalten zum Fliegeralarm.»

Nun kann es nur noch wenige Minuten dauern. Es wäre töricht, zu hoffen, daß sich der Verband ein anderes Ziel wählte. Die Offiziere auf der Brücke beobachten ebenso wie die Ausgucks auf dem Signaldeck den Sektor, aus dem der Feind wahrscheinlich anfliegen wird. Zu sagen bleibt nicht viel. Es ist der 11. Angriff heute, und es steht fest, daß die 10,5 schweigen wird. Die Magazine der 3,7 und der Zweizentimeter sind ebenfalls fast leer – bis auf einen Rest, der in einem einzigen flüchtigen Augenblick verbraucht sein wird.

Auf den Nachbarbooten sieht es nur wenig besser aus. Es kommt nicht oft vor, daß der Chef des Narwa-Wachverbandes der üblichen Funkmeldung über den Luftangriff die beiden Worte «Erbitte Jagdschutz» hinzufügen läßt. Aber diesmal tut er es, und sei es nur, um die Nerven seiner Männer mit einer vagen Hoffnung zu beruhigen. Immerhin ist ein paar Mal das Wunder geschehen, daß eine Staffel deutscher Jäger über der Narwa-Bucht erschien und die sowjetischen Angriffsverbände auseinandertrieb.

Die Funker bereiten die verschlüsselten Gruppen vor, damit sie im gleichen Augenblick, in dem der Fliegeralarm ertönt, ihr Sprüchlein hinausrufen können. Dann ist es soweit:

Dreimal dröhnt das «dit-dit-daaa-dit», der Morsebuchstabe F für Fliegeralarm, durch die Boote, und «Tytärsaari, Tytärsaari!» wird es im gleichen Rhythmus und Tonfall wie das Morsezeichen von Mund zu Mund weitergerufen, wie es hier oben Brauch geworden ist, den finnischen Namen der Insel Tütters als Alarmruf zu benutzen.

An den Waffen ist der Befehl ausgegeben, mit der Munition so knauserig und sparsam umzugehen wie mit blanken Markstücken. Es darf nur geschossen werden, wenn die Jabos einwandfrei das eigene Boot anfliegen und auch wirklich im Bereich der leichten Waffen sind. Doch dieser Vorsorge bedarf es nicht. Als hätten sie es geahnt, stürzen sich die Sowjets gerade auf *M 20*, gerade auf das Boot, das sich so gut wie verschossen hat. Natürlich können sie das nicht wissen, sondern sie suchen sich einfach das größte Ziel heraus, den Bootstyp, den sie für einen kleinen «Zerstörer» halten.

Der ersten Welle schlägt noch rasendes Abwehrfeuer entgegen. Die Maschinen schwanken und drehen ab, weit vor dem Ziel.

Sofort dreschen Befehlsübermittler den Schützen an den Fla-Waffen mit kurzen Stöcken über die Stahlhelme. «Feuer einstellen!» heißt das, eine bei dem herrschenden Lärm unmißverständlich-wirksame Art der Befehlsübermittlung.

Eine kurze Atempause folgt. Sie reicht gerade, um ein paar Mal tief Luft zu holen und sich nach den Nachbarbooten umzuschauen. Dichter als üblich stehen sie bei dem besonders gefährdeten *M 20*, um die ihm geltenden Anflüge mit abzuwehren.

Dann ist die nächste Welle heran. Und die nächste. Und noch eine…

Die Sowjets haben jetzt genau erkannt, welches Boot am leichtesten zu verwunden ist. Ohne das Feuer von allen anderen Seiten zu beachten, fliegen sie dieses eine Boot an, geschickt und wagemutig. Ein Unterschied wie Tag und Nacht gegenüber den noch unbeholfenen, zaghaften Angriffen ihrer Flieger vor ein, zwei Jahren! Jetzt wirkt sich aus, daß die Briten ihre Lehrmeister beim Angriff auf Schiffsziele sind.

Die Jagdbomber-Staffeln der «Rotbanner»-Gardeflieger-Division greifen an. Drei, vier, fünf Maschinen fallen, von Volltreffern zerrissen, vom Himmel. Doch die anderen halten durch. Sie fliegen weiter, bis über das Boot, das sich nicht mehr wehrt.

Am Abend dieses heißumkämpften Tages, gerade in dem Augenblick, als es seine letzte Munition verschossen hat, schlagen schwere Bombentreffer auf *M 20* ein. Die einen durchbohren die Decks und detonieren im Innern, eine andere, die erst mit sekundenlanger Verzögerung ins Wasser taucht, zerbricht den Kiel des Bootes. Ruckartig sackt es tiefer und versinkt dann langsam über den Achtersteven in den Fluten.

Nach diesem Erfolg fliegen die Sowjets ab. Die anderen Boote kümmern sich um die Überlebenden.

Das Minensuchboot *M 20* ist verloren. Ein anderes, *M 204*, ist ebenfalls von mehreren Bomben getroffen und quält sich mühsam nach Reval zurück. Zwei Vorpostenboote des Wachverbandes sind so schwer mitgenommen, daß sie abgeschleppt werden müssen und nur noch an der Küste auf Grund gesetzt werden können. Das ist, abgesehen von den leichteren Schäden auf allen anderen Booten, das Ergebnis dieses einen Tages Sperrbewachung in der Narwa-Bucht.

Wie lange wird die See-Luft-Schlacht um die «Seeigel»-Sperre noch in diesem Ausmaß weitergehen? Wie lange können die deutschen Boote dem Ansturm noch standhalten?

Nachts kommen dann die eigenen Versorgungsboote. Sie bringen Munition und Verbandsstoff und Medikamente, eine paradoxe Ladung, so widersprüchlich wie der Krieg selbst. Verkehrsboote werden ausgesetzt und fahren hin und her, und die Winschen der Ladebäume knarren durch die Dunkelheit. Schließlich werden die Verwundeten behutsam an Bord der heimkehrenden Boote hinübergehoben. Bei aller Geschäftigkeit und allem Streben, sich auf den kommenden Tag vorzubereiten, darf das Wachen und Beobachten jedoch keinen Augenblick erlahmen. Denn der Kampf ruht nicht in der Dunkelheit. Jederzeit können sich die Russen mit Räumverbänden am östlichen Rand der Sperre vorarbeiten, und ebenso können ihre Schnellboote überraschend zum Torpedoangriff auf die deutschen Bewacher vorstoßen.

*

Nicht jeder Tag ist so hart für die deutsche «Ostfront auf See» wie der 20. Juli 1944. Diesmal aber hören die Luftangriffe auch am nächsten Tag nicht auf, und ihre Wucht scheint sich noch zu steigern. Die Ausdauer, mit der die Sowjets gegen die Sperrbewachung anrennen, beweist, wie sehr der Minengürtel sie in ihren weiteren Operationsplänen stört. Sie wollen und müssen den Durchbruch erzwingen. Was ihnen zur See nicht gelingen will, das muß die Luftwaffe schaffen: die Deutschen zu vertreiben oder, wenn sie nicht weichen wollen, auf ihrer Position zu vernichten.

Auf deutscher Seite besteht dagegen der strikte Befehl, die Sperrbewachung um jeden Preis aufrechtzuerhalten. Und der Preis ist hoch.

Am 21. Juli geht wieder ein Minensuchboot, *M 413*, verloren. Nach schweren Bombentreffern kentert es und sinkt. Andere Boote werden aufs neue getroffen und beschädigt.

Wahrscheinlich glauben die Sowjets, die Kampfkraft des deutschen Verbandes sei nun entscheidend geschwächt; denn am darauffolgenden Tag greifen sie nach längerer Pause wieder mit Schnellbooten an, während ein Räumverband sich an anderer Stelle an der Sperre zu schaffen macht. Doch die einen werden abgewiesen und die anderen vertrieben. Die Deutschen atmen auf, daß sie sich einmal nicht der Schwärme von Flugzeugen erwehren müssen, sondern ihre Waffen auf Seeziele richten können.

Bald darauf weist der Kurs der Boote zum ersten Mal seit langen vier Tagen und Nächten nach Westen, fort aus der Narwa-Bucht, in der die Ablösung eingetroffen ist. Müde und angeschlagen humpeln sie in den Stützpunkt zurück, lahmend wie ein Trupp arg mitgenommener Krieger; manche mit Wassereinbrüchen und leichter Schlagseite, andere dicht gesprenkelt von den Einschlägen der Geschosse und Splitter, und alle mit den Zeichen harten Kampfes an Oberdeck: Verstreute Geschoßhülsen, zersplittertes Holz, verbeulte und gezackt durchbrochene Metallteile.

Aber es hilft nichts: Sie müssen hämmern und reparieren, flicken und schweißen, was immer mit den Mitteln des Stützpunktes zu machen ist. Denn in wenigen Tagen geht es wieder hinaus, aufs neue in den Bombenregen und den Hagel der Flugzeuggeschosse.

Wie lange noch?

In diesen Tagen bahnt sich eine Wende an, die von den Ereignissen an Land hervorgerufen wird. Unter dem Druck der sowjetischen Sommeroffensive, die schon den Mittelabschnitt der deutschen Ostfront zerrissen und durchstoßen hat, muß auch der südliche Flügel der Heeresgruppe Nord zurückweichen. Dabei zielt die allgemeine Rückzugsbewegung bereits auf Riga. Die Sowjets versuchen, von Süden an den Rigaer Meerbusen vorstoßend, die Zange zu schließen und die ganze deutsche Heeresgruppe von ihren rückwärtigen Verbindungen zu trennen.

Ein Blick auf die Karte zeigt, daß die Narwafront, der an die See gelehnte andere Flügel der Heeresgruppe, weit vorgeschoben im Nordosten dieses neuen Brennpunktes der Kämpfe liegt. Im Rahmen der Gesamtentwicklung wird von Tag zu Tag deutlicher, daß die Divisionen hier oben auf verlorenem Posten stehen. Zudem greifen die Russen nun auch hier mit starken Kräften an, die sie von der karelischen Front auf der anderen Seite des Finnenbusens abziehen, nachdem sie die Inseln der Wiborg-Bucht gegen den verzweifelten Widerstand der Finnen erobert haben.

Das ist die Lage, als die Deutschen am 23. Juli beginnen, die seit Februar gehaltene Narwa-Stellung aufzugeben. Hungerburg, die Hafenstadt an der Mündung des Flusses in die Narwa-Bucht, bisher der am weitesten vorgeschobene Punkt dieses Frontabschnitts, fällt am 25. Kämpfend weichen die Divisionen der Küste entlang zurück.

Und die verlängerte Ostfront auf See? Dieses ebenso erbittert angegriffene wie verteidigte System von Minensperren, das den Nordflügel des Heeres bisher so wirksam gegen jede Umfassung geschützt hat – was wird aus ihm?

Erst im Frühjahr ist das Ende der «Seeigel»-Sperren an die neugebildete Landfront angeschlossen worden; jetzt, Ende Juli, hängt es wieder in der Luft. Der Gegner sitzt dort am Ufer, wo Hunderte flachstehender Strandminen den Weg direkt unter der Küste versperren. Jetzt sind sie überflüssig geworden.

Es ist sicher kein Zufall, daß es den Russen gerade in diesen Tagen erstmals gelingt, ein Teilstück des «Seeigel»-Systems draußen in der Narwa-Bucht, also über tieferem Wasser, zu durchbrechen. Ort und Zeitpunkt sind geschickt gewählt. Die sogenannte VII b-Sperre, durch die ihre Boote eine schmale Durchfahrt freiräumen, liegt in dem west-östlich verlaufenden Zwischenstück des Sperrsystems, und zwar genau in dem Abschnitt, der von den deutschen Batterien auf der Insel Groß-Tütters nicht mehr und von den Küstengeschützen auf dem Festland noch nicht bestrichen werden kann. An dieser Stelle ist die Sperre durch das oftmalige Anflicken und Neuverlegen zu einer Gesamtbreite von 7 Seemeilen angeschwollen. Nur die M-Boote mit ihren 10,5-cm-Geschützen können feindliche Fahrzeuge, die sich von drüben in die Sperre hinein vorarbeiten, auf eine so große Entfernung wirkungsvoll bekämpfen. Deshalb beginnen die Sowjets ihren schließlich erfolgreichen Durchbruchsversuch, als die meisten M-Boote gerade einmal nicht auf Wachposition in der Narwa-Bucht stehen, sondern von Kotka aus einen Vorstoß gegen die Insel Narvi jenseits der Sperren unternehmen. Diesiges Wetter und schlechte Sicht begünstigen ebenfalls den heimlichen Räumvorstoß des Gegners. Als er endlich entdeckt und zurückgetrieben wird, ist es schon zu spät: Die Sperrlücke ist da, sie ist eine Tatsache. Es fragt sich nur, wie der Gegner sie nutzen will.

Noch einmal hält ein deutscher Verband mit erhöhter Wachsamkeit Tag und Nacht an der Sperre aus – einer Sperre, die im Süden aus den Angeln gehoben und in der Mitte durchbrochen ist. Und auch die sowjetische Luftwaffe stürmt noch einmal an, ein wenig zögernd fast und ungläubig, daß die Deutschen hier auf See immer noch nicht weichen wollen.

Das Kriegstagebuch der «Gruppe Kieffer», die in diesen letzten Julitagen wiederum die Position in der Narwa-Bucht hält, sagt über das letzte Auflodern des monatelangen Kampfes in knappen Stichworten:

«30. 7. 44 – Drei Gefechte mit je 30–40 IL-2 mit Jagdschutz. 6 Abschüsse durch Verband. Eigene Verluste 1 Toter, 26 Verletzte.»

Das ist nur der Auftakt. Der Feind läßt nicht locker.

«31. 7. 44 – Großangriffe durch rund 70 Maschinen (IL-2, Pe-2, Bostons, Jäger). 2 Abschüsse. 7 Tote, 30 Verletzte, überwiegend durch schwere Bombentreffer auf Führerboot *M 15*...»

Wieder hat sich der ganze Angriffsverband fast ausnahmslos auf das eine Boot gestürzt, um wenigstens diesen sicheren Versenkungserfolg zu erzielen. Doch *M 15* schwimmt noch, als die Sowjets abgeflogen sind; mit klaffenden Wunden, geborstenem Eisen und schwarz qualmend – aber es hält sich über Wasser.

Da schließen die Rottenboote, *M 17* und *M 18*, heran und fahren ein Manöver, das sie in der Ausbildung oft geübt haben, und das ihnen nun zustatten kommt. Sie nehmen das halbe Wrack in die Mitte und fahren vorn und achtern lange Stahlleinen aus, um ihren Schützling damit zu unterfangen. Sobald die Leinen unter dem Kiel von *M 15* durchhängen, werden die Enden an beiden Seiten langsam eingeholt und Meter um Meter aufgehievt, bis das «Opfer» fest auf den Stahlleinen ruht, also praktisch wie in einer Tragetasche zwischen den beiden unversehrten Booten hängt. Durch die schwere Belastung werden beide zur Mitte gezogen, so daß sie nun zusammen mit dem unterfangenen Führerboot ein Dreier-Päckchen bilden.

So setzen sie sich mit aller Vorsicht in Bewegung, mit Kurs auf Reval. Sie bilden ein besonders schwerfälliges, dreifach breites Ziel, aus der Luft um so leichter zu treffen. Aber die Kommandanten sagen sich, daß sie gute Chancen haben, nach Hause zu kommen, wenn sie nur erst aus dem unmittelbaren Bereich der Minensperren heraus sind. Und sie behalten recht. Das Dreier-Päckchen wird auf seinem ganzen langen Weg nach Reval nicht angegriffen. Die sowjetischen Jabos haben sich auf die Sperrbewachung zu stürzen. Daß sie dicht nebenbei wahrscheinlich eine bessere Chance auslassen, darf sie nicht kümmern.

M 15 gelangt glücklich in die Werft nach Reval und kann dort so zusammengeflickt werden, daß es schon nach zehn Tagen wieder in die aktive Flottille eingereiht wird.

Inzwischen sind andere Boote für die Rückkehrer in der Narwa-Bucht eingetroffen. Auch der folgende Tag sieht sie noch einmal im heftigen Abwehrkampf:

«1. 8. 44 – Fünf Gefechte mit 85 feindlichen Flugzeugen. 6 Abschüsse.»

Doch dann ist die Schlacht vorbei, wenn auch noch nicht entschieden. Fest steht nur, daß sich die deutschen Seestreitkräfte auf die Dauer nicht gegen die absolute sowjetische Luftherrschaft behaupten können. Im August stehen die Wachverbände daher nur noch nachts an der «Seeigel»-Sperre und kehren im ersten Morgenlicht zurück. Tagsüber nehmen U-Boote ihre Position ein. Der Sperrgürtel, der auch nach dem Zurückweichen der Landfront noch die wichtige Aufgabe erfüllt, der roten Flotte den Ausbruch in die freie Ostsee zu verwehren, bleibt weiterhin unter Aufsicht. Nicht zuletzt sind die Inseln inmitten der Sperren, Groß-Tütters und Hochland, nach wie vor von aufmerksamen Wächtern besetzt.

Indessen: Wenn es noch eines Beweises bedurfte, dann hat die monatelange «Schlacht um Seeigel» gezeigt, daß dauerhafter Erfolg, zumal in einem so küstennahen Seegebiet, nur durch ein Zusammenwirken aller Streitkräfte – des Heeres, der Luftwaffe und der Marine – erzielt werden kann. Mögen sich die deutschen Flottillen der 9. Sicherungs-Division ihren Gegnern zur See auch noch so überlegen fühlen, sie scheitern, weil die eigene Luftwaffe fehlt und die des Feindes daher machen kann, was sie will.

Wie sehr schließlich die Lage an Land auf die Operationen zur See einwirkt, wird hier ebenfalls besonders deutlich. Die endgültige Entscheidung zugunsten der Russen, die sie zu Herren des gesamten Finnenbusens macht, fällt erst, als sie an Land so weit vordringen, daß die deutsche Marine ihre Stützpunkte verliert. Denn kein Kriegsschiff vermag sich außer Reichweite seiner festen oder schwimmenden Basis im Kampf zu behaupten.

Vorerst aber sehen die deutschen Marinebefehlshaber in der östlichen Ostsee trotz der Rückschläge noch keine Notwendigkeit, das seit Jahren äußerst wirkungsvolle «Seeigel»-Sperrsystem aufzugeben. Wenn man die Minenfelder nicht mehr so bewachen kann, daß den Räumverbänden des Gegners kein Durchbruch gelingt, dann muß eben dort, wo eine Lücke aufreißt, ein neuer Riegel vorgeschoben werden. Das ist in der Praxis schon oft geschehen, und so werden auch diesmal neue Minenwurfoperationen zur Absicherung des «See-igels» vorbereitet.

Niemand ahnt, daß diese Operation mit einem furchtbaren Donner-schlag enden soll.

*

Kurz nach Dunkelwerden am Abend des 17. August 1944 verlassen nacheinander vier große Torpedoboote ihre Schärenverstecke bei Kotka. Es ist die 6. T-Flottille. Zu dem Führerboot, *T 30*, das von seiner Besatzung schon zu den «alten Hasen» des Finnenbusens ge-rechnet wird, sind in den letzten 14 Tagen drei Schwesterboote ge-stoßen, *T 22*, *T 23* und *T 32*. Mit gemischten Gefühlen haben die Männer von *T 30* ihren frisch angekommenen Kameraden die Hände gedrückt. Da gab es unliebsame Erinnerungen. Schon einmal hatten sie ein Schwesterboot begrüßt, das ihnen zur Verstärkung herge-schickt worden war. Aber vom ersten gemeinsamen Einsatz war es dann nicht mehr zurückgekehrt.

«Uns passiert ja nix», trumpften sie auf, «unser Alter hypnotisiert die russischen Aale, die machen um uns 'nen großen Bogen. Aber für euch sehen wir schwarz.»

Das wollte natürlich niemand wahrhaben. Auch nicht das graus-liche Garn von den «hundertfünfzig roten S-Booten», die hier «in dem Tümpel, in dem du kaum Platz für 'ne anständige Gefechts-kehrtwendung hast», alle auf einmal angreifen sollen.

Nun geht es gar nicht zu einem Vorstoß in die Kronstädter Bucht, sondern, die Oberdecks voller Minen, nur zum Flicken an die eigenen Sperren. Die schnellen Boote kommen dem Chef der 9. Sicherungs-Division gerade recht für diesen Einsatz.

Weniger begeistert ist der soeben aus dem Westen eingetroffene neue Flottillenchef, Korvettenkapitän Koppenhagen. Zwar hat er auch im englischen Kanal schon manchen Mineneinsatz mit Torpedo-booten geführt. Aber dort kannte er das Seegebiet - hier ist es ihm ganz neu. Und selbst wenn man sich auskennt: Es ist nicht jeder-manns Sache, in dunkler Nacht mit einem Verband schneller Schiffe einen imaginären Punkt mitten auf See anzusteuern, den man nur von der Karte her kennt und in Wirklichkeit mit einer Reihe theo-retischer Berechnungen finden muß. Der Punkt unterscheidet sich äußerlich in nichts von der ihn umgebenden Wasserfläche. Wenn man ihn aber verfehlt, wenn man irrtümlich ein Stück über ihn hinweg-fährt und zu spät abdreht...

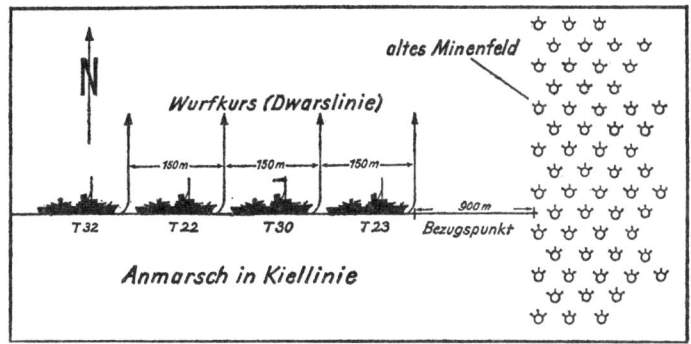

Der Sicherheitsabstand zwischen dem unsichtbaren Punkt im Meer und dem dahinter beginnenden Minenfeld beträgt nur 800–900 Meter, eine Strecke, für die ein T-Boot nicht einmal ganz eine Minute braucht.

Koppenhagen hat sich auf *T 30* eingeschifft. Sein Kommandant ist der einzige, der schon längere Zeit im Finnenbusen zur See fährt. Allerdings muß auch ihm jene typische Minensucher-Erfahrung fehlen, die sich dann herausbildet, wenn man sich lange Zeit täglich mit den Tücken eines bestimmten Seegebietes herumschlagen muß: genau zu wissen, mit welchen Meeresströmungen zu rechnen ist, oder wie stark ein Boot bei Wind in welcher Richtung von seinem gesteuerten Kurs abgedrängt wird. Das läßt sich kaum studieren, aber um so rascher erleben.

Eine andere Erfahrung hat der Kommandant von *T 30*, Kapitänleutnant Buch, schon mehrmals selbst gemacht: Die Seekarten des Finnenbusens stimmen nicht. Sie haben einen deutlichen Gradnetzfehler, der bewirkt, daß zwei Orte, der eine an der finnischen, der andere an der estnischen Küste, in Wirklichkeit ein wenig anders zueinander liegen, als sie auf der Karte eingezeichnet sind.

Das mag ein Versehen sein und daher rühren, daß dieses Seegebiet zum letzten Mal zur Zarenzeit, und zwar mit Segelschiffen, vermessen worden ist. Ebensogut kann der Fehler zu jener Zeit aber auch absichtlich in die Originalkarten eingefügt worden sein, um einen Eindringling in die Gewässer Mütterchen Rußlands irrezuführen.

Jedenfalls ist der «Sprung» da; er verläuft irgendwo in der Mitte des Finnenbusens. Wenn man von einem estnischen Küstenplatz ausläuft und seinen Kurs schnurgerade auf eine Einfahrt zwischen zwei Schären auf der finnischen Seite absetzt, wird man bald nach der Hälfte des Weges merken, daß man ein ganzes Stück von der gewünschten Einfahrt entfernt auf eine Untiefe zusteuert. Oder man beginnt an sich selbst und an seinen navigatorischen Fähigkeiten zu

71

zweifeln, wenn man eine Peilung nach Norden und eine andere nach Süden nimmt und dabei auf der Karte zwei verschiedene Schiffsorte erhält!

Der Sprung ist nicht groß; er beträgt vielleicht eine Meile von Nordosten nach Südwesten. Bei Tag und mit genügend sichtbaren Anhaltspunkten, nach denen man den Fehler im Kurs korrigieren kann, ist das nicht weiter schlimm. Aber bei Nacht, und erst recht, wenn man einen bestimmten Punkt ansteuern muß, hinter dem das unsichtbare Minenfeld lauert...

Mit hoher Fahrt – 28 Seemeilen pro Stunde – stürmen die vier Torpedoboote südwärts in die Nacht hinein. Je schneller sie fahren, desto weniger haben sie mit Strom- und Versetzschwierigkeiten zu rechnen. Sie kommen von ihrem finnischen Stützpunkt im Norden, und ihr Ziel ist die Narwa-Bucht vor der Küste von Estland.

In den Kartenhäusern aller vier Boote werden Kurs und Fahrt ununterbrochen mitgekoppelt. Durch die Fenster des Ruderhauses und aus der Brückennock heraus sind viele Gläser nach vorn gerichtet. Dort voraus muß Valaste liegen, ein kleiner Ort auf der Steilküste von Estland, mit einem Leuchtfeuer, das in dieser Stunde brennen soll. Das Feuer ist ihr einziger äußerer Anhaltspunkt. An ihm können sie noch einmal kontrollieren, ob sie bisher richtig gekoppelt haben, ob sie auch dort sind, wo sie zu sein glauben.

Aber so sehr sie sich anstrengen, sie können das Feuer nicht entdecken. Die Nacht ist klar, die Sicht ausgezeichnet – es gibt nur eine Erklärung: Das Feuer brennt nicht, es versagt.

Nun ist es Zeit für den Verband, sich nach Osten zu wenden. Der Flottillenchef gibt die Befehle, und die Boote schwenken in die vorgesehene Kiellinie ein. Vorn fährt jetzt *T 23*, Kommandant Kapitänleutnant Weinlig, dahinter das Führerboot *T 30*, und dann folgen *T 22* mit Kapitänleutnant Waldenburger und *T 32* mit Kapitänleutnant Dehnert. In dieser Formation eilen die Boote dem Punkt zu, an dem sie aus der Kiellinie wieder nach Norden in eine Dwarslinie einschwenken müssen. Wann dieser Punkt in der Nacht erreicht ist, hängt nun allein von dem exakten Ergebnis des eigenen Koppelns ab.

T 30 hat eine rot leuchtende Topplaterne gesetzt. Sobald sie verlischt, ist es soweit; dann müssen alle Boote gleichzeitig auf den Wurfkurs parallel zum alten Minenfeld gehen und anschließend die ersten Minen über das Heck in die See stoßen.

So ist es vorgesehen.

Gespannt beobachten alle das kleine rote Licht in der Mastspitze des Führerbootes. Manchmal zittert es ein wenig; doch gelöscht ist es noch nicht.

Zur selben Stunde trottet eine Rotte abgekämpfter M-Böcke in entgegengesetzter Richtung an der estnischen Küste entlang westwärts. Sie hatten einen Auftrag in der Narwa-Bucht zu erfüllen und sind nun froh, daß sie aller Voraussicht nach bei Tagesanbruch in Reval an der Pier liegen werden.

Auf *M 443* sitzt der Kommandant, Oberleutnant Remien, in seiner Brückennock und beobachtet zur Küste hinüber, wo heller Feuerschein und das Aufblitzen und dumpfe Grollen der Geschütze die Landfront anzeigen, die auch jetzt nicht zur Ruhe kommt.

Es ist Mitternacht. Auf der Brücke wird die Wache abgelöst.

In dieser Minute übertönt eine donnernde Explosion im Rücken des M-Bootes den Feuerzauber an Land. Remien fährt herum und starrt auf die ferne Leuchtglocke, die etwa eine Sekunde dort in der Nacht steht, woher der betäubende Schlag gekommen ist. Mechanisch nimmt er eine Kompaßpeilung – etwa 92 Grad – und schon ist das Licht verschwunden.

Ob dort hinten ein Munitionsdepot der Russen in die Luft geflogen ist?

Plötzlich stutzt der Kommandant. Träumt er denn? 92 Grad – das ist gar nicht an Land, das muß doch auf See sein! Aber was sollte denn jetzt in der Narwa-Bucht...?

«Remien, du bist müde!» weist er sich ärgerlich selbst zurecht. Irgendwo steckt ein Fehler. Beobachtung und Wahrscheinlichkeit passen nicht zusammen.

Bis die zweite, gleichstarke Explosion losbricht, wieder in derselben Peilung, nur mit noch hellerem Feuerschein. Nein, der Kommandant schläft nicht. Er hat schon ganz richtig gesehen: Es ist nicht an Land, sondern auf See.

«Beide Maschinen stop», befiehlt er.

Was ist in der «Seeigel»-Sperre los?

Erste Antwort bringt der Funker. Er stürzt aus seinem Schapp hervor und ruft schon von weitem:

«*T 32* meldet Schnellbootsangriff und Torpedotreffer auf zwei Booten!»

Kaum hat er ausgesprochen, als es zum dritten Mal kracht.

«Menschenskinder», knurrt der Kommandant, «das sind doch keine Torpedos, das sind Minenexplosionen! Eigene T-Boote? Da dreht doch einer durch...»

Als schließlich ein Funkspruch der 9. Sicherungs-Division mit dem Befehl an die 25. Minensuch eintrifft, zur Hilfeleistung an die Sperre zurückzulaufen, gehen die Boote sofort auf den anderen Bug, und die Maschinentelegraphen springen auf «Äußerste Kraft voraus».

Kopfschüttelnd, ungläubig noch, jagen die Kommandanten ihre Boote an den Ort der Katastrophe.

Dort hat sich inzwischen folgendes abgespielt:

Jedes der vier Torpedoboote hat bekanntlich Befehl, selbständig mitzunavigieren. Beim geringsten Zweifel können sich die Kommandanten über den UK-Sprechfunk miteinander verständigen. Jetzt, in den letzten Minuten vor dem entscheidenden «Punkt», sind sie mehr im Kartenraum als auf der Brücke und sehen ihren Obersteuerleuten über die Schulter. Zu rechnen gibt es eigentlich nichts mehr. Seit geraumer Weile ist keine Kursänderung mehr erfolgt, die Boote halten schnurstracks auf die Sperre zu. Es kommt also nur noch auf die Marschgeschwindigkeit des Verbandes an, um die Zeit herauszufinden, in der die Strecke durchlaufen ist. Diese Rechnung ist längst gemacht und mehrmals überprüft.

Die Uhr spielt jetzt die Hauptrolle. Die Blicke heften sich auf die Minuten und folgen dann dem Sekundenzeiger.

Endlich kommen Befehl und vereinbartes Signal: Die Wendung um 90 Grad nach Backbord beginnt.

Auf *T 30* erlischt die rote Topplaterne. Als sei dies das Zeichen, bricht plötzlich eine gewaltige Explosion los.

Mitten in der Wendung auf dem Wurfkurs wird das Führerboot gepackt und durchgeschüttelt – aber wovon? Der schlanke Bootskörper gleitet noch etwas weiter, dann knickt er sichtlich zusammen.

Doch schon reißt es die Köpfe der entsetzten Zuschauer auf die andere Seite, wo ein zweiter Donnerschlag ertönt. Das am weitesten westlich stehende *T 32*, Schlußlicht des Verbandes, ist ebenfalls getroffen! Allerdings wird bei ihm «nur» der Bug fortgerissen, das Kollisionsschott scheint zu halten. Als erste Reaktion funkt das Boot die Meldung über einen Schnellbootsangriff hinaus.

Dieser Meinung scheint auch Kapitänleutnant Weinlig auf dem am weitesten östlich stehenden *T 23* zu sein. Jedenfalls befiehlt er für beide Maschinen die höchste Fahrtstufe, um weiteren Torpedos ausweichen zu können, und beginnt mit seinem Boot wilde «Kringel» zu fahren – ohne daß etwas passiert.

Der Kommandant von *T 22*, der zwischen den beiden getroffenen Booten fährt, erfaßt die Situation am ehesten richtig. Er läßt sofort stoppen und zieht das Boot dann vorsichtig rückwärts wieder aus dem Minenfeld heraus, auf demselben Weg, den es unbeschadet hineingeglitten ist. Als er glaubt, aus der unmittelbaren Gefahrenzone heraus zu sein, läßt er ein Boot zu Wasser. *T 30* ist gerade nach einer weiteren inneren Explosion auseinandergebrochen und gesunken. Es gilt, die überlebenden Kameraden zu retten.

Von allen Seiten schwimmen sie auf das Rettungsboot zu, klammern sich an und werden von hilfreichen Händen hineingezogen. Im Nu ist das Boot überfüllt. Die Männer pullen zu dem wartend auf dem Wasser treibenden *T 22* zurück. Sie wollen nur eben die Geretteten an Bord geben, um dann sofort weitere Überlebende aus der See zu fischen. Schon ist die Bordwand zum Greifen nahe, als das Entsetzliche geschieht:

Ein Donner bricht auf, so unerträglich, daß die Köpfe bersten wollen. *T 22* wird ein ganzes Stück aus dem Wasser gerissen und bricht dann, schwer zurückfallend, unmittelbar vor den Augen der Insassen seines Rettungsbootes auseinander. Wie ein Stein sackt es in die Tiefe, kaum daß die wenigen Männer an Deck, die von der Explosion nicht niedergestreckt sind, noch von Bord ins Meer springen können.

Diese dritte Katastrophe ist um so unfaßbarer, als man das Boot nach seinem geschickten Rückzieh-Manöver in Sicherheit wähnte. Doch der ganze Verband mußte schon tief in das Minenfeld eingedrungen sein, ehe das Führerboot als erstes getroffen wurde. Deshalb wird sich auch *T 22* nicht weit genug abgesetzt haben und ist nun von dem stark nach Osten setzenden Strom wieder gegen den Rand der Sperre getrieben worden. Die Mine hat das Boot in der Höhe der Kesselräume getroffen und mit diesem einen Schlag vernichtet.

Noch ist keine halbe Stunde vergangen, seit die rote Topplaterne auf *T 30* erlosch, als Startzeichen für das Unternehmen, das so unversehens den Beginn der Katastrophe ankündigte. Die Bilanz ist niederschmetternd: Das Führerboot und *T 22* gesunken, ein drittes, *T 32*, angeschlagen, mit abgerissenem Bug und manövrierunfähig, so daß es hilflos von Wind und Strom weiter in die «Seeigel»-Sperre hineingedrängt wird.

Nur *T 23* hat unwahrscheinliches Glück. Mit hoher Fahrt geht es auf und davon, zurück mitten durch das Minenfeld, denn es stand ja am weitesten darin, und gewinnt tatsächlich die freie See westlich der Sperre, ohne auch nur einen Kratzer davonzutragen!

Die Überlebenden zweier gesunkener Torpedoboote schwimmen im Wasser. So gut es ihnen gelingt, verteilen sie sich auf die umhertreibenden Rettungsflöße oder, wenn sie großes Glück haben, auf eins der wenigen noch zu Wasser gekommenen Boote. An Ausruhen dürfen sie nach diesem ersten Schritt zur Rettung jedoch nicht denken. Denn nun beginnt der Kampf gegen die Meeresströmung.

Wenn sie nicht mit aller Kraft dagegen anpaddeln, werden sie Stunde um Stunde 2 Seemeilen nach Osten und den Sowjets in die Arme getrieben. Nur am Westrand der Sperre haben sie die Chance, von deutschen Booten aufgenommen und endgültig gerettet zu werden. So legen sie sich in die Riemen oder greifen zum Paddel. Aber die meisten Flöße haben keine Paddel mehr. Dort legen sich die Männer auf den Bauch und schaufeln das Wasser mit den Händen fort – ein vergebliches Bemühen. Stumm und verbissen kämpfen sie gegen das Element, nicht einmal gegen Sturm und tosende Gewalten, nur gegen einen sanften Strom, und müssen doch unterliegen.

Stundenlang begleitet der stumme Schatten von *T 32* die Dahintreibenden. Endlich, als es schon Tag wird, stößt es auf eine weitere Mine, die auch dieses dritte Boot in die Tiefe reißt.

Um diese Zeit fahren die zurückgerufenen Boote der 25. Minensuch dicht am Rande des Minengürtels auf und ab. Aus alter Erfahrung wissen sie genau, wie weit sie sich vorwagen können. Kurz vor Sonnenaufgang sehen sie dann Schlauchboote, Flöße und ein Dingi auf sich zukommen. Sie schicken ihnen ihre eigenen Boote entgegen, um die erschöpften Männer zu erlösen. So werden die ersten gerettet.

Das Gros der Überlebenden aber treibt bei Sonnenaufgang schon etliche Meilen weiter ostwärts. Die Männer sehen zwar die eigenen M-Boote, aber es fehlt ihnen die Kraft, dorthin zu gelangen. Kapitänleutnant Waldenburger befindet sich auf einem dieser Flöße. Kurz nach der Vernichtung seines Bootes hat er, im Wasser schwimmend, durch Zuruf festgestellt, daß etwa 40–45 Männer der Besatzung von dem sinkenden Schiffsrumpf freigekommen sind. Manche davon müssen noch während der Nacht ihren Verletzungen erlegen sein. Nun hat er keinen Überblick mehr, denn die Flöße sind weit auseinandergetrieben. Mit seinem eigenen Floß sind nur noch zwei andere zusammengebunden, und auf diesem kleinen Floßzug zählen sie 14 Mann.

Es muß gegen Mittag sein, als zum ersten Mal sowjetische Jäger anfliegen. Die Schiffbrüchigen sehen ihnen entgegen. 12 sind es, die nun mit ihren Bordwaffen in die See mähen und auf die Flöße einhacken. Da hilft nur eins: Ins Wasser werfen und wegtauchen...

Es dauert nicht lange, bis neue Flugzeuggeräusche zu hören sind. Schon wollen sie wieder herunterspringen, als sie stutzen und staunend erkennen, daß es diesmal vier deutsche Jäger sind. Eine große Seenotmaschine folgt ihnen, eine Do 24 mit den riesigen Holzpantinen der Schwimmer unter dem Rumpf. Und wirklich: Die Do setzt auf dem Wasser auf, gar nicht einmal weit von ihnen, und doch zu weit, um selbst zu den Glücklichen zu gehören, die in den Rumpf der Maschine klettern dürfen. Bald darauf hebt die Do ab und verschwindet im Westen.

Die nächste Vorstellung geben wieder die Sowjets.

Aber kaum tauchen die vier deutschen Jäger auf, da verschwindet der Feind. Ein zweites und schließlich noch ein drittes Mal kommt die Seenotmaschine zurück. 12 Mann faßt die Do 24, doch die doppelte Zahl Verwundeter und Schiffbrüchiger zwängt sich hinein, und zuletzt klammern sie sich auch noch an den Verstrebungen und Schwimmern fest. Außerdem sind die Sowjets wieder da und beschießen die Maschine beim Rettungswerk. Die Motoren der Do brüllen auf. Zitternd stürmt das Schwimmerflugzeug vorwärts, aber die Last ist diesmal so schwer, daß es sich nicht in die Luft erheben kann. So zieht es schäumend wie ein Meeresungeheuer davon, einfach auf dem Wasser über die Sperren hinweg.

Dies bleibt der letzte Versuch von deutscher Seite, Überlebende aus dem Gebiet östlich der Sperre zu retten. Insgesamt transportiert die Seenotmaschine 90 Mann zurück. Zusammen mit denjenigen, die aus eigener Kraft zu den M-Booten gelangten, steigt die Zahl der Geretteten damit auf etwa 130 Mann. 130 von rund 550 Mann Besatzung auf den drei Torpedobooten, die gesunken sind...

Aber noch treiben viele andere weiter nach Osten. Die zweite Nacht bricht an. Am heftigsten peinigt der Durst, denn die Wasser- und Milchbehälter der Flöße sind bei der Minenexplosion zerstört oder später zerschossen worden. Die Schiffbrüchigen sind der Erschöpfung nahe. Die Augen brennen wie Feuer von der Berührung mit dem mitschwimmenden Öl. Viele verlieren ihre Sehkraft.

Gegen Mittag dieses 2. Tages tauchen dann kleine russische Wachfahrzeuge auf und fischen alle heraus, die diese Odyssee überstanden haben. Inzwischen sind 36 Stunden seit der Katastrophe verstrichen.

Auf den letzten aber stoßen sie erst, als die Uhr wieder auf Mitternacht geht, 48 Stunden danach. Sie ziehen ihn aus dem Wasser, als er, aufrecht in seinen Schwimmwesten stehend und doch so reglos wie tot, vorbeitreibt. Es ist der deutsche Flottillenchef, Korvettenkapitän Koppenhagen...

Natürlich ist über Schuld und Ursache dieser Katastrophe viel gesprochen und verhandelt worden. Eine mit Sicherheit gültige Antwort gibt es nicht. Es mag sein, daß die alte Minensperre, an die die neue angeflickt werden sollte, auf einer falschen Position gelegen hat; sie war von Marine-Fähr-Prähmen geworfen worden, die bekanntlich keine sehr perfekten Navigationsmöglichkeiten besaßen. Es mag auch sein, daß die schwierigen See- und Stromverhältnisse im Finnenbusen den drei Torpedobooten zum Verhängnis geworden sind.

Die «Schlacht um Seeigel» endet mit einem furchtbaren Donnerschlag. Der größte sichtbare «Erfolg» des ausgedehnten Sperrgürtels schneidet ins eigene Fleisch. Die deutsche Kriegsmarine hätte die drei modernen Boote noch bitter nötig brauchen können.

5

Hochland | **«Wir sind doch Freunde!»**

Zwischenspiel im Hafen von Åbo – Nach 16tägiger Flucht gefaßt – «Tanne-West» und «Tanne-Ost» – Finnland am Ende seiner Kraft – «Das überflüssigste Unternehmen des Krieges» – Deutsche Landungsflotte vor Hochland Erst verhandeln, und nur notfalls mit Gewalt – Freunde werden zu Feinden Reval hört die Hilferufe nicht – Kapitulation oder Vernichtung – «Werden Sie uns den Russen ausliefern?» – Die abenteuerliche Mission des Lazarettschiffs «Oberhausen» – Der Handstreich auf den Gefangenendampfer findet nicht statt.

Zweimal wöchentlich geht von der finnischen Hafenstadt Åbo ein kleiner Passagierdampfer hinüber nach Schweden. Jetzt, im Oktober 1944, einen Monat nachdem die Finnen vor den Russen die Waffen strecken mußten, hält dieses Küstenschiff eine der wenigen Verbindungen mit dem neutralen Nachbarland und damit zur Außenwelt aufrecht.

Am 20. Oktober liegt es wieder einmal abfahrbereit an der Pier in Åbo. Die Passagiere klettern einzeln oder in Gruppen die Gangway hinauf. Schwedische Familien, die ihre Freunde oder auch ihre eigenen Besitzungen an den finnischen Seen verlassen, einzelne Finnen mit schwedischem Visum, weil sie geschäftlich drüben zu tun haben, schließlich Diplomaten mancher westlicher Länder, die ihre Gesandtschaften und Missionen in Helsinki auch während des Krieges aufrechterhalten haben, und denen nur der Weg über Schweden offensteht, um Finnland zu erreichen oder zu verlassen.

Jedenfalls sind sie alle, die hier durch die mehrfachen Kontrollen an Bord gelassen werden, in irgendeiner Weise Privilegierte. Grund genug für eine Handvoll Neugieriger unten auf der Pier, sich das Schauspiel der Einschiffung nicht entgehen zu lassen.

Unter diesen Menschen steht auch ein mittelgroßer Mann in einem abgewetzten grauen Regenmantel. Sein hageres Gesicht könnte Erschöpfung verraten, wenn die Augen nicht mit einem so wachen Interesse alle Vorgänge auf der Pier und an Bord des Schiffes verfolgten. Das also ist mein Dampfer, denkt der Mann. Nun gilt es nur noch das Problem zu lösen: Wie an Bord kommen?

Der von der Obrigkeit vorgeschriebene Weg ist klar: Die Passagiere gehen zunächst in das langgestreckte Holzhaus, in dem offenbar die Paß- und Zollformalitäten erledigt werden. Wenn sie dort wieder herauskommen, halten sie große bunte Karten in der Hand, mit denen sie die Kontrollen vor dem Schiff passieren.

Dieser Weg, denkt der Mann im Regenmantel, scheint für mich wenig gangbar zu sein; es sei denn, daß ich mir durch einen günstigen Zufall die bunten Karten verschaffen könnte. Seine Hand umfaßt in der Manteltasche die kleine, abgegriffene Ausweiskarte, die wohlmeinende Helfer ihm gestern besorgt hatten. Er ist der finnischen Sprache nicht mächtig und weiß daher nicht einmal, was auf diesem einzigen «Dokument» über seine Person geschrieben steht. Man hat ihm gesagt, es sei so etwas wie ein Passierschein, zum flüchtigen Vorzeigen, aber natürlich nicht zum genauen Hinsehen und Prüfen...

Wenig später steht er am Heck des Dampfers und scheint müßig auf das Spiel der Wellen zwischen Kaimauer und Bordwand hinabzusehen. Seine Gedanken arbeiten fieberhaft. Es muß doch einen Weg geben, unerkannt an Bord zu kommen! 16 Tage Flucht liegen hinter ihm, 16 Tage voller Entbehrungen und Opfer, aber auch voller Hilfsbereitschaft der Menschen, an die er sich vertrauensvoll gewandt hat, wenn er nicht mehr weiter wußte.

Umsonst alles, wenn ihm jetzt nicht mit diesem Dampfer der Absprung aus Finnland gelingt.

Da war der geglückte Ausbruch aus dem Gefangenenlager weit östlich Helsinki. Da war der Dusel, doch noch zu entkommen, als er und sein jüngerer Kamerad in ihren Verstecken im Güterzug von einem Suchtrupp aufgestöbert und gestellt wurden. Von diesem Augenblick an mußte er sich allein weiter durchschlagen. Ein paar Tage brachte er in der finnischen Hauptstadt zu. Dort hörte er Gerüchte, daß sein ursprüngliches Fluchtziel, Hangö, von den Russen besetzt sei. Also weiter nach Westen, Richtung Åbo, immer durch ein Land, in dem jedermann berechtigt und sogar verpflichtet war, die Deutschen, die noch einzeln und gruppenweise herumstreunten, festzunehmen und schließlich – den Sowjets auszuliefern.

Voller Interesse beobachtet der Flüchtige, wie sich ein Boot seinem Dampfer von der Wasserseite her nähert. In diesem Augenblick legt sich eine Hand schwer auf seine Schulter. Hinter ihm steht ein Polizist, der ihn offenbar beobachtet hat. Der Polizist sagt irgend etwas Unverständliches in seiner Sprache, aber Tonfall und Geste lassen keinen Zweifel, daß er etwa gefragt hat:

«Was treiben Sie hier eigentlich?» oder: «Zeigen Sie mir doch mal Ihre Papiere!»

Der Mann im Regenmantel gibt das Spiel noch nicht verloren. Wie selbstverständlich reicht er dem Uniformierten die Karte, die «so etwas wie ein Passierschein» sein soll. Der Polizist bedeutet dem Ertappten mit einer Kopfbewegung, ihm zu folgen und führt ihn in das Holzhaus. Dort tritt er an einen Schalter und spricht auf den dort sitzenden Zivilbeamten ein.

Dem Mann im Regenmantel schießen hundert einander jagende Gedanken durch den Kopf. Mit einem Blick hat er erkannt, daß der Beamte am Schalter derjenige ist, der die bunten Einschiffungskarten ausgibt. Ist es so völlig ausgeschlossen, daß auch dieser Finne ihm noch einmal weiterhilft? Er will es versuchen, will seinen letzten Trumpf ausspielen, der bisher noch bei jedem Finnen Wunder gewirkt hat: Er will sich zu erkennen geben.

Der Polizist winkt ihn heran, und der Beamte fragt ihn etwas, das er wieder nicht versteht. Unschlüssig wendet der Mann am Schalter die vermeintliche Ausweiskarte, um dann plötzlich den Kopf zu heben und in akzentfreiem Deutsch zu fragen:

«Bitte, mein Herr: Sind Sie Deutscher?»

Der Mann knöpft seinen Regenmantel oben auf. Es genügt, um eine Marine-Uniform sichtbar zu machen, die er unter dem Mantel trägt.

«Ja», sagt er, «Sie haben recht. Ich bin deutscher Offizier, Kapitän zur See Mecke. Ich befinde mich auf der Flucht vor den Russen. Bitte helfen Sie mir weiter.»

Das ist die Formel, die bisher immer gewirkt hat. Bei dem einfachen Bahnwärter ebenso wie bei dem begüterten Rechtsanwalt und dem alten Schiffsmakler.

Der Finne hat den Kopf gesenkt.

«Es tut mir leid», sagt er, «ich kann Ihnen wirklich nicht helfen. Sie sind uns bereits avisiert...»

So findet eine Flucht nach 16 Tagen ihr vorzeitiges Ende. Der Plan des Kapitäns Mecke, sich nach Deutschland durchzuschlagen, wird vereitelt. Was war die Triebfeder dieser Flucht? Nur der Wunsch, so schnell wie möglich nach Hause zu kommen? Nur die begründete Furcht, die Finnen müßten ihre deutschen Internierten an die Sowjets ausliefern? Bei Mecke kam etwas anderes hinzu: Er wollte seinen Vorgesetzten Rede und Antwort stehen über den Verlauf des Unternehmens, das er zu führen hatte – und über seinen völligen Fehlschlag, dem er und über 1 200 deutsche Soldaten ihre jetzige mißliche Lage zu verdanken hatten:

Das Unternehmen «Tanne-Ost».

Und nicht nur Rede und Antwort stehen wollte er, sondern Rechenschaft fordern, warum es soweit hatte kommen müssen und wo die Schuld für diesen Fehlschlag zu suchen sei.

*

Sechs Wochen, bevor er als abgerissener Flüchtling im Hafen von Åbo festgenommen wird, hält Kapitän z. S. Mecke, der «Höhere Kommandeur der Flak- und Küstenartillerieschulen der Kriegsmarine», in seinem Dienstzimmer in Swinemünde ein geheimes Fernschreiben in der Hand. Der Inhalt besagt, daß er sich schnellstmöglich beim «Admiral Östliche Ostsee» in Reval zu melden und dort den Befehl über das für die Nacht zum 15. September angesetzte Unternehmen «Tanne-Ost» zu führen habe. Der Kapitän ist zunächst im Zweifel, ob es sich um einen Übermittlungsfehler handelt. Er hat sich zwar seit längerer Zeit darauf vorbereitet, das Unternehmen «Tanne-West» zu führen, falls es überhaupt befohlen werden sollte, kennt aber von «Tanne-Ost» nicht viel mehr als den Tarnnamen.

Beide «Tanne»-Fälle waren vorsorglich schon Mitte März 1944 ausgearbeitet worden und galten als Ergänzung für den Fall «Birke»: Die eventuelle Räumung Finnlands von deutschen Truppen. Obwohl solche Rückzugspläne in Hitlers Hauptquartier im allgemeinen als «psychologisch falsch» schärfstens mißbilligt wurden, hatten sich die deutschen Kommandostellen in Finnland verpflichtet gefühlt, vorzusorgen. Nach den heftigen russischen Offensiven war abzusehen, daß die Widerstandskraft der tapferen Finnen über kurz oder lang erliegen mußte. In diesem Fall durften die zahlreichen deutschen Verbände und Dienststellen nicht dem Chaos eines ungeregelten Rückzuges ausgeliefert werden.

Die Marine erhielt daher den Auftrag, im Fall «Birke» in allen finnischen Häfen ausreichenden Schiffsraum zur Verfügung zu stellen, damit die eigenen Truppen und wenigstens ihr wichtigstes Material über See gerettet werden konnten. Ein Blick auf die Karte und auf die zerklüftete finnische Schärenküste lehrt aber, daß es ein übergroßes Risiko bedeutete, vollgeladene Transporter aus finnischen Häfen auslaufen zu lassen – falls die Batterien auf den vorgelagerten Inseln womöglich Befehl erhielten, das Auslaufen mit ihren Geschützen zu verhindern.

Besonders gefährdet erschienen alle Transporte, die aus den Häfen des Bottnischen Meerbusens kommend die Åland-Inseln im Bereich schwerer finnischer Küstenbatterien passieren mußten, wenn sie die mittlere oder westliche Ostsee erreichen wollten. Hier glaubte die deutsche Seekriegsleitung vorbeugen zu müssen: Die für die Durchfahrt wichtigsten befestigten Inseln sollten im Ernstfall vorübergehend besetzt werden. Die Vorbereitungen liefen unter dem Tarnnamen «Tanne-West».

Die gleichen Gründe konnten für «Tanne-Ost» – die Besetzung der Insel Hochland (finnisch Suursaari) – nur sehr bedingt geltend gemacht werden. Diese inmitten des Finnenbusens, etwa 25 sm südlich Kotka gelegene Insel konnte den Geleitverkehr nicht direkt behindern; die Schiffe hatten genügend Platz, außerhalb des Wirkungsbereichs der Inselbatterien vorbeizufahren. Dagegen bildete Hochland bekanntlich einen Angelpunkt in dem System deutsch-finnischer Minensperren, das die sowjetischen Seestreitkräfte trotz aller erbitterten Durchbruchsversuche bisher immer noch östlich der Sperren festhielt.

Eines war klar: Kapitulierten die Finnen, die ja auch auf Hochland saßen, dann war es um den Zusammenhalt der Sperren geschehen. Im Schutz der Insel konnten die Russen binnen kurzer Frist eine Sperrlücke herstellen und ihre Schnellboote, Kanonenboote und vielleicht sogar Zerstörer hindurchschleusen, um den regen deutschen Schiffsverkehr entlang der estnischen Küste und weiter westlich anzugreifen. Lösten dagegen die Deutschen die Finnen bei der Besetzung der Insel ab, dann schien dadurch eine wichtige Voraussetzung erfüllt, um die Sperren auch weiter erfolgreich zu verteidigen.

Ungeachtet der «Birke»- und «Tanne»-Vorbereitungen bemühte sich die deutsche Führung eifrig darum, die Finnen zum Aushalten und zum weiteren Kampf auf deutscher Seite zu veranlassen. Die angewandten Mittel waren nicht immer sehr wählerisch. Sie schwankten zwischen Freundschaftsbeteuerung und Drohung. Der Appell an die Schicksalsgemeinschaft der beiden Völker war begleitet von der Demonstration militärischer Stärke; Zuckerbrot und Peitsche, von derselben Hand geboten.

So wurde Finnland kurzerhand die Zufuhr von Munition und Getreide gesperrt, als es Ende April 1944 nicht gleich dem deutschen Wunsch entsprach, schweren Seestreitkräften den Aufenthalt in finnischen Gewässern bei den Åland-Inseln zu gestatten. Ende der ersten Juniwoche folgte dann eine nach allen überlieferten Regeln abgehaltene Flottendemonstration: der schwere Kreuzer *Prinz Eugen* – neben der in Norwegen festliegenden *Tirpitz* derzeit wohl Deutschlands stärkstes, am modernsten bewaffnetes und voll einsatzbereites Kriegsschiff – pflügte durch die Ostsee und rauschte mit hoher Fahrt in die finnischen Schären hinein, umgeben von einem weiten Schutzschirm aus Zerstörern und Torpedobooten. Dort, zwischen der kleinen Insel Utö und dem Hafen Åbo, lag der *Prinz* dann in einem eigens für ihn errichteten Netzkasten und ließ sich bewundern. Denn an Besuchern fehlte es nicht. Jeder höhere finnische Offizier oder Politiker, der den Wunsch äußerte, wurde bereitwillig an Bord gefahren. Bisweilen ging der *Prinz* auch ankerauf, fuhr in immer wechselnden Formationen im Verband mit seinen Sicherungsstreitkräften und übte Gefechtsbilder, daß die Rohre rauchten.

Die Tatsache, daß zur gleichen Stunde in Westfrankreich die Invasionsschlacht tobte und die letzten noch fahrbereiten deutschen Kriegsschiffe im Kanal und in der Seinebucht in einen aussichtslosen Abwehrkampf verbissen waren, erschien angesichts dieser Schaustellung von der Stärke und Schlagkraft der Kriegsmarine vor Finnlands Küsten nahezu unglaubwürdig.

Nachdem *Prinz Eugen* bereits 14 Tage demonstriert hatte, fuhr der Reichsaußenminister nach Helsinki, um die Früchte zu ernten. Von seiner nach außen zur Schau getragenen Herzlichkeit und Zuversicht freilich dürfte hinter den verschlossenen Türen des Verhandlungsraumes nicht mehr viel übriggeblieben sein. Wie ernst die Lage in Wirklichkeit angesehen wurde, erhellt daraus, daß wenige Stunden vor dem Eintreffen Ribbentrops in Helsinki «Spannungsstufe I» für die beiden «Tanne»-Unternehmen befohlen wurde. Für den Augenblick konnte zwar der drohende Abfall des Verbündeten noch einmal verhindert werden. Auf die Dauer aber erwiesen sich die Ereignisse als stärker. Der sowjetische Großangriff über die karelische Landenge, die Eroberung von Wiborg und die äußerst erbitterten Kämpfe, die auf dem Festland und ebenso um die zahlreichen Inseln der Wiborg-Bucht entbrannt waren, hatten den Finnen die Grenzen ihrer Kraft gezeigt.

Sie waren am Ende; und sie waren ehrlich genug, sich diese Lage auch einzugestehen. Nur ein rechtzeitiger Waffenstillstand konnte das finnische Volk vor dem Schlimmsten bewahren.

An diesem Stand der Dinge war im August nichts mehr zu ändern, als nacheinander wieder zwei prominente deutsche Besucher beim Marschall von Finnland, Mannerheim, erschienen: Zunächst Generaloberst Schörner, dessen Heeresgruppe Nord nun selbst vor den angreifenden Russen zurückweichen mußte; schließlich, direkt von Hitler gesandt, Generalfeldmarschall Keitel, der Mannerheim das Eichenlaub zum Ritterkreuz überbrachte. Am 2. September 1944 erhielt Hitler die Antwort in einem persönlichen Schreiben Mannerheims, des neuen finnischen Staatspräsidenten:

«...bitte ich Sie und das deutsche Volk um Verständnis, wenn Finnland, am Ende seiner Kraft, um Waffenstillstand nachsuchen muß...»

Bereits zwei Tage später wurde der schon vorher ausgehandelte und beschlossene Waffenstillstand zwischen der Sowjetunion und Finnland wirksam. Die Deutschen erhielten darin eine Frist von 10 Tagen: Bis zum 15. September, null Uhr, mußten sie überall finnischen Boden verlassen haben.

Zum gleichen Zeitpunkt, um Mitternacht vom 14. auf den 15. September, soll «Tanne-Ost» nun endgültig ausgeführt, soll die Insel Hochland handstreichartig besetzt werden.

Das ist die Lage, als Kapitän zur See Mecke in seinem Dienstzimmer in Swinemünde das Fernschreiben in der Hand hält, das ihn zum Führer dieses Landungsunternehmens bestimmt. Zunächst vergewissert er sich, daß tatsächlich «Tanne-Ost» statt der von ihm vorbereiteten «Tanne-West» gemeint ist. Er erfährt, daß auf die Besetzung der Åland-Inseln verzichtet werden soll, um nach dem Abfall der Finnen nicht auch noch die neutralitätsbeflissenen Schweden gegen Deutschland aufzubringen.

Also macht sich Kapitän Mecke auf den Weg nach Osten. Er fährt nach Gotenhafen und von dort über See weiter nach Reval; denn zu Lande gibt es Anfang September schon keine Verbindung mehr nach Estland, weil die Russen bei Riga bis zur Küste durchgestoßen sind und alle Deutschen nördlich dieser Linie abgeschnitten haben.

Eine Lage, die zu denken geben sollte. Zu denken besonders, wenn es sich um die Eroberung einer Insel handelt, die nochmals eine halbe Tagesreise weiter östlich von der schon abgeschnittenen deutschen Heeresgruppe in Estland liegt. Noch steht die Front auf See weit im Osten, hält sie sich in der Linie Narwabucht–Tütters–Hochland–Kotka.

Und Kapitän zur See Mecke fährt einem Schicksal entgegen, von dem er bisher nichts weiter kennt als einen Tarnnamen:

Tanne-Ost.

*

Im Lagezimmer jener freundlichen Holzvilla in Reval, die den Stab des «Admirals Östliche Ostsee» beherbergt, jagt in diesen Tagen eine Besprechung die andere. Eine ebenso fieberhafte Tätigkeit herrscht auf dem im Hafen liegenden Flottenbegleiter *F 3*, dem Führerschiff

der 9. Sicherungsdivision. Zu den normalen Aufgaben des Minen-
legens und -räumens, der Sperrbewachung, des Küstenschutzes und
der Geleitsicherung kommen nun plötzlich die Probleme der Räumung Finnlands hinzu.

Eine ganze Reihe deutscher Flottillen hat ihre Liegeplätze ja in
verborgenen Buchten innerhalb der finnischen Schären. Die Boote
müssen also herausgezogen und an die estnische Küste, meist nach
Reval oder Baltischport, verlegt werden. Darüber hinaus gilt es, die
deutschen Stützpunkte in Finnland, wie z. B. Kotka, aufzulösen und
das wertvolle Material abzutransportieren. Ganz zu schweigen von
der Aufgabe, die deutschen Divisionen und anderen Wehrmachts-
dienststellen rechtzeitig aus Finnland herauszuholen.

Gerade ist der Chef des Stabes beim «Admiral Östliche Ostsee»,
Fregattenkapitän Forstmann, von einer persönlichen Fühlungnahme
im finnischen Marinehauptquartier zurückgekehrt. Nach einer kurzen
telefonischen Anmeldung bei den Finnen hat er sich, wie üblich, ein
R-Boot genommen und ist einfach hinübergefahren – ungeachtet der
Tatsache, daß die Finnen gerade damit beschäftigt sind, vor den
Russen die Waffen zu strecken. In diesem Falle galt es zu erfahren,
was die Finnen nach ihrem Waffenstillstand vorhaben. Wie wollen –
oder wie müssen sie sich gegenüber den Deutschen verhalten?

Forstmann bringt erfreuliche Nachrichten mit nach Reval.

«Die Finnen haben mich mit der gleichen Freundschaft und Herzlichkeit aufgenommen wie bei früheren Besuchen», berichtet er bei
seinem Vortrag vor Vizeadmiral Burchardi. «General Valve hat mich
persönlich empfangen und mir versichert, daß wir genügend Zeit
haben würden, unsere Truppen und das Material abzuholen. Seine
Landsleute würden jedenfalls nichts unternehmen, um uns daran zu
hindern. Im Gegenteil: General Valve bot mir die Hilfe der finnischen
Marine an, falls wir sie brauchten; zum Beispiel zum Räumen eines
minenfreien Weges für unsere Transporter aus dem Bottnischen Meerbusen.»

«Gut», erwidert der Admiral. «Leider habe ich weniger erfreuliche Nachrichten. Die Seekriegsleitung hat auf Befehl des Führer-
hauptquartiers angeordnet, ‹Tanne-Ost› innerhalb der nächsten zehn
Tage durchzuführen.»

Forstmann steht wie vom Schlag gerührt.

«Hochland jetzt noch besetzen, Herr Admiral?»

«Ja, eben das. Unsere Lagebetrachtung scheint im Führerhauptquartier keinen besonderen Widerhall gefunden zu haben.»

«Aber die Landfront weicht doch ständig weiter zurück. Südlich
Hochland stehen die Sowjets schon an der Küste, und im Norden

haben die Finnen ebenfalls ausgespielt; wahrscheinlich werden sie ihre Küstenstützpunkte an die Russen abtreten müssen. Dann sind beide Flanken Hochlands umgangen. Man kann doch keine Stellung halten, die beiderseits aus den Angeln gehoben ist.»

«Das sind genau meine Bedenken, Forstmann. Andererseits besteht der klare Befehl, Hochland zu besetzen und die Sowjets mit allen Mitteln daran zu hindern, daß sie die Sperren durchbrechen. Die Gründe liegen auf der Hand. Die Russen haben uns durch ihren Durchbruch bei Riga von der Heimat abgeschnitten, die Heeresgruppe kann sich nur halten, wenn sie über See versorgt wird. Wir befinden uns hier bereits in einem großen Brückenkopf. Unsere Seewege in der Ostsee haben plötzlich erhöhte Bedeutung. Sie sollen so sicher bleiben wie bisher. Dafür ist jedes Mittel recht – auch die Besetzung Hochlands.»

«Wobei unterstellt wird, Herr Admiral, daß Hochland in unserer Hand auch wirklich den gewünschten Erfolg hätte, den Sowjets den Durchbruch nach Westen zu verwehren. Das halte ich aber für sehr fragwürdig, weil ihnen ja wohl in Kürze der Schärenweg unter der finnischen Küste offenstehen wird.»

«Erstens das, Forstmann, und außerdem ist es nicht allein damit getan, die Insel zu besetzen. Ohne genügende Aussicht, Hochland ständig mit allem Notwendigen zu versorgen, und ohne die Möglichkeit, unseren Sperrschutzverband Tag für Tag oder besser Nacht für Nacht nach vorn zu schicken, wäre das Unternehmen zwecklos. Frage: Welche Voraussetzungen sind erforderlich, welche Mindestbedingungen müssen hierfür erfüllt werden? Bitte formulieren Sie unsere Bedenken gegen ‹Tanne-Ost› unter diesen Gesichtspunkten noch einmal neu; die Führung soll nicht sagen können, sie sei unzureichend unterrichtet worden.»

«Kurz gesagt», erwidert der Stabschef, «erste Bedingung: Estland muß vom Heer weiter gehalten werden, damit wir unsere Flottillen nach dem Verlust der finnischen Häfen wenigstens hier von Reval aus an die Sperren schicken können. Zweitens: Wir brauchen ständige Luftunterstützung, damit unsere Boote an den Sperren und auf dem Weg dorthin nicht völlig zerrupft werden.»

«Und was halten Sie persönlich von der Erfüllbarkeit dieser Mindestbedingungen, Forstmann?»

«Mit Luftunterstützung können wir kaum rechnen, Herr Admiral...»

Burchardi nickt. «Also Fehlanzeige zu Punkt zwei», sagt er. «Und zu Punkt eins sagte mir Schörner gestern vertraulich, er sei der Überzeugung, daß sich die Heeresgruppe keine vier Wochen mehr in

Estland halten könne. Hier oben stehenzubleiben, wenn die Russen womöglich bis zur deutschen Grenze vorstoßen, wäre Wahnsinn.»

«Dann ist es erst recht Wahnsinn, Hochland zu nehmen!»

«Also gut, formulieren Sie unsere Einwände mit aller Deutlichkeit. Es darf kein Zweifel bestehen, daß wir nichts, aber auch gar nichts von ‹Tanne-Ost› halten... Ich unterschreibe das.»

*

Ungeachtet aller Einwände hält die Führung starr an ihren Befehlen fest. «Tanne-Ost», vor sechs Monaten zwar für den Abfall Finnlands, aber unter ganz anderen Voraussetzungen geplant, muß durchgeführt werden – auch wenn das Unternehmen bei der veränderten Lage als sinnlos erscheint. Das Führerhauptquartier hat sich schon lange hinter einen Abwehrschirm zurückgezogen, an dem die zahlreichen Bedenken und Einwände der Front-Befehlshaber gegen Hitlers Entscheidungen wirkungslos abzuprallen pflegen. Aber auch die Seekriegsleitung in Berlin verspricht sich von der Besetzung Hochlands nach wie vor eine Stärkung des deutschen Sperriegels gegen die Russen. Warum sollte die so wichtige Insel Hochland denn nicht von den estnischen Häfen aus versorgt werden können?

Die simple Antwort: «Weil wir die estnischen Häfen in wenigen Wochen gar nicht mehr besitzen werden», die für den Marinebefehlshaber in Reval selbst sehr einleuchtend ist, weil er Kontakt mit der Heeresgruppe hält und weiß, wie man dort denkt – diese simple Antwort erscheint in Berlin unglaubwürdig, weil das Lagebild dort von ganz anderen Einflüssen bestimmt wird.

Für den Oberbefehlshaber der Kriegsmarine, Großadmiral Dönitz, kommt zu den bisher genannten noch ein sehr entscheidender Grund hinzu, warum er die Russen um jeden Preis im östlichen Finnenbusen festgehalten wissen möchte. In der mittleren Ostsee, vor Pillau und Gotenhafen, liegen die Übungsgebiete der neuen deutschen U-Boote, deren Vorhandensein und deren rechtzeitiger Einsatz im Atlantik eine der wenigen reellen militärischen Hoffnungen Deutschlands darstellt. Auf keinen Fall dürfen diese U-Boot-Übungsgebiete von sowjetischen Seestreitkräften bedroht werden!

So wird also der Befehl «Tanne-Ost» gegen alle Bedenken aufrechterhalten.

Als Kapitän zur See Mecke ganze drei Tage vor dem festgesetzten Zeitpunkt der Landung in Reval eintrifft, weiß er noch so gut wie nichts von dem Unternehmen, das er verantwortlich führen soll. Acht Jahre sind vergangen, seit er das letzte Mal so weit in der östlichen

Ostsee war. Damals, kurz vor dem Kriege, hatte er als getarnter Beobachter von der am weitesten gegen Kronstadt vorgeschobenen finnischen Insel Seiskari aus die Herbstmanöver der sowjetischen Flotte beobachtet. Er hatte festgestellt, daß die Schiffsartillerie der Russen sehr gut schoß, und daß die Rote Flotte Zerstörer besaß, die – einwandfrei gemessen – 50 Knoten liefen. Und er hatte die Finnen kennengelernt und gut mit ihnen zusammengearbeitet; ein Vorzug, der ihm wohl jetzt zu diesem zweifelhaften Kommando verhalf.

In Reval erfährt Mecke, daß die Marine ursprünglich nur die Landungstruppen über See nach Hochland bringen und, falls überhaupt notwendig, durch Schiffsartillerie unterstützen sollte. Für die Landung selbst und die Besetzung der Insel hatte die Heeresgruppe Nord eigens eine neue Division aufgestellt und in der Armeewaffenschule Männiku, der alten Kriegsschule der Esten am Stadtrand von Reval, zusammengezogen. Dort hatte die Division das Unternehmen theoretisch bis in alle Einzelheiten vorbereitet und sogar praktisch durchexerziert – zwar nicht auf Hochland, aber an der ganz ähnlichen Steilküste Estlands. Oberst Mäder, ein erprobter Haudegen, hatte als Kommandeur der Landungsdivision ein übriges getan: Er war selbst nach Hochland gefahren, vorgeblich, um die dort stationierten deutschen Funk- und Funkortungstrupps zu besichtigen, in Wirklichkeit aber, um die Insel selbst in Augenschein zu nehmen.

Finnland blieb jedoch zunächst noch an deutscher Seite, und die einzelnen Einheiten der Landungsdivision wurden wieder an der Landfront gegen die Sowjets eingesetzt. Jetzt, da man sie braucht, sind sie nicht mehr aufzutreiben. Das Heer hat inzwischen an den eigenen Fronten größere Sorgen.

Der jetzigen Landungstruppe sieht man an, daß sie in aller Eile zusammengewürfelt worden ist. Da sind einzelne Verbände einer Marine-Artillerie-Abteilung (MAA), die Reste von zwei herausgezogenen Regimentern des Heeres, eine Flakabteilung der Luftwaffe und eine Pionierkompanie mit 20 Sturmbooten, die bei der Landung eingesetzt werden sollen – alles in allem rund 2000 Mann. Diese Truppe ist nicht aus einem Guß, aber doch wohl ausreichend für den als wahrscheinlich angenommenen Fall, daß die «Übernahme» Hochlands von den Finnen mehr eine Formsache sei und kaum durch Waffengewalt erzwungen werden müsse.

Kapitän Mecke hat vor der Einschiffung keine Gelegenheit mehr, alle führenden Offiziere der ihm unterstellten Einheiten kennenzulernen, geschweige denn einen gemeinsamen Angriffsplan mit ihnen zu erörtern. Nur eins ist ausreichend vorhanden, als das Unternehmen

«Tanne-Ost» von der höchsten Führung unwiderruflich für die Nacht vom 14. zum 15. September befohlen wird: Transportraum. Minensuch- und -räumboote, die Fährprähme der Landungsflottillen und die Artillerieträger gehen am Spätnachmittag des 14. von Reval aus in See.

Überall stehen die Soldaten auf den Decks der gut dreißig Fahrzeuge und schauen auf die charakteristische Silhouette Revals zurück, bis die Turmspitzen im Dunst verschwunden sind.

Sechs Stunden werden sie zu fahren haben, bis sie am Ziel sind. Sechs Stunden nach Osten, während ihre Kameraden überall an der Rußlandfront weit nach Westen zurückweichen.

Auf den Booten machen die Geschützbedienungen die Waffen klar. Sie fahren nun in einem Seegebiet, in dem sich die roten Flieger plötzlich wie Hornissenschwärme auf sie niederstürzen können.

*

Die letzte halbe Stunde vor Mitternacht ist gerade angebrochen, als sich ein R-Boot aus dem Schatten des größeren Bruders *M 15*, Führerboot der 3. Minensuchflottille, löst und allein auf die Insel zuhält. Die Nacht ist tiefdunkel, doch der mächtige, waldbestandene Granitfels Hochland reckt sich als schwarzer Klotz aus dem Meer.

Die Offiziere auf der engen Brücke des R-Bootes starren hinüber.

Das R-Boot umrundet die Nordspitze Hochlands in respektvoller Entfernung, denn dort soll ein flaches Minenfeld stehen. Nackter, schroffer Fels, der mancherorts Dutzende von Metern steil ins Wasser fällt, das ist Hochland. Ringsum ist es so, höchstens da und dort ein paar Meter vorgelagerter Strand. Die Bedingungen sind denkbar schlecht für jemanden, der sich die Landung – zur Not – erkämpfen muß.

Einziger Zugang, einziger Landeplatz, einziger Hafen ist Suurkylä – ein winziger Hafen. Eine kleine Bucht mit ein paar verstreut liegenden Häusern und eine Landungsbrücke, wohl nur für Fischerboote gedacht, die sich aber, wie eine Mole die Bucht beschließend, ein Stück ins Wasser erstreckt und nur eine schmale Einfahrt läßt – das ist alles.

Deshalb sitzen sie auch auf diesem R-Boot; damit können sie wenigstens einlaufen, können manövrieren und haben etwas Bewegungsfreiheit.

Voraus ist jetzt ein schwaches Licht zu erkennen. Der Kommandant weist seinen Rudergänger an, genau darauf zuzuhalten. Es kann nur das Feuer im Hafen sein. Die Finnen haben es gezündet, um ihren nächtlichen Besuchern den Weg zu weisen. Sie wissen genau, daß die

Deutschen kommen, sie sind ihnen sogar durch einen Funkspruch des deutschen Admirals angekündigt. Nicht das ganze Landungsgeschwader natürlich, sondern nur dieses einzelne Boot.

Der Vorwand, unter dem es geschieht, leuchtet ein. Auf der Insel befindet sich noch ein deutscher Funktrupp, in guten Zeiten Bindeglied zwischen finnischer Inselbesatzung und deutscher Sperrbewachung. Der Nachrichtenleutnant und seine Funker müssen nun abgeholt werden, und zwar noch vor Mitternacht; denn die Abmachung lautet ja, daß Finnland alle Deutschen unbehelligt ziehen läßt, die das Land bis zum 15. September, elf Tage nach dem Waffenstillstand, null Uhr verlassen.

20 Minuten vor Mitternacht nähert sich das deutsche R-Boot dem Licht am Hafen von Suurkylä. Außer dem vertrauten Blubbern seines Diesels ist kein Laut zu hören.

Deutlich sticht jetzt die Landungsbrücke aus dem Wasser. Das Boot läuft nur noch kleine Fahrt.

Da wird es an Land lebendig:

«Haaalt!» Irgend jemand ruft durch eine Flüstertüte. «Haaalt! Niiicht einlaufen!»

Der Kommandant sieht fragend zum Chef des Unternehmens hinüber.

«Weiter, weiter», sagt Kapitän Mecke, «wir sind schwerhörig. Ran an die Mole!»

«Haaalt! Nicht anlegen! Wir kommen – Ihnen – entgegen!»

«Sie wollen uns unsere Leute rausbringen, Herr Kapitän.»

«Ja, sie trauen dem Braten nicht. Ist sonst alles klar, Kieffer?»

«Jawohl, Herr Kapitän, ich gehe sofort an Land und werde mein Bestes versuchen.»

«Gut, alles wie vereinbart. Ich verschwinde jetzt besser unter Deck. Auf Ihr Zeichen sind wir sofort draußen. Hals- und Beinbruch.»

«Danke, Herr Kapitän.»

Das Boot schwingt schon an den Steg, zwei Seeleute springen hinüber und machen die Leinen fest. Dann sehen sie sich erstaunt um. Weit und breit ist kein Mensch zu sehen. Auch der Rufer ist wie vom Erdboden verschluckt.

Inzwischen ist Korvettenkapitän Kieffer auf die Anlegebrücke geklettert, hält ringsum Ausschau und geht dann ohne Hast, wie ein rüstiger Spaziergänger, allein den Steg entlang auf das Land zu.

Kieffer ist nicht zum ersten Mal auf der Insel. Vor einem Dreivierteljahr hat er dem finnischen Kommandanten einen längeren Besuch abgestattet. Deshalb ist die Wahl auf ihn gefallen, als man sich fragte, wer mit dem Gegenspieler verhandeln könne.

Der deutsche Offizier weiß, er spürt es fast körperlich, daß in diesem Augenblick viele Augen durch Nachtgläser auf ihn gerichtet sind. Er weiß ebensogut, daß er auf diesem Weg eine gute Zielscheibe für jeden nur halbwegs sicheren Schützen bietet. Kieffer geht ruhig weiter. Wenn er sich nicht sehr getäuscht hat, dann war der Mann, den er sucht, noch vor wenigen Minuten unter den Finnen auf der Landungsbrücke. Also kann er nicht weit sein. In einem der kleinen an der Bucht verstreuten Holzhäuser hat Kieffer damals dem finnischen Kommandanten, Oberstleutnant Miettinen, gegenübergesessen. Ohne Zögern geht er auf dieses Haus zu. Und er hat sich nicht getäuscht.

Ein finnischer Soldat öffnet ihm die Tür, ohne ein Wort zu verlieren. Der Deutsche blinzelt in den hellen Raum. An der Stimme erkennt er den Mann, der ihn anspricht:

«Ich freue mich, Sie wiederzusehen, Herr Kapitän, und möchte Sie gern willkommen heißen. Aber unsere Zeit ist knapp.»

Kieffer sieht auf die Uhr. Es ist fünf Minuten vor zwölf.

«Was führt Sie zu mir?» drängt der Finne. «Warum haben Sie nicht auf uns gehört, sondern sind eingelaufen?»

«Weil ich den Auftrag habe, mit Ihnen, Herr Oberstleutnant Miettinen, zu sprechen.»

«Zu Verhandlungen bin ich nicht berechtigt.» Das klingt schroff und abweisend.

Sekunden bleibt es still, bevor der Deutsche weiterspricht:

«Wir haben über drei Jahre lang Schulter an Schulter gekämpft. Und ich glaube, wir sind gute Kameraden und Waffengefährten gewesen. Mir steht kein Urteil darüber zu, warum Ihr Land den Kampf aufgegeben hat. Aber haben Sie bitte Verständnis dafür, daß die deutsche Wehrmacht entschlossen ist, ihre Position in der östlichen Ostsee zu halten. Wir müssen den gemeinsam mit Ihnen errichteten Sperrriegel gegen die Sowjets auch allein weiterverteidigen.»

Kieffer wartet, ob Miettinen ihm etwas erwidern will. Aber der Finne sieht an ihm vorbei. Er schweigt.

«Es wurde mir gesagt», fährt der Deutsche, seine Worte wägend, fort, «daß Ihre Sympathien nach wie vor auf unserer Seite seien, Herr Oberstleutnant. Sie sollen geäußert haben, Sie würden Hochland... lieber uns übergeben als die Insel den Russen auszuliefern.»

Miettinen macht eine unwillige Kopfbewegung. Übergeben... ausliefern... das sind Worte, die er nicht unwidersprochen hinnehmen kann.

«Hier ist nicht der Ort, und jetzt ist nicht die Zeit, über Sympathien zu sprechen», sagt er. «Falls in Ihren Worten, Herr Kapitän, die Aufforderung enthalten ist, Suursaari an Sie zu übergeben, muß ich Ihnen sagen, daß ich für diesen Fall meine Befehle habe. Und zwar empfange ich meine Befehle nur von meinem Oberkommando.»

In dieser Sekunde weiß der deutsche Offizier, daß seine Mission ergebnislos enden wird. Er hat es von Anfang an befürchtet; denn wer selbst an der Seite der Finnen gekämpft hat, kennt ihren Mut und ihre Härte, aber auch ihren Stolz und ihre Unbeugsamkeit. Nun, auch er hat seine Befehle. Sein Auftrag lautet, den Inselkommandanten, wenn irgend möglich, friedlich zu gewinnen. Deshalb versucht er es noch einmal:

«Herr Oberstleutnant, Sie könnten ja durchaus gegen unsere Landung einen, sagen wir: symbolischen Widerstand leisten, um dann angesichts unserer überlegenen Kräfte ehrenvoll die Waffen zu strecken. Sie hätten dann entsprechend Ihren Befehlen...»

«Davon kann gar keine Rede sein», fällt der Finne ihm ins Wort. «Jede solche Handlung würde den teuer erkauften Waffenstillstand für unser Land aufs schwerste gefährden.»

Korvettenkapitän Kieffer schweigt.

«Bitte verlassen Sie jetzt mit Ihrem Boot unverzüglich unseren Hafen», sagt Miettinen, «und melden Sie Ihrem Admiral, daß ich Befehl habe, jeden Landeversuch mit allen mir zur Verfügung stehenden Mitteln abzuschlagen.»

Dann geschieht etwas Seltsames. Der finnische Offizier, der während des kurzen Gesprächs steif, ablehnend, feindlich dagestanden hatte, geht ein paar Schritte auf den Deutschen zu und reicht ihm die Hand. Kieffer erwidert den Händedruck, dreht sich um und verläßt das Haus auf demselben Weg, den er gekommen ist.

*

Ein Blick auf die Uhr zeigt Kapitän z. S. Mecke, daß Mitternacht inzwischen vorbei ist. Man schreibt den 15. September 1944. Die Frist, in der deutsche Soldaten sich noch auf finnischem Boden aufhalten durften, ist abgelaufen.

Ungeduldig wartet Mecke auf die Rückkehr seines Unterhändlers. Der Erfolg des Gesprächs scheint ihm um so fragwürdiger, seit er von dem an Bord gekommenen deutschen Funktrupp weiß, daß die Finnen gewarnt worden sind und die ganze Inselbesatzung schon seit Stunden in ihren Alarmstellungen ausharrt. Mecke weiß, daß ihm jede Viertelstunde, die jetzt ungenutzt vorbeistreicht, beim Morgengrauen fehlen wird. Sobald es Tag wird, sind die Finnen in ihren gut ausgebauten Höhenstellungen im Vorteil – wenn er bis dahin nicht genügend eigene Soldaten ausgeschifft und schon ein gutes Stück Boden land-einwärts gewonnen hat. Das Ausschiffen aber ist eine reine Zeitfrage. Mehr als einen Fährprahm oder höchstens zwei R-Boote gleichzeitig faßt der Hafen Suurkylä nicht. Hinzu kommt noch, daß mindestens eine oder zwei der finnischen Inselbatterien den Ausladeplatz mit ihrem Geschützfeuer bestreichen können.

Noch herrscht trügerische Stille in Suurkylä und auf ganz Hoch-land. Doch diese Stille kann jeden Augenblick von dem Heulen der Granaten und dem Krachen der Aufschläge zerrissen werden.

Endlich sieht man vom R-Boot aus einen einzelnen Mann rasch auf die Mole herauskommen. Es ist Korvettenkapitän Kieffer, der sich von seinem Auftrag zurückmeldet. Mit knappen Worten berichtet er seinem Vorgesetzten, daß die Finnen gar nicht daran denken, die Insel kampflos preiszugeben.

«Es ist also die Frage», schließt er, «ob wir diese unerwartete Lage nach Reval melden und um neue Instruktionen bitten sollen, Herr Kapitän.»

Kapitän Mecke schüttelt langsam den Kopf.

«Aussichtslos, Kieffer. Der Admiral hat schon in den letzten Tagen alles versucht, um das ganze Unternehmen abzublasen. Für den Fall, daß die Finnen nicht freiwillig wollen, habe ich den klaren Befehl, die Insel mit Gewalt zu besetzen. So, und jetzt wollen wir keine Minute mehr verlieren.»

Befehle werden unter Deck gerufen, und Sekunden später wird es an Bord des R-Bootes lebendig. Aus den Niedergängen klettern Soldaten hervor – in Feldgrau gekleidete Marineartilleristen, die sich bisher in den Wohnräumen des Bootes verborgen hatten. 30, 40 Mann setzen mit Schwung über die Reeling, hasten die Mole entlang und bringen an Land Maschinengewehre in Stellung. Kapitän Mecke läuft schon weiter, eine Handvoll Soldaten neben und hinter sich. Sie stre-ben dem Haus zu, in dem noch vor wenigen Minuten das denkwürdige Gespräch zwischen dem deutschen Offizier und dem finnischen Insel-kommandanten stattgefunden hat. Mecke hadert mit sich selbst, daß er den Finnen nicht gleich zu Anfang gefangengenommen und die Inselbesatzung damit ihres Kopfes beraubt hat. Doch die Befehle ließen es nicht zu. Sie waren eindeutig:

Erst verhandeln, und nur notfalls mit Gewalt!

Als sie jetzt das Haus erreichen, stehen die Türen offen, aber das Haus ist finster und leer. Sie kommen zu spät.

Unten am Hafen hat inzwischen das R-Boot abgelegt und strebt mit hoher Fahrt dem draußen auf See wartenden Verband zu. Gleich-zeitig gibt das Boot über den UK-Sprechfunk den Befehl:

«An alle: Landung wie vorgesehen sofort beginnen. Mit finnischem Widerstand muß gerechnet werden. Ende.»

So beginnt ein Unternehmen, das ein angesehener Historiker viele Jahre später «eins der überflüssigsten des ganzen Krieges» genannt hat.

Überflüssig nicht einmal deshalb, weil hier die Freunde von gestern die Waffen gegeneinander richteten, wie man es ihnen befahl.

Überflüssig auch nicht, weil ein Erfolg etwa von vornherein hätte fraglich erscheinen müssen.

Sondern überflüssig, weil der Befehl zur Einnahme Hochlands – selbst militärisch gesehen – sinnlos geworden war; weil die Ereignisse an Land ihn längst überholt hatten und den Wert der Insel in deutscher Hand zu einem Wert gleich Null stempelten. Der mit Opfern erkauften Besetzung hätte nur die mit Opfern erkaufte Räumung folgen können. Dennoch wurde der Befehl aufrechterhalten, mit dem Eigensinn des Unrechts und mit dem für die oberste Führung in jener Zeit typischen Maß der Dinge: Illusionen für die Wirklichkeit zu nehmen.

*

Die ersten an der Mole in Suurkylä sind die R-Boote. Nacheinander kommen sie heran, machen nicht einmal die Leinen fest, sondern suchen, sobald die Soldaten an Land gesprungen sind, so schnell wie möglich wieder aus der Mausefalle zu entkommen. Denn eine Falle ist es: Sie müssen in das kleine Viereck der Bucht hinein; und genau auf dieses Gebiet hat sich trotz der Dunkelheit eine finnische Batterie eingeschossen, die in beherrschender Stellung irgendwo oben auf den Felsen steht.

Geschosse prasseln auf die Mole und gegen die deutschen Boote. Es müssen 4-cm-Geschütze sein. Ihr Feuer fordert die ersten Toten und Verwundeten.

Von Bord der R-Boote wird auf gut Glück zurückgeschossen, etwa dorthin, wo der aufflammende Feuerschein der finnischen Batterie zu sehen ist. Doch die eigenen Geschosse klatschen gegen die Felsen oder splittern höchstens die Bäume. Es hat keinen Zweck, nachts gegen Ziele zu feuern, die gut geschützt sind, und die man zudem nicht genau erkennen und einmessen kann. Dagegen verrät eigenes Feuer nur den Liegeplatz der Boote, den Ort der Ausschiffung.

Die Kommandanten befehlen daher, nicht mehr zu schießen, sondern lieber «mit größter Beeilung» die Truppen auszuladen und wieder abzulaufen. Sie denken mit Sorge an die größeren und schwerfälligeren Fährprähme, die nicht nur leichter verwundbar, sondern auch empfindlicher gegen Treffer sind.

Kapitän Mecke hat noch nicht genügend Soldaten an Land, um die Anhöhe, auf der die Geschütze stehen müssen, zu stürmen. Es gibt keine Wahl: Die Landungen müssen trotz des Feuers weitergehen. Inzwischen läuft der erste Prahm in den Hafen und legt an der Mole an. Andere MFPs liegen weiter draußen vor der Bucht und werden auch dort vereinzelt beschossen. Sie haben die Sturmboote der Pioniere zu Wasser gebracht, damit die Landungen nicht schon jetzt zu stocken beginnen. Bald brummt die erste Welle der kleinen Boote gegen den Strand an einer Seite der Bucht, und die Insassen springen in das seichte Wasser.

In den ersten Nachtstunden hat Kapitän Mecke keine Verbindung mit den draußen auf und ab stehenden eigenen Schiffen; aus unerklärlichen Gründen ist noch kein Funktrupp an Land. Korvettenkapitän Kieffer, der auf See die Ausschiffung leitet, ist daher auf die spärlichen Nachrichten angewiesen, die die zurückkehrenden R-Boote aus Suurkylä mitbringen.

Diese Nachrichten sind nicht die besten. Der enge Hafen in stockfinsterer Nacht, nur erhellt durch das gutliegende Feuer der finnischen 4-cm-Batterie, dazu die herrschende Unsicherheit, weil man kaum weiß, wie die Lage bei den schon gelandeten Einheiten ist – das alles hemmt und hindert ein zügiges weiteres Anlanden.

Kieffer weiß sehr wohl, daß jede Minute kostbar ist. Er weist die vielen wartenden Prähme der Landungsflottillen an, sich weiter nördlich und südlich, beiderseits des blockierten Hafens, einen Landeplatz für ihre Truppen zu suchen. Kaum nähern sich die MFPs der Insel, als sie auch dort von dem Feuer anderer finnischer Batterien empfangen werden. Da das Mündungsfeuer dieser schwereren Geschütze von See aus gut zu erkennen ist, befiehlt Kieffer den bereits entladenen M-Booten, in den Kampf einzugreifen.

Ein nächtliches Artillerieduell zwischen den 10,5-cm-Schiffsgeschützen und den Landbatterien bricht los. Unterdes versuchen die Prähme, an Land zu kommen. Einigen gelingt es auch, auf flachem Strand aufzusetzen. Andere werden dicht vor der Küste von finnischem Granatwerferfeuer getroffen. Die Sturmboote brummen hin und her. Soldaten springen ins Wasser und schwimmen die letzten 100 Meter, bis sie Boden unter den Füßen fühlen.

Zwischen der dritten und vierten Morgenstunde scheint sich die Lage an Land zugunsten der Deutschen zu entwickeln. Kapitän Mecke atmet auf. Wenigstens die gut ausgerüsteten und auch im Landkampf geschulten Stoßtrupps der Marineartilleristen hat er jetzt fast vollzählig um sich versammelt; ihr Chef, Kapitänleutnant Hoßfeld, ist ebenfalls zur Stelle. Das muß besonders erwähnt werden, weil von den Heeres- und Luftwaffeneinheiten bisher fast nur einzelne Trupps ohne Offiziere oder Offiziere ohne ihre Soldaten an Land herumirren.

Die Bucht, der Hafen und die paar Häuser von Suurkylä sind fest in deutscher Hand. Der heftige Geschützdonner, der von den eigenen Schiffen herüberdröhnt, bringt den Landetruppen zwar keine direkte Hilfe, ist aber psychologisch wertvoll.

Marine-Stoßtrupps nehmen noch in der Nacht eine finnische 2-cm-Batterie, die etwas erhöht direkt gegenüber der Mole liegt und von dort aus den ganzen Hafen bestreichen könnte; bisher freilich hat sie, was ebenso unerklärlich wie ein großes Glück für die Deutschen ist, keinen einzigen Schuß getan.

Andere Einheiten dehnen den Landekopf nach allen drei Seiten weiter aus. Der Hauptstoß zielt aus der Ortschaft heraus inseleinwärts. Dort geht es ständig bergan, auf die erste beherrschende Höhe zu, die jetzt klar als Standort der unangenehmen 4-cm-Batterie erkannt ist. Im Morgengrauen ist auch diese Höhe nach erbittertem Nahkampf in deutscher Hand; endlich schweigen die Geschütze.

Zuvor haben sie allerdings einen MFP an der Hafenmole so schwer getroffen, daß er, halb gesunken und bewegungsunfähig, dort liegenbleibt. Damit ist die weitere Ausschiffung außerordentlich erschwert, das Anlanden von Geschützen und Munition so gut wie ausgeschlossen. Geschütze aber braucht Kapitän Mecke, wenn er sich mit den gut 1000 Mann, die bisher an Land gekommen sind, auch bei Tage behaupten will; denn dann ist mit finnischen Gegenangriffen zu rechnen.

Der Kapitän hat seinen Gefechtsstand in einem der kleinen Häuser Suurkyläs eingerichtet. Er zweifelt nicht, daß schwere Kämpfe bevorstehen. Bei Morgengrauen halten seine Einheiten einen Landekopf von vielleicht 2 km Durchmesser besetzt. Das ist noch kein Zwanzigstel der gesamten Inselfläche. Hinter der Höhe mit der eroberten 4-cm-Batterie erhebt sich ein weit größerer Fels. Dort oben soll der Gefechtsstand des finnischen Inselkommandanten liegen. Ohne Artillerie-Unterstützung ist da nichts zu machen. Auch der Angriff der Marineartilleristen, der den Nordteil der Insel in deutschen Besitz bringen soll, bleibt im dichten Wald stecken.

Trotzdem müßte es gelingen, die Insel zu nehmen – wenn der Befehlshaber in Reval nur gewillt und in der Lage ist, mit Artillerie von See her und mit Bomben aus der Luft wirkungsvoll in den Kampf einzugreifen. Mecke weiß, daß die 6. Z-Flottille mit vier großen Zerstörern westlich von Hochland operiert, um im Notfall in den Landkampf einzugreifen. Außerdem ist dem Chef des Landungsunternehmens in Reval versichert worden, daß die Luftwaffe eine

Staffel Schlachtflugzeuge schicken werde – er sollte sie nur anfordern.

Kräfte sind also genügend vorhanden; jetzt kommt alles auf eine reibungslos funktionierende Nachrichtenverbindung an. Der Admiral in Reval muß wissen, wie es auf Hochland aussieht, damit er See- und Luftstreitkräfte einsetzen kann.

Kapitän Mecke atmet auf, als endlich nach Stunden ein Funktrupp mit seinem Gerät an Land kommt und die Station mit Sender und Empfänger bald darauf klarmeldet. Der erste Funkspruch, der hinausgetastet wird, meldet die Lage auf der Insel, bittet um Feuerunterstützung für den Morgen und bezeichnet genau die Ziele, auf die das Geschützfeuer gerichtet und die Bomben geworfen werden sollen.

Gespannt wartet Kapitän Mecke auf die Antwort aus Reval.

Wird man seine Vorschläge gutheißen oder ablehnen?

Endlich kommt der Funkmaat in den Raum und meldet:

«Funkspruch vom Admiral Östliche Ostsee, Herr Kapitän.»

Mecke fährt herum und greift nach dem Blatt, das ihm nur zögernd gereicht wird. Dann kneift er überrascht und ungläubig die Augenbrauen zusammen. Denn der Spruch enthält nur drei Worte:

«Sofort Lage melden!»

Als Mecke fragend aufschaut, berichtet der Unteroffizier:

«Reval hat unseren Spruch bis jetzt noch nicht bestätigt, Herr Kapitän. Ich habe die Abgabe schon dreimal wiederholen lassen. Unsere Station ist in Ordnung, soweit wir feststellen können...»

«Gut, versuchen Sie es weiter. Nehmen Sie Ausweichwellen oder tun Sie sonstwas, um durchzukommen. Machen Sie Ihren Männern die Hölle heiß, Funkmaat. Sie wissen, was für uns alle auf dem Spiel steht.»

«Jawohl, Herr Kapitän.»

Das fehlt noch, denkt Mecke und blinzelt in den jungen Tag. Um Hilfe rufen und nicht gehört werden... das fehlt gerade noch!

*

Seit dem Morgengrauen ist der vereinzelte Feuerwechsel zwischen finnischen Landbatterien und deutschen Schiffsgeschützen zu einem heftigen Artillerieduell angeschwollen.

Jetzt sehen die Finnen ihre Ziele auf dem Wasser.

Die Deutschen aber sind kaum besser daran als zuvor; nur die Blitze des Mündungsfeuers und kleine Rauchwolken kennzeichnen den ungefähren Standort der Landgeschütze.

Sehr bald bestätigt sich auch hier die alte Erfahrung, daß Schiffsgeschütze gleichkalibrigen Küstenbatterien in deren Wirkungsbereich unterlegen sind. Das liegt nicht nur daran, daß das Schiff ein großes, sichtbares Ziel bietet, während sich der Standort der Kanonen an Land meist in natürlicher und künstlicher Tarnung verbirgt. Wichtiger ist, daß die Kanoniere an Land das Schiff nur an irgendeiner Stelle zu treffen brauchen, um schon seinen Gefechtswert herabzusetzen und die Schiffsführung unter Umständen zum Abbruch des Gefechts zu zwingen. Umgekehrt kann nur einer der seltenen Volltreffer ein Landgeschütz wirklich zum Schweigen bringen.

Was der Flottillenchef der deutschen M-Boote, Korvettenkapitän Kieffer, befürchtet hatte, tritt nun ein: Er kann die Inselbatterien nicht niederkämpfen. *M 19* und *M 30* melden mittelschwere Schäden und Personalausfälle durch Artillerietreffer. Auch auf seinem eigenen Führerboot *M 15* zerplatzen die finnischen Granaten, die Splitter fegen die Decks leer und reißen Hunderte gezackter Löcher in die Aufbauten.

Daß um diese Zeit bereits zwei finnische Geschütze durch 10,5-cm-Volltreffer von den M-Booten zum Schweigen gebracht sind, wird auf See nicht bemerkt, weil der gesamte Eindruck und die Wirkung des finnischen Abwehrfeuers so heftig bleiben wie zuvor. Kieffer muß schließlich befehlen, weiter von der Insel abzulaufen. Er darf die angeschlagenen M-Boote nicht aufs Spiel setzen. Zwar bleibt Hochland innerhalb der Reichweite seiner Geschütze, doch das Feuer – das eigene ebenso wie das finnische – wird ungenauer.

Noch übler ergeht es den meisten Landungsbooten, die sich auch jetzt, bei Tageslicht, der Küste zu nähern versuchen. Unter ihnen halten die finnischen Granatwerfer reiche Ernte. Mancher Fährprahm wird getroffen und sinkt, wenn die Küste schon greifbar nahe ist und die Soldaten sich freuen, die Feuerzone mit gutem Glück passiert zu haben. In dieser Zeit gelingt es nur einem MFP, unbeschädigt am Strand aufzulaufen. Er bringt wertvolle Ladung: Flakgeschütze, deren Bedienungsmannschaften zum Teil schon seit Stunden an Land sind. Doch die Freude währt nur kurz. Der Prahm mit der Munition kommt nicht durch. Die Flak besitzt nur acht Schuß pro Rohr.

Zu dieser Stunde weiß Vizeadmiral Burchardi in Reval nur, daß die Finnen die Insel nicht freiwillig übergeben haben, sondern sich mit aller Gewalt zur Wehr setzen. Einzelheiten der Lage sind ihm nicht bekannt. Trotz ständiger Aufforderung meldet sich Kapitän Mecke nicht. Danach zu schließen muß es böse stehen um die Landungstruppe.

Meldungen erhält Reval nur von dem Schiffsverband auf See. Aber Kapitän Kieffer besitzt ja selbst keine genauen Informationen. Er weiß lediglich, daß an Land gekämpft wird, daß nur etwa zwei Drittel der Landungstruppen ausgeschifft werden konnten, daß etliche MFPs gesunken sind und seine eigenen M-Boote gegen die überraschend starken Inselbatterien nicht ankommen, sondern empfindliche Treffer erlitten haben.

Und jeden Augenblick ist jetzt am hellen Tage mit dem Auftauchen sowjetischer Jabo-Geschwader zu rechnen!

Unter diesen Bedingungen wäre der Versuch, die restlichen Truppen an der Insel zu landen, so gut wie aussichtslos. Er würde nur neue Verluste kosten.

Das ist die Lage, als auf den deutschen Schiffen vor Hochland in der Frühe des 15. September ein Funkspruch aus Reval aufgenommen wird; er kommt vom «Admiral Östliche Ostsee» und enthält den Befehl, das Unternehmen «Tanne-Ost» abzubrechen und nach Reval zurückzulaufen.

Gut 1 200 deutsche Soldaten liegen im Brückenkopf von Suurkylä. Wenige versprengte Gruppen haben an anderen Stellen der Insel Fuß gefaßt. Sie alle heben jetzt die Köpfe und lauschen in den beginnenden Tag hinein. Sie haben ein feines Gehör für die veränderte Lage; denn das ferne Krachen der Schiffsgeschütze und das Heulen der Geschosse, das sie sehr schnell von dem viel näheren und heftigeren Lärm der finnischen Batterien zu unterscheiden wußten, stärkte ihnen bisher den Rücken und gab ihnen das ermutigende Gefühl, nicht allein auf sich gestellt zu sein.

Nun ebbt das Artillerieduell plötzlich ab. Bald schweigen die Geschütze, und eine unnatürliche Stille breitet sich aus.

Viele Ferngläser richten sich von Suurkylä und vom Steilufer aus hinaus auf die See. Kleinere Gruppen von Fährprähmen und R-Booten streben eilig aus dem Sichtbereich der Insel hinaus. Eine Weile bleibt in der Ferne noch der Verband der Minensuchboote sichtbar. Dann läuft auch er nach Westen ab.

Nun sind sie wirklich allein. Eine Handvoll deutscher Soldaten, bunt zusammengewürfelt, wie der Zufall es wollte, in einem kleinen Brückenkopf auf einem Felseneiland inmitten der See, als äußerster Vorposten, weit ostwärts jeder deutschen Front. Doch der Tag ist noch nicht zu Ende. Der Kampf um Hochland geht weiter.

Bald nach dem Ablaufen der Schiffe dröhnt die Luft von dem Röhren eines sowjetischen Bomberverbandes. Er fliegt an der Insel vorbei und setzt den nach Westen entschwundenen Schiffen nach. Auf Hochland kann man sich ausrechnen, wann sich die Maschinen, von diesem Einsatz zurück, mit der nächsten Welle auf den deutschen Brückenkopf stürzen werden.

Der «Admiral Östliche Ostsee» tappt weiter im dunkeln, wie seine regelmäßig gesendete und auf Hochland einwandfrei empfangene Aufforderung «Sofort Lage melden!» beweist.

Kapitän Mecke formuliert seine Meldung stündlich neu. Er tut es trotz des bitteren Wissens, daß er sich damit vergebliche Mühe macht. Seit Stunden schlägt jeder Versuch fehl, die Funkverbindung mit Reval herzustellen. Da der Landekopf auf der Ostseite Hochlands liegt, schieben sich die Berge der Insel in die direkte Linie vom eigenen Funkgerät nach Westen. Wahrscheinlich liegt es daran, daß die Abstrahlungen der Antenne gerade in der Richtung gehemmt werden, in der sie so notwendig freien Raum haben müßten.

Gegen 9 Uhr vormittags hat Kapitän Mecke ein recht genaues Bild von den finnischen Stellungen, gegen die jetzt am Tage wegen ihrer beherrschenden Lage kein Vorwärtskommen mehr möglich ist. Sobald deutsche Stoßtrupps aus ihrer Deckung heraus bergaufwärts anzugreifen versuchen, werden sie von gezieltem Feuer zurückgeworfen. Mecke fordert daher in einem neuen Funkspruch die Luftunterstützung an, die ihm versprochen worden ist. Er bezeichnet die genaue Lage der unangenehmsten finnischen Stellungen und bittet, sie mit Bomben und Bordwaffen anzugreifen.

Später am Vormittag werden tatsächlich anfliegende Maschinen gemeldet. Aber schon ihre Zahl – es mögen 25 bis 30 sein – läßt nichts Gutes ahnen. Dann zeigen die Flugzeuge die typische Silhouette der russischen IL-2-Jagdbomber. Und schon krachen die Bomben auf den deutschen Brückenkopf!

Die Sowjets wissen also, wie es auf Hochland steht. Sie geben den Finnen, gestern noch ihre erbittertsten Feinde, Luftunterstützung gegen die Deutschen, die von einem absurden Führerbefehl zum Angriff gegen ihre jahrelangen Waffengefährten getrieben werden.

Offenbar haben die sowjetischen Piloten den Auftrag, nur den Hafen und die deutschen Landeplätze zu treffen. Ihre Bomben rauschen auf und um die verlassene Mole herab, und mancher Fährprahm, der bereits am frühen Morgen vom finnischen Feuer getroffen wurde, wird von den IL-2 zum zweiten Mal «versenkt».

Schon bald nach dem Luftangriff kommen Meldungen von verschiedenen Frontabschnitten des Brückenkopfes, daß die Finnen nun ihrerseits gegen die deutschen Stellungen vorgehen. Plötzlich ist jener Ruf zu hören, der den ganzen Widersinn dieses Kampfes enthüllt. Die Deutschen hören den Ruf auf finnischer Seite, die Finnen sagen, verwundete Deutsche hätten so gerufen. Aber allen läuft ein Schauer über den Rücken, als sie die Worte verstehen:

«Wir sind doch Freunde! Nicht schießen...»

Eine psychologische Waffe, wirkungsvoller als manches Geschoß, weil sie unter die rauhe Schale des Soldaten auf sein Herz zielt.

«Wir sind doch Freunde...»

Aber die Freunde greifen sich gegenseitig an. Und sie schießen – natürlich schießen sie!

Am späten Vormittag droht die noch während der Nacht eroberte Höhe mit der 4-cm-Batterie wieder an die Finnen verlorenzugehen. Auf Kapitän Mecke lastet nach wie vor die Gewißheit, daß seine Meldungen in Reval nicht gehört werden. Seine Frage: «Mit welcher Unterstützung kann ich rechnen?» bleibt unbeantwortet.

Gegen Mittag fassen die Deutschen neuen Mut und die Hoffnung, doch nicht völlig vergessen und im Stich gelassen zu sein. Drei deutsche Jäger vom Typ Me 109 brausen über die Insel hinweg, wenden, kehren zurück und fliegen von neuem an. Offenbar suchen sie die in der Vormittagsmeldung bezeichneten Ziele, die aus der Luft bekämpft werden sollen. Demnach müßte endlich ein Funkspruch durchgekommen sein.

Doch die neu aufkeimende Zuversicht weicht schon nach wenigen Minuten um so tieferer Enttäuschung. Die Jäger kleckern ein paar Bomben in das vom Kampfgeschehen unberührte Waldgebiet im Norden der Insel und verschwinden. Sie hatten gewiß nur einen Aufklärungsauftrag. Dieser kurze, erfolglose Besuch der drei Jäger bleibt das einzige Eingreifen der Luftwaffe in das Unternehmen «Tanne-Ost».

Um diese Zeit sind die deutschen Stellungen im Mittelabschnitt des Brückenkopfes schon zurückgewichen. Die Finnen sitzen wieder auf der Höhe direkt oberhalb Suurkyläs; und sie greifen weiter an. Sie schieben einen Keil zwischen die im Norden und in der Mitte stehenden Deutschen. Ihr Stoß richtet sich direkt gegen die Häuser, in denen Kapitän Mecke seinen Gefechtsstand eingerichtet hat.

Langsam aber stetig kommen sie voran.

Angesichts dieser Rückschläge entwirft Kapitän Mecke einen neuen Funkspruch, dessen Kernsatz lautet:

«Ich kann mich höchstens noch zwei Stunden halten.»

Der Funkmaat, der den Spruch entgegennimmt, zögert, er dreht und windet sich, ehe er die Meldung hervorbringt:

«Die Schlüsselmittel... die sind schon vernichtet, Herr Kapitän.»

Mecke rührt sich nicht. So also sieht es aus, denkt er. Die Schlüsselmittel sind vernichtet; so wie es jedermanns Pflicht ist, ehe solche Geheimunterlagen dem Gegner in die Hand fallen können. Der Kommandeur dieses dreimal verwünschten Unternehmens «Tanne-Ost» weiß jetzt wenigstens, wie seine Leute über den Stand der Dinge denken. Der Kapitän sieht seinen Funkmaat an und sagt fast leichthin:

«Gut. Kennen Sie das Kurzsignal für ‹Schlüsselmittel vernichtet›?»

«Jawohl, Herr Kapitän.»

«Dann senden Sie jetzt dieses Kurzsignal, und wiederholen Sie es ständig. Das sagt ja genug – falls es irgendwo aufgenommen wird.»

Danach begibt sich Kapitän zur See Mecke auf den Canossagang zu seinem finnischen Gegner. Der deutsche Kommandeur will seine Männer retten, sonst nichts. Er hat noch einen unbeschädigten und voll fahrbereiten Marine-Fährprahm – denjenigen, der die Flakgeschütze ohne Munition durchgebracht hat und seither sicher im toten Winkel der finnischen Geschütze liegt. Dieser MFP dürfte, bis zur äußersten Grenze mit Menschen vollgepfercht, 900 bis 1000 Mann fassen. Ferner sind noch die Pionier-Sturmboote da, winzige Nußschalen zwar, doch in der Not gut für den Abtransport weiterer Hunderte. Vorausgesetzt allerdings, daß es Nacht ist und die sowjetischen Jabos die Wehrlosen nicht niedermähen können. Und vorausgesetzt ebenfalls, daß die Finnen sie ziehen lassen und den Abtransport nicht mit Waffengewalt verhindern.

Diese Zusage zu erreichen, ist Meckes Ziel, als er jetzt Miettinen gegenübersteht. Doch der Finne lehnt kalt und höflich ab. Kapitulation oder Vernichtung – ein Drittes kennt er nicht.

«Geben Sie mir wenigstens Ihr Wort», sagt Mecke in düsterer Vorahnung, «daß Sie uns nicht den Russen ausliefern werden.»

«Darüber habe ich nicht zu entscheiden», weicht Miettinen aus.

Der Kampf geht weiter. Die Munition mag auf deutscher Seite noch bis in den Abend hinein reichen. Kapitän Mecke gibt daraufhin seinen Einheitsführern bekannt, daß er auf jeden Fall erst nach Dunkelwerden kapitulieren wolle. Dadurch habe wenigstens ein kleiner Teil der Soldaten die Möglichkeit, im Schutz der Nacht mit den Sturmbooten das Weite zu suchen.

Kaum bricht der Abend herein, als die Sturmboote, die noch Treibstoff haben, nacheinander mit hoher Fahrt von der Küste fortstreben. Einigen schießen die Finnen nach, andere lassen sie ungeschoren. Auf diese Weise retten sich etwa 60 deutsche Soldaten von Hochland hinab in die Freiheit; zunächst auf die benachbarten Inseln Klein- und Groß-Tütters, von wo sie dann in den folgenden Nächten von deutschen Schiffen abgeholt werden.

Nach einem heißumkämpften Tag schweigen auf Hochland die Waffen. Der deutsche Angriff ist zusammengebrochen – er mußte es, weil er weder von See noch aus der Luft wirkungsvoll unterstützt worden ist. Der Tag hat über 300 Tote und Verwundete gefordert, und über 1000 Deutsche gehen in Gefangenschaft. Verluste, die vielfach wiegen, wenn man bedenkt, wie sinnlos, wie von Grund auf überflüssig das ganze Unternehmen war.

*

Es ist wieder Mitternacht.

24 Stunden sind vergangen, seit die Landungsflotte hier draußen vor Hochland stand und die Schiffe aus Suurkylä den folgenschweren UK-Befehl empfingen:

«An alle: Landung sofort beginnen...»

Schattengleich schieben sich die Boote der 5. Schnellbootsflottille an das Felseneiland heran. Sie werden nur von den Mittelmaschinen getrieben, deren Unterwasser-Auspuff fast lautlos arbeitet. Zahlreiche Nachtgläser richten sich von den Booten auf die Insel. Sie suchen die Küste ab, Zentimeter um Zentimeter. Sie suchen nach einem Signal, einem Lebenszeichen oder sonst irgendeinem Anhaltspunkt, der Aufschluß über die Lage auf Hochland geben könnte.

Mehrmals läßt der Flottillenchef mit der Morselampe einen Anruf hinübertasten. Doch nirgends blinkt Antwort. Wären die Deutschen Herr der Lage oder hielte sich auch nur noch ein Widerstandsnest – sie würden sich bemerkbar machen.

Schließlich laufen die Schnellboote ohne Ergebnis wieder ab. Ihr Erkundungsvorstoß scheint nur die Meinung zu bestätigen, die man in Reval wegen des Ausbleibens jeder Lagemeldung schon lange gefaßt hat: Die Landung auf Hochland muß so unglücklich verlaufen sein, daß die Verbände schon am frühen Tage aufgerieben worden sind oder sich ergeben haben müssen. Erst weitere 24 Stunden später, als die Offiziere und Männer abgeholt werden, die sich nach Tütters gerettet haben, gewinnt der «Admiral Östliche Ostsee» ein zutreffendes Bild von den wirklichen Ereignissen auf Hochland.

Was dann geschieht, grenzt ans Abenteuerliche.

Aus den Zeiten guter Zusammenarbeit besteht noch eine direkte Telefonverbindung zwischen den Deutschen in Reval und einem finnischen Marinestab auf der anderen Seite des Meerbusens. Über diesen Draht wird nach manchem Hin und Her für die Nacht vom 18. zum 19. September ein Treffpunkt auf See vereinbart, wo in aller Heimlichkeit Verwundete und Gefangene des Kampfes um Hochland gegenseitig ausgetauscht werden sollen. Die Deutschen sagen zu, das Lazarettschiff *Oberhausen* zu schicken, das lange Zeit in den finnischen Schären gelegen hat, und dessen Silhouette den Finnen daher gut bekannt ist.

In der fraglichen Nacht ist die *Oberhausen*, umgeben von Minensuch- und Schnellbooten, bereits ausgelaufen und strebt dem vereinbarten Punkt zu, als sich die Finnen erneut am Telefon melden. Sie wollen wissen, wie viele ihrer Landsleute sich auf dem Lazarettschiff befinden, um ausgetauscht zu werden. Die Deutschen haben diese Frage erwartet und gefürchtet. Tatsächlich sind ja nur wenige Dutzend Finnen auf Hochland in deutsche Hand gefallen.

Als die Finnen jetzt am Telefon die verschwindend geringe Zahl ihrer Landsleute erfahren, die sich auf der *Oberhausen* befindet, herrscht sofort das Schweigen des Mißtrauens. Die Gegenfrage, wieviel Deutsche sie zum Treff mitbrächten, beantworten sie nicht mehr.

Von nun an schweigt der Draht zwischen Reval und Helsinki.

Zwei Stunden lang steht die *Oberhausen* in dieser Nacht auf dem vereinbarten Treffpunkt wartend auf und ab. Vergebens – die Finnen lassen sich nicht blicken. Schließlich wendet das Lazarettschiff und läuft unverrichteterdinge nach Reval zurück.

Bis auf den heutigen Tag ist ungeklärt, warum die Finnen zuletzt doch nicht zu dem vereinbarten Austausch erschienen sind. War es Mißtrauen in die Aufrichtigkeit der Deutschen – was man ihnen nach den Ereignissen der letzten Tage nicht verübeln konnte? Oder hatten bei den Finnen im letzten Augenblick die Bedenken überwogen, daß dieses ritterliche Unternehmen den mühsam errungenen Waffenstillstand gefährden mußte, wenn die Russen davon erfuhren?

Man weiß es nicht. Vielleicht gab sogar ein ganz anderer Grund den Ausschlag:

In derselben Nacht befindet sich das deutsche Landungskorps, das sich den Finnen auf Hochland ergeben mußte, tatsächlich auf See! Die Finnen haben ihre Gefangenen allesamt auf einen kleinen Küstendampfer gestopft, um sie abzutransportieren. Linker Hand, hinter den vielen kleinen Inseln, die sie passieren, liegt die freie See. Man brauchte nur den Kurs etwas südlicher zu setzen, brauchte nur eine der vielen Durchfahrten zwischen den Schären zu passieren, um dann, schnurstracks über den Meerbusen hinweg, nach drei oder vier Stunden unter deutschem Schutz an der gegenüberliegenden Küste zu sein.

Es klingt phantastisch, aber die Möglichkeit ist durchaus «drin». Weit über 1000 Deutsche sind an Bord – gegen eine Handvoll Finnen. Die Bewachung ist oberflächlich. Ohne Schwierigkeit können sich die Offiziere eigenhändig befreien, können die finnische Schiffsführung und den Funker überraschen und dann selbst das Kommando auf der Brücke übernehmen. Entscheidend ist, daß der Küstendampfer offenbar nicht von finnischen Wachtfahrzeugen begleitet wird. So besteht alle Aussicht, daß die «Wachablösung» auf dem Dampfer unbemerkt vor sich gehen kann, und daß sie einen ausreichenden Vorsprung gewinnen, ehe die Finnen entdecken, was gespielt wird und ihnen nachsetzen.

Der Handstreich wird vorbereitet. Jedem Beteiligten wird genau seine Aufgabe zugewiesen. Natürlich hat Kapitän Mecke keine Ahnung, daß von Deutschen und Finnen für dieselbe Nacht ein Gefangenenaustausch vereinbart ist, und daß sich sein Dampfer, den er eben kapern will, womöglich schon auf dem Wege zu diesem Treffpunkt befindet.

In Wirklichkeit aber geschieht etwas ganz anderes:

Zehn Minuten vor dem verabredeten Zeitpunkt, an dem die Deutschen die finnische Dampferbesatzung überrumpeln wollen, geht kaum merklich eine dumpfe Erschütterung durch das Schiff. Die Deutschen sehen sich erschrocken an. Sie merken plötzlich, daß das Schiff keine Fahrt mehr macht. Dann wird es auf der Brücke lebendig. Finnen laufen rufend hin und her.

Der Dampfer sitzt fest! Er ist auf eine Untiefe aufgelaufen!

Niedergeschlagen verfolgen die Deutschen, wie die Finnen nun natürlich durch Funksprüche und Lichtsignale Hilfe herbeirufen. Der «Zeitpunkt X» verstreicht ungenutzt. Wenig später treffen die ersten finnischen Wachtboote ein, Schlepper folgen, und alle bemühen sich um den Dampfer. Ohnmächtig sehen die Deutschen zu. Ein Ereignis, mit dem überhaupt nicht zu rechnen war, verhindert ihren Plan, die Schiffsführung an sich zu reißen.

Andererseits hindert ebendieses Ereignis den Dampfer, zum Treffpunkt mit der *Oberhausen* zu fahren – falls diese Absicht überhaupt bestanden haben sollte.

Für das Gros des deutschen Landungskorps auf Hochland erfüllt sich, was seit der Gefangennahme befürchtet werden mußte: Eines Tages schließen sich die Schiebetüren der Transportwaggons hinter ihnen, und als sie sich wieder öffnen, stehen russische Wächter mit Maschinenpistolen im Anschlag auf der Rampe. Die Finnen haben sie, entsprechend den Bedingungen ihres Waffenstillstandes, ausliefern müssen. Ihr Leidensweg in die russischen Gefangenenläger beginnt. Noch 1955, elf Jahre später, kehren Überlebende des Unternehmens «Tanne-Ost» in die Heimat zurück.

Und Hochland?

Wenige Tage nach den Kämpfen des 15. September 1944 nähert sich der Insel erneut ein Landungsverband. Diesmal schießen die Finnen nicht; sie haben Befehl, Suursaari den Russen zu übergeben. Auf den Höhenstellungen und am Hafen werden rote Fahnen gehißt. Der Kampf um Hochland ist entschieden.

6

Åland-Inseln und Reval | **Die Seefront weicht zurück**

Netzleger VIII in der Falle – «Prinz Eugen» erscheint vor Utö – So schnell geht ein Torpedoboot verloren – Auszug aus Reval – Admiral Böhmers Tod

In derselben Nacht vom 14. zum 15. September, in der auf dem fernen Hochland der Bruderkampf zwischen Deutschen und Finnen entbrennt, liegt gut 150 Seemeilen weiter westlich ein seltsam anmutendes deutsches Schiff vor Anker. Ebenfalls im finnischen Hoheitsgebiet, inmitten des Schärengewirrs zwischen dem Hafen Åbo und den Åland-Inseln, sitzt es dort, wenn man so sagen will, in der Falle. Der bekannte Termin, bis zu dem Finnland die Deutschen ungeschoren ziehen lassen will, ist um Mitternacht abgelaufen. Die paar Wege aber, die aus den Schären auf die freie See hinausführen, werden an ihrem Ausgang von finnischen Küstenbatterien beherrscht.

Die Nacht ist ruhig. Nur die Wellen plätschern sanft gegen den Bug des Schiffes. Doch das friedliche Bild täuscht. Voller Ungeduld erwarten die Deutschen den Morgen. Sie müssen die Arbeit, die sie gestern mit Beginn der Nacht unterbrochen haben, zu Ende bringen. Dann erst können sie hier verschwinden. Oder vielmehr: Sie wollen es wenigstens versuchen, noch hinauszukommen.

Das erste Tageslicht verwandelt das Schiff in ein gefräßiges Ungeheuer. Winschen rattern und kreischen, Eisen schliert über Eisen. Arbeitskommandos laufen über Deck, greifen hier und dort zu, Befehle und Flüche würzen den Lärm. Unaufhörlich schlingt das Ungeheuer, durch ein Maul breit wie ein Scheunentor, in sich hinein, was an dicken Stahlleinen aus dem Meer emporgehievt wird.

Direkt über dem Bug öffnet sich dieses «Scheunentor». Es wird dadurch gebildet, daß das Deck dieses Schiffes nicht wie üblich nach vorn spitz zuläuft, sondern sich wie bei einem Flugzeugträger in voller Schiffsbreite mit einer Wulst über den Vordersteven schiebt.

Eine mannshoch hier vorn über dem Deck errichtete Brücke vervollständigt den Eindruck des Tores; unter der Brücke hängen die schweren Blöcke, in denen die Leinen laufen und Meter um Meter schier endlose Stahlnetze durch die breite Öffnung ziehen.

Das Schiff ist eines jener unauffälligen Arbeitstiere, die zu erwähnen meist vergessen wird, obwohl sie Außergewöhnliches geleistet haben. Nicht einmal einen Namen hat es, sondern nur eine Dienstbezeichnung und eine Nummer: *Netzleger VIII.* Es gehört zum Netzsperrverband Ostsee. Die deutsche Schiffahrt verdankt es der Tätigkeit dieses Verbandes, daß sie 1943 und bisher auch 1944 unbehelligt von sowjetischen U-Booten zur See fahren konnte. Wenn es diesen Booten auch mehrmals gelungen war, die «Seeigel»-, «Rukajärvi»- und andere Minensperren zu durchbrechen – an dem Netz namens «Walroß», das den Finnenbusen nahe seinem Eingang zwischen Nargön und Porkkala seit dem Frühjahr 1943 hermetisch abriegelte, sind sie jedesmal hängengeblieben. Dieses «Walroß» hatte der Netzsperrverband an seinen Platz gehängt und verankert, und dort sperrt es auch jetzt im September nach wie vor die See.

Was aber hat der *Netzleger VIII* in einer so kritischen Zeit hier in den finnischen Schären zu suchen?

Die Netze, die von den Winschen auf das ausladende Deck gezogen werden und von dort, in Lagen geschichtet, in den Luken der Laderäume verschwinden, gehören zu jenen Netzkästen, mit denen größere Kriegsschiffe an ihren Liegeplätzen außerhalb fester Häfen gegen überraschende Torpedoangriffe geschützt werden. Bekanntlich sollte hier in den Schären, genau im Angelpunkt zwischen Ostsee, Bottnischem und Finnischem Meerbusen, ein Stützpunkt für deutsche Kreuzer und Zerstörer eingerichtet werden. Vorübergehend hatte *Prinz Eugen* auch schon in diesem Netzkasten gelegen. Durch den Waffenstillstand Finnlands mit der Sowjetunion ist der Stützpunktplan hinfällig geworden. Die wertvollen Netze sollen gerettet werden.

Deshalb ist der *Netzleger VIII* hier am Werk. Eilig geht die Arbeit voran. Ein kleinerer Netztender und ein Schlepper tändeln um das große Schiff herum. Sie lösen die einzelnen Abschnitte des Netzkastens und bereiten alles vor, damit die Netze ohne Zeitverlust aufgehievt werden können. Lage um Lage verschwindet in dem Rachen des Schiffes. Es mag gegen neun Uhr vormittags sein, als das ganze Netz geborgen ist und die letzten Bojen scheppernd hinterhergezogen werden.

Während die Männer noch das Oberdeck aufklaren, formiert der Chef des Verbandes seinen kleinen Geleitzug. Er selbst spannt sich mit dem Schlepper vor das große Schiff. *Netzleger VIII* hat nicht einmal einen eigenen Antrieb! Nur ein paar Hilfsmaschinen, die elektrischen Strom für die Winschen und für das Licht an Bord erzeugen. Allein gelassen würde er hilflos in der See treiben.

Den Schluß bildet der kleine Netztender. So setzt sich der Geleitzug schwerfällig in Bewegung. Mit aller Kraft legt sich der Schlepper ins Zeug. Es dauert eine Weile, bis er den Netzleger mit der viele tausend Tonnen wiegenden Last in Schwung gebracht hat.

Der Himmel ist blau, und die Sonne lacht, aber die rechte Stimmung – wie sonst, wenn man nach getaner Arbeit auf Heimatkurs liegt – will nicht aufkommen. Niemand weiß, was der Tag noch bringen wird. Auf dem «Scheunentor» über dem Bug des Netzlegers hantieren die Männer an ihren Waffen. Dort steht eine 3,7 cm und ein Zweizentimeter-Vierling. Auf dem Achterdeck und an Bord des Schleppers richten sich weitere leichte Waffen in die Luft. Sie mögen allenfalls nützlich sein, angreifenden Flugzeugen Respekt abzufordern. Gegen Küstenbatterien helfen sie nichts. Ein solches Gefecht aufzunehmen, wäre der sichere Untergang. Nur Glück oder List können helfen, an Utö vorbeizukommen.

Utö – das ist die stark befestigte Insel am Ausgang des Schärenweges, an der sie unausweichlich vorbei müssen. Vor knapp 40 Stunden haben sie sie einlaufend passiert. Kein Schuß ist gefallen, die Finnen haben es schweigend geschehen lassen. Natürlich: Es war ja auch noch nicht der 15. September. Und außerdem schließt man die Falle nicht, bevor die Beute sich darin gefangen hat.

Es ist gegen Mittag, als der Lotse, der die Schiffe bisher sicher durch die Schären geleitet hat, den Arm ausstreckt und sagt:

«Das da vorn ist Utö!»

Das erste, was sie entdecken, ist ein über der Insel kreisendes Flugzeug. Dann hält ein Wachboot auf den deutschen Verband zu. An seiner Rah flattern lustig ein paar bunte Wimpel im Fahrtwind: das Stoppsignal. Vorsichtig geht der deutsche Schlepper mit der Fahrt herunter. Er muß aufpassen, daß er von seinem nun einmal in Schwung befindlichen Schlepp nicht von achtern über den Haufen gerannt wird. Noch ist die Fahrt nicht ganz gestoppt, als das finnische Boot heran ist. Auch das Flugzeug kommt neugierig näher.

Ein Offizier auf dem finnischen Boot hat die Flüstertüte gehoben und ruft herüber:

«Gehen Sie hier vor Anker – und warten Sie auf Geleit!»

Das ist unmißverständlich. Die Deutschen sehen sich an, und dann schauen sie ohne ein Wort wie auf Kommando nach Utö hinüber. Dort drüben werden jetzt die Geschütze besetzt sein. Es ist ein Befehl vor dem Hintergrund dieser schweigenden Drohung. Wären die Batterien auf Utö nicht, dann würden sie den Finnen was husten, dem Wachboot genauso wie dem Flugzeug. So aber zeigen sie verstanden, und dann rasseln die Anker in den Grund. Wenigstens schicken die Waffenkameraden von gestern noch kein Prisenkommando an Bord. Auch der Gebrauch der FT-Anlage wird nicht ausdrücklich verboten. So kann der deutsche Verbandschef noch einen Funkspruch absetzen. Er meldet dem «Admiral Östliche Ostsee», daß der Netzsperrverband nach erfülltem Auftrag bei Utö festgehalten wird und bittet um weitere Anweisungen.

Als der Spruch hinaus ist und von Reval sogar bestätigt wird, bleibt nichts anderes übrig, als Geduld zu haben und zu warten.

Zu dieser Stunde steht eine deutsche Kampfgruppe mit dem schweren Kreuzer *Prinz Eugen* und fünf Zerstörern der 6. Z-Flottille im westlichen Finnenbusen wartend auf und ab. Der Verband hält sich bereit, um auf Anforderung nach Hochland zu laufen und dort das deutsche Landungskorps mit schwerer Artillerie zu unterstützen. Doch die Anforderung kommt nicht. Die ständig wiederholten Hilferufe von Hochland verhallen ungehört. Weder der «Admiral Östliche Ostsee» noch der Befehlshaber der 2. Kampfgruppe, Vizeadmiral Thiele, wissen oder ahnen auch nur, wie übel es um die Deutschen auf Hochland bestellt ist.

Ein mächtiges Schiff, dieser Kreuzer, ein Bild geballter Kraft. Voll ausgerüstet verdrängt der *Prinz*, wie seine Besatzung ihn nennt, nahezu 20 000 Tonnen. In vier Zwillingstürmen trägt er insgesamt acht Geschütze vom Kaliber 20,3 cm als Hauptartillerie; für jedes dieser Rohre sind rund 200 Granaten an Bord. Daneben besitzt der Kreuzer, ebenfalls in Zwillingslafetten, mit zwölf 10,5-cm-Geschützen eine sehr moderne und wirkungsvolle schwere Flak, ganz abgesehen von den zahlreichen Rohren leichter Fla-Waffen. Die Hochdruck-Heißdampfturbinen erzeugen eine Kraft von 132 000 PS und lassen das Schiff, wenn's drauf ankommt, mit 32 Seemeilen in der Stunde durch die See jagen. Fast 1 800 Mann sind an Bord – 1 800 Soldaten, die sich jetzt, vom Admiral bis zum letzten Matrosen, die gleiche Frage stellen:

Werden wir eingesetzt? Wird unsere Artillerie gebraucht?

Auch die fünf Zerstörer, die den Kreuzer sichern, haben zusammen nochmals einen sehr beachtlichen Gefechtswert. Drei sind mit 12,7-, die beiden anderen mit 15-cm-Geschützen bestückt.

Als sich der 15. September bereits seinem Ende zuneigt, wird eine längere Anweisung vom «Admiral Östliche Ostsee» aufgefangen. Ihr Inhalt ist überraschend. Von Hochland wird nichts Neues gemeldet – nur, daß ein Einsatz der 2. Kampfgruppe mangels ausreichender Lagebeurteilung dort nicht mehr vorgesehen sei. Bei Utö jedoch wird, wie durch Funk gemeldet, ein deutscher Netzleger mit seinen Begleitern von den Finnen festgehalten. Die 2. Kampfgruppe erhält den Befehl, am nächsten Morgen beim ersten Tageslicht vor Utö zu erscheinen und dafür zu sorgen, daß der Netzsperrverband die Enge unbehindert passieren kann.

Utö – diese Insel kennen sie auf dem *Prinzen*. Dort in der Gegend haben sie selbst einige Wochen in den finnischen Schären gelegen. Ob es etwa ihr eigener Netzkasten ist, der jetzt geborgen worden ist, von den Finnen aber nicht mehr herausgelassen wird?

Die Freude auf dem Netzleger ist groß, als man dort durch einen Funkspruch aus Reval erfährt, was geplant ist. Die Nachricht kommt im letzten Augenblick, gerade noch rechtzeitig, um das Steuer noch einmal herumzuwerfen. Denn seit einer guten Stunde ist der kleine Geleitzug auf dem Rückmarsch in die Schären hinein, Richtung Abo. Nach endloser Wartezeit war ein finnisches Geleit vor Utö eingetroffen. Das Befürchtete trat prompt ein: Der Geleitführer wies unmißverständlich zurück. Er hatte nicht etwa Befehl, den deutschen Verband aus den Schären hinauszugeleiten, sondern ihn in einen Hafen zurückzuführen.

Damit wäre das Schicksal des Netzsperrverbandes besiegelt. Ein Paragraph des Waffenstillstands-Abkommens zwingt die Finnen, Hunderte von Schiffen an die Russen abzuliefern – fast alles, was die kleine Handels- und Kriegsmarine Finnlands noch besitzt. Da ist es nur zu verständlich, daß die Finnen eine so wertvolle Beute wie den Netzleger mit seiner Fracht nicht entkommen lassen wollen; zumal auch finnische Schiffe bereits in deutschen Häfen interniert worden sind.

Aus der Sicht der deutschen Seeleute sieht das Problem ganz anders aus. Sie zermartern sich nicht nur den Kopf, wie sie ihr Schiff und seinen wertvollen Inhalt auftragsgemäß nach Hause bringen können; hinzu kommt die Sorge um ihr persönliches Schicksal.

In diese scheinbar ausweglose Lage platzt der Funkspruch des «Admirals Östliche Ostsee» wie ein erhofftes, aber nie für möglich gehaltenes Wunder:

«An Netzsperrverband: Tageslicht abwarten. 2. Kampfgruppe steht am Morgen des 16.9. vor Utö. Durchbruch erst auf Befehl von *Prinz Eugen* beginnen.»

Schön und gut: Sie sind nicht vergessen. Ein schwerer Kreuzer ist unterwegs, um sie zur Not herauszuschlagen. Der Haken daran ist nur, daß der Morgen noch ein paar Stunden auf sich warten läßt. Sie möchten den Auftritt des Kreuzers gern miterleben. Im Augenblick aber sieht es so aus, als ob sie dann bereits unentrinnbar festgebunden im Hafen lägen. Dann hilft ihnen auch kein *Prinz Eugen* mehr – es sei denn, sie hülfen sich selbst.

Eins kommt ihnen zugute: Sie haben bisher so brav alle finnischen Befehle befolgt, daß die Wächter ihre Beute schon sicher zu haben glauben. Allzu sicher, wie sich jetzt herausstellt. In einem günstigen Augenblick, als die unbekümmert vorausfahrenden Wachboote gerade hinter einigen Schären verschwunden sind, befiehlt der deutsche Verbandschef, alle Lichter zu löschen und auf Gegenkurs zu gehen!

Schon dreht der Schlepper und zerrt den Bug des *Netzlegers VIII* herum. Das Manöver gelingt. Aufatmend stellen die Deutschen nach einer Weile angestrengten Ausgucks nach achtern fest, daß die finnischen Boote ihnen vorläufig nicht folgen. Jetzt gilt es, in der finsteren Nacht nicht auf einer der zahlreichen Untiefen hängenzubleiben. Glücklicherweise haben sie einen Lotsen an Bord, der den Weg im Schlaf kennt.

Kaum zeigt sich am Horizont das erste Grau des aufdämmernden Morgens, als sich von achtern die weiße Bugwelle eines Wachbootes nähert. Der Schlepper, der bisher nur halbe Fahrt gelaufen ist, um nicht zu früh in dem kritischen Gebiet von Utö zu erscheinen, zieht noch einmal mächtig an. Der Verbandschef geizt jetzt mit jeder Minute. Ob *Prinz Eugen* schon zur Stelle ist?

Minute um Minute wird es heller... und schiebt sich das Wachboot näher.

Schließlich fährt es mit dem Schlepper auf gleicher Höhe, Bord an Bord, nur einen Steinwurf voneinander entfernt. Man merkt dem finnischen Offizier den verhaltenen Zorn an, als er durch sein Megaphon herüberruft:

«Stoppen Sie endlich!»

Als Antwort stößt der Schlepper eine schwarze Qualmwolke aus. «Ich denke gar nicht daran!» ruft der Deutsche zurück.

«Stoppen Sie und kommen Sie mit Ihrem Lotsen zu mir an Bord!»
«Danke, ich brauche Ihre Hilfe nicht.»

Auf beiden Seiten sind die Waffen besetzt. Solange mit Worten gefochten wird, brauchen sie nicht zu schießen. Außerdem ist die Entfernung viel zu gering für einen Schußwechsel.

Gerade melden die Ausgucks, daß jenseits von Utö Kriegsschiffe im Morgendunst zu erkennen sind. Das Rennen um Minuten scheint gewonnen zu sein. Der Finne dreht ab und sucht Abstand zu gewinnen. Mißtrauisch verfolgen die Deutschen seine Bewegungen. Will er nur die richtige Schußentfernung erreichen? Oder überläßt er es jetzt wieder den Batterien auf Utö, den störrischen Deutschen zur Vernunft zu bringen?

Über der befestigten Insel kreist im Augenblick erneut ein Flugzeug: eine deutsche Arado, wahrscheinlich ein Bordflugzeug von *Prinz Eugen*.

Sie täuschen sich nicht. Das Schwimmerflugzeug ist kurz zuvor vom Katapult geschleudert worden. Dicht über den Baumwipfeln von Utö kreist es, sucht eine geeignete Stelle und läßt dann einen Wurfbeutel auf einen freien Platz inmitten der Batteriestellung der Finnen fallen.

Inzwischen gibt sich der Netzleger mit einem Blinkspruch an den *Prinzen* zu erkennen und fügt hinzu:

«Erwarten Ihre Befehle.»

Der Kreuzer zeigt verstanden und gibt AS: Warten.

Admiral Thiele will dem finnischen Batteriekommandeur eine Weile Zeit lassen, die Mitteilung zu lesen und zu beherzigen, die er ihm mit dem Wurfbeutel aus der Bordmaschine geschickt hat. Darin heißt es: Er, der Befehlshaber der vor Utö stehenden deutschen Kampfgruppe, ersuche den Inselkommandanten, den deutschen Netzleger mit seinen Hilfsfahrzeugen entsprechend den deutsch-finnischen Vereinbarungen unbehelligt passieren zu lassen. Sollte versucht werden, das Auslaufen mit Waffengewalt zu verhindern, so sehe er sich leider gezwungen, die Insel unter Feuer zu nehmen.

Ob das wirken wird? Der *Prinz* hält sich in respektvoller Entfernung. An Bord weiß man die Stärke der Küstengeschütze sehr wohl zu schätzen. Zudem spürt Vizeadmiral Thiele nicht die geringste Lust, seine knappen schweren Granaten gegen den Waffengefährten von gestern zu feuern, auf eine abgelegene finnische Insel, während gegen die anstürmenden Sowjets auf der anderen Seite der Ostsee bestimmt noch jeder Schuß dringend gebraucht wird.

Durch die Zielgeber im Vormarsstand des *Prinz Eugen* werden die Batterien auf Utö ständig im Auge behalten: Die finnischen Rohre stehen auf «Null».

Zehn Minuten mögen so vergangen sein, als der Signalscheinwerfer des Kreuzers aufblitzt und den Befehl zum Netzleger hinübermorst:

«Beschleunigt auslaufen!»

Der Schlepper zieht an, und störrisch folgt der schwere Netzleger. Mit äußerster Maschinenkraft kommt der Schleppzug auf eine Geschwindigkeit von 8 bis 9 Knoten. Mit dieser rauschenden Fahrt steuert er auf die Ausfahrt zu, im hellen Tageslicht ein prächtiges Ziel.

Jetzt wird es sich entscheiden.

Alle Gläser sind auf Utö gerichtet. Einzelne Menschen sind am Ufer zu erkennen. Sie stehen in Gruppen unten am Wasser und oben auf den Wällen ihrer Geschützstellungen und schauen herüber, so wie sich die Spaziergänger am Elbufer bei Hamburg das Auslaufen eines großen Seeschiffes nicht entgehen lassen. Nur daß sie nicht winken, daß sie die Flagge nicht zum Gruß dippen. Aber das wäre wohl zuviel verlangt. Es genügt, daß die Geschütze schweigen.

Schnell ist Utö passiert. Der Netzsperrverband befindet sich in der freien See, die noch unbestritten von Deutschland beherrscht wird. Ein Zerstörer löst sich aus der Kampfgruppe und fährt dem Netzleger entgegen, während der Kreuzer mit seiner Sicherung schon wieder abläuft.

«K an K», blinkt es noch einmal von *Prinz Eugen* herüber, «wünsche gute Heimfahrt.»

«Herzlichen Dank für entscheidende Unterstützung. Gute Fahrt», läßt der Kommandant des Netzlegers zurückmorsen.

Dann trennen sich ihre Wege. Nur der abgeteilte Zerstörer bleibt bei dem Schleppzug und sorgt dafür, daß er ungefährdet unter die deutschbesetzte Küste gelangt.

*

Wie leicht es auch in freier See zu einem plötzlichen Überfall und Verlust kommen konnte, zeigt ein Erlebnis der 3. T-Flottille. Die kleineren, bereits Jahre vor dem Krieg entworfenen Torpedoboote dieser Flottille, die nur ein 10,5-cm-Geschütz auf dem Achterdeck tragen, werden in der Ostsee meist zum Schutz wertvoller Geleitzüge eingesetzt. Ähnlich wie die 2. Kampfgruppe steht auch die 3. T-Flottille in diesen Tagen mit den Booten *T 18*, *T 13* und *T 20* auf Aufklärungspositionen vor den finnischen Schären und in der Alandssee, um zu Hilfe zu eilen, falls deutsche Schiffe von den Finnen festgehalten werden.

Doch eine solche Anforderung kommt nicht. In der Nacht vom 16. zum 17. September sind die drei Boote auf dem Rückmarsch nach Libau, erhalten aber auf halbem Wege den Funkbefehl, kehrtzumachen und nach Reval einzulaufen, weil die Einfahrt Libau gerade von sowjetischen Flugzeugen vermint worden ist. Nun müssen sie gegen den rasch auffrischenden Nordwest anknüppeln.

Das Führerboot *T 18* steckt die Nase tief in die anrollende See. Brecher fegen über die Back und steigen am Brückenaufbau steil in die Höhe. In finsterer Nacht wird das Tosen der See plötzlich von einem Krachen und Klirren an Bord überschrien. Was ist das? Nach Sekunden wissen sie es: Der Anker rauscht aus! Beim starken Arbeiten des Bootes in den Wellen muß die Zurring gebrochen sein und den schweren Anker freigegeben haben. Unaufhaltsam verschwindet er in der Tiefe, die ganze Kettenlänge polternd hinter sich herziehend. Dann gibt es einen Ruck, das Boot macht eine leichte Verbeugung, was im Seegang nicht weiter auffällt – der Anker hängt, die Kette hat gehalten.

In stundenlanger, mühseliger Arbeit werden Kette und Anker wieder eingeholt. Gegen 04 Uhr nachts endlich kann die Flottille die unterbrochene Fahrt fortsetzen – mit einem Zeitverlust, der sich noch als verhängnisvoll erweisen wird.

Nach dem Ankermanöver in schwerer See hat sich der Kommandant von *T 18*, Oberleutnant z. S. Meyer-Abich, angezogen auf das Ledersofa im Kartenraum hinter der Brücke gelegt. Er will ein Auge voll Schlaf nehmen, um am Morgen frisch zu sein, wenn sie Reval ansteuern und wieder im Bereich sowjetischer Flugzeuge stehen. Der Flottillenchef, Korvettenkapitän Verlohr, befindet sich an Bord und führt das Kommando.

Der Kommandant hat den typischen leichten Schlaf, der einen Schiffsführer sofort aufschrecken läßt, wenn der gewohnte Rhythmus des Stampfens in der See und das Vibrieren von den arbeitenden Schiffsmaschinen aufhört oder sich ändert. Plötzlich wird er wach, mit einem unguten Gefühl – nicht von erneutem Lärm, sondern von einer verdächtigen Ruhe im Schiff.

Mit einem Schwung ist Meyer-Abich vom Sofa, eilt durchs Ruderhaus in die Brückennock; merkt, daß das Boot keine Fahrt mehr macht; nimmt als erstes einen raschen Rundblick durch die Luft, wie es ihm in Fleisch und Blut übergegangen ist; und sieht sofort die beiden dunklen Punkte, die dicht über der See anfliegend rasch größer werden.

«Fliegeralarm!» ruft er.

Die Nächststehenden sehen ihn entgeistert an.

Weit beugt sich der Kommandant über die Brückennock und erfaßt mit dem nächsten Blick, warum das Boot gestoppt hat. Längsseits liegt ein kleiner Segelfischkutter, auf dem dichtgedrängt ein paar Dutzend verängstigte Menschen hocken. Gerade sind die Leinen herübergegeben und werden auf *T 18* festgemacht. Ein Kommando schickt sich an, hinüberzusteigen und das Schiffchen zu untersuchen. Es handelt sich offenbar um Flüchtlinge, die über die See nach Schweden zu entkommen suchen. Nach einer allgemeinen Anweisung sind solche Fahrzeuge, die sich heimlich davonstehlen, unter die Lupe zu nehmen.

Der Kommandant scheint gar nichts davon zu halten.

«Leinen kappen!» ruft er barsch hinunter.

Der Kommandoführer zögert, sieht hoch, fragt sich, was den Alten denn auf einmal so wild macht. Schließlich hatte der Flottillenchef befohlen, daß...

«Leinen kappen, zum Donnerwetter! Fliegeralarm!»

Endlich brummt das Horn sein Kurz-Kurz-Lang-Kurz und scheucht die Männer auf ihre Gefechtsstationen.

Endlich wird der Fischkutter losgeworfen.

«Beide Maschinen A.K. voraus!» schneidet der nächste Befehl des Kommandanten durch das Ruderhaus.

Die Brückengäste hegen immer noch leise Zweifel, ob ihr Alter «verrückt spielt» und im unpassendsten Moment eine seiner beliebten Übungen vom Zaun bricht. Denn seit er an Bord ist, wird Fliegeralarm in allen Variationen nach Strich und Faden durchexerziert. Schließlich droht einem deutschen Schiff in diesen Jahren bei neun von zehn Angriffsfällen Gefahr aus der Luft. Ganz besonders ist die Vorsorge des Kommandanten zu verstehen, wenn man weiß, daß er zuvor II. Wachoffizier auf dem Zerstörer *Hermes* im Mittelmeer war. So auch im Mai 1943, bei der letzten tollkühnen Nachschubfahrt nach Tunis hinüber. Damals hatten fünf Wellen zu je 30 britischen Jabos die *Hermes* angefallen, und nach 12 Abschüssen hatte sich der Zerstörer, von Bomben getroffen und von Splittern durchsiebt, gerade noch unter die tunesische Küste schleppen können. Deshalb also die zahlreichen Übungen auf *T 18*.

Aber diesmal ist es bitterer Ernst.

Die beiden sowjetischen Maschinen – es sind Bostons, wie man jetzt gut erkennen kann – drehen bereits in die Angriffsrichtung ein. Von querab jagen sie, kaum 50 Meter hoch, auf die breit vor ihnen liegende Bordwand des immer noch bewegungslosen Bootes zu.

Endlich beginnen die Schrauben zu mahlen. Aber so schnell macht das Boot noch keine Fahrt, ist es noch nicht manövrierfähig.

Zum Glück sind wenigstens die Waffen besetzt. Aufatmend weiß der Kommandant, daß jetzt alles wie am Schnürchen klappen wird. Er wartet mit der Feuererlaubnis, wartet bis zu dem Augenblick, in dem die Waffen auf einen Schlag losbrechen und so heftig wirken werden, daß sie den Feind irritieren, ihn aus der Richtung drängen müssen. Das ist die einzige Chance, solange das Boot noch nicht genügend Fahrt aufgenommen hat.

Jetzt ist der Augenblick gekommen: Feuer frei!

Nichts geschieht. Zwei Sekunden vergehen, fünf Sekunden, nichts – die Waffen schweigen. Der Befehl kommt nicht durch!

Bei der 4-cm-Bofors vorn auf der Back, an den beiden 3,7 cm am

Schornstein und bei den Zwozentimetern starren die Geschützführer den Flugzeugen entgegen. Die Nerven von unserem Alten möchte ich haben, denken sie. Dann wird es ihnen mulmig. Warum denn immer noch nicht schießen? Sie laufen vor, machen fragende Gesten zur Brücke hoch.

Der Kommandant ist wild.

«Los, los, schießt doch endlich!» schreit er ihnen zu.

In diesem Augenblick ist es zu spät. Große runde Geschosse lösen sich von den Rümpfen der Feindmaschinen. Sekunden entscheiden über das Schicksal des Torpedobootes. Sekunden nur, in denen ein Befehls-Übermittler versagte...

Der Mann steht auf der Brücke am Feuersignalgeber. Das sind drei Hebel, die er mit beiden Händen gut auf einmal fassen kann. Er hat nichts weiter zu tun, als auf das Kommando «Feuererlaubnis» diese Hebel herunterzudrücken. Dann trompetet das Signal aus den Hupen bei den Geschützen, und wie vom Schlag getroffen feuern sie los. Aber der Mann am Feuersignalgeber schafft es einfach nicht, in der entscheidenden Sekunde seine drei Hebel zu drücken!

Die Abwehr setzt erst ein, als die Bomben schon fliegen. Und noch immer kommt das Boot nicht vom Fleck.

Bomben? Nein, Bomben sind es nicht; sie kommen ja nicht von oben in einer Fallkurve – dafür fliegt der Feind zu niedrig und ist noch zu weit entfernt. Aber Torpedos sind es auch nicht, denn sie tauchen nicht ins Wasser. Geradlinig fliegen sie auf *T 18* zu.

Wenige Sekunden später treffen zwei schwere Raketen mittschiffs unter dem Kesselraum die Bordwand. Der Explosionsdruck reißt den Männern die Füße unter dem Leib weg und wirft sie zu Boden. Das Boot knickt sofort in der Mitte zusammen. Das Kommando «Alle Mann von Bord!» wird von Mund zu Mund gerufen. Es ist gerade noch Zeit. Nach drei Minuten hat die See *T 18* verschlungen – und mit ihrem «Sonnenboot», wie die Besatzung es nannte, 30 Seeleute, die sich nicht mehr aus dem Strudel des Untergangs befreien konnten; die restlichen 100 werden gerettet.

Nach diesem gelungenen Überfall der Sowjets ist die 2. Kampfgruppe unter Vizeadmiral Thiele eindringlich gewarnt, sich die Luft ringsum reinzuhalten, als sie wenige Tage später erneut ausläuft, um einem deutschen Geleitzug mit sanfter Gewalt aus den finnischen Hoheitsgewässern herauszuhelfen. Diesmal ist neben *Prinz Eugen* und seinen Zerstörern auch der schwere Kreuzer *Lützow* beteiligt, das ehemalige Panzerschiff *Deutschland*. Es geht in die schmale Passage Södra Kvarken zwischen den Åland-Inseln und dem schwedischen Festland hinein.

Durch diese enge Gasse müssen sie kommen: Die restlichen deutschen Dampfer aus dem Bottnischen Meerbusen mit ein paar tausend Soldaten der Lapplandarmee und mit schwerem Wehrmachtgut aus Nordfinnland. Die Finnen kennen den Weg, den sie nehmen müssen, buchstäblich auf den Meter genau. Denn sie haben zehn Tage zuvor nicht nur geholfen, ihn von Minen freizuräumen, sondern haben die Rinne auch noch vermessen. Die Finnen wollten den Deutschen helfen, ihr Land so schnell und so sicher wie möglich zu verlassen.

Von deutscher Seite war *M 443* von der 25. Minensuch-Flottille entsandt worden, um sich an den Arbeiten zur Sicherung der Geleite zu beteiligen. Das Boot hatte daher als eines der letzten deutschen Fahrzeuge noch am 9. September, eine Woche nach der finnischen Kapitulation vor den Russen, in Helsinki gelegen. Es wäre nicht verwunderlich, wenn die Behörden dem späten Gast angesichts des Umschwungs Schwierigkeiten bereitet hätten; das Gegenteil war der Fall. Kommandant und Besatzung wurden, wohl stellvertretend für die gesamte deutsche Marine, von einer Welle der Herzlichkeit überspült. Die Menschen umlagerten das Boot, sie spendeten Beifall, wo sich ein Deutscher sehen ließ, und immer wieder geschah es, daß wildfremde Finnen deutschen Seeleuten auf offener Straße die Hand drückten und kleine Geschenke zusteckten. An Bord ausgepackt, kamen Erinnerungsstücke aus einem dem Lande der Seen und Wälder eigentümlichen Kunsthandwerk zum Vorschein oder kleine Gebrauchsgegenstände oder Bücher über finnische Kunst mit der Widmung:

«Einem unbekannten Deutschen von einem Finnen als Dank für die Waffenbrüderschaft.»

So beschenkt hatte *M 443* Helsinki verlassen und gemeinsam mit finnischen Booten den minenfreien Weg durch Södra Kvarken geräumt. Mehrere vollbeladene Schiffe, darunter die bekannte «Monte Rosa» der Hamburg-Süd, hatten den Weg inzwischen wohlbehalten passiert.

Aber das alles war vor dem 15. September gewesen, vor dem bewußten Termin; bevor deutsche Boote widerstrebend den Befehl ausführen mußten, vor finnischen Häfen Minen zu werfen; und vor dem Überfall auf Hochland.

Jetzt, eine Woche später, soll nochmals für vier deutsche Schiffe die Ausfahrt aus dem Bottnischen Meerbusen erzwungen werden. Seit dem 15. September hat ein U-Boot *M 443* auf seiner Sicherungsposition in Södra Kvarken abgelöst; doch allein ist es zu schwach und selbst zu sehr verwundbar, um die Schiffe wirksam zu schützen. Deshalb tritt die 2. Kampfgruppe nochmals auf den Plan.

Das bei Utö bewährte Verfahren wird wiederholt: «Mit Luftpost» erhält die Batterie Märket die Aufforderung des deutschen Admirals, den Geleitzug aus Norden unbehindert durchzulassen. Glücklicherweise ist man auf finnischer Seite so einsichtig, es nicht auf ein Artillerieduell ankommen zu lassen.

Ohne Zwischenfall nehmen die Kriegsschiffe ihre Schützlinge auf und geleiten sie nach Süden, heim in die Danziger Bucht. Man schreibt den 24. September 1944. Es sind die letzten Deutschen, die Finnland über See verlassen.

*

Schon am Tage vorher ist auch die Räumung Estlands abgeschlossen. Reval und Baltischport fallen in sowjetische Hand. Doch der Feind findet keine deutschen Soldaten mehr vor, die er gefangennehmen könnte. Trotz aller Luftangriffe haben die großen Räumungstransporte Reval unversehrt verlassen; Schiff um Schiff, eins wie das andere voller Soldaten, die – so wie sie waren – an Bord strömten, kaum daß sie aus der nahen Front gezogen wurden und die Stadt erreicht hatten.

Hafen und Reede dröhnen vom Abwehrfeuer der versammelten Kriegsschiffe. Eben erst sind mehrere Flottillen der 9. Sicherungs-Division aus den finnischen Schären hierher verlegt worden. Nun müssen sie erneut dem vorrückenden Feind weiter nach Westen ausweichen. Zum Schutz der Räumung Revals kommen sie gerade recht. Noch am Abend des 22. 9. verläßt ein Großgeleit mit den Dampfern *Eberhard Essberger, Peter Wessel, Tanga, Aletta Noot* und dem ebenfalls vollbelegten Lazarettschiff *Oberhausen* die Hauptstadt Estlands. Vier Torpedoboote der 3. T-Flottille sichern die Schiffe mit den gut 10 000 Soldaten, die allein mit diesem Geleit aus dem Kessel entkommen, denn über Land gibt es keinen Weg mehr zurück.

Die ganze Nacht hindurch sind Sprengkommandos in Stadt und Hafen unterwegs und zerstören militärisch wichtige Einrichtungen. Andere Explosionen rühren von den Einschlägen sowjetischer Granaten her, die das ganze Gebiet abstreuen. Dazwischen rasen immer noch Lastwagen mit deutschen Truppen hinaus auf die Kais, und von dort geht es im Laufschritt auf die wartenden Schiffe.

Gegen Morgen versiegt der Strom. Wer immer mitgenommen werden wollte, befindet sich an Bord oder auf See. Tausende von Zivilpersonen sind darunter – Esten, die das Schlimmste befürchten müssen, wenn die Kommunisten wieder Herren ihres Landes sind. Lieber lassen sie alles im Stich, was sie besitzen, um nur das Leben zu retten. Noch ahnen die helfend einspringenden deutschen Seeleute nicht, daß der Anblick und das Miterleben der Flüchtlingsnot für sie unausweichlich zu den letzten Monaten dieses Krieges gehören werden; und der Gedanke kommt ihnen nicht, daß es dann deutsche Menschen sein werden, die sich in letzter Not über See zu retten suchen.

Als der Morgen graut, warten nur noch ein paar Schnellboote im Hafen. Ungeduldig halten die Besatzungen nach den letzten Sprengkommandos des Heeres Ausschau, die sie abholen und mit hinausnehmen sollen. Kaum an Bord, stecken die Boote ihre Nasen schon hinaus in die See.

Zu dieser Stunde schießen sich die beiden großen Torpedoboote *T 23* und *T 28* vor der Hafeneinfahrt bereits mit russischen Panzern herum. Die Boote hatten den Auftrag, ebenfalls noch Versprengte und Nachzügler von Land aufzunehmen und dann mit ihrer Artillerie das Elektrizitäts- und das Wasserwerk der Stadt zu zerstören. Beim Auslaufen erhalten sie plötzlich Feuer von den ersten bis zum Strand vorgestoßenen Feindpanzern. Auch die M-Boote, die auf der Reede stehen, um den Abzug der vielen Fahrzeuge zu decken, werden aus den Vororten und von den Landzungen westlich der Stadt von Panzern beschossen und bleiben die Antwort nicht schuldig. Dann laufen sie ab, gefolgt von kleinsten Hafenfahrzeugen, die sich in ihren Schutz drängen oder sich ins Schlepp der M-Boote gehängt haben.

So verlassen die letzten Deutschen Reval, den Hafen, der drei Jahre lang Hauptstützpunkt der Kriegsmarine für ihren Kampf an der Seefront nach Osten gewesen war. Mit Reval geben sie den Finnenbusen endgültig auf. Die Rückschläge an Land lassen ihnen keine andere Wahl.

Sinnend steht Konteradmiral Böhmer, der Chef der 9. Sicherungs-Division, an Bord seines Flottenbegleiters *F 3*, auf dem er diesen Auszug miterlebt, und schaut zurück nach Osten. Gerade passiert das Boot in der unübersehbar langen Reihe deutscher Schiffe die Lücke in den eigenen Minensperren vor der Reval-Bucht.

Der Admiral erinnert sich noch sehr gut jenes unvergeßlichen Eindrucks aus den letzten Augusttagen des Jahres 1941. Damals waren die Sowjets in seiner heutigen Lage: Sie mußten Reval räumen. Trotz des heftigen Beschusses der angreifenden deutschen Divisionen gelang es ihnen, an die 200 Kriegs- und Handelsschiffe jeder Art und Größe – vom schweren Kreuzer bis zum Fischkutter – aus dem Hafen hinauszubringen und mit dieser gewaltigen Flotte nach Osten zu marschieren.

Dann kam die Katastrophe. Als Zuschauer auf der hohen Spitze des Kaps Juminda erlebte der deutsche Admiral ein atemraubendes Schauspiel.

Bei herrlichem Sonnenschein rückten die Schiffskolonnen des Feindes an – und fuhren genau in die riesige Minensperre hinein, die Deutsche und Finnen einige Wochen zuvor bei Kap Juminda geworfen hatten. Böhmer erlebte, wie die ersten Schiffe von Minen getroffen wurden, sich auf die Seite legten und versanken; wie daraufhin die Kolonnen stockten und Minensucher in breiter Front vorgeschickt wurden, um eine Gasse freizuräumen; wie rasch aufgefahrene deutsche Batterien von der Steilküste herab auf die Schiffe feuerten und Stukas sich auf sie niederstürzten; wie die Sowjets schließlich weiter voranrückten, einfach geradeaus, ohne rechts und links zu sehen, und ihren Durchbruch mit zahlreichen Opfern bezahlen mußten.

Das war vor drei Jahren.

Heute zieht eine fast ebenso lange und zahlreiche Kolonne deutscher Schiffe westwärts. Gewiß, sie haben ihren Weg unter Kontrolle und brauchen daher kaum Verluste auf Minensperren zu befürchten. Doch mag der Rückzug geordneter sein als der des Feindes 1941, so erscheint er in jedem Falle auch endgültiger.

Jetzt räumen sie Reval. Dann wird Riga folgen, das die Sowjets schon seit Wochen bedrohen, und wo das Heer nur noch einen schmalen Schlauch entlang der Küste besitzt, durch den die letzten östlich der Stadt stehenden Divisionen zurückweichen können, bevor auch dort wieder die rote Fahne gehißt wird.

Dann besitzen sie noch die baltischen Inseln und Kurland mit Windau und Libau. Und dann, wenn auch dieser letzte Puffer vor der deutschen Grenze eingedrückt oder weit landeinwärts umgangen wird? Dann kommt Ostpreußen...

Der Admiral wischt den Gedanken fort. Der Finnenbusen ist verloren, das tapfere Standhalten und die zahlreichen Opfer seiner kleinen Boote an den «Seeigel»-Sperren, im Bombenregen der Narwa-Bucht und überall sonst in der «Badewanne» waren vergebens. Aber der Kampf geht weiter. Neue harte Aufgaben warten auf die Sicherungsverbände der Marine, denn nun wird die rote Flotte, endlich aus der Umklammerung befreit, in die Ostsee nachrücken. Eigentlich müßten ihre U-Boote schon dieses Räumungsgeleit aus Reval angreifen. Aber so schnell schaffen sie es nicht – obwohl die Finnen nun verpflichtet sind, den Sowjets den Anmarschweg durch ihre Schären zu öffnen. Deshalb hat auch die neue Minensperre «Nilhorn», die gerade in den letzten Tagen zwischen Hangö im Norden und der

Insel Odensholm im Süden geworfen worden ist, um den Eingang des Finnenbusens erneut zu sperren, wenig Sinn; denn sie kann sowohl in den finnischen Gewässern als auch in dem Gebiet, das die Deutschen gerade räumen, umgangen werden.

Die 9. Sicherungs-Division wird sich darauf einzustellen haben. In Windau, dem vorläufigen neuen Standort, entwirft Konteradmiral Böhmer eine Lagebetrachtung, in der es hierzu heißt:

«Mit der Räumung Estlands steht dem Gegner der Weg zur Ostsee zunächst mindestens für U- und S-Boote offen... Mit einem Einsatz größerer Seestreitkräfte ist in nächster Zeit noch nicht zu rechnen, weil der Russe ohne Not kein größeres Risiko eingehen wird. Die Entwicklung der Landlage gibt der feindlichen Luftwaffe erhöhte Möglichkeiten zum Einsatz gegen unseren Geleitverkehr, von denen sie zweifellos Gebrauch machen wird.

Eigene Aufgabe: Schutz der Geleite zwischen Libau–Windau–Riga und der Heimat mit allen zur Verfügung stehenden Mitteln. Starke Sicherung gegen Luftangriffe. U-Jagd in allen erkannten Einsatzgebieten sowjetischer U-Boote. Versorgung und Sicherung der Insel Ösel. Sicherung der Küsten Kurlands gegen feindliche Landungsversuche...

Die Tatsache, daß die gesamte Versorgung der Heeresgruppe Nord durch die 9. Sicherungs-Division gemeistert werden muß, sollte notwendig zur Folge haben, daß im Westen freigewordene Flottillen stärker als bisher hier im Osten eingesetzt werden.»

Hart würde der Kampf werden, und kampfstarke Flottillen würden gebraucht, mahnt Böhmer, um dann zu schließen: «Der durchaus einsatzfreudige Soldat auf dem Frontboot wird für Unterlassungen auf diesem Gebiet kein Verständnis haben.»

Der Bericht trägt so recht die Handschrift des Haudegens aus dem Finnenbusen – nur seine Unterschrift fehlt; denn der Admiral kommt nicht mehr dazu, das Schriftstück selbst zu unterzeichnen.

Wenige Tage nach dem Festmachen in Windau hat er an Bord von F 3 Besuch von drei deutschen Förstern, deren Reviere in den Wäldern einige Kilometer landeinwärts des kurländischen Hafens liegen. Böhmer ist als passionierter Jäger gleich Feuer und Flamme, als er hört, daß dort kapitale Hirsche zum Schuß stehen. Die Jagd wird für den nächsten Sonntag vereinbart. Es ist der 1. Oktober 1944, ein schöner, milder Herbstmorgen. Ein Wagen bringt den Admiral und die Förster in das Waldgebiet. An einer Straßenkreuzung halten sie, und dem Fahrer wird bedeutet, hier zu warten. Ein Posten mit Maschinenpistole begleitet die vier Jäger; es ist immerhin möglich, daß sie im Wald auf Partisanen treffen.

Der Fahrer wartet bis zum Nachmittag, doch sein Chef und die Gäste bleiben aus. Stunde um Stunde verrinnt ohne Nachricht. Schließlich wird es dem einsamen Mann unheimlich. Er rast nach Windau zurück und verständigt seine Vorgesetzten. Ein Suchkommando wird gebildet und streift durch die Wälder. Am nächsten Tage endlich findet man sie, zunächst den Posten, tot und ohne Waffe, und nach einer Weile die vier Jäger, von den Geschossen derselben Maschinenpistole durchbohrt, die sie schützen sollte.

So stirbt Konteradmiral Kurt Böhmer, jahrelang Führer des erbitterten Kleinkrieges zur See, den seine Verbände im östlichsten Zipfel der Ostsee zu bestehen hatten. Sein Tod fällt mit dem Abschluß dieser Kämpfe zusammen. Was er in seinem letzten Schriftstück über die neue Entwicklung voraussagte, sollte sehr bald harte Wirklichkeit werden.

7

Memel, Kurland, Sworbe | **Schwere Kaliber**

50 000 verlassen Memel über See – Schiffsartillerie greift in den Landkampf ein – Bewährungsprobe Tuckum – Erstes Auftreten sowjetischer U-Boote Torpedotreffer auf Ro 24 – 470 von 500 Menschen gerettet – Generaloberst Schörners Überfahrt nach Sworbe – «Prinz Eugen», «Lützow» und «Admiral Scheer» im Einsatz – Die letzte deutsche Stellung auf den baltischen Inseln geht verloren

Als erste deutsche Stadt gerät Memel bereits Ende Juli 1944 in den Angriffsbereich der Roten Armee. Ein sowjetischer Panzerkeil stößt bis zum litauischen Siauliai vor und steht damit nur noch 140 Kilometer vor der alten preußischen See- und Handelsstadt im äußersten Nordosten des Reiches. Bei Ostwind ist der Geschützdonner von der Front in der Stadt zu hören, die jahrelang als besonders sicher galt und daher eine Reihe ausgelagerter Betriebe beherbergt.

Die Parteistellen, an der Spitze der Königsberger Gauleiter Koch, verharmlosen die Gefahr. Da ergreift der Chef der 24. U-Boot-Schulflottille, Fregattenkapitän K. F. Merten, die Initiative. Da jede zuverlässige Nachricht von der Front fehlt, schickt er kurzerhand U-Boot-Offiziere mit Funktrupps nach vorn, die ihn sehr bald unterrichten, welche Gefahr der Stadt und ihrer Bevölkerung drohen. Auch der so wichtige Ausbildungsbetrieb – hier werden die neuen U-Boot-Besatzungen geschult – kann unter der sowjetischen Luftbedrohung nicht reibungslos weiterlaufen.

Merten wendet sich daraufhin direkt an den Oberbefehlshaber der Kriegsmarine und erhält von Großadmiral Dönitz alle Vollmachten, die Räumung des Landes, der Stadt und des Hafens in die Wege zu leiten. Auf sein Drängen muß sich sogar der Gauleiter, der den mutigen Fregattenkapitän zunächst vor ein Kriegsgericht bringen will, damit abfinden, daß als erste 6000 Hitlerjungen abtransportiert wer-

123

den. Die kaum 14- bis 16jährigen bedauernswerten Jungen mußten in Litauen, dicht hinter dem dünnen Schleier der deutschen Front, am «Erich-Koch-Wall» schanzen. Fregattenkapitän Merten rettet ihnen das Leben. Sie werden auf den vom Befehlshaber der U-Boote zur Verfügung gestellten Dampfern *Messina* und *Welheim* eingeschifft und schleunigst aus der Kampfzone gebracht.

In den nächsten Wochen gelingt es, mit den deutschen Seeschiffen *Angelburg, Goya, Heinz Horn, Lech, Messina, Nordland, Wega, Welheim* und *Wolta* rund 50 000 Memelländer über See nach Pillau, Danzig und Gotenhafen zu überführen. Es ist die erste Großaktion zur Evakuierung einer deutschen Stadt, und sie gelingt, dank der Tatkraft der Marine und ihrer Helfer, rechtzeitig, bevor die Sowjets sie stören können.

Gleichzeitig zieht das Landvolk in geordneten Trecks nach Westen. Doch als ein deutsches Panzerkorps am 20. August zum Gegenstoß antritt, die Russen wirft und wieder eine schmale Landbrücke nach Riga freikämpft, kehren auch die Memelländer Bauern auf ihre Höfe zurück, um wenigstens die Ernte einzubringen. Diese Rückkehr wird vielen zum Verhängnis.

Am 5. Oktober nämlich treten sowjetische Garde-Panzer- und Schützenkorps in der südwestlichen Flanke der deutschen Kurlandfront erneut zum Angriff an. Ihr Stoß, mit dem sie die Heeresgruppe Nord endgültig abschneiden wollen, zielt diesmal direkt auf Memel. In aussichtslosen Abwehrkämpfen müssen die deutschen Divisionen zurückweichen. Schon zeichnet sich ein neuer Kessel ab, weil die Russen bereits im Memeldelta bei Russ ans Kurische Haff vordringen. Die Deutschen, die von dieser Umfassung direkt bedroht werden, darunter die 7. Panzer-Division, Rommels ehemalige «Gespensterdivision» aus Afrika, und die Panzer-Division «Großdeutschland», beabsichtigen nach rückwärts durchzubrechen und Anschluß an die Ostpreußen-Stellung zu finden. Doch die Führung entscheidet anders:

Memel darf nicht aufgegeben werden! Die Hauptstadt des am weitesten vorgeschobenen deutschen Grenzlandes ist mit allen Mitteln zu verteidigen.

Gewiß spielen Prestigegründe bei dieser Entscheidung eine Rolle. Daneben aber darf nicht vergessen werden, daß Memel ein wichtiger Zwischenhafen für die deutschen Nachschubgeleite nach Kurland ist – um so wichtiger, wenn die Landverbindung zu der eigenen Heeresgruppe im Norden nun ganz abreißt.

Schon fünf Tage nach Beginn ihrer Offensive brechen die Sowjets auch bei Polangen an der deutsch-litauischen Grenze an die Meeresküste durch und vollenden damit die Einschließung der deutschen

Hafenstadt. Der Versuch feindlicher Panzerabteilungen, in den deutschen Rückzug auf Memel hineinstoßend die Stadt selbst handstreichartig schon am 9. Oktober zu nehmen, bleibt allerdings stecken und mißlingt.

In der Nacht sind deutsche Abhörtrupps Zeuge mehrerer Funksprüche, in denen sich die sowjetischen Befehlshaber zum Überschreiten der Reichsgrenze gratulieren. Dann spornen sie sich gegenseitig an: Memel muß und wird am nächsten Tage fallen. Erst der Besitz von Stadt und Hafen krönt den Sieg.

Doch daraus wird vorläufig nichts. Der Widerstand der Verteidiger versteift sich zusehends. Sie haben sich gefangen und bilden den Brückenkopf, der zunächst etwa 20 km lang und 7 km breit ist. Wütend greifen die Sowjets von Tag zu Tag mit stärkeren Kräften an, erzielen Einbrüche, werden aufgefangen und wieder geworfen.

«Wie hoch diese Leistung ist, kann nur der ermessen, der hier drinsteht und die Kräfteverhältnisse und Mittel kennt», schreibt ein junger Offizier aus dem Stabe der 7. Panzer-Division in einem Bericht, den er während einer Gefechtspause in der Nacht zum 12. Oktober bei mattem Kerzenlicht für seine Heimatdienststelle zu Papier bringt. Den Resten dreier deutscher Divisionen steht die sowjetische 5. Panzerarmee gegenüber, mit zwei Garde-Panzerkorps, neun Garde-Schützendivisionen und einer Reihe anderer Verbände. Mühsam müssen die Deutschen ihre letzten fahrbereiten Panzer zusammensuchen, um sie wenigstens den Hauptstößen des Feindes entgegenwerfen zu können.

«Frauen und Kinder sind alle aus der Stadt heraus», heißt es ferner in dem Bericht, «sonst arbeitet alles fieberhaft am Verteidigungszustand des Brückenkopfes. Kommandant von Memel ist der Eichenlaubträger General Gollnick... Obwohl wir eingeschlossen sind, sind wir eigentlich recht zuversichtlich, weil wir wissen, daß man uns hier nicht sitzenlassen wird... Ob es dann später gemeinsam mit der Heeresgruppe Nord einen Durchbruch nach Süden gibt, oder ob wir hierbleiben, weiß ich natürlich nicht. Notfalls haben wir immer noch die Kurische Nehrung oder, wenn auch das nicht mehr geht, die See. Zu unserer Freude liegen bereits seit gestern Schlachtschiff *Scharnhorst* und *Prinz Eugen* auf der Reede und geben uns enorme Hilfestellung mit ihren dicken Geschützrohren...»

In der Tat orgeln die Salven der schweren Schiffsartillerie seit dem 11. Oktober von See herüber und schlagen vernichtend in die sowjetischen Angriffe und Bereitstellungen. Zwar kann es nicht die *Scharnhorst* sein, die bereits vor dem Nordkap gesunken ist; doch schon die Tatsache, daß die Frontsoldaten ihre Helfer auf See sogleich als

Schlachtschiffe ansprechen, beweist etwas von der durchschlagenden Wirkung ihrer schweren Granaten.

Es ist wiederum die 2. Kampfgruppe unter Vizeadmiral Thiele, die in mehreren Einsätzen zwischen dem 11. und dem 15. Oktober an den Brennpunkten des Kampfes um Memel eingreift und mit dazu beiträgt, die Front zum Stehen zu bringen. Beteiligt sind die Kreuzer *Prinz Eugen* und *Lützow*, drei Zerstörer und vier Torpedoboote, die den Beschießungsverband gegen die erwartete heftige Gegenwehr des Feindes zu schützen haben. Denn diesmal werden die Sowjets gewiß nicht so untätig zuschauen wie beim ersten Einsatz der Kampfgruppe bei Tuckum, sondern versuchen, die schwere Artillerie im Rücken der Deutschen auszuschalten; nah genug fahren die Kreuzer ja unter der Küste, daß sie nicht verfehlt werden können.

Nun, die Bomber, Jabos und Torpedoflieger mögen nur kommen: ein heißer Empfang ist ihnen sicher.

*

Für die großen Schiffe der Kriegsmarine – die wenigen, die von der eigentlichen «Flotte» noch übrig sind – bedeutet dieser letzte Einsatz Bewährung und Genugtuung nach einer langen Periode bitter empfundener Zweitrangigkeit. Denn diese Kreuzer, deren Eingreifen in die Landschlacht von den Heeresbefehlshabern immer wieder gefordert und von den Landsern im Schützengraben stürmisch begrüßt wird, wurden schon einmal zum alten Eisen gerechnet. Sogar ein genauer Plan war aufgestellt, nach dem sie, vom Schlachtschiff bis zum leichten Kreuzer, außer Dienst gestellt und abgewrackt werden sollten – mitten im Kriege. Nach dem Willen Hitlers und Görings waren sie zu nichts mehr nutze – es sei denn, daß ihr Stahl verschrottet würde und zum Bau neuer Panzer, Flugzeuge und U-Boote diente.

Am 1. Januar 1943 fällte Hitler sein Todesurteil gegen die großen Schiffe und forderte damit den entschlossenen Widerstand der Seekriegsleitung heraus. Großadmiral Raeder legte den Oberbefehl über die Kriegsmarine nieder, nicht ohne Hitler vorgehalten zu haben, daß des «Führers» Entscheidung England zum billigsten Seesieg seiner Geschichte verhelfe. Sein Nachfolger Dönitz setzte sich ebenfalls für die Erhaltung der großen Schiffe ein. Murrend, keineswegs überzeugt, gab Hitler nach. Der Außerdienststellungsplan fiel unter den Tisch. Die Schiffe durften weiterfahren.

Weihnachten 1943 folgte dann der Untergang der *Scharnhorst* vor dem Nordkap; und auch das letzte einsam im Norden ausharrende deutsche Schlachtschiff, die *Tirpitz*, konnte sich nur noch verbissen der ständigen feindlichen Luftangriffe erwehren, ohne in der Lage zu sein, selbst zurückzuschlagen.

Alle anderen Schiffe aber – die schweren Kreuzer *Prinz Eugen*, *Admiral Hipper*, *Admiral Scheer* und *Lützow*, die leichten *Nürnberg*, *Leipzig*, *Köln* und *Emden* und auch die steinalten Linienschiffe *Schleswig-Holstein* und *Schlesien* – wurden in der Ostsee zusammengezogen und bildeten dort den «Ausbildungsverband der Flotte». Nur dieser Schachzug, die bittere Überlegung: «Wenn wir die Schiffe schon haben, sie aber wegen zu hohen Risikos und zu geringer Erfolgschancen nicht mehr an der Seefront gegen England einsetzen können, dann sollen sie wenigstens zur Bordausbildung des Nachwuchses dienen», rettete die Kreuzer vor dem Schiffsfriedhof und der Abbruchwerft.

So betrieben sie denn Ausbildungsdienst, Kolosse aus Stahl und Eisen, mit ragenden Gefechtstürmen und drohenden Geschützrohren. 1944 aber begann sich das Blatt zu wenden. Je weiter die Sowjets vordrangen, je mehr sich die Fronten an die Grenze des Reiches heranschoben, desto größer wurden die Aussichten der Schiffe, mit ihrer Artillerie ein Wort mitzusprechen. Als erster verwandelte sich *Prinz Eugen* Anfang 1944 wieder vom Kadetten-Schulschiff zum Kriegsschiff. In der richtigen Erkenntnis, daß für den Kreuzer in erster Linie ein Einsatz gegen Landziele in Frage kommen würde, bereitete sich die Artillerie gewissenhaft auf diese neuartige Aufgabe vor.

Heer und Marine mußten sich schnell und einwandfrei verständigen können; gelang dies nicht oder nur fehlerhaft, dann war es nicht ausgeschlossen, daß die schweren Granaten in die eigenen Reihen statt in die feindliche Linie schlugen. Auch die Luftwaffe mußte in diese Absprachen einbezogen werden, weil man hoffte, daß ihre Aufklärer Beobachterdienste leisten würden.

Im späten Frühjahr 1944 war es soweit: Drei schwere Kreuzer fuhren vor der Frischen Nehrung auf und ab und führten ihrem Befehlshaber und den zahlreich erschienenen Schaulustigen von Heer und Luftwaffe die neu einstudierten Schießverfahren vor. Vier verschiedene Spielarten waren es, die der I.A.O. (I. Artillerie-Offizier) des *Prinzen* und gleichzeitige Artilleriereferent des Verbandes, Korvettenkapitän Schmalenbach, in der Vorschrift «Nußknacker» zusammengefaßt hatte, und die nun hier in buntem Wechsel vorexerziert wurden. Immer handelte es sich um Ziele, die von See aus nicht zu erkennen waren und daher indirekt beschossen werden mußten – mit Hilfe dritter Beobachter an Land oder in der Luft.

Wurde ein solches Ziel – zum Beispiel eine Bereitstellung feindlicher Panzer bei einer Ortschaft – über Funk gemeldet, so begann im Vormarsstand des Kreuzers, dem Reich des I.A.O., eine fieberhafte Tätigkeit. Zunächst mußte das Ziel auf der Karte gesucht und ein Hilfsziel festgelegt werden – ein Leuchtfeuer, ein Kirchturm, eine markante Anhöhe –, das vom Schiff aus zu *sehen* war. Damit stand zweierlei fest: Aus der Karte die Richtung und Entfernung vom Hilfsziel zum Ziel und aus eigener Beobachtung vom Schiff zum Hilfsziel. Mit diesen beiden bekannten Linien ließ sich dann ein Dreieck bilden, dessen dritte Seite die gesuchte Richtung und Entfernung vom Schiff zum Ziel darstellte.

Dieses Dreieck verschob sich ständig; denn nur zwei seiner Eckpunkte blieben fest, während sich der dritte, das Schiff, im Fahren veränderte. Deshalb mußte das Hilfsziel unablässig beobachtet und eingemessen werden, damit der durch die Fahrt des Schiffes auftretende sogenannte «Verschwenkungswinkel» ebenfalls laufend nachgestellt werden konnte. Dazu diente ein eigens für diesen Zweck entworfenes verstellbares Dreieck, «Landziel-Rechengerät» genannt.

Eine andere Methode, dem Artillerieleitstand an Bord die Lage des Ziels deutlich zu machen, bestand darin, daß man die Luft möglichst genau über dem Ziel durch einen deutlichen Hinweis markierte: bei Tage durch ein Flugzeug, bei Nacht durch Leuchtgranaten, beide hoch genug und weit genug sichtbar, damit sie von den optisch-elektrischen Meßgeräten des Kreuzers erfaßt werden konnten.

Auf welche Weise diese ersten Schußunterlagen auch immer erlangt wurden – zunächst verließ dann eine Orientierungssalve die Rohre. Nun war man auf Hilfe angewiesen. Die Lage der Einschläge zum Ziel mußte beobachtet und gemeldet werden, und zwar in einheitlicher Sprache, ob nun von eigenen Bordflugzeugen oder von Nahaufklärern der Luftwaffe, ob von Beobachtern des Heeres in der Frontlinie oder von vorgeschobenen Beobachtern der Marine. Ihre kurzen Funkmeldungen wurden an Bord ausgewertet und ergaben die notwendigen Korrekturen für den Höhen- und Seitenwinkel der Geschütze.

Auf diese Weise schoß sich die schwere Schiffsartillerie bei guten Beobachtungsbedingungen erstaunlich schnell und oft genug mit vernichtender Präzision auf feindliche Ziele ein, die für die Schiffsführung hinter der Steilküste, hinter Wäldern oder sogar jenseits breiter Höhenrücken unsichtbar – und doch nicht verborgen blieben. Schon bei der Generalprobe, dem Übungsschießen auf die Frische Nehrung, waren die teilnehmenden Heeresoffiziere begeistert von der Zielsicherheit, mit der die «wandernden» Batterien auf See sogar sprunghaft wechselnde Ziele an Land zu treffen wußten. Das sprach sich schnell herum und führte beim Heer in begreiflicher Freude dazu, daß die den Schiffen gegebenen Möglichkeiten überschätzt wurden. Drei bittere Tatsachen verhinderten einen nahezu ununterbrochenen Tag- und Nachteinsatz der Schiffe vor den bedrohten Küstenabschnitten, wie er vom Heer am liebsten gesehen worden wäre und zuletzt immer dringender gefordert wurde: Als erstes die Luftherrschaft des Feindes, der sich gewiß in wütenden Angriffen auf die Kreuzer stürzen würde; dann aber vor allem der fühlbare Mangel an Treiböl und an Munition für die schwere Artillerie, ein Mangel, der den Einsatz der Kampfgruppe nur in den äußersten Notfällen erlaubte. Dennoch griffen die Schiffsgeschütze in diesen letzten Monaten des Krieges gegen Hunderte von Feindzielen in die Abwehrschlacht entlang der Ostseeküste ein, orgelten ihre Granaten gegen Truppenansammlungen und Geschützstellungen und schlugen mitten in die rollenden Panzervorstöße hinein – gar zu oft als Retter in letzter Not, eine todbringende Barriere vor die erschöpften Deutschen legend, die ohne diese Unterstützung überrannt, vernichtet oder ins Meer getrieben worden wären.

*

Am frühen Morgen des 20. August 1944 herrscht knisternde Spannung auf dem Vormarsstand des *Prinz Eugen*. Seit 3 Uhr steht die ganze Besatzung auf ihren Gefechtsstationen, da sich der Kreuzer nun mehr und mehr der feindbesetzten Küste nähert.

20 Stunden zuvor war er aus Gotenhafen ausgelaufen. Eine Flottille älterer Torpedoboote hatte ihn von Hela bis auf die Höhe von Libau geleitet und von dort in die Obhut einer Flottille größerer, frontgewohnter T-Boote übergeben. Nachts ging es dann durch die Irben-Straße zwischen dem Festland und der Insel Ösel hindurch, wo sich noch vier Zerstörer dem Verband anschlossen und seinen Schutz vervollständigten, und nach dem Umrunden des Kaps Domesnäs stieß die Kampfgruppe weit nach Süden in den Rigaer Meerbusen hinein.

Es ist nur zu verständlich, daß der Artillerie-Offizier des Kreuzers diesem ersten scharfen Einsatz entgegenfieberte. Jetzt gilt es den Beweis zu führen, daß die großen Schiffe nicht nur nützlich, sondern daß sie unentbehrlich sind. Ob der Beweis gelingen wird? Monatelang ist das Schießen gegen Landziele gewissenhaft bis ins kleinste vorbereitet worden. Heute ist der Tag, an dem diese Arbeit Früchte tragen soll.

Korvettenkapitän Schmalenbach überdenkt noch einmal die Einzelheiten. Die Sowjets sind mit einem breiten Keil westlich Riga zur Küste durchgebrochen. Die Heeresgruppe Nord ist dadurch abgeschnitten. Ein Panzerkorps unter Generalmajor Graf Strachwitz tritt heute früh zum Gegenstoß an, um die Verbindung wieder herzustellen. Die Schiffsartillerie soll an den Brennpunkten des Kampfes feindlichen Widerstand zerschlagen. So lautet der Auftrag.

Ein Verbindungsoffizier des Heeres befindet sich an Bord. Von ihm weiß Schmalenbach, daß die Feuerunterstützung voraussichtlich auf Tuckum angefordert wird. Zudem sitzen in einer winzigen Kammer des Gefechtsmastes zwischen Schiffsbrücke und Admiralsbrücke Heeresfunker, die ständig mit den deutschen Panzerspitzen in Verbindung stehen. So können die Wünsche der Angreifer an Land schnellstens übermittelt werden.

Tuckum also, ein Verkehrsknotenpunkt inmitten des sowjetisch besetzten Korridors zum Meer. Während der Kreuzer noch durch die Nacht seinem Einsatzraum entgegenfährt, beugen sich der I.A.O. und seine Helfer über die Karte. Die geographische Lage ihres vermutlichen Zieles verlangt jenes indirekte Schießen, das sie seit Monaten geübt haben. Das Städtchen liegt etwa 15 Kilometer von der Küste landeinwärts in einem Talkessel. Zwischen Tuckum und der See erhebt sich der über 110 Meter hohe langgestreckte Hüningsberg. Also muß ein Hilfsziel gefunden werden, ein markanter Punkt an der Küste, der auf der Karte eingezeichnet ist und von Bord einwandfrei zu erkennen sein muß. Schließlich entscheidet sich der I.A.O. für die Ortschaft Angern, die nördlich des Zielraumes direkt am Wasser liegt und – laut Karte – einen hohen Kirchturm besitzt. Das ist genau das, was sie suchen.

Freilich, sie suchen ihn schon eine ganze Weile vergeblich, ihren Kirchturm. Der *Prinz* passiert Angern gegen 4 Uhr morgens. Es ist schon hell, und leichter Morgendunst liegt über dem Wasser und der Küste. Der Ort ist von einem zarten Schleier verhüllt.

Schmalenbach spornt seine Leute an und beteiligt sich selbst am Ausguck. Ein auf der Karte markierter Kirchturm muß doch auch in Wirklichkeit zu finden sein! Endlich kommt eine zaghafte Meldung: Aus einer mächtigen Baumgruppe ragt eine Spitze hervor, kaum deutlicher als der Mast eines Schiffes, das auf weiter See eben über dem Horizont erscheint. Alle Gläser richten sich auf diesen Punkt, und dann gibt es keinen Zweifel mehr: Es ist der Turm, ihr wichtiges Hilfsziel. Nachdem sie es einmal gefunden und sich seine Umgebung eingeprägt haben, verlieren sie es nicht mehr aus den Augen. Das Schiff kreuzt ständig so vor der Küste, daß Angern in Sichtweite bleibt.

Mit diesem festen Angelpunkt kann das Zieldreieck nun auf jedes

130

gewünschte Ziel geschwenkt werden. Der *Prinz* ist bereit, seine Salven gegen den Feind zu schicken.

Die zweite wichtige Voraussetzung für ein genaues Wirkungsschießen – das Beobachten der Einschläge – soll heute von den eigenen Bordfliegern erfüllt werden. Nacheinander werden die drei Schwimmerflugzeuge vom Katapult geschleudert und ziehen in den jungen Morgen davon. Auf dem Vormarsstand des Kreuzers wird die UK-Welle abgestimmt. Kurze Anrufe gehen hinaus und werden von den Fliegern bestätigt: Die Funksprechverbindung ist hergestellt.

In kurzen Abständen melden auch die Heeresfunker, wie es an Land steht. Der Panzerangriff macht Fortschritte. Die Spannung auf dem Kreuzer steigt auf den Höhepunkt. Wo werden sie eingreifen?

Genau um 7 Uhr kommt die Anforderung. Die Angriffsstraßen führen durch Tuckum, die Stadt liegt so zentral, daß sie genommen und passiert werden muß. Hier massieren sich die Sowjets, hier wollen sie die Deutschen aufhalten und zurückwerfen. Das Heer bittet um einen vorbereitenden Feuerüberfall auf den Ostrand der Stadt, den Bahnhof und das dort liegende Straßenkreuz.

Das Ziel ist kaum genannt, als im Waffeneinsatz-Fernsprecher schon die Kommandos schallen. Tuckum ist vorbereitet, da gibt es keine lange Rechnerei mehr. Eine Minute später kracht der erste Abschuß, und eine einzelne schwere Granate zieht jaulend davon:

Der Orientierungsschuß!

Jetzt müssen die Flugzeugbeobachter die Augen aufsperren.

«Einschlag beobachten! Lage melden!» werden sie aufgefordert.

Nichts, sie schweigen. Die Flugzeit ist vorbei, die Granate muß längst am Ziel sein. Also nochmals:

«An Bordflieger: Frage Einschlaglage?»

Zögernd meldet sich der erste. Er hat nichts gesehen. Kein Einschlag. Jedenfalls kein starker, sichtbarer Einschlag.

Schmalenbach läßt die Schußunterlagen nachrechnen. Und überlegt: Sollten sie so weit danebengehauen haben? Nein, es wird an dem ungünstigen Beobachtungswinkel aus der Luft liegen. Man muß auch bedenken, daß die Schiffsgranaten beim Einschlag trotz schweren Kalibers verhältnismäßig geringe Erdfontänen aufwerfen. Die 20,3-cm-Rohre verschießen panzerbrechende Granaten – aus dickwandigem Stahl, dazu bestimmt, daß sie erst einmal durch ihre Wucht die Seiten und die Decks eines feindlichen Schiffes durchschlagen. Um dann im Innern vernichtend zu wirken, genügt auch eine geringere Sprengstoffladung. Auch an Land dürften Volltreffer verheerend sein. Bohrt sich die Granate aber irgendwo ins Erdreich, so kann sie nur geringe Wirkung zeigen.

Das wird der Grund sein. Der I. A.O. überlegt nicht lange, sondern befiehlt eine Salve aus allen acht Rohren. Mündungsblitze zucken auf, der *Prinz* zittert unter dem Donnern seiner Geschütze, und dicker schwarzer Qualm von den Abschüssen legt sich sekundenlang vor das Schiff, bis er vom Wind auseinandergerissen wird. Fast eineinhalb Minuten Flugzeit muß man rechnen – endlos lang, wenn man wie auf heißen Kohlen sitzt!

Doch diesmal bedarf es keiner Aufforderung an die Beobachter. Plötzlich wird es auf der Sprechwelle lebendig.

«Oh... da: Treffer!» entfährt es dem ersten Flieger ganz unvorschriftsmäßig, und in einem einzigartigen Hallo fallen die anderen ein:

«Wunderbar!» – «Mitten in der Stadt!» – «Gratuliere, alle Einschläge dicht zusammen...»

Der leitende Artillerie-Offizier ruft mit einer seltsamen Mischung von Zorn und Stolz in der Stimme zurück:

«Bitte etwas mehr Sprechdisziplin, die Bordflieger!»

Das wirkt. Die Angaben werden präziser. Der *Prinz* schießt sich auf den Bahnhof ein. Salve auf Salve verläßt die Rohre und trifft ins Schwarze. Offenbar haben die Sowjets keine Ahnung, woher der schwere Feuerüberfall kommt. Mit Flak und MGs versuchen sie die drei Flugzeuge zu vertreiben – das einzige, was sie von ihrem Gegner entdecken können. Ob sie glauben, daß diese Maschinen mit immer neuen schweren Bomben angreifen?

Lange wird der Feind freilich nicht im dunkeln tappen, woher Tuckum beschossen wird. *Prinz Eugen* fährt ja bei hellichtem Tage, vom Schwarm seiner Zerstörer und T-Boote umgeben, vor der feindbesetzten Küste auf und ab. Die Flakmannschaften auf den deutschen Schiffen starren ringsum in den Himmel. Wann werden die Bomberverbände der Sowjets eingreifen? Eine Weile mögen sie sich ja von ihrer Überraschung erholen, aber dann werden sie zweifellos versuchen, den Spieß umzukehren. Die Voraussetzungen sind allzu günstig. Der Verband steht in einem engbegrenzten Seegebiet, er kann nicht in die Weite des Meeres ausweichen, ohne seinen Schießauftrag aufzugeben. Entdeckung ist ihm also sicher, und mehr als das: Er kann gar nicht verfehlt werden. So bleibt nur der Schutz der Bordflak, die allerdings, von allen zehn Schiffen zusammengefaßt, stark genug ist, um selbst einen Massenangriff feindlicher Maschinen in der Luft auseinanderzupflücken.

Inzwischen hat die schwere Artillerie ihren ersten Feuerschlag eingestellt, nachdem die gewünschte Wirkung offenbar erzielt ist. Die Bordflugzeuge kehren zurück. Die See ist so ruhig, daß *Prinz Eugen*

keinen Kreis schlagen muß, um den Maschinen in dem dadurch ge-
bildeten «Ententeich» ein ruhigeres Wassern zu ermöglichen. Sicher
setzt die erste nahe dem Heck des Kreuzers auf, gleitet noch ein Stück
vorwärts bis zum ausgeschwenkten Flugzeugkran, wird hochgehievt
und eingesetzt. Die beiden anderen folgen. Kaum an Deck, werden
sie von neuem startklar gemacht.

Während die eigenen Waffen schweigen, dringt nun mehr und
mehr der Gefechtslärm von Land herüber. An beiden Seiten des
sowjetischen Korridors greifen die Deutschen an; auch die Besatzung
von Riga arbeitet sich ihren Befreiern entgegen. Vizeadmiral Thiele
entläßt zwei Zerstörer, deren Geschütze bald darauf an diesem neuen
Frontabschnitt dicht unter der Küste in den Landkampf eingreifen.
Dort steht auch ein Verband von Fährprähmen und Artilleriefähren
der 9. Sicherungs-Division, die beim Leuchtturm von Ragaciems im
Rücken des Feindes eigene Truppen an Land werfen und den sich
verzweifelt wehrenden Russen ein heftiges Gefecht liefern.

Gegen 10 Uhr sollen auch die schweren Geschütze des *Prinzen*
wieder mitreden. Der Panzervorstoß von Südwesten hat den Stadtrand Tuckums erreicht. Wie erwartet, versteift sich dort der Widerstand der Sowjets. Neue Salven der Schiffsartillerie sollen ihn brechen.

Die Bordflugzeuge sind schon wieder in der Luft und haben «freie
Jagd» gegen feindliche Panzer und Truppenkolonnen. Jetzt werden
sie auf ihren Beobachtungsposten zurückgerufen. Es gilt, Präzisions-
arbeit zu leisten; denn nun liegen die unsichtbaren Ziele für die
20,3 cm unmittelbar vor den eigenen Panzerspitzen.

Nach wenigen Salven kommt bereits die Bitte des Heeres, das
Feuer wieder einzustellen, da die Panzer jetzt in die Stadt eindringen.
Das war schnelle Hilfe.

Unmittelbar darauf werden die drei langsamen Bordflugzeuge über
Tuckum von sechs sowjetischen Jägern gestellt und in einen Luft-
kampf verwickelt. Auf *Prinz Eugen* herrscht atemloses Schweigen;
dort verfolgen die Männer den Kampf ihrer Kameraden an den Kopf-
hörern und Lautsprechern des UK-Sprechfunks. Ohne selbst helfen
zu können, hören und erleben sie mit, wie sich die Flieger gegenseitig
warnen, sich die Richtungen der feindlichen Anflüge zurufen und sich
dann beglückwünschen, wenn sie einen Angriff durch geschicktes
Wegkurven ins Leere stoßen lassen. Schließlich gelingt es den
Schwimmerflugzeugen, sich aus der Kurbelei zu lösen und auf See in
den Schutz der Schiffsflak zurückzukehren. Die sowjetischen Jäger
folgen ihnen nicht. Trotz ihrer Überlegenheit an Zahl, Schnelligkeit
und Waffen ist es ihnen nicht gelungen, eine deutsche Maschine abzuschießen.

An Bord zurück, werden eifrig die zahlreichen Einschüsse in den Rümpfen, Tragflächen und Schwimmern der Arados gezählt. Glück haben sie gehabt, unverschämtes Glück schon deshalb, weil die Flugzeugführer nichts abbekommen haben.

Ob die Sowjets nun endlich den Kreuzer selbst mit Bomben und Torpedos angreifen werden?

Mittag ist schon vorbei, ohne daß sich ein Flugzeugverband sehen ließe. Vielleicht ist es gerade die gute Sicht, die dem Feind einen Angriff als zu riskant erscheinen läßt, vielleicht auch eine wohlbegründete Scheu vor der Feuerkraft der Kampfgruppe, nachdem schon die kleinen, viel schwächer armierten Minensucher und Hilfsschiffe den Bombern in der Narwa-Bucht monatelang empfindliche Verluste zugefügt hatten. Gleichviel welcher Grund maßgebend ist – manche an Bord glauben auch an eine taktische Unbeweglichkeit der Sowjets, die sie einfach nicht schnell genug auf diese unerwartete Bedrohung von See her reagieren läßt –, der Kreuzer wird jedenfalls den ganzen Tag über nicht bei seiner Aufgabe gestört, weder durch Gegenwehr von Land, aus der Luft oder gar von See her.

Am Nachmittag wird die Lage an Land für die Schiffsführung zunehmend unübersichtlicher, weil sich die deutschen Angreifer mit den teils noch kämpfenden, teils zurückflutenden Sowjets vermischen. Es erscheint nicht ratsam, in ein solches Gebiet, das man selbst nicht überblicken kann, mit schweren Granaten hineinzuhalten. Einmal kommt noch eine Anforderung an *Prinz Eugen:* Eine einwandfrei erkannte feindliche Batterie in einer Höhenstellung nördlich Tuckum soll niedergekämpft werden. Steil recken sich die Rohre der vier schweren Türme in die Luft, denn dieses Ziel liegt über 200-Hundert – mehr als 20 Kilometer – vom augenblicklichen Standort des Kreuzers entfernt. Nochmals verläßt dröhnend eine Salve die Rohre, korrigieren die vorgeschobenen Beobachter des Heeres die Lage und beginnt darauf das Wirkungsschießen.

Dann ist auch dieser Auftrag erfüllt. Das angreifende Panzerkorps funkt zusammen mit der Mitteilung, daß keine weiteren Ziele für die Schiffsartillerie vorhanden seien, seinen besonders herzlichen Dank für die wertvolle Feuerunterstützung.

Die 2. Kampfgruppe macht kehrt und läuft mit hoher Fahrt nach Norden ab. Falls es dem Feind jetzt noch einfallen sollte anzugreifen, wird er die Schiffe vergebens suchen. Am nächsten Tage liegt *Prinz Eugen* wieder an seinem Stammplatz im Hafenbecken IV in Gotenhafen. Sein erstes scharfes Landzielschießen war ein voller Erfolg. Die Hoffnung, daß die Marine den Kampf an der Küste von See aus wesentlich beeinflussen könne, erhält neue Nahrung, vor allem das

Heer atmet auf. Was hier zur Unterstützung eines der selten gewordenen eigenen Angriffe geschehen ist, muß auch umgekehrt in der Verteidigung möglich sein.

Bei Tuckum gelingt es jedenfalls, die Verbindung von Kurland über Riga zur Heeresgruppe Nord wiederherzustellen. Nur ein schmaler Schlauch zwischen Riga und Schlock, 45 km entlang der Küste des Meerbusens und rund 8 bis 10 km in der Tiefe, befindet sich in deutscher Hand. Wie wichtig diese Passage ist, zeigt die große Rückzugsbewegung aus dem Raum östlich Riga von Ende September bis Mitte Oktober 1944. In dieser Zeit fließen 29 Divisionen und 2 Brigaden, dabei allein 190 Flakbatterien, 28 Heeresartillerieabteilungen und 68 Pionierbataillone, mit zusammen über 111 000 Fahrzeugen aller Art durch den «Schlauch» nach Westen ab – ganz zu schweigen von den sonstigen Dienststellen und den zahlreichen Zivilpersonen, die der Bewegung der deutschen Truppen folgen.

Alle diese Menschen wären entweder schon hier in Gefangenschaft geraten, oder sie hätten von Riga aus über See abtransportiert werden müssen – eine Aufgabe, die zu erfüllen der Marine in so kurzer Zeit kaum gelungen wäre.

*

Am 11. Oktober greift die 2. Kampfgruppe, diesmal bei Memel, wiederum mit ihren Geschützen in den Landkampf ein. Die Lage hat sich erheblich verschlechtert. Der erwähnte «umgekehrte Fall» ist eingetreten: Die Schiffsgeschütze schleudern einen eisernen Hagel gegen die anstürmenden Sowjets, damit die zurückgewichenen deutschen Divisionen sich fangen und einen Verteidigungsgürtel rings um die Stadt errichten können.

Diesmal bleibt der Verband nicht so ungestört wie vor Tuckum. Der Feind hat erkannt, wo die schwere Artillerie steht, die seine Angriffe zunichte macht. So fliegt er mit Jagdbombern und Torpedoflugzeugen an, huscht über die Dünen und rast tief über dem Wasser auf die Schiffe zu. Aber die Angriffe dringen nicht durch. Die Sowjets bleiben jedesmal an der Sicherung der Kampfgruppe, an den Zerstörern und Torpedobooten, hängen und werden abgewiesen. Die Kreuzer *Prinz Eugen* und erstmals auch die *Lützow*, deren 28-cm-Granaten an Land besonders verheerend wirken, bleiben ungeschoren.

Doch die Flugzeuge und allenfalls die Heeresbatterien, die die Sowjets an der Küste auffahren, bilden nicht die einzige Gefahr für die Schiffe. Seit dem 6. Oktober müssen sie mit einer neuen Bedrohung rechnen. An diesem Tag befindet sich die Kampfgruppe noch in

Gotenhafen. Mit einem Funkspruch, den er soeben erhalten hat, begibt sich der Kommandant der *Prinz Eugen* sofort zu seinem Befehlshaber.

Vizeadmiral Thiele überfliegt den Inhalt und kneift die Brauen zusammen.

«Das riecht nach U-Boot, Reinicke», sagt er.

«Jawohl, Herr Admiral», pflichtet der Kommandant bei. «Das Seegebiet ist als minenfrei gemeldet worden. Und für sowjetische Schnellboote liegt es zu weit südlich.»

Der Funkspruch enthält die Meldung vom Untergang des 1 100 BRT großen deutschen Transportschiffs *Nordstern* – «nach Unterwasser-Explosion, wahrscheinlich Torpedotreffer». Und zwar im Seegebiet vor Memel, genau dort, wo die 2. Kampfgruppe ihr nächstes Landzielschießen durchführen wird. Der Waffenstillstand zwischen Finnland und der Sowjetunion liegt nun fünf Wochen zurück. Zeit genug, um feindliche U-Boote durch den Schärenweg in die freie Ostsee zu führen, wozu sich die Finnen, wie man auf deutscher Seite weiß, verpflichten mußten.

Die Russen brennen darauf, endlich aus dem Gefängnis des inneren Finnenbusens herauszukommen und den deutschen Schiffsverkehr anzugreifen. Schon bei der Räumung Revals mußte man mit dem ersten Auftritt ihrer U-Boote rechnen, und seither wächst die Wahrscheinlichkeit Tag für Tag. Nun scheint es soweit zu sein.

«Erhöhte U-Boot-Gefahr. Ausguck verschärfen!» wird vom Flaggschiff an die 2. Kampfgruppe signalisiert, als sie kurz darauf nach Memel ausläuft.

Auf den Zerstörern und Torpedobooten werden die Wasserbomben noch einmal überprüft und klargemacht. U-Boot-Jagd – das haben sie hier in der Ostsee lange nicht erlebt. Sie haben es auch lange nicht geübt. An Erfahrung wird es dem Feind freilich ebenso mangeln; das gleicht sich wieder aus. Was gegen Flugzeuge vor bösen Überraschungen schützt, gilt auch gegen angreifende U-Boote: Wer aufpaßt, hat mehr vom Leben. Die Ausgucks werden durch Posten auf Deck und an der Reeling verstärkt.

So fährt die Kampfgruppe, gewarnt und doppelt auf der Hut, nach Nordosten ihrem Einsatzraum entgegen. Denn die Annahme, daß feindliche U-Boote jetzt am Werk seien, ist inzwischen durch ein weiteres Ereignis bestätigt worden.

*

Der Hafen von Reval war Hauptstützpunkt für die deutschen Kleinboots-Flottillen im Kampf um den Finnischen Meerbusen. Rechts an der Pier der Flottenbegleiter F 3, das Führerschiff des F. d. M. Ost. – Unten werden Minen, die Hauptwaffe dieses Kriegsschauplatzes, auf Marine-Fährprähme verladen.

Das «tägliche Brot» in der Narwa-Bucht: heftige Luftangriffe. Knapp verfehlt wurde das 35er-M-Boot (oben) von dem Bombenreihenwurf vor seinem Bug.
Unten: Der schwere Artillerie-Träger «Nienburg», aus einem Küstenmotorschiff umgebaut, im Gefecht. Die 2-cm-Rohre sind gegen überraschende Jabo-Angriffe zur anderen Seite gerichtet.

Von links nach rechts: Ein Kapitän zur See des finnischen Flottenstabes in Begleitung des F.d.M. Ost, Konteradmiral Böhmer. – Generalleutnant Valve, der Oberbefehlshaber der finnischen Marine. – Gefangener sowjetischer Schnellboot-Kommandant an Bord eines deutschen M-Bootes.

Unten: Die Luftherrschaft des Feindes forderte eine solche Tarnung der deutschen Schiffe an ihren Liegeplätzen in den finnischen Schären.

Erfolge der Sowjets: Die Wirkung einer Bombe auf M 16 im Hafen von Kotka. – Am 21. Juli 1944, einem der heißesten Tage in der «Schlacht um Seeigel», sank M 413 nach Bombenvolltreffern in der Narwa-Bucht.

Die letzte bekannte Aufnahme des schweren Kreuzers «Lützow» (ehem. Panzerschiff «Deutschland»), Flaggschiff der Kampfgruppe Thiele im März 1945, auf dem Weg zum Landzielschießen in der Danziger Bucht.

Die achteren 20,3-cm-Türme des schweren Kreuzers «Prinz Eugen» feuern eine Salve. Der «Prinz» trug mit «Lützow» und «Admiral Scheer» die Hauptlast des Eingreifens schwerer Seestreitkräfte in den Landkampf (Kapitel 7).

Seit Januar 1945 flohen die Deutschen vor den anstürmenden Russen in die Häfen Ost- und Westpreußens und Pommerns und hofften auf Abtransport über See. Oben der Andrang zu den Schiffen in Pillau. – Unten: Kürzere Strecken an der Küste entlang wurden Flüchtlinge und Soldaten mit Fähren und Kleinschiffen jeder Art übergesetzt.

Seit ihrem geglückten Auszug aus Reval sind die Flottillen der 9. Sicherungs-Division keineswegs zur Ruhe gekommen. Von Windau und Libau aus operieren sie nun im Rigaer Meerbusen, auf dem Geleitweg nach Riga selbst und besonders vor den Küsten der baltischen Inseln. Denn auch die Sowjets gönnen sich keine Pause. Wenn man die gesamte Front durch Osteuropa von ihrer Seite aus betrachtet, hängt der nördliche Flügel hier an der Ostsee noch weit zurück. Das mag sie anspornen, der weichenden Heeresgruppe Nord unentwegt nachzudrängen: nach Riga ebenso wie auf die baltischen Inseln, und hier besonders auf Ösel, die große Insel, die den Meerbusen nach Norden hin abschließt. Die sowjetische Luftwaffe ist bei diesen Operationen so angriffsfreudig wie je zuvor, und es gelingt dem Feind ungewohnt schnell, leichte Seestreitkräfte in den Rigaer Busen nachzuziehen, sobald sich mit dem Mohn-Sund der nördliche Zugang in seiner Hand befindet.

Arbeit und Kampf genug für die deutschen Sicherungsverbände!

An jenem 6. Oktober hat *M 17*, eines der schon von vielen Narben bedeckten Boote der 3. Minensuch-Flottille, wieder einmal Glück im Unglück. Das Boot liegt auf der Reede von Arensburg, dem größten Hafen an der Südküste Ösels. Die Stadt wird auf der Landseite bereits von sowjetischen Panzerspitzen bedroht. Zugleich greift die rote Luftwaffe mit dem gewohnten Schneid der Gardeflieger den deutschen Schiffsverkehr an. Gerade haben sich *M 17* und seine Nachbarboote wieder eines solchen Jabo-Angriffs zu erwehren – da geschieht es:

Dicht über dem M-Boot klinkt eine IL-2 ihre Bombe aus und röhrt davon. Die Bombe verfängt sich im Mast, scheint zunächst hängenzubleiben, torkelt sich aber frei und rutscht an den Wanten entlang abwärts. Dort stößt sie nur eine Beule in die Bordwand, ohne zu explodieren. Erst als alle schon aufatmen, als die Gefahr gebannt scheint, geht sie doch noch hoch: nach sekundenlanger Verzögerung im Wasser, direkt unter dem Heck des M-Bootes!

Glück für *M 17*, daß die Bombe nicht direkt getroffen hat, sondern abgeglitten ist; und Pech zugleich, weil eine Schraubenwelle angeknackt, der Propeller beschädigt und das Ruderblatt verbogen wird. Mit diesen Schäden ist das Boot nur noch mit Mühe in Fahrt und auf Kurs zu halten und kraucht langsam nach Windau zurück.

Von dort wird es sofort weitergeschickt, mit der Weisung, nach Königsberg in die Werft zu gehen. Aber der Pferdefuß kommt nach: *M 17* soll trotz seiner starken Behinderung ein kleines Geleit mitnehmen. Nur von Windau bis Libau, ein paar Stunden Fahrt auf dem minenfreien Weg, dazu nach Einbruch der Dunkelheit – was soll da schon passieren?

Dem Kommandanten ist gar nicht wohl bei dem Gedanken, mit seinem lahmen Boot Geleitschutz und Verantwortung für zwei wertvolle Schiffe übernehmen zu sollen. Allerdings ist eins davon selbst gut bewaffnet: das Schnellboot-Begleitschiff *Hermann von Wissmann*, das bisher die 5. S-Flottille bemutterte, nun aber wegen der starken Luftbedrohung aus Windau nach Deutschland zurückverlegt werden soll. Das zweite Schiff ist die *Ro 24*, ein zum Transporter umgebauter ehemaliger holländischer Frachtdampfer von 4500 BRT; die Bezeichnung *Ro* deutet auf den Heimathafen Rotterdam hin. Das Schiff ist nicht voll belegt; nur 500 Urlauber und Leichtverwundete mit ihrem Pflegepersonal befinden sich an Bord.

Wohl oder übel – das Geleit verläßt Windau, *M 17* an der Spitze. Der Weg führt nicht dicht unter der Küste entlang, weil das Wasser dort für größere Schiffe zu flach ist, sondern einige Meilen hinaus auf die See und biegt dann nach Süden ab. Diesen Punkt erreichen sie etwa eine Stunde vor Mitternacht zum 7. Oktober. Die Nacht ist ziemlich dunkel, die See ruhig wie ein glattes schwarzes Tuch. Abgeblendet, fast lautlos, gleiten die Schiffe durchs tiefe Wasser dahin.

Allmählich kehrt die Zuversicht zurück. Die Windauer haben recht: Was soll hier schon passieren? Noch haben sie keine Ahnung, daß wenige Stunden zuvor und wenige Fahrtstunden weiter im Süden erstmals seit 1942 ein deutsches Schiff in der Ostsee sowjetischen U-Boot-Torpedos zum Opfer gefallen ist.

Genau um 23 Uhr 30 zerreißt eine donnerartige Explosion die friedliche Stille. An der Bordwand von *Ro 24* steigt eine Feuersäule hoch:

Torpedotreffer!

Ruckartig bleibt das Schiff liegen, neigt sich unwillig zur Seite, versucht, sich wieder aufzurichten...

M 17 wendet, so schnell es mit der havarierten Ruderanlage gelingen will, auf Gegenkurs.

«Wasserbomben klar!» befiehlt der Kommandant.

Er denkt zuerst an seine Sicherungsaufgabe: das U-Boot zu vertreiben, damit es nicht noch einmal zum Schuß kommt. Vielleicht gelingt es, *Ro 24* zu retten. Vielleicht ist der Wassereinbruch nicht so schlimm, daß die Schotten brechen, und man kann den Dampfer rechtzeitig einschleppen.

«Weiterlaufen!» wird an *Hermann von Wissmann* hinübergeblinkt. Das Begleitschiff stiebt mit Zickzack-Kursen davon.

Der Funker auf *M 17* haut seine U-Boot-Meldung hinaus, und gleichzeitig krachen die ersten wahllos geworfenen Wasserbomben.

Sie haben zwar keinerlei Kontakt mit dem feindlichen U-Boot und wissen nicht, wo es steht, aber sie können ja so tun als ob; es wummert ganz schön, das wirkt immer abschreckend.

Schließlich kehrt das Boot zu seinem Frachter zurück. Die Schlagseite ist erschreckend stärker geworden.

«Wir sinken», blinkt es von der Schiffsbrücke herüber, «können Sie uns aufnehmen?»

Offenbar kommt für das Schiff jede Rettung zu spät – nicht aber für die Menschen.

Einen Augenblick denkt der Kommandant des M-Bootes an die grundsätzlichen Befehle. Schutz des Geleits geht vor Rettung Überlebender, heißt es. Aber dann wischt er diesen Gedanken fort, ärgerlich über sich selbst, daß er auch nur eine Sekunde zögern konnte. Kein Grundsatzbefehl ist so gut, daß er für jede Lage zuträfe. Was könnte es nützen, mit halber Kraft hinter dem bereits entschwundenen Begleitschiff herzulaufen? Um es überhaupt einzuholen, müßte es angewiesen werden, auf seinen zweifelhaften Beschützer zu warten – und gerade das wäre die größte Gefahr für das Schiff. Nein, das wäre nicht nur unklug, sondern eine Flucht vor der großen menschlichen Verantwortung um 500 Kameraden, die in dieser Minute auf sinkendem Schiff um ihr Leben fürchten.

Was würden sie sagen, welche Gefühle müßten sie empfinden, wenn ihr nahebei stehender Retter plötzlich das Weite suchte?

Inzwischen ist der Mond aufgegangen und wirft mildes Licht auf die gespenstische Szene. *Ro 24* hat nur wenige Boote zu Wasser gebracht. Rettungsflöße treiben fast leer vorbei. Die meisten Landser verharren augenscheinlich noch an Bord. Sie warten und kennen nicht die Gefahr, in der sie schweben.

«Springt über Bord! Wir holen euch aus dem Wasser!» ruft es von *M 17* hinüber.

Jetzt schon? Können sie denn keine Boote schicken? Das Schiff schwimmt doch, ein bißchen schief, na ja, aber vorläufig...

«Los los, springt über Bord!»

Zögernd folgen die ersten der dringenden Aufforderung. Wenn die Wassermassen im Innern die Querwände sprengen und sich in die benachbarten Laderäume ergießen, kann sich das Schiff mit einem Ruck auf die Seite legen und kentern. Und alle mit in seinen Strudel reißen. Das geht dann binnen ein, zwei Minuten. Vorher war es noch gar nicht so schlimm, und dann ist es auf einmal zu spät. Aber woher sollen die Feldgrauen das wissen? Woher die Verwundeten, die sich scheuen, mit verbundenen Köpfen und Armen oder geschienten Beinen und mit Krücken in diese unheimliche See zu springen?

M 17 geht noch näher heran, nur an die Bordwand darf es sich nicht mehr wagen.

«'runterspringen da oben! Keine Angst, wir fischen euch 'raus!»

Auf und unter Deck wird fieberhaft alles vorbereitet. Der Kutter ist zu Wasser gelassen. Große Netze hängen über der Bordwand nach außen. Viele Seeleute haben sich Tampen um den Leib gebunden, springen ins Wasser und schwimmen den Schiffbrüchigen entgegen, um sie zu stützen und heranzubringen. An der Bordwand recken sich ihnen dann viele Arme entgegen. In den Wohnräumen wird Platz geschaffen. In der Kombüse steht ein Riesenkessel heißen Wassers auf dem Feuer, für starken Tee, um die Lebensgeister aufzufrischen.

Immer mehr neigt sich das todwunde Schiff auf die Seite. Nun springen sie zu Dutzenden gleichzeitig. Die Boote fahren zum zweiten und zum dritten Mal und bergen die Schwimmenden. Rufe schallen über das Meer, nicht einmal ängstlich, denn alle haben das sichere Gefühl, daß hier wirklich nach bestem Vermögen geholfen wird.

Gut 20 Minuten dauert der Todeskampf von *Ro 24*. Dann rollt das Schiff mit mächtigem Poltern herum und zeigt noch eine Weile seinen Boden. Nach menschlichem Ermessen war im Augenblick des Kenterns keine Seele mehr an Bord.

Immer noch werden Überlebende aus dem Wasser gezogen. Der Scheinwerfer tastet Stück für Stück die Meeresoberfläche ab. Schließlich holen ein paar Seeleute auch die letzten, die weit und breit zu finden sind. Seltsamerweise wollen sie sich kaum helfen lassen und schimpfen mit merkwürdig hohen Stimmen, die «Kerls» sollten sie nicht so grob anpacken... Als die Matrosen sie fast behutsam über Bord heben, ist ringsum Staunen und Schmunzeln: Vier richtige Meerjungfrauen sind aus der See gefischt worden! Es sind die Krankenschwestern, die die Verwundeten auf *Ro 24* betreut haben. Naß und zitternd, in Decken gehüllt, lehnen sie an den Aufbauten und erklären trotzdem:

«Wir hätten auch noch länger im Wasser schwimmen können!»

Dann werden die Damen in die eiligst geräumten Fähnrichskammern geführt, wo sie sich ganz zu Hause fühlen sollen. Am nächsten Morgen, als *M 17* in Libau an die Pier geht, melden sie sich, von Kopf bis Fuß in Fähnrichsuniform gekleidet, auf der Brücke «zum Dienst». Aber der W. O. meint kritisch, der Chef der Bildungs-Inspektion (dem alle Offiziersanwärter der Marine unterstehen) würde beim Anblick des Haarschnitts dieser neuen Fähnriche seinen ersten Schlaganfall erleiden...

Hermann von Wissmann liegt bereits wohlbehalten im Hafen, als das M-Boot mit seiner «zusätzlichen dreifachen Besatzung» einläuft.

Der Kommandant hat, nicht ohne Stolz, noch während des Hermarsches einen erfreulichen Funkspruch abgeben können: Von den 501 Menschen an Bord des gesunkenen Schiffes sind nicht weniger als 471 gerettet! Einige weitere haben noch die Schnellboote aufgenommen, die auf den ersten Hilferuf hin an die Untergangsstelle geeilt sind.

Das ist ein Ergebnis, wie man es sich von jeder Rettungsaktion wünschte. Aber es darf nicht vergessen werden, daß die See ruhig, das Wasser noch warm vom Sommer, die Retter sofort zur Stelle und die Menschen besonnen waren.

So günstige Bedingungen gibt es selten.

Eins steht fest: *Ro 24* ist durch Torpedotreffer versenkt worden. Drohend erwächst die Gefahr einer sowjetischen U-Boot-Offensive in den nächsten Monaten, im Winter und im kommenden Frühjahr. Gerade jetzt, da die Deutschen mehr als je auf ihre Seetransporte angewiesen sind.

Die minenfreien Zwangswege und die Geleitzüge selbst sind nur unzureichend geschützt. Viele Flottillen, die eigentlich solche Sicherungsaufgaben zu erfüllen hätten, stehen an der landnahen vordersten Seefront im harten Kampfeinsatz. Diese Flottillen fehlen jetzt – oder sie müssen dort herausgezogen werden. Große Passagierschiffe, Frachter und Transporter wie die *Berlin, General Steuben, Monte Rosa, Hansa, Tanga, Brake, Lappland, Drechtdijk, Malgache, Bremerhaven, Eberhard Eßberger, Peter Wessel, Mar del Plata, Wolta, Bukarest* und viele andere fahren ständig im Nachschubverkehr auf den wenigen, leicht zu findenden Zwangswegen.

Sie müssen geschützt werden, wenn die Sowjets nicht allzu ideale Angriffsbedingungen vorfinden sollen. Auch die Kriegsschiffe, die Kreuzer, Zerstörer und Torpedoboote, die nun immer häufiger mit ihrer Artillerie in den Landkampf eingreifen.

Die ersten Explosionen sowjetischer Torpedos, die ersten Schiffe, die sie im Oktober 1944 vor der Kurlandküste auf den Meeresgrund reißen, eröffnen einen neuen Abschnitt des Ostseekrieges. Ziele sind mehr als genug vorhanden. Und Chancen für eine kühn geführte U-Boot-Waffe, sich binnen einiger Monate zum Herrn der Ostsee aufzuschwingen.

Vorerst aber strengen sich die Ausgucks auf den Schiffen und Booten der 2. Kampfgruppe vergebens an. Während der fünftägigen Einsätze der *Lützow* und der *Prinz Eugen* auf engstem Raum vor der Küste des Memellandes kommen weder ein Sehrohr noch die Blasenbahn eines Torpedos in Sicht. Das ist um so verwunderlicher, als an einem dieser Tage erneut einige kleine Küstenschiffe versenkt werden, ein Beweis mehr, daß sowjetische U-Boote zwischen der Danziger Bucht und Kurland vor der Küste lauern. Sollten ihnen die «fetten Brocken» der großen Kriegsschiffe, die für jeden deutschen U-Boot-Kommandanten in gleicher Lage ein gefundenes Fressen wären, tatsächlich entgangen sein? Oder trauen sie sich nicht in die Nähe der sichernden Zerstörer und Torpedoboote?

Als die *Lützow* eine Woche später erneut bei Memel und tags darauf 150 Meilen weiter nördlich auf der Halbinsel Sworbe in den Landkampf eingreift, werfen sich zwar sowjetische Flieger dem ehemaligen Panzerschiff entgegen, doch von U-Booten fehlt wieder jede Spur. So kann der Kreuzer mit den vernichtenden Salven seiner schweren 28er Rohre und seiner 15er Mittelartillerie auch hier dazu beitragen, daß der Angriff sowjetischer Panzer zusammenbricht und die Deutschen einen neuen Sperriegel quer über die Halbinsel ziehen können.

*

Sworbe... langgestreckte Halbinsel im Süden Ösels, durch einen «Flaschenhals» von kaum 3 km Breite mit dem Hauptteil der Insel verbunden, stellenweise dicht bewaldet oder mit undurchdringlichem Unterholz bestanden... Das ist die letzte deutsche Stellung auf den baltischen Inseln, neben dem großen Kurland-Brückenkopf überhaupt der letzte Punkt im ganzen Baltikum, der sich noch nicht in der Hand der Sieger befindet. Fünf Wochen lang, von Mitte Oktober bis zum 23. November 1944, toben die Kämpfe um Sworbe, von besonderer Härte gerade deshalb, weil sie sich auf eine Front von nur wenigen Kilometern Breite konzentrieren. Auf beiden Seiten dieser Front rauscht die See. Dort liefern sich die deutschen und russischen Flottillen von Schnellbooten, Minensuchern, Kanonenbooten und Artillerieträgern ebenfalls heiße Gefechte, bei denen sich die sowjetischen Seestreitkräfte erstmals im gesamten Ostseekrieg als gleichwertige Gegner erweisen, erstmals auch von sich aus die deutsche Front an Land beschießen und mehrfach versuchen, im Rücken der Deutschen zu landen – Versuche, die allerdings im vereinten Feuer von See und von Land aus blutig abgewiesen werden. Und wieder, wie in der Narwa-Bucht, beherrschen die feindlichen Flugzeugverbände fast unbestritten den Luftraum und stoßen auf die deutschen Boote nieder, die sich nur mit äußerster Anstrengung der Angreifer erwehren.

Einen Geschmack davon, wie heiß es hier zugeht, holt sich der Oberbefehlshaber der Heeresgruppe, Generaloberst Schörner, persönlich. Mitte November läßt er sich nach Sworbe übersetzen, um den Soldaten in der H.K.L. am «Flaschenhals» einen seiner üblichen Blitzbesuche abzustatten. Schörner, einer der «schärfsten» Generale an der Ostfront, der sich nicht scheut, frontfremde Durchhalteparolen der Berliner Propaganda zu seinen eigenen zu machen und in Tagesbefehlen an die Truppe weiterzureichen, beweist hier wie andernorts zumindest persönlichen Mut.

Der Besuch findet wenige Tage vor Beginn des letzten Ansturms der Sowjets auf Sworbe statt. Die Luftüberlegenheit des Feindes ist drückend. Die Marine gibt zu bedenken, daß sie die Sicherheit des Oberbefehlshabers tagsüber nicht genügend gewährleisten könne und bittet, die Überfahrt auf die Nacht zu verlegen. Aber davon will Schörner nichts wissen.

Am frühen Morgen halten sich zwei Boote der 5. S-Flottille, *S 48* und *S 65*, an der Pier in Windau bereit, um den hohen Gast und sein Gefolge an Bord zu nehmen. Die Seeleute reißen die Augen auf, als statt der erwarteten schweren Limousinen zunächst zwei Lastwagen vorfahren. Kistenweise werden französischer Kognak, Liköre und Schnäpse, Zigarren und Zigaretten auf den Booten verstaut; nicht für eine feuchtfröhliche Überfahrt, wie man meinen könnte, sondern weil der Generaloberst nicht mit leeren Händen in den vordersten Stellungen auf Sworbe erscheinen will.

Bald nach 6 Uhr laufen die beiden Schnellboote aus, in den beginnenden Tag hinein. Bei hoher Geschwindigkeit wird die Überfahrt zwei Stunden dauern. Mag sein, daß die sowjetischen Jäger und Jabos so früh noch nicht in der Luft sind. Außerdem erfreuen sich die Kommandanten, W.O.s und das Brückenpersonal grinsend eines selten gewordenen Anblicks: Zwei eigene Jäger begleiten die Boote mit ihrer wertvollen Fracht – um so wertvoller, behaupten die Seeleute, seit der Schnaps an Bord ist...

Und wirklich: Sie gelangen rasch und unbehelligt nach Montu, dem kleinen Hafen an der Südspitze Sworbes, der den Deutschen als einziger Nachschubplatz verblieben ist. Schörner wird von Vizeadmiral Burchardi und etwa 20 Offizieren seines Stabes begleitet. Kaum ist diese «Mahalla» an Land, kaum sind auch die flüssigen Schätze abtransportiert und kaum haben sich die deutschen Jäger zurückgezogen, da dröhnen die ersten neun IL-2 über den Hafen und beschießen alles, was ihnen vor die Rohre kommt. Das Abwehrfeuer der leichten Flak steigert den Höllenlärm. Systematisch, Tag für Tag, greifen die Russen Montu an. Deshalb liegt der Hafen tagsüber meist wie tot, während er nachts von den Fährprähmen im regen Nachschubverkehr angelaufen wird.

Diesmal aber liegen zwei S-Boote unbeweglich an der Pier. Sie schenken den Angreifern nichts. Diese Frontboote haben, gerade wegen der allerorts herrschenden feindlichen Luftüberlegenheit, über dem Stand des Rudergängers eine sogenannte Panzerkalotte eingebaut und sind mit vielen leichten Waffen gespickt: eine Zweizentimeter in der «Wanne» vorn auf der Back, in jeder Brückennock ein MG 42, hinter dem Aufbau ein 2-cm-Zwilling und ganz achtern noch eine 3,7 cm oder auch ein 2-cm-Vierling.

Dieser Vormittag wird für *S 48* und *S 65* besonders lang, doch sie erwehren sich der Jabos mit Geschick und Erfolg. Schließlich weisen sie nur unbedeutendere Schäden durch Einschüsse auf, als der Oberbefehlshaber um die Mittagszeit wieder an Bord kommt und sofort auf das Festland zurückgefahren zu werden wünscht.

Doch nun häufen sich die Mißgeschicke.

Das Rottenboot vertörnt sich beim Ablegen mit der Schraube in einem starken Tampen und kann, als es sich freigerissen hat, nur noch halbe Fahrt laufen. Prompt läuft das Führerboot auf ein in der Hafeneinfahrt liegendes Wrack und bleibt ebenfalls nur für 18 Meilen klar. Und jeden Augenblick können die Jabos wieder erscheinen.

Diese Lage meldet der Flottillenchef, Kapitänleutnant Holzapfel, mit einem Funkspruch nach Windau. Dort hält sich sein Crewkamerad Klose, Chef der 2. S-Schulflottille, bereit, um im Notfall mit weiteren Schnellbooten zu Hilfe zu eilen. Dieser Fall ist jetzt gegeben. Während die beiden neuen Boote noch in Windau die Leinen loswerfen, stürzen sich draußen vor Montu wieder die neun IL-2 auf *S 48* und *S 65*. Ein heftiges Gefecht entbrennt, von den Fliegern um so hartnäckiger geführt, da sie sich zahlenmäßig überlegen fühlen und ja auch merken, daß die Boote bei weitem nicht ihre volle Geschwindigkeit laufen.

Außer weiteren Einschüssen erhält das Führerboot, mit Schörner an Bord, schließlich auch einen leichten Bombentreffer in die Brücke. Aus dem Niedergang zum Funkraum und zur Kommandantenkammer dringt schwarzer, beißender Qualm. In höchster Gefahr zu ersticken, können Schörners Adjudant und andere Soldaten, die sich dort unten aufhielten, durch einen Notausstieg gerettet werden.

Als die schwarze Rauchfahne von einem Erfolg zu künden scheint, lassen die Sowjets von den Booten ab. Doch auf *S 48* bricht kein Feuer aus. Die Besatzung schafft Ordnung, und weiter geht es der Küste zu. Bedenklich stimmt nur der arg zusammengeschmolzene Munitionsbestand. Ehe es zu einem neuen Luftangriff kommt, treffen als freudig begrüßte Verstärkung die beiden unverbrauchten Boote aus Windau bei den «Heimkehrern» ein.

Im Gefolge Schörners wird die Ankunft dieser Boote ganz anders gedeutet – nämlich als willkommene Gelegenheit, hinüberzusteigen und auf diese Weise schneller und sicherer rettendes Land zu erreichen. Auch Vizeadmiral Burchardi glaubt dies dem Schutz seines Gastes schuldig zu sein. Nun sind die beiden frischen S-Boote nicht etwa aus eigenen Stücken ausgelaufen, um nur die Generalität und ihren Stab zu retten, sondern um die angeschlagenen Boote und alle Kameraden darauf zu geleiten und vor weiteren Angriffen zu schützen. Und Kapitänleutnant Klose ist nicht der Mann, mit einer solchen Ansicht hinterm Berg zu halten.

Da greift Schörner selbst in das plötzlich ausgebrochene Wortgefecht ein:

«Ich wünsche», erklärt er scharf, «daß auf meine Person nicht die geringste Rücksicht genommen wird!» Und fügt, in das betretene Schweigen ringsum, hinzu: «Wenn es die Sicherheit der Boote erfordert, bleibe ich selbstverständlich hier an Bord.»

So findet der Fall ein rasches Ende. Die vier Schnellboote kehren, gemeinsam stark genug, um sich ihrer Haut zu wehren, nach Windau zurück. Eine Stunde später hält wieder ein Lkw auf der Pier. Diesmal ist die Kiste, deren Flaschen beim Ausladen verlockend gegeneinander stoßen, für die Schnellbootmänner bestimmt. Mit einem schönen Gruß und herzlichen Dank des Oberbefehlshabers.

Diese Fahrt mag auch ihr Gutes gehabt haben; denn Anschauungsunterricht ist immer besser als papiernes Wissen. Falls es noch eines Beweises bedurfte: Nicht nur an Land, auch auf See wird hart gekämpft, und diese See hat die unangenehme Eigenschaft, jederzeit ringsum «Front» zu sein, in der man sich weder eingraben noch in Deckung gehen kann.

Auf Sworbe selbst treten die Russen am 18. November wieder zum Angriff an. Obwohl die deutschen Stellungen bei der geringen Frontbreite tief hintereinander gestaffelt sind, gelingen dem Feind mehrere Einbrüche. Weiter rückwärts wird eine neue Linie aufgebaut; aber nun ist nicht mehr viel Platz, um noch nach hinten auszuweichen.

Zunächst greifen außer den ständig eingesetzten Sicherungsflottillen nur die beiden deutschen Torpedoboote *T 23* und *T 28*, eine nahezu unzertrennliche Rotte, in die Landschlacht ein. Die Russen antworten mit wütenden Luftangriffen und ebenso heftigem Beschuß von Land, der von Fesselballons aus geleitet wird. Als die 10,5-cm-Geschütze der T-Boote nicht mehr ausreichen, die entschlossen anstürmenden Sowjets abzuweisen, wird erneut die 2. Kampfgruppe zu Hilfe gerufen.

Am 20. November erscheint Vizeadmiral Thiele mit *Prinz Eugen* und *Lützow* vor Sworbe. Ein Feuerüberfall aus den schweren und mittleren Rohren beider Schiffe prasselt auf die Sowjets nieder, wie sie ihn in solcher Stärke lange nicht mehr erlebt haben.

Das schafft Luft. Die Deutschen atmen auf. Der Angriff des Feindes ist für den Augenblick zusammengebrochen. Am Abend schwirren begeisterte Dank-Funksprüche von den Kommandeuren an Land zu den Schiffen hinüber.

Auf Sworbe ist alles so nah und so eng beieinander, daß die Schiffsartillerie keine Hilfsziele und keine komplizierten Rechenverfahren braucht. Die vom Heer angegebenen Ziele werden direkt beschossen und die Wirkung der Einschläge und ihre Lage auch direkt vom Schiff beobachtet und verbessert. Das trägt zweifellos zu dem besonderen Erfolg dieses Einsatzes bei.

Nachts werden von *Prinz Eugen* aus plötzlich Strahlenbündel beobachtet, die rasch aufeinanderfolgend im Bogen von der feindlichen Seite der Front auf die deutsche hinüberfliegen. Die Erklärung fällt nicht schwer: Die Sowjets haben Werfer-Batterien aufgefahren und feuern Salven auf unsere Stellungen! Rasch schießt sich der *Prinz* auf den Punkt ein, an dem die Bogen beginnen; dort müssen die Batterien der Russen stehen. Der seitlich abgesetzte Standort des Kreuzers in See erlaubt eine genaue Beobachtung dieses Punktes, und der Erfolg tritt sofort ein. Helle Explosionswolken zeugen von Volltreffern, die offenbar die Munition der Sowjets mit hochgehen lassen, und die gefürchteten «Stalinorgeln» schweigen.

Nach diesem nächtlichen Zwischenspiel rechnet Vizeadmiral Thiele um so sicherer damit, daß sich sowjetische Bomberverbände am nächsten Morgen auf die lästigen deutschen Schiffe stürzen werden. Trotz ihres massiven Eingreifens in die Landschlacht sind sie nämlich am Vortage von Luftangriffen verschont geblieben. Nach den Erfahrungen früherer Einsätze brauchen die Sowjets immer eine Weile, bis sie sich auf neue Ziele eingestellt haben; am zweiten Tage werden sie die schwere Schiffsartillerie, die ihre Operationen hindert, kaum noch ohne Gegenwehr gewähren lassen.

An Bord des *Prinz Eugen* ist ein sogenannter «Büffel»-Trupp eingeschifft: Soldaten, die fließend russisch sprechen, darunter auch Russen in deutschen Diensten, die den Funksprechverkehr der Sowjets abhören und oft Meldungen auffangen, die für die Schiffsführung von großem Wert sind. So geschieht es auch an diesem Morgen. Die Sowjets verraten in ihren Funksprüchen, daß sie einen Gardeflieger-Verband gegen die deutschen Schiffe vor Sworbe einsetzen werden. Sie ahnen nicht, daß diese interne Meldung bereits wenige Minuten später dem deutschen Admiral vorgelegt wird.

Thiele überlegt. Soll er es darauf ankommen lassen? Zur Zeit stehen nur vier kleinere, schwächer armierte Torpedoboote als Schutz beim Verband. Andererseits: Gibt es überhaupt eine Möglichkeit, sich dem so bald bevorstehenden Angriff zu entziehen?

Da meldet sich der Meteorologe der Kampfgruppe zu Wort.

«Nach meiner Wetterbeobachtung steht im Westen auf See eine Nebelbank, Herr Admiral.»

«Nanu», fährt Thiele herum, «wie weit denn?»

«Höchstens 30 Kilometer entfernt.»

Das wäre eine halbe Stunde Fahrt, wenn der Verband AK läuft. Der Admiral zögert nicht. Er ist geradezu neugierig, ob der Wettermann recht hat. Dieser Nebel kommt wie gerufen! Bereits 15 Minuten später wird die nach Westen ablaufende Kampfgruppe von leichtem Dunst umgeben, der ihr die Sicht auf Sworbe nimmt und dann wirklich in Nebel übergeht. Die Bord-Wetterwarte steigt rapide im Ansehen. Um so mehr, als jetzt eine neue «Büffel»-Meldung bekannt wird:

«Sowjetische Flieger melden, daß ihre Angriffsziele auf See nicht zu finden sind.» Und nach einer Weile: «Sie werden zurückgerufen!»

Sogleich wendet die 2. Kampfgruppe und trifft gerade rechtzeitig vor Sworbe ein, um einer Anforderung des Heeres auf Artillerie-Unterstützung nachzukommen. Sie kreuzt noch den ganzen Tag vor der Halbinsel, ohne daß der Feind erneut angreift, und läuft erst am Abend mit südwestlichen Kursen Richtung Heimat ab.

Doch damit ist die Unterstützung des Heeres nicht etwa schon beendet. Auf der Höhe der schwedischen Insel Gotland treffen die heimkehrenden Schiffe mit dem schweren Kreuzer *Admiral Scheer* zusammen, der frisch ausgerüstet aus Gotenhafen kommt. Der Befehlshaber steigt mit seinem Stab auf hoher See um und erscheint, diesmal mit *Admiral Scheer*, am nächsten Mittag erneut vor Sworbe.

Dort ist die Lage der Abwehrfront an Land inzwischen noch ernster geworden. Wieder ist ein Stück Boden an die Angreifer verlorengegangen. Und wieder schlagen die 28er Salven gnadenlos in die Panzeransammlungen und Artilleriestellungen des Feindes. Die Russen erwidern das Feuer mit 17-cm-Batterien von der Küste aus. Sie schießen gut; *Admiral Scheer* vergrößert den Abstand zur Küste, denn seine Geschütze tragen weit, sehr weit.

Wiederum dauert es bis zum nächsten Morgen, ehe sich die Sowjets entschließen, das starke deutsche Schiff und seine Torpedoboots-Sicherung aus der Luft anzugreifen. Den ganzen Vormittag über versuchen sie mit kleineren Jabo-Verbänden zu ihrem Ziel durchzudringen. Aber daraus wird nichts. Ein Schwarm deutscher Jäger drängt sie immer wieder ab – und wenn doch einer durchkommt, überschüttet ihn die Schiffsflak mit einem Hagel von Granaten; *Admiral Scheer* ist gerade mit zusätzlichen und besseren Fla-Waffen ausgerüstet worden, ehe er zu diesem ersten Landziel-Einsatz an die Front geschickt wurde.

Endlich wird es den Sowjets zu bunt. Es ist gegen halb zwei Uhr am Mittag des 23. November, als sie das Schicksal zwingen wollen und mit einem Verband von mehreren Dutzend Maschinen angreifen. Nein, nicht *ein* Verband, sondern deren drei, die sich nun gleichzeitig aus verschiedenen Richtungen und Höhen auf den Kreuzer stürzen: tief über dem Wasser Torpedoflieger, mittelhoch Jabos und in mehreren tausend Metern Höhe schwere Bomber.

Diesmal gibt es weit und breit keine Nebelbank, die wie ein Deus ex machina erscheinen könnte, um das Schiff zu verbergen.

Admiral Scheer nimmt die Fehde an wie ein mächtiger Keiler, der von einer Meute von Saufindern umstellt ist.

Ein unglaublicher, wirbelnder Tanz beginnt.

Die Torpedos, an ihren Blasenbahnen gut zu erkennen, werden von dem leicht drehenden Schiff durch immer neue Wendungen ausmanövriert. Ringsum schlagen die Bomben ein, und mehrmals schüttelt sich der Kreuzer, wenn die Bomben mit Spätzündung, die erst tief im Wasser wie eine Mine detonieren, allzu nahe liegen. Es ist fast ein Wunder, daß er aus diesem Inferno unbeschädigt hervorgeht. Den einzigen direkten Treffer erzielt eine kleine Splitterbombe, die auf der Back wirkungslos verpufft. Auch die Torpedoboote sind noch vollzählig, wenn sie auch leichte Schäden von den neben und unter den Booten hochgehenden Bomben davontragen.

Zu dieser Stunde hat die 2. Kampfgruppe nicht mehr den Auftrag, Sworbe zu verteidigen, sondern nur noch den endgültigen Rückzug der Landtruppen zu decken. Die Räumung der Halbinsel wird für die kommende Nacht befohlen. Noch einmal werden alle verfügbaren Boote der 9. Sicherungs-Division für diese Operation aufgeboten, die – ob man das Wort nun liebt oder nicht – «planmäßig» verläuft. Aber dieser Erfolg im Weichen sollte nicht über das Weichen selbst hinwegtäuschen.

Sworbe, das die Irben-Straße, also den westlichen, von den Deutschen benutzten Zugang zum Rigaer Meerbusen flankiert, hatte so lange Bedeutung, wie noch deutscher Schiffsverkehr von und nach Riga lief. Die Hauptstadt selbst aber wurde bereits am 12. Oktober aufgegeben.

In der Nacht zum 24. November endlich werden die letzten 4500 deutschen Soldaten von Sworbe abtransportiert. Die See ist stürmisch, die Russen versuchen nicht, die Evakuierung zu behindern; sie haben ihr Ziel erreicht.

Auch die 2. Kampfgruppe kehrt von ihrem bisher heftigsten Einsatz gegen Landziele unversehrt zurück. Die Bomben haben nicht getroffen, und U-Boote sind wider Erwarten einmal mehr den verlockenden Zielen ferngeblieben. Die *Lützow*, die zum zweiten Mal herbeieilt, um *Admiral Scheer* abzulösen, wird nicht mehr eingesetzt.

Die schweren Kaliber der Schiffe haben geholfen, wo immer sie konnten. Trotz aller sichtbaren Erfolge jedoch vermochten sie nichts an der Ungunst der allgemeinen Lage zu ändern, derzufolge auf Sworbe von Anfang an auf verlorenem Posten gekämpft wurde.

8

Ostpreußen | **Der Lohn des Krieges**

«Elbing ist nicht gefährdet» – Panzer und Panik in der Stadt – Die Sowjets schließen die Zange – Drei Torpedoboote und dreitausend Menschen – Die Fahrrinne durch das Frische Haff – 450000 trecken über das Eis zur Nehrung – Sammelbecken des Auszugs der Ostdeutschen: Danzig, Gotenhafen, Pillau – Die großen Passagierdampfer werden wieder in Fahrt gesetzt – Wie es zu den Katastrophen der «Wilhelm Gustloff» und der «General von Steuben» kam

Der 23. Januar 1945 ist ein bitter kalter Tag. Über der steinhart gefrorenen Erde Ostpreußens lärmt der Krieg: das dumpfe Grollen des Artillerieduells. Das Krachen der Einschläge. Hämmernde Maschinengewehre. Und rasselnde Panzer. Über allem aber heult der Sturm. Ein wütender Nordost, der Hunderttausende vor sich herstößt und den Menschen Schnee und Eis ins Gesicht peitscht.

Dieser 23. Januar wird als der schwarze Tag Ostpreußens in die Geschichte eingehen. Es ist der Tag, an dem Panzerspitzen der «2. weißrussischen Front» unter dem Oberbefehl des Marschalls Rokossowski von Südosten her bis Elbing vorstoßen. Der Feind treibt einen Keil in die zerrissene deutsche Front: zwischen die unter Generaloberst Weiß in Westpreußen kämpfende 2. Armee und General Hoßbachs 4. Armee, die in Ostpreußen plötzlich von drei Seiten eingeschlossen wird. Über 400000 Soldaten – die 4. Armee und die vor Königsberg und am Kurischen Haff ebenfalls hart bedrängte 3. Panzerarmee – stecken in dem riesigen Kessel.

Aber damit nicht genug. Von den 1,85 Millionen Zivilpersonen, die zu Beginn des sowjetischen Angriffs noch in Ostpreußen lebten, finden nur 250000 den Weg nach Westen. Dann, an jenem 23. Januar, durchschneidet der Feind die Fluchtwege, und der Strom stockt. Die überfüllten Züge können nicht mehr weiter. Die endlosen Trecks wenden auf vereisten Straßen und fluten zurück. Sie vermischen sich heillos mit den Nachdrängenden, hindern die Bewegungen der Truppen und hasten schließlich nach Norden, an die Küste, weil nur dort noch Hoffnung besteht, dem Chaos zu entkommen.

Über 2 Millionen Deutsche sind abgeschnitten: Soldaten und Flüchtlinge. Verwundete, Frauen und Kinder. Droht ihnen ein neues, größeres und schlimmeres Stalingrad? Oder gibt es, nach allen Schrecken und Entbehrungen dieser Flucht, doch noch einen Weg in die Freiheit?

*

Elbing, am Nachmittag des 23. Januar 1945. Fünf Jahre lang ist die Stadt an der Südwestecke des Frischen Haffs vom Krieg verschont geblieben. Erst im letzten Herbst, als die Russen zum ersten Mal in Ostpreußen einfielen, griff das Verteidigungsfieber um sich. Damals wurde ein «Kampfkommandant» ernannt, begannen die Schanzarbeiten, wurden Panzergräben und Stellungen im Süden und Osten weit vor der Stadt angelegt. Trotzdem: Niemand wollte daran glauben, daß diese Gräben tatsächlich einmal besetzt und verteidigt werden müßten.

Noch heute verharren die Elbinger wie gelähmt. Der Oberbürgermeister, Dr. Fritz Leser, sieht aus dem Fenster seines Amtszimmers auf den weißen Rathausplatz. Schneefetzen wirbeln über die freie Fläche. In den Straßen und Häuserschluchten jault der Sturm. 10 Grad unter Null zeigt das Thermometer. In der Nacht fällt es auf minus 20 Grad.

Trotz dieser beißenden Kälte aber wälzt sich Tag und Nacht der Flüchtlingsstrom durch die Stadt. Unaufhörlich. Wenn irgendwo ein Treckwagen oder eine Gruppe ausschert, um für kurze Zeit in den Häusern Schutz zu suchen, drängen sofort andere nach und schließen die Lücke. Seit einer Woche geht das so. Zuerst waren es nur einzelne Wagen oder kleinere Treckgemeinschaften. Die Elbinger blieben noch stehen, staunten ihnen nach, schüttelten die Köpfe. Aber schon am zweiten und dritten Tag riß der Elendszug nicht mehr ab.

Auf allen Straßen von Osten und Südosten schiebt er sich heran und drängt sich zu den beiden einzigen Brücken über den Elbing-Fluß; denn die Autobahnbrücke südlich der Stadt ist für den zivilen Verkehr gesperrt.

Zehntausende stauen sich vor diesem Engpaß und hasten schließlich aufatmend weiter nach Westen, nach Marienburg, Dirschau und Danzig. Zehntausende, die kaum rechts und links schauen. Denen nur die Angst im Nacken sitzt, nicht schnell genug weiterzukommen.

Die 90 000 Elbinger schwanken zwischen Ratlosigkeit und Entsetzen, als ob dies alles nicht wahr wäre, sondern nur ein böser Traum. Müßte sie der Flüchtlingsstrom nicht mit fortreißen? Müßten nicht wenigstens die Frauen und Kinder, die Kranken und Alten in Sicherheit gebracht werden?

Die Partei läßt das nicht zu. Die Partei führt das große Wort. Siegesparolen wechseln mit Drohungen. Wer sich ohne ausdrücklichen Befehl auf die Flucht begibt, begeht nach dem herrschenden Sprachgebrauch «Verrat am Volke».

Dr. Leser überdenkt die Lage. Vor wenigen Minuten hatte der Kreisleiter der NSDAP ihn angerufen. Dem Oberbürgermeister klingt noch die triumphierende Stimme in den Ohren:

«Hören Sie, ich habe mit dem Gauleiter persönlich gesprochen. Also: Die Russen sind aufgehalten, zurückgeschlagen! Irgendwo geht ein großer Gegenangriff los. Die militärische Lage hat sich entscheidend stabilisiert... Hat der Gauleiter wörtlich durchgesagt... Nein, natürlich keine Räumungsstufe I, ist gar nicht nötig, Elbing ist nicht gefährdet...»

Dr. Leser weiß nicht, was er davon halten soll. So heißt es seit Wochen und Monaten. Immer geht angeblich der entscheidende Gegenschlag los. Der Glaube an das große Wunder wird geschürt. Aber wie verträgt sich das Wunschdenken mit der Wirklichkeit? Mit dem immer näher rückenden Kanonendonner? Mit den endlosen Kolonnen der Fliehenden?

Wie soll irgend jemand noch auf das Wort der Parteigewaltigen vertrauen, wenn er aus jedem Treck hören kann, daß die Fliehenden mit knapper Not den Russen entkommen sind. Daß die Räumungsbefehle überall zu spät oder auch gar nicht gegeben wurden. Daß Ungezählte von den Angreifern überrascht, überrollt, niedergemacht, zurückgetrieben worden sind?

Der zivilen Verwaltung sind die Hände gebunden. Nicht einmal die Wehrmacht kann sich gegen die Partei durchsetzen. Seit Monaten herrschen die Braunen unumschränkt über die Zivilbevölkerung. Hitler hat seine Gauleiter und «Reichsverteidigungskommissare» sogar mit militärischen Vollmachten ausgestattet. Sie sind für den Bau des «Ostwalls» und anderer Befestigungsanlagen verantwortlich. Für die Aufstellung des Volkssturms. Und natürlich für die rechtzeitige Räumung des Kampfgebietes von Zivilisten.

Bisher, denkt Dr. Leser, haben sie ihren Auftrag offenbar so aufgefaßt, daß sie immer nur sich selbst rechtzeitig in Sicherheit zu bringen hätten.

Elbing liegt auf dem Gebiet des Reichsgaues Danzig-Westpreußen.

Die Trecks jedoch kommen aus Ostpreußen. Der Oberbürgermeister muß daran denken, wie der «Herr des Ostens», Gauleiter Erich Koch in Königsberg, noch vor kurzem jeden Gedanken an eine Räumung seiner Provinz empört zurückgewiesen hatte. Er war eingeladen worden, mit Danzig-Westpreußen und Pommern zusammen die Probleme eines reibungslosen Abtransports der Zivilbevölkerung im Falle der Gefahr zu besprechen. Koch erschien nicht zu dieser Konferenz. Von seinem willigen Untertan, dem Regierungspräsidenten Dargel, ließ er einen eiskalt ablehnenden Brief schreiben:

«Die Teilnahme an der Besprechung wird für überflüssig gehalten. Es ist nicht beabsichtigt, die Provinz Ostpreußen zu räumen.»

Der zweite Absatz des Briefes klingt heute wie Hohn:

«Ostpreußen ist aber gern bereit, die Bevölkerung des westlichen Nachbargaues noch mit aufzunehmen!»

Nichts als große Worte. Prahlereien. Heute, neun Tage nach Beginn der sowjetischen Offensive, sind Millionen auf der Flucht. Und Elbing soll nicht gefährdet sein?

Gewiß, die Stadt bietet ein scheinbar friedliches Bild. Alles geht seinen gewohnten Gang. Die Straßenbahn fährt. Die Menschen, die tagsüber zur Arbeit gehen, finden nachmittags und abends geöffnete Wirtschaften und Kinos. Im Kino am Friedrich-Wilhelm-Platz läuft der Farbfilm «Opfergang» nach Bindings bekannter Novelle.

Aber da ist dieser schreiende Gegensatz: Die vorwärtshastenden Trecks quer durch die Stadt. Und die Tausende, die Tag und Nacht den Bahnhof belagern, um irgendeinen Zug nach Westen zu erwischen.

«Elbing ist nicht gefährdet.»

Das trügerische Wort stammt nicht nur vom Gauleiter Forster in Danzig. Am Sonntag, 21. Januar, vor zwei Tagen also, hat der neuernannte Oberbefehlshaber der Heeresgruppe Weichsel, der Reichsführer SS Heinrich Himmler, die Kommandeure des Volkssturms zu einer Lagebesprechung auf die Marienburg gerufen. Der ehemalige U-Boot-Kommandant, Kapitän zur See Hartmann, der jetzt den Volkssturm in Danzig-Westpreußen aufstellen soll, berichtet darüber:

«Der Reichsführer operierte auf einer großen Wandkarte mit frisch herangeführten Armeen und zeigte uns, wie er die Russen binnen weniger Tage zurückschlagen würde.»

Zweifellos gibt Himmler damit den Anstoß zu dem ohne Bedenken weiterverbreiteten Zweckoptimismus. Auch Elbings Oberbürgermeister erfährt von dieser «neuen Lage». Auch er wird in neue Zweifel gestürzt.

So sehr, denkt Dr. Leser, können sich die Parteigewaltigen doch nicht ihrem Wunschglauben hingeben und ihn für die Wirklichkeit nehmen, wenn die genannten Armeen nicht eingreifbereit vorhanden wären.

So sehr können sie doch nicht lügen!

Einige Minuten nach 14 Uhr klingelt wieder das Telefon. Dr. Leser nimmt ab und meldet sich. Am anderen Ende ist einer seiner Ratsherren. Atemlos berichtet er:

«Die Russen sind in Preußisch-Holland. Hier neben mir steht der Leiter der NSKK-Motorschule. Der ist gerade noch herausgekommen...»

Leser ist so bestürzt, daß er kein Wort herausbringt. Preußisch-Holland liegt nur 20 Kilometer entfernt. Von dort führt die am schlimmsten mit Flüchtlingen verstopfte Straße nach Elbing. Der Oberbürgermeister ruft den Gefechtsstand des Kampfkommandanten an. Teilt mit, was er gehört hat. Fragt, ob...

«Das kann nicht stimmen», fällt ihm der Ia, Major Altermann, ins Wort. «Wir haben noch heute früh eine Kampfgruppe unter Major Goll nach Preußisch-Holland geschickt, zur Verstärkung der Verteidiger. Und die Gruppe ist gut angekommen. Einen Augenblick bitte...»

Dr. Leser hört, wie drüben jemand in den Raum tritt. Deutlich erkennt er die Stimme des Kommandanten von Elbing, Oberst Eberhard Schoepffer. Und hört Wort für Wort mit:

«Altermann, bei Pomehrendorf sind russische Panzer gemeldet!»

Der Oberbürgermeister legt auf. Er weiß genug. Pomehrendorf liegt nur 8 km ostwärts der Stadtgrenze. Nicht direkt zwischen Preußisch-Holland und Elbing, sondern weiter nördlich. Wenn das die Stoßrichtung der Sowjets ist, dann wollen sie die Stadt umgehen und einschließen. Dann werden sie noch heute die restlichen Straßen von und nach Ostpreußen abschneiden. Werden morgen am Stadtrand stehen.

Morgen?

An diesem frühen und doch schon dämmrigen Nachmittag wälzt sich der breite Strom der Fliehenden auf der Straße von Preußisch-Holland noch hastiger vorwärts. Seit Tagen sind es nicht nur Trecks mit Pferd und Wagen. Immer häufiger mischen sich Gruppen zurückflutender Soldaten in den Strom. Manchmal auch ganze Kolonnen. Lastwagen, Verwundetentransporte, Reparaturtrupps mit angeschlagenen Panzern im Schlepp.

So fällt es niemandem als ungewöhnlich auf, daß sieben Panzer in der allgemeinen Bewegung nach Nordwesten mitrollen. Manchmal weit auseinandergezogen. Dann wieder eng aufgeschlossen, wenn die

154

Flüchtlingswagen zur Seite lenken und Platz machen. Die Panzer fahren mit offener Turmluke. Die Soldaten, die sich oben herauslehnen, tragen feldgraue Uniformen.

Eingekeilt in einen Flüchtlingspulk schieben sich die Panzer langsam an Grunau-Höhe heran. Dort überquert die Straße den breiten Panzergraben. Die HKL der «Festung» Elbing. An der Übergangsstelle stehen Posten. Das von Hauptmann Binder geführte Panzergrenadier-Ersatz-Bataillon der Division «Feldherrnhalle» hat diesen Abschnitt zu verteidigen.

Aber die Posten bei Grunau-Höhe beachten die Panzer nicht. Sie starren dumpf auf das Elend der Trecks. Irgendwann, vielleicht morgen, wird der Strom auf der Straße plötzlich abreißen. Dann werden sie den Übergang dicht machen. Und die 8,8 in Stellung bringen. Dann sollen sie nur kommen, die Russen...

Gegen 17 Uhr läutet das Telefon Sturm im Gefechtsstand des Kampfkommandanten. Oberst Schoepffer hat gerade zwei Generale zu Besuch: General Freytag, Kommandant von Danzig, dem er bisher unterstand; und Generalleutnant v. Rappard, Kommandeur der 7. Infanterie-Division, deren Stellung im Westen an das Elbinger Gebiet anschließt.

Oberst Schoepffer nimmt den Hörer und erstarrt.

Der Wachhabende der Gallwitzkaserne im Weingrundforst meldet: «Sieben Feindpanzer fahren feuernd an der Kaserne vorbei, Richtung Stadt!»

Es sind die Panzer von Grunau-Höhe. Gleich hinter dem Panzergraben sind sie nach Norden abgeschwenkt, haben die neubefestigte Straße von Sapien erreicht und jagen nun völlig ungehindert in das Stadtzentrum.

Die Überraschung könnte nicht vollkommener sein.

Oberbürgermeister Dr. Leser sitzt gerade mit seinen nächsten Mitarbeitern zusammen, um die neue Lage zu besprechen. Plötzlich hört er den schnell näher kommenden Geschützlärm. Das trockene Bellen der Kanonen mischt sich unverkennbar mit dem Rasseln von Panzerketten.

Und da sind sie auch schon. Durch das Fenster seines Arbeitszimmers sieht er die sieben erdbraunen, stählernen Ungetüme. Sie walzen die Straße entlang, direkt auf das Rathaus zu. Sie schießen nach allen Seiten. Panzergranaten jagen in die Häuser, MG-Garben in die Seitenstraßen. Widerstand ist nirgends zu spüren. Woher auch, hier mitten in der Stadt?

Dr. Leser schickt seine Mitarbeiter in den Luftschutzkeller. Doch der Feind macht nicht halt am Rathaus. Er jagt weiter zum Markt.

In dieser Nachmittagsstunde herrscht reges Leben in der Stadt. Die Geschäfte sind gefüllt. Niemand ahnt etwas Böses. Und da hinein stoßen die Panzer! Sie stoßen auch in die Flüchtlingstrecks, walzen einfach die Wagen nieder, die ihnen im Wege sind.

Größere Verwirrung, größere Panik, als sie zu dieser Stunde im überfüllten Elbing ausbricht, ist schwer vorstellbar. Blitzschnell springt der Krieg in die Stadt, die er so lange verschonte. Ohne Warnung schlägt er zu. Nicht draußen am Panzergraben, wo die Verteidiger ihn erwarten. Nein, mitten im Weichbild der Stadt.

«Elbing ist nicht gefährdet!» Soviel ist das Wort eines Gauleiters und Reichsverteidigungskommissars im Januar 1945 wert.

Gewiß, es ist nur eine Panzerspitze. Die Russen haben kaum eine Chance. Nach dem ersten Schock alarmiert Oberst Schoepffer seine Panzervernichtungstrupps. Von allen Seiten jagen sie in die Stadt. Den ersten bringen die Panzerfäuste am Alten Markt zur Strecke. Den zweiten, dritten und vierten am Bollwerk, dicht vor dem Fluß. Die restlichen drei rumpeln nach Norden davon, an der Brauerei Englischbrunnen vorbei aus der Stadt hinaus. Jetzt sind sie selbst auf der Flucht. Gehetzt von den jungen Burschen mit den Panzerfäusten, denen der Erfolg Mut gemacht hat.

Der Handstreich auf Elbing ist mißlungen. Und doch: Der dreiste Vorstoß trägt das Chaos in die zuvor so gelassen scheinende Stadt. Von einer Stunde zur anderen herrscht völlige Kopflosigkeit. Derselbe Kreisleiter, der noch am Vormittag die «Räumungsstufe I» – nur Frauen und Kinder – weit von sich gewiesen hat, gibt plötzlich «Räumungsstufe III»: die totale Evakuierung einschließlich aller Behörden. Wenig später wird der Befehl widerrufen. Gauleiter Forster tobt, er werde jeden Behördenleiter erschießen lassen, der sich aus Elbing davonstehle. Jetzt ist es zu spät. Die meisten sind schon auf und davon.

Auf den Straßen nach Westen bietet sich ein unbeschreibliches Bild. Zwischen den Trecks, die ohnehin aus der Stadt hinaushasten, drängen sich Tausende von Bürgern in kopfloser Flucht. Sie haben kaum das Nötigste zusammengerafft, sind kaum gegen die bittere Kälte geschützt. Jetzt, bei hereinbrechender Nacht, bei minus 22 Grad. Aber darauf achten sie nicht. Nur fort, fort, ehe die Russen da sind. Das ist ihr einziger Gedanke.

Sieben Panzer waren es nur. Eine Gruppe, für die der Marschall Rokossowski kaum ein Achselzucken übrig haben wird, wenn er überhaupt von ihrer Vernichtung erfährt. Aber ihre Wirkung ist ungeheuer, weil sie das ganze Lügengebäude der Parteiparolen mit einem Schlage zusammenstürzen läßt.

Doch die Panik klingt bald ab. Die Verteidiger der Stadt sind jetzt auf der Hut. Die Russen richten ihren Hauptstoß gar nicht auf Elbing, sondern zielen östlich an der Stadt vorbei gegen die Küste des Frischen Haffs, um zunächst die Einkesselung der deutschen 4. Armee des Generals Hoßbach, die noch mitten in Ostpreußen steht, zu vollenden. So bricht der Zustrom von Flüchtlingen aus dem Osten ab. Die letzten, die noch nach Elbing hineinkommen, sind dem Feind mit knapper Not entgangen. Schon die Wagen wenige hundert Meter hinter ihnen sind nicht mehr durchgekommen.

Am Tage danach kommt so etwas wie ein geregelter Abtransport in Gang. Auf dem Elbinger Bahnhof werden Züge zusammengestellt, mit allen Wagen, die überhaupt aufzutreiben sind. So gelangen einige Tausende wenigstens annähernd menschenwürdig nach Westen. Bald darauf schneidet der Russe auch die Bahnlinie und die Straßen nach Danzig ab. Die Einkreisung der Stadt ist fast vollendet. Nur nach Norden, in die Niederung des Nogat- und Weichseldeltas hinein, bleibt noch ein schmaler Korridor in die Freiheit, die sich wiederum Tausende zu Fuß erkämpfen. Dann ebbt der Strom ab – in dem gleichen Maße, wie der Geschützlärm ringsum zunimmt und die Brandfackel in der Innenstadt von einem Gebäude aufs andere überspringt.

Es gibt allerdings noch einen anderen Fluchtweg aus Elbing heraus, so unwahrscheinlich er auch klingen mag: Er führt mit kleinen Schiffen durch das zugefrorene Frische Haff.

*

Am Ufer des Elbing-Flusses liegt die Schichau-Werft, die Geburtsstätte der deutschen Torpedoboote, und in den Ausrüstungsbecken der Werft sind gerade drei der schlanken Neubauten, *T 37*, *T 38* und *T 39*, bis auf die letzten Einbauten fertiggeworden, ehe die Niethämmer schwiegen und die Arbeiter davonliefen. Auf keinen Fall dürfen die Boote den Sowjets in die Hand fallen. Sie einfach zu sprengen und zu vernichten, kurz vor ihrer Vollendung, da sie draußen auf See bitter nötig gebraucht werden, wäre ebenso schmerzlich und unsinnig. Deshalb soll nun versucht werden, die Boote durch eine Fahrrinne hinauszuschleppen, die von Eisbrechern die ganze Länge des Haffs hinauf bis nach Pillau geöffnet werden muß. Eile tut not, denn wer weiß, ob der Feind nicht schon morgen bis zur Schichau-Werft vorstößt, die Haffküste besetzt oder gar quer über das Eis bis zur Nehrung weiterstürmt.

Am Nachmittag des 25. Januar melden sich zwei Unteroffiziere der

Kriegsmarine im Bunker des Elbinger Polizeipräsidenten. Dorthin haben sich auch die Behörden zurückgezogen, die noch in der Stadt geblieben sind und nun versuchen, Ordnung in das Chaos der Flucht zu bringen. Die beiden Oberbootsleute erscheinen gerade in dem Augenblick im Bunker, als dort eine neue Hiobsnachricht eingetroffen ist: Die Russen haben westlich Elbing die Bahnlinie nach Marienburg–Dirschau erreicht – die letzten Züge voller Flüchtlinge können nicht mehr abfahren!

«Aber wir können sie mitnehmen», schalten sich die Marineleute ein, «drei T-Boote werden herausgeschleppt, und pro Boot können etwa tausend Zivilpersonen einsteigen.»

Noch am gleichen Abend nach Einbruch der Dunkelheit soll die Fahrt ins Ungewisse beginnen. Damit erfüllt sich auch die Hoffnung anderer Flüchtlinge, die schon stunden- und tagelang auf kleinen Schiffen im Hafen ausharren – die Hoffnung, daß eine Fahrrinne durch das Eis gebrochen würde, durch die sie den Russen entrinnen können.

Die Nachricht von der neuen Fluchtmöglichkeit eilt wie im Fluge durch die ganze Stadt. Die Menschen greifen ihre Bündel und machen sich zum Hafen auf. Bald säumen ungezählte die Kais und die Ufer des Elbing-Flusses. Doch diese plötzliche Menschenansammlung bleibt auch dem Feind nicht verborgen. Die Sowjets beginnen, sich mit Stalinorgeln auf das Hafengebiet einzuschießen. Hier stieben die Menschen auseinander und suchen Deckung. Dort verharren sie stumpf vorn am Wasser, der Gefahr nicht achtend, sondern nur auf ihre einmalige Chance zur Rettung bedacht: Sie wollen die ersten sein, wollen ganz sicher an Bord kommen!

Gerade dieser direkte Angriff auf die Schutzlosen, diese äußerste Gefahr für Leib und Leben, scheint die Flüchtenden nur noch entschlossener zu machen, jetzt nicht zu weichen, damit nicht noch Schlimmeres nach dem Einbruch der roten Eroberer sie treffe.

Trotz des Feuers gehen die Torpedoboote an die Anlegestellen heran. Doch die berstenden Granaten und die in ihrer Not ungestüm vorandrängenden Menschen verhindern jedes geregelte Anbordkommen. Die Boote werden gestürmt, und viele, die die Bordwand im Sprung zu erreichen suchen, stürzen in das eisige Wasser zwischen Schiff und Kaimauer. Darauf ziehen die Boote wieder fort, um die Menschen auf den Eisschollen und im Wasser nicht zu zerquetschen. Außerdem besteht die Gefahr, zu kentern, wenn Hunderte zugleich wie unsinnig auf eine Decksseite springen und dadurch den noch unstabilen, hoch aus dem Wasser ragenden Bootsrumpf einseitig belasten.

Die Menge deutet das Manöver als Flucht. Sie macht ihrer Empörung in lautem Schreien und Wehklagen Luft. Stimmen, die zur Ruhe und Ordnung mahnen, kommen kaum dagegen an. Die Schiffe geben den Versuch noch nicht auf. Sie gehen dort ans Ufer, wo einigermaßen Ordnung zu herrschen scheint. Ohne eigene Maschinenkraft, nur von Schleppern gestoßen, gezerrt und bugsiert, und zudem noch von dicken Eisschollen behindert, ist das leichter gesagt als getan. Einige holen auch mit kleinen Verkehrs- und Rettungsbooten Menschen vom Ufer ab und setzen sie zu den Schiffen über.

Als sich der großen Schleppzug schließlich in Bewegung setzt, weiß niemand, wie vielen Menschen der Sprung geglückt ist, wie viele mit davonkommen. Fest steht jedoch, daß ein Vielfaches ihrer Zahl verzweifelt an Land zurückbleibt, wiederum einer Hoffnung beraubt – und daß die Torpedoboote weit mehr hätten an Bord nehmen können, wenn die Einschiffung nicht unter so katastrophalen äußeren Umständen vonstatten gegangen wäre.

Die gespenstische Fahrt durch die schmale Rinne im fast meterdicken Eis des Haffs verläuft ohne Zwischenfälle. Gebannt starren die Flüchtlinge zum Festland hinüber.

Zuckender Feuerschein und dumpfes Grollen in der Ferne künden von der Schlacht, die um Ostpreußen entbrannt ist. Ob sie an das Schicksal der Trecks denken, die in dem anfangs riesigen, doch nun rasch zusammenschrumpfenden Kessel hin und her hasten? An die Frauen und Kinder, die von der barbarischen Kälte ebenso mitgenommen wie von den nachdrängenden, alles überrollenden Russen erbarmungslos heimgesucht werden? Ob sie das Ausmaß dieser Katastrophe überhaupt erfassen können, hier auf den Schiffen, auf denen sie zwar auch vor Kälte zittern und doch unendlich geborgen sind gegenüber der Not der Fliehenden, Verstümmelten und Sterbenden an Land?

Und ob sie ahnen, daß gerade ihre eigene Flucht auf den Torpedobooten und Haffdampfern, daß diese schmale Fahrrinne, durch die sie mit wenigen Tausenden entkommen, für die ungezählten Hunderttausende am Ufer des Haffs tagelanges Stocken, neue Not und neues Elend bedeuten?

*

Ende Januar, knapp zwei Wochen nach dem Beginn der sowjetischen Offensive, führt aus dem Ermland, dem Kern Ostpreußens, nur noch ein einziger Weg aus der tödlichen Umklammerung heraus. Es ist nicht der Weg nach Westen, da der Feind seinen Sperriegel bis nach Elbing hinaufgeschoben hat, und da schon der Ansatz der deutschen 4. Armee, mit den Flüchtlingsmassen in ihrer Mitte zur Weichsel durchzubrechen, von Hitler vereitelt und mit der Abberufung des verantwortlichen Oberbefehlshabers, General Hoßbach, geahndet wird.

Ein unheimlicher Weg ist es, der allein den gejagten Menschen noch Rettung verspricht, sollten sie seine Strapazen überstehen: Der Weg nach Norden, direkt über das Eis des Haffs zur Frischen Nehrung, der einzigen schmalen Landbrücke, die noch vor den sowjetischen Panzerspitzen vorbeiführt in den Danziger Raum, und weiter an der Küste entlang nach Pommern hinein.

So stauen sich die unübersehbaren Massen, die Elbing nicht mehr passieren können und auf der anderen Seite auch vor Königsberg zur Umkehr gezwungen werden, in den Kreisen Braunsberg und Heiligenbeil, inmitten des letzten Frontbogens, der von Tag zu Tag kleiner wird. Immer neue Trecks strömen an das Ufer des Haffs und an die Übergangsstellen nordöstlich Frauenburg, bei Leysuhnen, Alt-Passarge, Wachtbude, Deutsch-Bahnau und Rosenberg. Die Haffwiesen gleichen bald einem Heerlager des Elends. Hausrat jeder Art, Federbetten, Geräte, Truhen mit Kleidern und Wäsche, Schüsseln und Eimer, Behälter mit Lebensmitteln und Koffer über Koffer türmen sich zuhauf. Die Treckwagen, deren großer Teil noch recht gut ausgestattet die heimatlichen Dörfer verlassen hat, werden hier gnadenlos von all diesem «Ballast» befreit, der die Rettung einzig und allein des nackten Lebens nur behindern würde. Denn Tausende und aber Tausende – alte Männer, Frauen, Kinder und Verwundete – haben sich zu Fuß an diese Übergangsstellen geschleppt und müssen nun an Stelle der Truhen und Koffer von den Wagen mitgenommen werden, wenn sie nicht elendiglich umkommen sollen.

Überdies stockt der Zug über das Eis schon seit Tagen, während ohne Unterlaß neue Massen von hinten nachdrängen. Kaum einer weiß, warum es nicht vorwärts geht, kaum einer, daß mitten durch das Eis des Haffs eine 30 Meter breite Fahrrinne blanken Wassers die Treckwege durchschneidet: die Rinne für die Schiffstransporte von und nach Elbing! Ja, auch *nach* Elbing; denn zu dieser Zeit wird noch Munition in die eingeschlossene Stadt gekarrt, genau so, wie eine Fahrrinne von Pillau nach Heiligenbeil herüber offengehalten wird, durch die die eingekesselte 4. Armee ihren spärlichen Nachschub erhält.

Ortskundige Einwohner der Haffgemeinden schreiten das Eis ab und markieren die Straßen rechts und links mit Tannenbäumen, damit nicht der Schneesturm ihre Spuren verweht. Langbäume werden aus den nahen Wäldern und aus den Sägewerken herbeigeschafft und an Ort und Stelle mit eisernen Klammern verbunden. Darüber nagelt man breite Bohlen und schiebt diese schwankenden Stege ins Wasser, damit die Treckwagen die Fahrrinne überqueren können. Doch immer wieder stockt die schwarze Schlange, die über das Eis kriecht, weil weitere Schiffe die Übergangsstellen passieren, und die Notbrücken anschließend mühsam wieder ausgebracht und an den Eiskanten befestigt werden müssen. Erst vom 28. Januar an bleiben die Schiffe aus. Die Bohlen frieren in diesen Tagen, die die Spitze der Kältewelle bringen, rasch ein.

Jetzt endlich können die Trecks über die sechs etwa 15–18 km langen Straßen auf blankem Eis einigermaßen zügig, doch nicht etwa ungestört, abfließen. Der Feind schießt von der Haffküste bei Tolkemit und Frauenburg aus in die Fliehenden hinein. Auch seine Schlachtflieger halten reiche Ernte; sie werfen Bomben, um das Eis zu zerbrechen. Dann müssen die Züge umgeleitet, die Wege neu geprüft und abgesteckt werden. Und wehe denen, die außerhalb der Markierung daherziehen, um schneller vorwärtszukommen. Oft brechen sie ahnungslos in die Bombenkrater ein, die sich sogleich wieder mit einer heimtückischen dünnen Eisdecke überzogen haben, und versinken mit Mann und Roß und Wagen in der tötenden Flut.

Der Frost rafft zuerst die Kinder und die Greise dahin. Die eigene Not macht stumpf gegenüber den Leiden der anderen. Die Elendsstraßen über das Haff sind zu beiden Seiten von Opfern gesäumt.

«Am schlimmsten war die Fahrt bei klarem Wetter», berichtet der Kreisbaumeister Wilhelm Knoll. «Dann wurden die wehrlosen Trecks von den Bordwaffen russischer Flieger unter Feuer genommen. Bomben zerschlugen die Eisdecke. Überall sah man zusammengeschossene Fahrzeuge, tote Pferde und die Leichen von Erschossenen.

An jedem Abend fuhren Sanitätswagen die Treckstraßen ab und lasen die Gefallenen auf. Im nächstgelegenen Haffdorf wurden die Toten dann in unabsehbaren Reihen gebettet. Schmucklose Kreuze setzte man auf die Hügel, die heute längst verweht sein dürften...»

Anfang Februar läßt der Frost vorübergehend nach und weicht einem naßkalten Regenwetter. Dieser Umschwung macht die Überquerung des Haffs nur noch gefährlicher. Das Eis taut von oben weg. Die Trecks ziehen durch knöcheltiefen Eisschlamm. Ein junges Mädchen aus Lyck in Ostpreußen tritt mit seiner Mutter den Überweg zu Fuß an:

«Das Eis war brüchig. Stellenweise mußten wir uns mühsam durch 25 cm hohes Wasser hindurchschleppen. Mit Stöcken tasteten wir ständig die Fläche vor uns ab. Häufig rutschte man aus und glaubte sich bereits verloren. Die Todesangst vertrieb die Frostschauer, die über den Körper jagten. Sechs Stunden dauerte unser Weg durch dieses Tal des Todes. Dann hatten wir die Frische Nehrung erreicht.»

Viele der vollgepackten Wagen werden nun zu schwer. Das Eis vermag sie nicht mehr zu tragen.

«Nach 100 Metern Fahrt stehen wir wieder», berichtete Annemarie Kniep aus Loschkeim, Kreis Bartenstein. «Um unseren Wohnwagen bildeten sich sofort Wasserlachen. Fahren können wir wohl, aber stehen nicht. In mir ruft es: ‹Weiter – auch gegen den Befehl!› Aber der Wagen steht schon bis zu den Achsen im Wasser. Dann rutscht er, bricht vorn rechts ein. Ein Klirren und Krachen, und wenig später war nichts mehr von ihm zu sehen. So verloren wir unser letztes Hab und Gut, und alles, was wir noch zu essen hatten...»

Am 6. Februar und in den folgenden Tagen ducken sich die Menschen zunächst furchtsam unter dem starken Brausen, das in kurzen Abständen über ihren Köpfen dahinzieht, ohne daß sie seine Ursache entdecken könnten. Um diese Zeit versuchen die Russen, von Tolkemit über Frauenburg an der Küste des Haffs vorstoßend, den deutschen Kessel in der Flanke aufzureißen. Gelänge es, so wäre das vorzeitige Ende der Reste der 4. Armee besiegelt, die einen Bogen rings um Heiligenbeil verbissen verteidigen, damit den Flüchtlingsmassen wenigstens der Weg über das Eis geöffnet bleibt. Die russischen Angriffe brechen meist in einem Hagel von Granaten schwersten Kalibers zusammen, die mitten in die rollenden Panzervorstöße hineinschlagen und verheerend wirken.

Wo haben die geschlagenen Deutschen in diesem Restkessel Ostpreußens so schwere Geschütze, wo vor allem die Hunderte von Granaten?

Draußen vor der Nehrung, in der offenen See, stehen abwechselnd die schweren Kreuzer *Lützow* und *Admiral Scheer*. Nach den Angaben der vorgeschobenen Heeresbeobachter richten sie ihre 28-cm-Rohre und senden Salve auf Salve bis zu 35 Kilometer weit ins Land hinein. Die deutsche Front hält stand, und wieder danken die Heereskommandeure ihren Freunden auf See mit herzlich gehaltenen Funksprüchen für die entscheidende Hilfe.

Trotz aller Not und aller Strapazen ziehen die Trecks den ganzen Februar hindurch weiter über das Haff. Dann endlich ebbt der Flüchtlingsstrom ab und versiegt. Der Auszug der Ostpreußen aus dem Kern ihrer Heimat, die nach dem prahlerischen Versprechen des Gauleiters Koch niemals geräumt werden sollte – dieser Auszug auf einem der unheimlichsten Fluchtwege der Geschichte ist nach fünfwöchiger Dauer abgeschlossen.

«Es war», berichtet der Kreisbaumeister Knoll, der diese Ereignisse von Anfang bis Ende miterlebte, «als hätte der Himmel mit der furchtbaren Not der Flüchtlinge Erbarmen. Das Eis hielt, bis auch die letzten Fahrzeuge die rettende Nehrung erreicht hatten. An einem Morgen nach vorangegangenen lauen Frühlingsstürmen war das Eis verschwunden, und mit ihm alles Elend, das darauf lag...»

Man fragt sich, wie vielen Menschen es auf diese Weise gelungen ist, dem Tod oder der Versklavung zunächst einmal zu entgehen. Niemand hat sie gezählt. Doch eine nach dem Kriege angestellte wissenschaftliche Untersuchung, die auf statistischen Angaben und auf Tausenden sowohl schriftlichen wie mündlichen Aussagen beruht – alle in mühsamer Arbeit gesammelt und verglichen – kommt zu recht zuverlässigen Ergebnissen. Danach haben mindestens 450 000 Menschen den Fluchtweg über das Eis genommen, während es etwa 250 000 gelungen sein mag, noch vorher auf dem Landweg nach Westen zu entkommen, ehe die Russen den Riegel bei Elbing vorschoben.

450 000 – eine unvorstellbare Zahl! Wo sind sie geblieben?

Sie wollten auf die Frische Nehrung. Dort glaubten sie aufatmen zu können. Aber die schmale Landzunge ist für solche Massen wie ein Nadelöhr. Die einzige ausgebaute Straße muß für Militärtransporte freigehalten werden. Die Unglücklichen quälen sich auf einer grundlosen Waldstraße vorwärts, die kaum Platz für zwei nebeneinander fahrende Wagen hat. Jeder Rad- oder Achsenbruch bringt den ganzen Elendszug zum Stocken.

Eine zweite Kolonne treckt über den Strand.

Eine dritte wird gar nicht erst auf die Nehrung hinaufgelassen. Die Wagen müssen auf dem Eis des Haffs weiterziehen, parallel zur Küste, nur 50 bis 100 Meter weit vor dem scheinbar rettenden Ufer. Die Menschen, die sich bitter über dieses Schicksal beklagen, ahnen nicht, daß sie auf ihrer brüchigen Eisstraße noch am besten vorankommen. Auf der völlig verstopften Nehrung vergehen oft ganze Tage, an denen die Fliehenden ihrem Ziel kaum fünf Kilometer näherrücken.

Ihr Ziel? Zunächst ist es der Fuß der Nehrung. Das Werder und damit die Weichselniederung. Dann müssen sie über den Fluß nach Danzig. Und von dort wird man weitersehen. Von dort besteht – jetzt, im Januar und Februar – noch eine Landverbindung nach Westen. Aber bis dahin ist es noch ein langer, verzweifelter Weg. Wie sollen die Hunderttausende, die sich auf der Nehrung zusammenballen, jemals ihr Ziel erreichen?

Hier schlägt zum ersten Mal die Stunde der Marine: sie leistet entscheidende Hilfe beim Abtransport der Flüchtlinge. Die Marine –

das sind hier nicht die Schlachtschiffe, Kreuzer und Zerstörer. Nicht die U-Boote. Keine Hilfskreuzer und großen Truppentransporter. Sondern es sind die Hunderte von kleinen Fahrzeugen, die das «Fußvolk auf See» darstellen.

Es sind die «Dergl». Dieser halb spöttische, halb liebevolle Ausdruck kommt von der Redensart «Minensucher, Räumboote, Sicherungsfahrzeuge *u. dergl.*». Das also sind sie. Die unter «ferner liefen» aufgezählt werden. Von denen es so viele, und soviel verschiedene gibt, daß kaum einer sie alle kennen kann.

Meist sind nur ein paar Mann Besatzung an Bord. Auf vielen führt nicht einmal ein Offizier, sondern ein seebefahrener Unteroffizier das Kommando. Aber diese «Dergl» haben fünf Jahre lang an allen europäischen Küsten im Kampf gestanden. Sie haben sich als «Kanal-Arbeiter» an der ganzen Westküste gegen die Briten behauptet. Haben der vielfach überlegenen sowjetischen Schwarzmeerflotte getrotzt. Sich mit den roten Gardefliegern im Finnenbusen herumgeschlagen. Und an allen Fronten haben sie immer wieder gegen die See kämpfen müssen. Immer zuerst gegen die See. Gegen ihre Urgewalt, die diese Nußschalen mit einem einzigen unglücklich treffenden Brecher zerschlagen und in die Tiefe reißen kann.

Diese «Dergl» sind es, die den bedrängten Ostpreußen schon ab Ende Januar zu Hilfe eilen.

Marine-Fährprähme vor allem; lange, grob zusammengefügte Blechschachteln. Mit ungelenken, eckigen Bewegungen im Wasser. Niemand sieht ihnen die riesigen Transportleistungen an, die sie schon vollbracht haben. Niemand traut sie ihnen zu. Wenn es drauf ankommt, fassen sie 800 Menschen. Achthundert auf einem knapp 50 Meter langen und 6 Meter breiten Prahm!

Oder die Artillerie-Fähren; eine Abart der Prähme, die ein paar Kanonen mehr tragen, dafür aber weniger Laderaum besitzen.

Ferner zahlreiche «Kümos»; Küstenmotorschiffe aus friedlicher Zeit. Manche sind durch ein 12,7-cm-Geschütz vor der Brücke zum «schweren Artillerie-Träger» avanciert.

Dann die kleinen, sehr wendigen Minenräumboote; die weit über ihre ursprüngliche Aufgabe hinaus zum «Mädchen für alles» auf See geworden sind.

Ein ganzer Schwarm von Kriegs-Fischkuttern; davon ein gutes Dutzend unter dem stolzen Namen «U-Boot-Jäger». Dazu Hafenschutzboote. Alte Motorjachten. Kleine Fähren und Ausflugsdampfer. Schlepper mit Leichtern. Flugsicherungsboote.

Das ist das Fußvolk der Marine. Aufgeteilt in zahlreiche Flottillen und zusammengefaßt in der 9. Sicherungs-Division. Ihr Chef ist der

Fregattenkapitän Adalbert v. Blanc. Schon am 25. Januar gibt er seinen Flottillen den Befehl, überall an der deutschen Ostseeküste, wo Not am Mann ist, helfend und rettend einzugreifen. Überall, wo die Russen nachdrängen, die Flüchtenden über die See in Sicherheit zu bringen.

So geschieht es an der Küste des Samlandes. Und nun auch hier, am Strand der Frischen Nehrung.

Natürlich hat das Marine-Oberkommando Ost in Kiel eine viel größere und leistungsfähigere Transportflotte zur Verfügung. Aber diese Dampfer und Motorschiffe haben ganz andere Aufgaben. In der Ostsee müssen sie den gesamten Nachschub zum fernen Kurland-Brückenkopf schaffen. Den Nachschub für eine von allen sonstigen Verbindungen abgeschnittene Heeresgruppe mit noch 18 Divisionen. Außerdem können die großen Schiffe nur gut ausgebaute Häfen mit genügender Wassertiefe und entsprechenden Kaianlagen anlaufen. So etwas gibt es nicht an der Nehrung.

Den Kleinen genügt eine einfache Landebrücke, wie sie vor jedem Küstenort ausliegt. Oder sie gehen an die Notstege heran, die fast über Nacht überall entstehen. Wo es keine solche Möglichkeit gibt, fahren sie auch so nahe unter die Küste, daß ihr Kiel fast den Grund berührt. Dann holen sie die Menschen vom Ufer mit Beibooten und Flößen zu sich an Bord.

Kahlberg, das ruhige und verträumte Seebad zwischen dem Haff und der offenen See, das beliebte Ausflugsziel der Danziger und Elbinger, wird in diesen Tagen zu einem Zentrum des Abtransportes auf dem Wasser. Zuerst hatte die Marine am 26. Januar die Einwohner des kleinen Ortes abgeholt. Nur der Bürgermeister, Helmut Mietz, blieb mit ein paar Gefährten in dem verlassenen Dorf zurück. Drei, vier Tage standen die Häuser leer. Dann wälzte sich der Flüchtlingsstrom über die Nehrung heran.

In der Nacht zum 30. Januar gibt es schon kein freies Bett mehr in Kahlberg. Keinen Raum, in dem sich nicht schutzsuchende Menschen drängen. Am Morgen wollen sie weiter. Aber nun sind schon alle Wege von den Nachdrängenden blockiert. Es geht kaum noch vorwärts auf der Nehrung!

In dieser verzweifelten Lage schaffen die «Dergl», die kleinen Marinefahrzeuge, Luft. Pausenlos legen die Boote an den Stegen an. Sie öffnen dem Elendszug der Hunderttausende einen Fluchtweg über See. Sie ersparen ihnen den weiteren Leidensweg, der noch Tage gedauert hätte, und der für viele das Ende bedeuten mußte, weil sie einfach nicht mehr weiterkonnten.

Tausende stehen in breiter Schlange vor den Stegen. Geduldig die einen. Drängend die anderen. Schritt für Schritt schieben sie sich vor. Wer seinen Fuß an Bord setzt, hat das Schlimmste überstanden. Die Boote brauchen nur wenige Stunden bis zum Freihafen Danzig-Neufahrwasser, den sie im ständigen Pendelverkehr von der Nehrung her anlaufen.

Riesige Schuppen nehmen die Flüchtlinge auf. Viele haben zum ersten Mal seit langen Wochen wieder ein Dach über dem Kopf. Endlich gibt es warme Verpflegung für alle. Täglich einen Kanten Brot. Und Milch für die Kinder. Wir werden noch von diesen Schuppen zu sprechen haben. Diese Schuppen in Neufahrwasser, in denen bisher altes Wehrmachtsgut lagerte. Und die jetzt für zwei Monate zum größten Umschlaghafen «für Menschenfracht» aus dem gequälten Osten des Reiches in die Freiheit werden.

Gewiß: Die russische Front ist auch hier nur wenige Dutzend Kilometer entfernt. Und doch fühlen die Menschen, daß sie erstmals wieder in Sicherheit sind.

*

Ende Januar 1945 heult der eisige Schneesturm auch über die freien Straßen und Plätze und zwischen den Hafenbecken Gdingens, des polnischen Ausfalltores zur See, das die Deutschen Gotenhafen nennen. Hier liegt seit Jahren der Hauptstützpunkt der Kriegsmarine für ihren Kampf im östlichen Teil der Ostsee. Von hier aus lief lange Zeit ein Großteil der Schiffstransporte in die baltischen Länder, und hierhin kehrten sie von Reval und Helsinki, von Riga und Libau zurück. Gotenhafen ist die Wendemarke, an der die Wege sich treffen: der in die Heimat und der in den Osten, an die Front, nach Rußland.

Noch ist die Stadt selbst nicht bedroht. Aber von Tag zu Tag mehren sich die Anzeichen der beginnenden Katastrophe. Trotz aller Schönfärberei der Propaganda bleibt nicht verborgen, wie es wirklich an der Front steht. Seit Mitte Januar sind die Flüchtlingstrecks eine unüberhörbare Warnung. Diese Trecks, die die Stadt hastend nach Westen hin durchqueren. Die noch glauben, in ihren Auffangkreisen wenige Stunden oder wenige Tagemärsche weiter westlich Ruhe zu finden.

Manche aber scheren schon hier in Gotenhafen aus dem großen Elendszug aus. Sie können einfach nicht mehr weiter und suchen in den Häusern Schutz. Für ein, zwei Tage verschnaufen, sich aufwärmen, neue Kräfte sammeln. Oder sie bleiben, weil sie gehört haben, daß es hier in dem großen Marinestützpunkt Gotenhafen Schiffskarten für eine Überfahrt nach Westen geben soll.

In einem Gebäude auf dem breiten Kai zwischen den Hafenbecken I und II arbeitet die Zweigstelle Gotenhafen der 9. Sicherungs-Division. Ein paar Diensträume, ein Lagezimmer, eine kleine Funkstelle, das ist alles. Anfangs sitzen nur zwei Offiziere, drei Obersteuerleute und wenige Mann da. Und doch wird hier, in dieser wichtigen Schaltstelle, über die Sicherheit aller in See stehenden Geleitzüge entschieden – und damit auch über das Schicksal von Zehntausenden, die sich täglich auf die Schiffe drängen. Der Chef, Korvettenkapitän Wolfgang Leonhardt, beugt sich über den improvisierten Lagetisch. Der Tisch ist von einer Seekarte bedeckt. Im Westen reicht sie bis nach Kiel und Kopenhagen, im Osten bis hinauf nach Windau in Kurland und bis zum Rigaer Meerbusen. Ein gewaltiges Gebiet, das zu schützen ist. Fast 700 Seemeilen Ausdehnung. Und ein vielfaches dieser Strecke, wenn man die zahlreichen Geleitwege auf hoher See und unter der Küste zusammenrechnet.

«Remien, haben wir schon Meldung über GO 560 West?» will Leonhardt wissen.

Der Geleitreferent, Oberleutnant z. S. Walter Remien, schaut in seine Notizen. «Hat Signalstelle Hela vor 40 Minuten passiert, Herr Kapitän.» Er nimmt ein Papierfähnchen, schiebt es ein Stück aus der Danziger Bucht heraus nach Norden. Genau auf der Schiene.

«Schienen» nennen sie die ständig überwachten und von Minen geräumten Schiffahrtswege. Überall liegen sie: dicht vor der Küste für Schiffe mit geringem Tiefgang. Und weiter draußen auf See für die großen Versorger, Truppentransporter, Lazarettschiffe.

Auf der «Schiene 76» rückt also jetzt – als eines von vielen gleichartigen Fähnchen auf der Karte – das mit der Aufschrift «GO 560 West» vor. Was bedeutet das?

Oberleutnant Remien könnte in seiner Kladde nachsehen. Aber er kennt die Zusammensetzung dieses Geleits Nr. 560 von Gotenhafen nach Westen auswendig. Er weiß es von ungezählten Telefonaten und ebenso vielen Entscheidungen: über die auslaufbereiten Schiffe. Ihre Ladungen. Ihren Bestimmungshafen. Die Dringlichkeit des Transports. Die gerade einsatzbereiten Sicherungsfahrzeuge. Den einzuschlagenden Weg. Die besonderen Vorschriften für den Geleitführer...

Das alles mußte organisiert werden. Und deshalb wissen die Männer in dieser großen Schaltstelle alles über das Geleit GO 560 West: daß es aus den beiden modernen Frachtern *Minden* und *Cometa* besteht. Beladen mit 2400 Soldaten einschließlich Waffen und Gerät. Von einer Division, die rasch an die Oderfront geworfen werden muß. Daher schnelle Schiffe, ein 14-Seemeilen-Geleit. Daher auch eine starke Sicherung: ein Torpedoboot, zwei aktive Minensuchboote – mit allen Wassern gewaschene Geleitfahrer.

Die Offiziere in der Zweigstelle wissen es nicht nur von diesem Geleit. Sondern von allen, die sie heute oder in den letzten Tagen auf die Reise geschickt haben. Aus den Meldungen der anderen Geleitstellen in Swinemünde und Windau kennen sie auch den gesamten Gegenverkehr. Sie wissen, welche Schiffe sie in Gotenhafen zu erwarten haben. Sie rechnen schon damit. Planen sie ein, um sie wieder für eigene Aufgaben bereitzustellen.

So geht es seit Monaten. Von Woche zu Woche steigen die Anforderungen an den Seetransport, an die Sicherung der Schiffe und ihrer wertvollen Fracht.

Der Zusammenbruch der Landfronten greift nicht auf die See über. Gewiß, auch dort wird der Feind zuschlagen. Mit Bomben, Minen und U-Boot-Torpedos. Verluste werden nicht zu vermeiden sein. Aber diese Verluste – das schwören sich die Männer der 9. Sicherungs-Division – sollen sich in Grenzen halten. Sie sollen nichts an dem Grundsatz ändern, daß die See der bei weitem leistungsfähigste Transportweg ist. Aber sie ist es nur für den, der sie beherrscht; der sich dort auch im Strudel der unausweichlichen Niederlage zu behaupten weiß.

Am Vormittag des 30. Januar 1945 – genau 12 Jahre nach Hitlers Machtergreifung – hat Korvettenkapitän Leonhardt allerdings schwere Sorgen. Sämtliche Sicherungsfahrzeuge sind im Einsatz. Kein einziges Boot steht in Gotenhafen zur Verfügung. Dabei braucht er dringend ein gutes Geleit. Denn zwei Ozeanriesen liegen unter Dampf und wollen nach Westen auslaufen:

Das ehemalige KdF-Schiff *Wilhelm Gustloff*, 25 480 BRT groß;
und der Hapag-Dampfer *Hansa*, 21 130 BRT.

Die *Gustloff* hat rund 5000, die *Hansa* sogar über 7000 Menschen an Bord, die alle die Abfahrt herbeisehnen.

Der Entschluß, die großen «Musikdampfer» zur Rückführung der Flüchtlinge einzusetzen, erscheint wie ein erlösender Ausweg. Die Transportflotte von Frachtern aller Art ist bereits völlig ausgelastet. Sie könnte diese neue Aufgabe von unübersehbarem Ausmaß niemals allein bewältigen.

Zwar zieht die Seekriegsleitung auf ausdrücklichen Befehl des Großadmirals Dönitz alle irgendwie entbehrlichen Schiffe aus der Nordsee und aus der Norwegenfahrt heraus und schickt sie mit in die Ostsee. Plötzlich tauchen neben den altbekannten Namen Schiffe in der Danziger Bucht auf, die vorher nie hier gefahren sind. Und doch könnten sie es nicht schaffen, könnten sie des Massenansturms nicht Herr werden, wenn nicht die großen Passagierdampfer da wären. Die Ozeanriesen, die einmal auf allen Weltmeeren verkehrten. Und die jetzt – soweit sie den Krieg überlebten – meist in den deutschen Ostseehäfen als Wohnschiffe liegen.

Die größten, die in diesen kritischen Wochen wieder fahrbereit gemacht werden, sind mit je über 27 000 BRT das moderne KdF-Schiff *Robert Ley* und einer der klassischen Dreischornsteindampfer, die *Cap Arcona*, einst stolzes Flaggschiff der Hamburg-Süd im Liniendienst zwischen Europa und Südamerika. Ferner die Schwesterschiffe der schon erwähnten *Hansa*, die ebenfalls über 21 000 BRT großen Hapag-Dampfer *Deutschland* und *Hamburg*.

Diese Ozeanriesen besaßen schon in Friedenszeiten Einrichtungen für nahezu 2000 Passagiere und Besatzungsangehörige. Jetzt, im Angesicht der Not der Fliehenden, könnten sie gewiß ein Vielfaches dieser Zahl an Bord nehmen. 8000 bis 10 000 Menschen pro Schiff auf einer einzigen Fahrt!

Hinzu kommen noch zahlreiche andere Passagierdampfer, von denen einige als Lazarettschiffe fahren: Die *Pretoria* (16 660 BRT) und *Ubena* (9500 BRT) von den Deutschen Afrika-Linien; vom Norddeutschen Lloyd die moderne *Potsdam* (17 500 BRT), *Berlin* (15 260 BRT) und *General von Steuben* (14 660 BRT); und von der Hamburg-Süd schließlich noch die bekannte *Monte Rosa* (13 830 BRT), *Antonio Delfino* (13 590 BRT) und *General San Martin* (11 250 BRT).

Das ist eine Flotte, die sich sehen lassen kann. Natürlich wird sie noch von den zahlreichen Transportern ergänzt, die nun alle nicht mehr leer nach Westen fahren, wenn sie Munition und Nachschub in die Brückenköpfe des Ostens gebracht haben.

Diese Schiffe werden zur großen Hoffnung für Hunderttausende. Zur Hoffnung auf ein warmes Fleckchen. Auf einen Weg, auf dem ihnen die Russen nicht mehr nachdrängen, sie nicht mehr überrollen können. Zur Hoffnung, auf einer Überfahrt von ein bis zwei Tagen eine Strecke hinter sich zu bringen, die auf den vereisten Straßen Wochen dauern und Opfer über Opfer fordern würde.

So beginnt der Sturm auf die Schiffe. Der Andrang all derer, die beim Zusammenbruch des deutschen Ostens bisher wenigstens das nackte Leben gerettet haben.

Aber es beginnt auch die große Sorge. Die Anforderungen nach Geleitschutz wachsen der 9. Sicherungs-Division über den Kopf. Leonhardt und Remien wissen nicht, woher sie die unbedingt notwendigen Kriegsschiffe zur Bedeckung der großen Dampfer auf See nehmen sollen. Zum Minengeleit, das vor den Schiffen herläuft und nach den schwarzen Teufelskugeln fahndet. Zur Luft- und zur U-Boot-

Abwehr. Boote über Boote, ganze Flottillen müßten jedesmal eingesetzt werden, um die Ozeanriesen mit ihrer Menschenfracht sicher nach Westen zu geleiten.

Schon am 23. Januar hat die *Robert Ley*, die als Wohnschiff in Pillau lag, seeklar gemacht. Inzwischen ist sie mit über 6000 Menschen an Bord wohlbehalten in der westlichen Ostsee angekommen.

Nun rüsten auch die anderen zur Überfahrt. Die Stunde der großen Passagierdampfer ist gekommen. Am Troyl auf der Holm-Insel im Danziger Hafen liegt neben anderen Flüchtlingsschiffen der ehemalige Nordatlantik-Liner *Deutschland*. Trotz des eisigen Sturmes und der bitteren Kälte will die schwarze Menschenschlange zum Hafen Tag und Nacht nicht abreißen.

«Unvergeßlich wird mir dieser Eindruck bleiben», berichtet Rittmeister Friedrich v. Wilpert, Ordonnanzoffizier des Befehlshabers im Danziger Raum, General Specht. Der Rittmeister brachte am 30. Januar seine Frau und seine jüngste Tochter an Bord der *Deutschland*. «Der kilometerlange Weg zum Troyl war gekennzeichnet durch übermüdete, verzweifelte Menschen. Vorwiegend Frauen und Kinder, die nicht weiterkonnten, sich auf ihre mitgeschleppten Koffer und Rucksäcke setzten und auf irgendeine Hilfe warteten. Eine Tragödie, die um so erschütternder war, als man nur ab und zu leises Wimmern hörte. Sonst aber pfiff und heulte nur der eisige Wind.»

Dennoch: 12000 Menschen sind schließlich an Bord. Zwölftausend! In allen Decks, selbst tief unter der Wasserlinie. In den Kabinen und auf den Gängen. Im Speisesaal und in den Salons. Überall zusammengedrängt wie eine ängstliche Herde. Zwölftausend sehnen den Augenblick herbei, an dem das Schiff die Leinen loswirft. Aber ihre Geduld wird auf eine harte Probe gestellt. Die 9. Sicherungs-Division hat kein ausreichendes Geleit. Die *Deutschland* muß warten.

In Gotenhafen bietet sich das gleiche Bild. Kaum 100 Meter vor den Arbeitsräumen des Korvettenkapitäns Leonhardt liegt die *Cap Arkona* an der Pier im Hafenbecken I. Auch hier ein unaufhörlicher Strom von Menschen, den das Schiff in seinen mächtigen Leib hineinfrißt, als ob es unersättlich wäre. Noch schlagen keine russischen Granaten in die Menschen hinein. Nur der Frost fordert unerbittlich seine Opfer.

Als die *Cap Arkona* schließlich ihre großen Seitenpforten schließt, sind 14000 Männer, Frauen und Kinder an Bord. Vierzehntausend! Auf beiden Schiffen zusammen also die Bevölkerung einer mittleren Kreisstadt. Und doch dürfen sie nicht auslaufen. Es wäre unverantwortlich, sie gerade jetzt hinauszuschicken. Denn die russischen U-Boote haben wieder zugeschlagen. Sie haben zwei kleinere Küstenfrachter vor Memel versenkt. Jederzeit können sie vor der Danziger Bucht auftauchen oder sich irgendwo an dem langen Geleitweg nach Westen auf die Lauer legen.

Sicher sollen die Schiffe fahren. Und das können sie auch. Sieben kampferprobte Minensuchboote will Kapitän Leonhardt allein zum Schutz der *Cap Arkona* zusammenziehen. Das dauert seine Zeit. Aber dann kann er wenigstens ruhig schlafen, wenn das Geleit in See ist.

Ganz anders dagegen stehen die Dinge drüben im Becken IX auf der Oxhöfter Seite des Hafens. Dort befindet sich das Gelände der II. U-Boot-Lehrdivision. Und vorn am Kai liegt, als Wohnschiff der ULD, die *Wilhelm Gustloff.*

Bisher war die östliche Ostsee das Übungsfeld der U-Boot-Waffe. Immer neue Besatzungen wurden hier ausgebildet, bevor sie auf ein Frontboot umstiegen. Das ist nun vorbei. Unter dem Druck der sowjetischen Offensive müssen die Lehrdivisionen mit Sack und Pack umziehen.

Auch bei der II. ULD herrscht Aufbruchstimmung. Das Stichwort zur Räumung des Stützpunktes ist gegeben. Die II. ULD, so lautet der Befehl, verlegt mit allen Fahrzeugen nach Westen. Mit allen Fahrzeugen – dazu gehört auch die *Gustloff.* Das große Schiff kann gute Dienste leisten. Es kann alle Soldaten aufnehmen, die nicht ein eigenes Bordkommando haben. Alle, die bei der ULD an Land gesessen haben. Die Verwaltung. Und genau 373 Marinehelferinnen.

Aber damit ist die *Gustloff* noch lange nicht voll belegt. Nun werden die Flüchtlinge, die sich zu Tausenden auf dem Kai drängen und auf ihre Chance warten, an Bord gelassen. Noch wird jeder einzelne registriert. Rasch füllen sich die Listen. Bald sind mehr als dreitausend, dann schon mehr als viertausend Menschen an Bord. Lazarettautos fahren in langer Schlange einen Transport von Schwerverwundeten zum Schiff. Schließlich bleibt die Zahl bei 4658 stehen. Noch mehr an Bord zu nehmen, glauben die Offiziere der *Gustloff* nicht verantworten zu können. Ein Glück, daß sie so denken!

Darin unterscheidet sich die *Gustloff* von den anderen Passagierdampfern, die zur gleichen Zeit ihre Pforten dem Flüchtlingsstrom geöffnet haben: Hier sind es kaum 5000, dort aber bis zu 12000 und 14000, die sich an Bord drängen. Ein anderer Unterschied ist schwerwiegender: Die *Deutschland,* die *Cap Arkona* und alle anderen Schiffe melden ihre Auslaufbereitschaft der 9. Sicherungs-Division und bitten um Geleit. Von der *Wilhelm Gustloff* aber und ihrer Absicht, nach Westen zu marschieren, erfahren die Männer um Kapitän Leonhardt nur durch Zufall. Nicht weil die ULD den Transport angemeldet hätte. Sondern weil es eben auffällt, wenn ein Schiff, das lange Zeit an derselben Stelle festgelegen hat, plötzlich Dampf aufmacht und Vorbereitungen zum Auslaufen trifft.

Leonhardt hängt sich ans Telefon. Ruft die ULD an. Fragt nach den Absichten mit der *Gustloff*. Jawohl, hört er, das Schiff läuft in den nächsten 24 Stunden aus. Und mit welchem Geleit? Darauf weiß der Mann am anderen Ende keine Antwort.

Immerhin bewirkt dieses Telefongespräch, daß der Kommandeur der II. U-Boot-Lehrdivision, Kapitän zur See Schütze, den Chef der Zweigstelle der 9. Sicherungs-Division zu einer Besprechung bittet. Pünktlich betreten Korvettenkapitän Leonhardt und sein Geleit-referent das Lagezimmer der U-Boot-Leute drüben in Oxhöft. Ihr erster Blick fällt auf eine große Seekarte: das Gebiet von der Dan-ziger Bucht westwärts, das die Schiffe durchlaufen müssen.

Ein Offizier des ULD-Stabes erläutert kurz die Lage: «Wir haben Befehl, unsere Wohnschiffe *Gustloff* und *Hansa* mit nach Westen zu verlegen. Die Fahrbereitschaft ist hergestellt, die Einschiffung fast abgeschlossen. Außer dem gesamten ULD-Personal nehmen wir noch Flüchtlinge und Verwundete mit.» Er richtet sich an Leonhardt. «Würden sie uns bitte über die Minenlage unterrichten und alles Wissenswerte über die Wegführung mitteilen?»

Leonhardt glaubt, nicht richtig zu hören. Das klingt, als wollte die U-Boot-Waffe die beiden Schiffe allein, ohne den Schutz seiner Sicherungsverbände auslaufen lassen.

Mechanisch beginnt er seinen Vortrag. Die Minenlage von heute früh – sie kann schon in der folgenden Nacht wieder überholt sein – kennt er auswendig. Seine Gedanken arbeiten fieberhaft. Plötzlich unterbricht er sich mitten im Satz und sagt:

«Im Augenblick ist es mir nicht möglich, ausreichendes Geleit zu stellen, Herr Kapitän. In wenigen Tagen wird sich diese Lage ändern. Dann bekommt der Geleitführer automatisch die neuesten Informa-tionen über Feindlage und minenfreien Weg mit.»

«Danke. Wir können leider nicht darauf warten, bis Sie Geleit ver-fügbar haben. Je eher wir fahren, desto besser.»

Die U-Boot-Waffe meint, keinen Tag versäumen zu dürfen. Die Ausbildung neuer Besatzungen, die bisher in Pillau und Gotenhafen betrieben wurde, muß ohne Aufschub in der noch nicht bedrohten westlichen Ostsee weitergehen. Das Stichwort zur Räumung der alten Stützpunkte ist gegeben. Nun muß es auch unverzüglich befolgt werden.

Leonhardt steckt noch nicht auf. Er beruft sich auf seine Befehle. Auf die Erfahrung seiner Sicherungsverbände. Er appelliert an die Vernunft. Aber er findet kein Gehör.

Die Offiziere stehen sich gegenüber. Hochdekorierte Marineoffiziere auf beiden Seiten. U-Boot-Fahrer die einen – Minensucher die anderen. Der Unterschied in den Waffengattungen, im Werdegang, in den Fronterlebnissen – all das führt dazu, daß sie eine ganz verschiedene Auffasung von der augenblicklichen Lage haben.

Die U-Boot-Offiziere sind aus der harten Schule der Geleitzugschlachten im Nordatlantik hervorgegangen. Für sie ist die Ostsee immer nur ein Tummelplatz, eine Übungswiese gewesen. Und haben sie nicht recht: Was passiert denn schon? Was hat die Rote Flotte denn geleistet, seit sie freien Zutritt zur See hat? Ein paar Schiffe haben die U-Boote versenkt – meist alte Küstenfrachter. An die deutschen Kampfgruppen, die Kreuzer und Zerstörer, sind sie nicht herangekommen. Und der gewaltige Nachschub über See läuft ebenfalls fast ohne Verluste.

Vielleicht denken die U-Boot-Fahrer daran, wie ihre «grauen Wölfe» unter diesen Herden von Handelsschiffen aufräumen würden, wenn sie an der Stelle der Russen wären. Für übertriebene Sorge vor diesem nahezu untätigen Feind aber haben sie kaum Verständnis.

Ganz anders Korvettenkapitän Leonhardt. Er kennt die Sowjets. Jahrelang hat er als Chef der 25. Minensuch-Flottille mit seinen M-Booten ganz vorn in der «Ostfront zur See» gestanden. Als Bewacher an den Minensperren in der Narwa-Bucht. Im pausenlosen Hagel russischer Bomben und Granaten. Er hat am eigenen Leibe gespürt, daß dieser Gegner unberechenbar ist. Daß er immer eine Überraschung bereithält. Daß er scheinbar wochenlang «schlafen» kann, um dann plötzlich um so heftiger und ausdauernder anzugreifen.

Leonhardt traut den Russen nicht. Er hat aus langer Erfahrung gute Gründe dafür. Aber diese Gründe lassen sich in einem kurzen Gespräch nicht darlegen. Er zweifelt auch, ob es ihm zusteht, weitere Einwände zu erheben. Die *Wilhelm Gustloff* untersteht der U-Boot-Waffe. Und schließlich: Sein Gesprächspartner ist ein ranghöherer Offizier.

Kaum ist Leonhardt von der Besprechung zurück in seinem Dienstzimmer, da ruft er den weit im Norden, in Windau sitzenden Chef der 9. Sicherungs-Division an. Fregattenkapitän v. Blanc ist ebenfalls der Meinung, daß die Schiffe mit Tausenden von Menschen an Bord nicht ohne erfahrenes Geleit auslaufen dürfen.

«Aber sie werden auslaufen, Herr Kapitän. Sie wollen ein paar Torpedofangboote als symbolischen Schutz mitlaufen lassen. Wie soll ich das verhindern?»

Von Blanc teilt nach kurzem Überlegen mit, daß er die Lage sofort an den Admiral östliche Ostsee melden werde. Er will auch die Seekriegsleitung in Berlin benachrichtigen. Will um Befehle oder Vollmachten bitten...

Der ehemalige Oberbefehlshaber der Kriegsmarine, Großadmiral Karl Dönitz, sagt heute dazu: «Bei ihren Übungen konnten die U-Boot-Lehrdivisionen in der Ostsee natürlich unabhängig von den Vorschriften der Sicherungsstreitkräfte operieren. In dem Augenblick aber, als sie nach Westen verlegten, fiel dieser Transport wie jeder andere ganz klar unter die Verantwortung des Admirals der östlichen Ostsee, Admiral Burchardi. Daher war für die Fragen der Geleitsicherung auch die 9. Sicherungs-Division zuständig.»

Leonhardt hat also recht. Aber an jenem verhängnisvollen 30. Januar ist niemand da, der ihm recht gibt. Bevor irgendeine Entscheidung «von oben» eintrifft, wirft die *Wilhelm Gustloff* in Gotenhafen die Leinen los und gleitet langsam in die Danziger Bucht hinaus. Es ist kurz nach 12 Uhr mittags. Die *Hansa* ist schon früher ausgelaufen.

Während der Ozeanriese langsam auf die Molenköpfe zugleitet, kann man von Land aus folgende Szene beobachten: Nochmals halten eine Fähre und mehrere kleinere Boote auf die *Gustloff* zu. Sie legen an der steil aufragenden Bordwand an. Dann sieht man Menschen wie Ameisen in die Höhe krabbeln: Erneut gelangen Hunderte an Bord. Nun werden gewiß 5000 auf dem Schiff sein. Fünftausend, die aufatmend den Hafen hinter sich lassen, in dem sicheren Glauben, nun alle Not und alle Entbehrungen überwunden zu haben.

*

Es ist ein Glück für Korvettenkapitän Leonhardt und seinen kleinen Stab, daß es an diesem Tag Arbeit in Hülle und Fülle gibt. Die Flüchtlingstransporte von der Samlandküste, von Pillau und von der Frischen Nehrung müssen organisiert werden. Die Operationen der 2. Kampfgruppe laufen wieder an. Die schweren Kreuzer brauchen Schutz gegen Minen und U-Boote. Daneben läuft der normale Geleitverkehr von und nach Libau und westlich Gotenhafens von und nach Swinemünde ohne Pause weiter. Der schwere Kreuzer *Admiral Hipper* hat ebenfalls seine Westreise angemeldet. Seine Gefechtsbereitschaft ist nicht hoch genug, daß er gleich den anderen Kriegsschiffen sowjetische Landziele bekämpfen könnte. Er verlegt nach Kiel – und hat für diese Fahrt bereits 1500 Flüchtlinge an Bord genommen. Das modernste Flottentorpedoboot, *T 36*, wird den großen Bruder geleiten.

Aufgaben über Aufgaben für die 9. Sicherungs-Division!

Und doch kehren die Gedanken immer wieder zur *Wilhelm Gustloff* zurück. Nachmittags kommt Oberleutnant Remien aufgeräumt in das Arbeitszimmer Leonhardts. Er schwenkt einen Funkspruchzettel: «Meldung von Weg 76, Herr Kapitän: *Gustloff* hat geankert. Sie wartet auf die *Hansa*, aber die hat Maschinenschaden.»

«Das kommt ja wie gerufen», freut sich Leonhardt, «nun werden sie die *Gustloff* nicht allein weiterschicken.»

Zuerst sieht es auch so aus. Schlepper eilen der *Hansa* zu Hilfe. Aber dann wird alle Hoffnung zunichte:

«*Gustloff* ist wieder ankerauf gegangen. Sie setzt die Fahrt allein fort.»

Als Schutz begleiten das Flüchtlingsschiff lediglich zwei kleine Fahrzeuge der II. ULD: das Torpedoboot *Löwe*, das 1940 beim Angriff auf Norwegen erbeutet worden war. Und das Torpedofangboot *TF 19*, das eigentlich nur die Aufgabe kannte, von U-Booten verschossene Übungstorpedos wieder aufzufischen.

Noch ehe Hela passiert ist, fordern der Sturm und die grobe See ein neues Opfer: *TF 19* teilt durch Blinkspruch mit, daß es die Fahrt nicht halten kann. Soll die *Gustloff* nun auch noch langsamer fahren, um sich der Geschwindigkeit ihres fragwürdigen Geleitschutzes anzupassen? Das wäre paradox. *TF 19* muß entlassen werden. Noch wäre es Zeit, die *Gustloff* mit ihren 5000 Menschen zurückzurufen.

In Gotenhafen rücken die Uhrzeiger auf die neunte Abendstunde vor. Draußen ist finstere Nacht. Der Sturm heult. Auf See wird die Sicht nicht besser sein. Das ist gewiß ein Plus für das dahinjagende Schiff, denkt Leonhardt.

Große Passagierdampfer sind schnell, und U-Boote sind langsam. Das ist auch auf dem Atlantik so. Die Engländer schicken sogar ihre größten Ozeanriesen als schnelle Einzelfahrer durch das gefährdete Seegebiet. Sie zwängen sie nicht in die viel langsameren Konvois. Trotz ihrer Erfahrungen aus jahrelangem Kampf ist es den deutschen «Wölfen» noch nie gelungen, einen dieser ganz Großen zu erwischen. Die russischen U-Boote sind nicht schneller als die deutschen; und mehr Erfahrung haben sie bestimmt nicht.

Aber Leonhardt entdeckt einen Fehler in dieser Rechnung. Die *Gustloff* ist gar nicht so schnell. Sie ist nicht dafür gebaut worden, das «Blaue Band» zu erobern. Wirtschaftlich sollte sie fahren. Ihre Dieselmotoren mochten einmal für eine Höchstgeschwindigkeit von 16 Knoten gut gewesen sein. Aber das ist lange her. Wenn es hoch kommt, dann schafft die *Gustloff* noch 12 Knoten. Damit kann sie einem geschickt operierenden U-Boot kaum davonlaufen.

Für Leonhardt ist es beruhigend zu wissen, daß *Admiral Hipper* und *T 36* ebenfalls ausgelaufen sind. Die schnellen Kriegsschiffe werden die *Gustloff* etwa um Mitternacht erreichen und überholen. Vielleicht erlaubt es die Lage, daß sie ihre Fahrt drosseln und das Passagierschiff in die Mitte nehmen. Und selbst wenn das nicht geht: Der Kreuzer und das Torpedoboot werden etwa zwei bis drei Stunden lang in unmittelbarer Nähe des Flüchtlingsschiffes marschieren.

Es hat keinen Zweck, auf Nachricht zu warten. Natürlich wird die *Gustloff* ihren Standort nicht durch Funken verraten – wenn alles glatt läuft. Dann wird man vor morgen nichts von ihr hören. Nicht bevor sie in Sicherheit ist!

Wenn sie dagegen jetzt oder im Laufe der Nacht funkt...

Zu dieser Stunde ist das große Passagierschiff bereits blind ins Verderben gerannt. Der Kapitän 3. Ranges A. J. Marinescu, Kommandant eines sowjetischen U-Bootes der S-Klasse, sieht sein Opfer mit brennenden Positionslichtern geraume Weile auf sich zukommen. Die Beobachtung des deutschen Schiffsverkehrs in den vergangenen Tagen hat sich gelohnt. Das Boot liegt genau richtig in Angriffsposition. Wenn der große Dampfer dort nicht mehr zackt, heißt es nur noch warten. Die Nerven behalten. Und im entscheidenden Augenblick losdrücken.

Um 21.15 Uhr an diesem stockfinsteren Abend läuft der Dreierfächer. Dumpf grollen die Explosionen durch die See. Die Russen liegen sich jubelnd in den Armen: Alle drei Torpedos haben getroffen!

Das weitere Schicksal des Schiffes und das Schicksal der Tausende an Bord ist schon oft beschrieben worden. Nun, da die Katastrophe eingetreten ist, da jede Viertelstunde, die die Retter früher eintreffen, für Hunderte Leben oder Tod bedeuten kann – da geschieht ein zweiter verhängnisvoller Irrtum. Die *Gustloff* sendet SOS. Aber sie sendet es auf einer Welle, die von den Fahrzeugen der 9. Sicherungs-Division gar nicht mitgehört wird. Die Boote, die am ehesten helfen könnten, erfahren zuerst gar nichts von der Katastrophe.

So vergeht unwiederbringliche Zeit. Als endlich eine Leitfunkstelle den Notruf auch auf anderen Wellen wiederholt, hat es für manche Boote schon keinen Zweck mehr, von ihren Liegeplätzen an der pommerschen Küste auszulaufen.

Tödlich getroffen, neigt sich das gewaltige Schiff auf die Seite. Die Frist ist kurz, in der sich das Los der Menschen zwischen Tod und Überleben entscheidet. Mehr als vier Fünftel der rund 5 000 versinken mit dem Schiff im Meer. 904 werden gerettet – ohne Unterschied Männer, Frauen und Kinder.

Zuerst geistert nur das Torpedoboot *Löwe* mit seinen Scheinwerfern wie aufgescheucht um den sinkenden Riesen herum.

Dann treffen, wie vorausgesehen, *Admiral Hipper* und *T 36* ein; doch

176

der Kreuzer kann nicht bleiben, da das U-Boot noch in der Nähe geortet wird, und nur *T 36* beteiligt sich an der Rettung. Schließlich laufen von einem entgegenkommenden Geleit und von der Küste mehrere Sicherungsfahrzeuge herbei, die die steifgefrorenen Menschen aus dem Wasser holen, sowie sie sie nur greifen können. Noch während der Nacht schwirrt es von Funksprüchen. Einer davon, von einem alten Vorpostenboot abgesetzt, lautet:

«Kleinkind Gustloff gerettet.»

Der Kommandant berichtet später, daß seine Männer plötzlich ein Rettungsboot gesichtet hätten und er darauf zugesteuert sei. Nahe genug herangekommen, hätten sie dann allerdings erkannt, daß das Boot voll Wasser geschlagen war und sich niemand darin befand. Enttäuscht wollten sie sich schon abwenden, als der Bootsmann das Bündel entdeckte, das in der Spitze des Bootes auf einer Ducht lag. Es war ein winziges blaugefrorenes Menschlein, das sie aus der See zogen, gewickelt und wohlverpackt; noch lebend, so daß es behutsam aus der Starre des Erfrierens gelöst und gerettet werden konnte. Niemand wußte, wie das Kind hieß und zu wem es gehörte. Die Überlebenden kannten es nicht. So blieb es unter der Obhut des Bootsmannes, dem es sein Leben verdankte.

Gemessen an der Zahl der Opfer war der Untergang der *Wilhelm Gustloff*, trotz weitverbreiteter Meinung, nicht die schlimmste Katastrophe der Massenflucht über See. Es war ein Segen, daß die ULD-Offiziere in Gotenhafen nicht noch mehr Menschen an Bord gelassen hatten. Später sind weit kleinere Transporter mit noch größeren Flüchtlingzahlen belegt worden. Und auch im Geleit der erfahrenen 9. Sicherungs-Division sind einige dieser Schiffe angegriffen und versenkt worden.

Niemand kann also mit Sicherheit sagen, ob die Katastrophe der *Gustloff* hätte vermieden werden können. Fest steht nur, daß die zurückgebliebene *Hansa* und die aus Danzig auslaufende *Deutschland*, daß auch die *Cap Arkona* wenig später die Überfahrt nach Westen wagen. Zusammen mit über 30000 an Bord! Aber umgeben von kampferfahrenen Minensuchbooten. Fest steht, daß diese Schiffe nicht nur dieses Mal glücklich im Westen angekommen sind, sondern auf mehreren weiteren Fahrten jedesmal Zehntausende aus dem bedrohten Osten des Reiches in Sicherheit gebracht haben.

Stärker noch und unmittelbarer als in Danzig und Gotenhafen erleben die Besatzungen der in Pillau liegenden Kriegsschiffe in diesen eisigen Januar- und Februartagen die Not der verwundeten und fliehenden Menschen. Der kleine Hafen wird zur einzigen Hoffnung für die

Hunderttausende, die aus dem Samland und aus dem Raum Königsberg zur Küste zu entkommen suchen, bevor der nördliche Stoßkeil des russischen Angriffs sie überrollt.

Auch hier trägt die Partei die Verantwortung für das Schicksal aller Menschen, die nicht zur Wehrmacht gehören. Den zivilen Behörden ist jeder Einfluß genommen. Getreu den Befehlen des Gauleiters Koch ersetzen Propagandareden, Durchhalteparolen und der «unerschütterliche Glaube an den Endsieg» jede Vorsorge für den Fall der Katastrophe. Landräte und Bürgermeister, die mit Schrecken das Fehlen jeden Räumungsplanes für die Bevölkerung sehen und sich daher selbst an die Arbeit machen, werden von der Partei in drohendem Ton zurechtgewiesen: Dies ginge sie gar nichts an; sie sollten ihr landesverräterisches Treiben sofort unterlassen; einzig die Partei habe über die Zivilbevölkerung zu bestimmen.

Selbst als die Katastrophe schon sichtbar eintritt, als die Russen vorwärtsstürmen, ändert sich an dieser Haltung nichts. Räumungsbefehle werden überhaupt nicht oder zu spät erteilt. Oft beginnt die Bevölkerung erst zu trecken, wenn die örtlichen Parteigewaltigen plötzlich verschwunden sind, denn auch in diesem Punkt folgen die meisten Braunen im Lande blindlings dem Beispiel ihres Gauleiters: sich selbst an erster Stelle in Sicherheit zu bringen.

Koch verständigt am Abend des 28. Januar, als in Königsberg das Grollen der nahen Front stündlich stärker wird, seine engsten Mitarbeiter und die Behördenleiter der Stadt und setzt für den nächsten Vormittag eine «Dienstbesprechung» in Fischhausen an, das nahe Pillau vorläufig außerhalb der Gefahrenzone liegt. Im Dunkeln stiehlt sich der «Herr des Ostens» unerkannt aus seiner Hauptstadt fort. Die Einwohner erfahren weder etwas von dieser getarnten Flucht noch werden sie selbst zum Verlassen Königsbergs aufgerufen. Eineinhalb Tage später stoßen sowjetische Panzerspitzen im Westen bis an die Küste des Frischen Haffs durch. Die Stadt ist eingeschlossen, und über 150000 Menschen befinden sich noch in ihren Mauern.

In diesen Tagen brandet die Welle der Flüchtlinge erstmals gegen Pillau, um in den folgenden Wochen nicht mehr abzuebben. Im Nu ist das Städtchen, das bisher einschließlich seiner starken Marinegarnison kaum 12000 Menschen beherbergte, bis zum Zehnfachen dieser Zahl überbelegt. Ohne Pause schieben sich Züge mit Verwundeten von der schwerringenden Front in den kleinen Hafen. Zwar werden gerade diese Soldaten sofort mit allen verfügbaren Lazarettschiffen und behelfsmäßigen Verwundetentransportern über See fortgeschafft; und doch gibt es Tage, an denen Pillau allein bis zu

35000 Verwundeten ein Dach über dem Kopf, ein warmes Essen und Pflege geben muß.

Die Marine-Intendantur verfügt zwar über Vorräte, die aber einem solchen Ansturm nicht gewachsen sind. Schon nach wenigen Tagen beginnen einige Grundlebensmittel knapp zu werden. Der Nachschub von Gotenhafen über See muß erst anlaufen. Zu aller Not, zu der barbarischen Kälte, zu den Bomben und Granaten des Feindes bedroht nun auch noch der Hunger die Schutzlosen.

Da erinnert man sich in Pillau des Brückenkopfes Memel, der nach über dreimonatigem Widerstand gerade aufgegeben und von den letzten deutschen Soldaten geräumt werden soll. Man weiß, daß Memel auf Monate hinaus bevorratet ist. Die Verpflegungslager werden in die Luft gesprengt und ein Raub der Flammen werden, weil die Schiffe zum Abtransport fehlen. Und das, während die Großküchen und Bäckereien in Pillau kaum noch Mehl, Reis und Kartoffeln genug erhalten, um die dringendsten Rufe nach Nahrung und warmem Essen zu erfüllen!

Noch am gleichen Abend laufen die beiden großen, neuen Torpedoboote *T 33* und *T 35* von Pillau aus. In ihrem Kielwasser folgt eine alte französische Küstenfähre. Darauf wollen sie die Vorräte verstauen – falls sie überhaupt noch nach Memel hineinkommen. Die T-Boote sollen den Transport sichern. Selbsthilfe für Pillau. Der Kommandant von *T 35*, Kapitänleutnant Hans-Walter Buch, ist sofort darauf eingegangen, als ihm die Intendantur diesen Vorschlag machte.

Aber so einfach ist das nicht. Vor Memel gerät der kleine Geleitzug in dichten Nebel. Die Fähre verliert den Anschluß und die Orientierung. Die Kriegsschiffe finden nur mit ihrem Radargerät nach Memel hinein. Vorsichtig schleichen sie sich in den Hafen, alle Mann auf Gefechtsstationen. Man kann nie wissen. Doch dann dringen ihnen vom Kai deutsche Stimmen entgegen. Und wenig später ist auch ein Verwaltungsoffizier an Bord, der mißtrauisch die Anforderungslisten aus Pillau prüft. Glücklicherweise ist alles in Ordnung. Trotz des Durcheinanders sind alle erforderlichen Unterschriften und Stempel auf die Papiere gesetzt worden. Sonst wären die Verpflegungslager wohl eher in die Luft geflogen, als daß man einen Sack herausgegeben hätte.

«Wir werden alles hier mit Lkw vorfahren», sagt der Verwaltungsoffizier. «Aber wie kommen die Säcke und Kisten an Bord? Wir haben keine Arbeitskräfte mehr.»

«Dann packen wir eben selbst zu», entscheidet Buch. «Wäre ja noch schöner, wenn wir nicht einmal Mehlsäcke stauen könnten!»

In wenigen Minuten sind die Besatzungen in Arbeitskommandos eingeteilt. Seeleute, die sonst die Granaten zu den Geschützen mannen, klimmen nun mit Zentnersäcken Reis und Mehl auf dem Buckel in langer Reihe die schwankende Gangway hinauf. Andere stapeln Kisten mit Fett und Trockenfrüchten auf den Decks der Boote. Mehrere Stunden dauert die Beladung. Dann sehen die jüngsten Neubauten der Kriegsmarine eher aus wie schwimmende Krämerläden. Nur an den Geschützen wird genügend Platz gelassen – sollte es den Sowjets einfallen, den Verpflegungsnachschub für Pillau aus der Luft anzugreifen.

Am nächsten Tag treffen *T 33* und *T 35* wieder in Pillau ein. Sie kommen gerade zur rechten Zeit: 8000 neue Flüchtlinge sind an diesem Tage angekündigt; aber bis zum Abend sind es schon 30 000, die mit Schiffen, mit der Bahn und zu Fuß aus Königsberg und dem Samland in die Hafenstadt strömen. Jetzt kann man sie wenigstens verpflegen. Jetzt hat man wenigstens ein warmes Essen für sie.

Der «Mehleinsatz» der Torpedoboote ist ein typisches Beispiel dafür, wie sich die Aufgaben der Kriegsmarine in der Ostsee in den letzten Monaten vor dem Zusammenbruch mehr und mehr verschieben: fort von einer reinen Seekriegführung, und hin zu der menschlichen Pflicht, zu helfen, zu lindern und zu schützen, wo immer ihre Kräfte dazu reichen.

*

Bis jetzt sind wenigstens die Häuser Pillaus noch unversehrt. Wenn auch auf engstem Raum zusammengedrängt, so finden die Zehntausende doch immer noch ein Dach über dem Kopf in den bitterkalten Nächten. Das ändert sich mit einem Schlage: In der Nacht zum 27. Januar bricht ein gewaltiger Donner auf. Der Boden zittert wie unter einem schweren Erdbeben. Häuser stürzen zusammen. Dächer werden abgedeckt, Türen und Fenster aus den Angeln gerissen. Voller Entsetzen drängen die Menschen in die Keller. Lange Zeit weiß niemand, was geschehen ist. Dann sickert es durch: Das Munitionslager im Fort Stiehle ist in die Luft geflogen!

«Diese Nacht war der Anfang vom Untergang Pillaus», berichtet ein Bürger der Stadt. «Nun konnten auch wir den Flüchtlingen keine Wärme und kein Unterkommen mehr bieten. Durch alle Räume fegte der eisige Wind. Türen und Fenster waren nicht zu ersetzen. Am Montag, dem 5. Februar, erfolgte der erste Bombenangriff. Um 14.30 Uhr kamen die russischen Flieger in mehreren Wellen an, und in kurzer Zeit war das Werk getan. Was durch die Explosionskatastrophe noch verschont geblieben war, bekam jetzt den Rest. Viele Häuser wurden getroffen und sanken zusammen. Mehrere hundert Opfer an Toten und Verwundeten waren zu beklagen. Da der alte Friedhof im Laufe der letzten Wochen völlig belegt war, wurde ein neuer angelegt. Er erstreckte sich von der Nordermole hinter den Dünen mit der Zeit bis an die Strandhalle von Zöllner. Bis dahin wurden dort rund 8000 Soldaten und Zivilisten begraben.»

Anfang Februar sichern *T 23* und *T 28* neben anderen Torpedobooten die schweren Kreuzer, die ihre Granaten zu den Brennpunkten der Landschlacht hinüberschicken. Auch die Torpedoboote fallen in das Feuer ein, sobald Truppenansammlungen oder Panzerangriffe des Feindes im Bereich ihrer Geschütze liegen. Die deutsche 3. Panzer-Armee, die sich bereits auflöste, bildet noch einmal eine Front im Samland. Sie verhindert, daß der Feind bereits jetzt in Pillau eindringt.

Der Frontverlauf kündet von der Feuerunterstützung der Schiffe. Denn die neue Linie erstreckt sich von Neukuhren in einem geschwungenen Bogen, immer in Reichweite der Küste, bis nach Peyse am Frischen Haff. Diesseits des Bogens drängen sich die Flüchtlinge Meter um Meter am Lochstädter Wald in die nur eineinhalb Kilometer breite Landenge vor Pillau hinein. Sie sind wie ein großer Strom, der breit anbrandet, aber eine schmale Schleuse passieren muß, ehe er abfließen kann.

Nach wie vor holen auch die zahlreichen Küstenfahrzeuge die fliehenden Menschen aus den am stärksten bedrohten kleinen Häfen des Samlandes ab. Frau Käte Pawel, Gewerbelehrerin aus Königsberg, lebt seit ihrer Ausbombung in der Hauptstadt im Pestalozzihaus am Kirchenberg in Rauschen/Samland. Sie hat über ihre weitere Flucht ein genaues Tagebuch geführt. Ihr Schicksal steht hier für viele tausend andere, die alle ähnlich verlaufen sind.

Um die Monatswende Januar/Februar nähert sich unüberhörbar die Front. Aber noch darf niemand seinen Arbeitsplatz in Rauschen verlassen. Am 8. Februar trägt Frau Pawel in ihr Tagebuch ein:

«Plötzlicher Befehl: Rauschen wird polizeilich geräumt. In Neukuhren sollen Schiffe zum Abtransport der Bevölkerung bereitliegen. Ein paar Züge werden eingesetzt, nur Handgepäck darf mitgenommen werden.

9. Februar: In Neukuhren herrscht ein aufgeregtes, wüstes Durcheinander. Im Hafen liegt aber kein Schiff. Die Nacht verbringen wir im Centralhotel auf dem Erdboden.»

Auch am nächsten Tag stehen Tausende stundenlang vergebens am Hafen. Wer irgendwo ein Stück Brot, eine Fischkonserve oder gar einen Schlag warmes Essen ergattert, hat großes Glück. Erst in der folgenden Nacht pflanzt sich von Straße zu Straße und von Haus zu Haus der Ruf fort: Die Schiffe sind da! Im Tagebuch heißt es:

«Zwei Stunden stehen wir bis über die Knöchel im wäßrigen Schnee des Hafens herum. Die Schiffe bringen Proviant und werden erst ausgeladen. Um 23 Uhr gelingt es uns, auf einen offenen Kutter zu kommen – unten mit einem Laderaum, in den nur Mütter mit Kindern heruntergelassen werden. Wir bleiben oben an Deck und verbringen die Nacht auf unserem Koffer sitzend, in Decken gepackt. Schlackschnee setzt ein, der morgens in Regen übergeht.

Sonntag, 11. Februar: Wir sind schon patschnaß. Unser Koffer steht mehrere Zentimeter tief im Schneewasser. Endlich, um 8 Uhr früh, setzt sich unser Geleitzug in Bewegung. Die Küste, unser Samland, unsere Heimat, entschwindet langsam. Wir fahren weit auf See hinaus, da die Küste überall vermint sein soll. Die See ist bewegt. Große Wellen schlagen über Bord. Wir sind vollkommen durchnäßt. Viele werden seekrank. Unten kreist ein Eimer... Der Leuchtturm von Brüsterort steht noch. Die Schornsteine von Palmnicken sind nicht zu sehen. Große Rauchwolken liegen über der Gegend, besonders nach Fischhausen hin. Um halb zwei Uhr erreichen wir Pillau, wo wir auf andere Schiffe warten sollen.

Den ganzen Tag stehen wir mit Tausenden im Dreck des Hafens herum und warten. Pillau sieht infolge der nächtlichen Beschießung trostlos aus. Überall Glasscherben, Schmutz und Kot. Es ist unmöglich, auf ein Schiff zu gelangen. Nur kinderreiche Familien werden durchgelassen. Um 19 Uhr gelingt es uns dann doch, in ein kleines Motorboot zu gelangen, das im Nu überfüllt ist. Dieses bringt uns hinaus zu dem großen Truppentransporter *St. Malo*. In einem Durchgangsraum erwischen wir zwei Matratzen. Sogar etwas Essen wird verteilt.

12. Februar: Ohne Zwischenfälle fahren wir in weitem Bogen um die Minenfelder an der Küste herum und treffen gegen 20 Uhr in Gotenhafen ein. Dort müssen wir das Schiff verlassen, sitzen also wieder fest. Nach langem Umherirren kommen wir auf Holzwollstreu in einem Offiziersheim unter.

18. Februar: Nach unendlich vielen Versuchen erhalte ich auf der Marinekommandantur zwei Karten für den Dampfer *Hamburg*. Trotz der Überbelegung finden wir auf dem großen Hapag-Dampfer zwei Liegeplätze in einem Seitengang. Hier wird endlich wieder kräftiges Essen, meist Eintopf, ausgegeben, so daß wir wieder zu Kräften kommen.

19. Februar: Noch immer fährt das Schiff nicht ab. Im Salon ist

ein Altersheim untergebracht. Welch ein Gegensatz zwischen den alten Dämchen in ihrem Staat und dem Elend der anderen!

Endlich, am 20. Februar, mittags gegen 3 Uhr, setzt sich der Riesenkasten in Bewegung. Wohin die Fahrt gehen soll, weiß niemand. Auch diesmal geht es wieder im Geleit. Am späten Nachmittag hören wir, daß acht Kinder, die bisher an Bord gestorben sind, zur letzten Ruhe ins Meer versenkt wurden...»

In einem großen Geleitzug mit 13 Schiffen und zahlreichen Sicherungsfahrzeugen kommt Frau Pawel am 23. Februar in Saßnitz auf Rügen an und wird dort ausgeschifft. Wie vielen Menschen mag die Flucht mit diesem Geleitzug gelungen sein? 20, 30 oder 40000? So geht es Tag für Tag.

*

Am 9. Februar sichert die 5. Torpedobootsflottille mit den Booten *T 23*, *T 28* und *T 33* den Kreuzer *Admiral Scheer* beim Einsatz seiner schweren Artillerie gegen einen rollenden russischen Panzerangriff bei Frauenburg an der Haffküste. Auf dem Rückmarsch nach Gotenhafen stoppen die Boote vor Kahlberg und nehmen ungezählte Flüchtlinge an Bord, die sich an der Küste der Nehrung drängen.

Noch in der Nacht werden die Torpedoboote erneut alarmiert und ziehen mit stiebender Fahrt aus der Danziger Bucht heraus nach Westen. Doch sie kommen zu spät: Zehn Tage nach der Katastrophe der *Wilhelm Gustloff* haben die Torpedos eines sowjetischen U-Boots wieder einen großen Dampfer mit Verwundeten und Flüchtlingen in die Tiefe gerissen.

Diesmal ist es der Verwundetentransporter *General von Steuben* – kein international anerkanntes Lazarettschiff, und daher auch ohne den vorgeschriebenen weißen Anstrich, ohne rote Kreuze. Dennoch sind fast 3000 liegende Schwerverwundete aus Pillau an Bord. Nur 3000? Die für den 15000-Tonner verhältnismäßig niedrige Ziffer erklärt sich daraus, daß die Liegenden mehr Platz in den Sälen und Kabinen des ehemaligen Luxusdampfers einnehmen. Dafür sind die Verwundeten aber auch um so unausweichlicher dem Untergang preisgegeben, als die *Steuben* eine knappe halbe Stunde nach dem Torpedotreffer über den Bug in die Tiefe rauscht.

Die beiden alten Geleitfahrzeuge, die den Dampfer schützen sollten, können nur etwa 300 Menschen lebend aus der See bergen – zumeist Flüchtlinge und Besatzungsmitglieder. 2700 finden den Tod. Wie im Falle der *Gustloff* lief auch die *Steuben* außer Verantwortung der 9. Sicherungs-Division der Katastrophe entgegen. Ohne den Schutz derer, die schon Tausende von Schiffen sicher geleitet hatten und sich in diesen schweren Wochen Tag für Tag aufs neue bewähren*.

Dennoch bleibt die *Steuben* der einzige schwere Verlust in diesem ersten Abschnitt des von übergroßer Not diktierten Massenabtransports aus Pillau. Allein zwischen dem 25. Januar und dem 15. Februar verlassen 204 000 Flüchtlinge und über 60 000 Verwundete den kleinen Hafen über See.

Vom 18. Februar bis zum Ende des Monats sprechen wieder die Geschütze der Kriegsschiffe. Donnernd verläßt Salve um Salve die 28-cm-Rohre des Kreuzers *Admiral Scheer*, der nahe Pillau im Seetief liegt. Die schweren Granaten jaulen landeinwärts davon. Dann bricht der Angriff der Heerestruppen los – einer der letzten deutschen Angriffe an der Ostfront überhaupt. Nach zähem Ringen werden die Russen geworfen, und es gelingt, die Verbindung mit der gleichzeitig aus Königsberg ausbrechenden 5. Panzer-Division herzustellen. Eine schmale Landbrücke wird freigekämpft, die sich von der Hauptstadt an der Küste des Haffs und der Eisenbahnlinie entlang bis nach Pillau erstreckt. Dann aber bleibt der Angriff, der einen Großteil des Samlandes zurückerobern soll, im Kampf um die beherrschende Höhe des Galtgrabens stecken.

In Pillau steigen während dieser Zeit Heeres-Artillerieoffiziere an Bord der Zerstörer *Z 38* und *Z 43* und der Torpedoboote *T 28* und *T 35* ein, die abwechselnd in den von mächtigen Eisschollen bedeckten Seekanal eindringen, um ihre Geschütze nahe genug an die Stellungen der Russen heranzubringen. Da die Schiffe in der schmalen Fahrrinne nicht wenden können, müssen sie sich stundenlang rückwärts, mit dem Heck voran, hineinschieben. Dabei saugt die Schraube wie ein Magnet die Eisschollen an und preßt sie gegen den Schiffsrumpf; dort blockiert das Eis allzu leicht den Kühlwasser-Austritt, so daß der leitende Ingenieur um seine Kessel fürchten und die Brücke mehrmals aufgeregt um den Stoppbefehl bitten muß. Aber sie erreichen die vorgesehenen Feuerstellungen bei Peyse und Groß Heydekrug, und ihre Geschütze fallen in die Schlacht ein.

Und wieder ergießt sich ein Strom von Fliehenden aus der belagerten Hauptstadt nach Pillau und in das Hufeisen des freigekämpften, noch in deutscher Hand befindlichen Samlandes. Die meisten kennen bereits die Schrecken der Flucht. Doch das Leid auf den Landstraßen, die bittere Kälte, die Angriffe aus der Luft, das Auseinanderreißen der Familien im Durcheinander der Verladeplätze, all diese Not und selbst

* Allein im Jahre 1944 geleitete die 9. Sicherungs-Division (zuvor F. d. M. Ost) in der östlichen Ostsee 3275 Schiffe mit fast 8,8 Millionen BRT mit geringsten eigenen Verlusten.

die Aussicht auf einen qualvollen Tod in den Fluten der See wiegen leicht gegen die Schrecken, die die Soldaten der Roten Armee nach ihrem siegreichen Einbruch in deutsche Städte und Dörfer um sich verbreiten.

So gesehen, stellt die Flucht für die gepeinigten Menschen immer noch das geringere Übel dar. Pillau und die Schiffe sind ihr Ziel. Doch während sie noch zu Zehntausenden warten und hoffen, läßt der Strom der Schiffe Anfang März plötzlich nach und versiegt wenige Tage später ganz. Enttäuscht wenden sich die Menschen ab und folgen den Anweisungen der Ordner, die sie auf die Dörfer des Samlandes verteilen, dicht hinter der Front, die in dieser Zeit merkwürdig ruhig bleibt.

Was ist geschehen?

Die Russen haben den Schwerpunkt ihrer Offensive verlagert. Sie fallen viel weiter westlich in Hinterpommern ein und stürmen gegen Danzig und Gotenhafen vor. Dort werden die Schiffe nun gebraucht. Eine noch um vieles größere Aufgabe liegt vor ihnen. Die Ostpreußen im Samland müssen sich gedulden. Sie zählen nur noch nach Hunderttausenden. In der Danziger Bucht aber geht es um mehr als eineinhalb Millionen, die nach Rettung rufen.

9

Kolberg | **Eine Stadt wie die Hölle**

Nächtliche Fahrt ins Ungewisse – Die «Martha Geiß» läuft mit 1000 Flüchtlingen aus Stolpmünde aus – Stürmische Reise entlang der brennenden Pommernküste – Die zweite Fluchtwelle vor den Russen – Die Verteidiger der «Festung Kolberg» – Minuten entscheiden: Zerstörer Z 34 entkommt mit 1300 Menschen einem Teppichwurf schwerer Bomben – Der Endkampf Kolbergs.

Am 6. März 1945 schiebt der kleine Küstendampfer *Martha Geiß* seinen von ungezählten Brechern graugewaschenen Bug gegen die stürmische See nach Osten. Der Kapitän hält sich dicht unter der pommerschen Küste. Hier kennt er jeden Weg und jede Untiefe. Er erinnert sich nicht, wie oft er diese Strecke schon gefahren ist, aber die Zahl muß hoch in die Hunderte gehen. Für jeden Hafen zwischen Stettin und Stolpmünde besitzt er das Lotsenpatent und kennt jeden Platz, ja, jeden markanten Baum, jeden Kirchturm oder Schornstein, nach denen er oftmals sein terrestrisches Besteck genommen hat. Eins aber erlebt auch dieser alte Fahrensmann heute zum ersten Mal, und deshalb hält er sein Glas schweigend auf die Küste gerichtet:

Das Land brennt! Schwarze und graue Rauchpilze verwehen in den schneeverhangenen Himmel. Die Geißel des Krieges schlägt nun auch auf Hinterpommern ein. Seit einer Woche greifen die Russen nach Norden an. Wo eine deutsche Front war, ein Schleier nur, der das Land gegen den weiter südlich erfolgten Januar-Durchbruch der feindlichen Panzerarmeen auf die Oder abschirmen sollte, da ist er längst zerrissen. Und wenn die Russen westlich Köslin noch nicht überall an der Ostseeküste stehen, so eigentlich nur deshalb, weil selbst sie auf den wiederum von Flüchtlingen verstopften Straßen – obwohl sie die Trecks in die Gräben fegen – nicht noch schneller vorankommen.

Der Kapitän der *Martha Geiß* weiß nichts Genaues von diesem Stand der Dinge. Aber er sieht durch sein Glas die schwarzen Schlangen der Fliehenden, die ohne Weg und Steg am Strand entlang nach Westen hasten, und er ahnt, warum sie nicht einmal mehr die wenige Kilometer landeinwärts von Kolberg über Treptow nach Kammin führende Straße benutzen können.

Bei Köslin, heißt es, stehen die Russen schon seit dem 2. März an der Küste. Dennoch: Die *Martha Geiß* hat Order nach Osten. Die Reederei hat den kleinen Dampfer dringend in seinen Heimathafen Stolpmünde gerufen. Dort warten Tausende von Einheimischen auf eine Möglichkeit, über See zu entkommen, und auch aus Stolp und aus den umliegenden Orten strömen unaufhörlich Flüchtlinge in den Hafen.

Der Dampfer stampft unbeirrt weiter. Weit und breit ist er der einzige, der auf Ostkurs liegt. Fahrzeuge jeder Art, Fährprähme der Marine, Küstenmotorschiffe, Fischkutter, begegnen ihm auf der Flucht nach Westen, und alle sind schwarz voller Menschen. Der Kapitän sucht durch Blinksprüche zu erfahren, woher sie kommen, und einige sind wirklich aus Stolpmünde ausgelaufen. Auf die Frage nach den Russen aber wissen sie keine Antwort, sondern kennen selbst nur Gerüchte.

So fährt die *Martha Geiß* ins Ungewisse. Die Dunkelheit bricht schnell herein, und die Sicht ist miserabel. Jetzt beweist der Kapitän seinen bewundernswerten Ortssinn. Er könnte auch mit geschlossenen Augen jederzeit sagen, wo sich sein Schiff befindet. An Land mehren sich die Feuer – nicht die vertrauten der Leuchttürme, sondern die Flammen niederbrennender Häuser und Ortschaften, weithin kündend, daß der Feind dort bereits an der Küste steht. Der Kapitän weist auf ein zuckendes Flammenmeer und erklärt seinen wenigen Passagieren – Offiziere, die gleich ihm noch nach Osten müssen – das dort drüben sei Rügenwalde. Dann eine einzelne Fackel: der hellauf brennende Leuchtturm von Jershöft; auch dort also die Russen.

Die Männer auf der Brücke schweigen und starren geradeaus in die Finsternis. Wenn Stolpmünde ebenfalls schon brennt, müßte es nun dort vorn in Sicht kommen. Nur eine knappe Stunde Fahrt trennt sie noch vom Ziel ihrer Reise.

Endlich lohnt der Erfolg die hartnäckige Ausdauer: Stolpmünde kann ohne Schwierigkeiten angelaufen werden, das Land im engeren Umkreis ist noch feindfrei. Gegen Mitternacht macht der Dampfer an seinem gewohnten Liegeplatz fest, von Ungezählten an Land aufatmend begrüßt. Die kleine Flotte, die noch zum Abtransport der Flüchtlinge im Hafen liegt, erfährt durch ihn wesentliche Verstärkung.

Noch in der Nacht beginnen Soldaten, die Benzinfässer zu entladen, damit Platz für die Menschen geschaffen wird. Die Zahl derer, die Stunde um Stunde geduldig darauf warten, an Bord zugelassen zu werden, schwillt ständig an. Die Reederei hat Schiffskarten an die Einheimischen und an die Bürger von Stolp ausgegeben, um trotz des Andrangs ein Mindestmaß an Ordnung aufrechtzuerhalten. Doch zwischen den Bevorrechtigten drängen sich Hunderte, die auch ohne Karte hoffen, nicht abgewiesen zu werden. Schon ist der Dampfer *Ernst Geiß* und sind eine Reihe noch kleinerer Schiffe und Boote überfüllt und warten auf den Befehl zum Auslaufen. Niemand weiß, ob noch mehr leere Schiffe eintreffen werden, und niemand glaubt mehr daran. Die *Martha Geiß* ist die letzte Hoffnung der Zurückgebliebenen und aller Menschen, die noch von Ost und West in den Hafen strömen.

Am Morgen werden die Laderäume gesäubert und durchlüftet, und Stroh wird auf das nackte Eisen geschüttet. An diesem 7. März dreht der Sturm auf Nordwest und frischt noch mehr auf. Besorgt schauen die Kapitäne und Steuerleute auf die zerklüftete, von den weißen Schaumköpfen der Brecher durchwirkte See. Wind und Seegang versprechen alles andere als eine ruhige Überfahrt – über und über beladen mit Menschen, die nur die Angst auf die Schiffe treibt. Doch sie wollen gern tage- und nächtelang auf den eisigen Decks verbringen, wenn es nur nach Westen geht.

Schneller als vorausgesehen erfüllt sich dieser Wunsch. Als der Tag zur Neige geht, schwillt der Kampflärm im Südwesten mächtig an. Das Mündungsfeuer der Geschütze wetterleuchtet durch die Dunkelheit. Der Feind kann nicht mehr weit sein. Stolp ist bereits von den Deutschen geräumt. Wenn sich die Sowjetpanzer dort nicht aufhalten, können sie Stolpmünde binnen einer Stunde erreichen.

Die *Martha Geiß* läuft aus. Noch ist sie hinter der Mole im ruhigen Wasser, aber schon fährt der Sturm jaulend über Deck. Der Kapitän hat die Back räumen lassen, weil er befürchten muß, daß die Brecher über das Vorschiff schlagen werden. Aber es ist einfach unmöglich, noch mehr Menschen in die überfüllten Räume unter Deck zu stopfen; zwei- bis dreihundert müssen oben auf dem Bootsdeck und dem Achterschiff ausharren.

«Festhalten!» ruft der Kapitän und brüllen die Seeleute, als der Dampfer aus dem Schutz des Hafens herauskommt. Sogleich wird er vom ersten Wellenberg unterrollt und steckt seine Nase so tief in das folgende Tal, daß die seeungewohnten Menschen fürchten, er werde sie in das aufgewühlte Meer schleudern. Festhalten – dieser Aufforderung bedarf es kein zweites Mal. Sie greifen nicht nur nach den Strecktauen, die überall gespannt sind, sondern ein jeder klammert sich auch an seinen Nachbarn, so dicht gedrängt stehen sie an Deck.

Das Schiff schwenkt nun auf seinen Kurs ein und bekommt Wind und Seegang von vorn. Das gibt etwas Erleichterung. Auf dem kleinen Frachter mögen etwa tausend Menschen sein, und keiner von ihnen wird diese Fahrt jemals vergessen. Kaskaden von Wasser und Gischt prasseln auf die schutzlosen Menschen nieder. Mützen, Mäntel und Decken werden rasch durchnäßt. Die Lufttemperatur fällt mehrere Grad unter Null, das mit Seewasser getränkte Zeug friert. Die Menschen spüren, wie die Kälte an ihnen hochkriecht und sie mehr und mehr durchdringt. Das Deck, auf das sie mit den Füßen stampfen, ist spiegelglatt vor Eis. Manch einer gleitet aus und stürzt zu Boden, doch die Nachbarn greifen zu und halten ihn. Und schließlich ist es eine Fahrt, auf der sich selbst bei seefesten Männern der Magen umdreht. Die Seekrankheit springt wie ein ansteckendes Fieber von Mensch zu Mensch, bis auch der letzte ihr zum Opfer gefallen ist.

Unentwegt stampft die kleine *Martha Geiß* weiter. Sie fährt allein, Geleitschutz hat sie nicht. Dicht unter der Küste zieht sie dahin. Dort verbietet die geringe Wassertiefe feindlichen U-Booten den Aufenthalt. Nur Minen könnten hier geworfen sein – doch daran wollen sie nicht denken, denn ein Minentreffer wäre der sichere Untergang und tausendfacher Tod.

Trotz finsterer Nacht und trotz des Sturms ist dieser Weg nicht zu verfehlen. Er wird begleitet vom Feuerschein brennender Dörfer und Gehöfte, die den Lauf der Küste nachzeichnen. Brandfackel hinter Brandfackel, ein weithin sichtbares Fanal vom Untergang ihrer Heimat, das die Menschen an Bord bisweilen ihre Ängste und die Qualen dieser Flucht vergessen läßt. Der Gedanke, einem furchtbareren Los zu entrinnen, macht sie ruhiger und gefaßter – und geduldiger gegenüber den Unbilden dieser Sturmfahrt.

Denn letztlich ist es doch eine Fahrt in die Freiheit, in ein neugewonnenes Leben, wie alle Fahrten der Hunderte großer und kleiner Schiffe, die in diesen Wochen voll beladen mit Flüchtlingen dem rettenden Westen entgegeneilen.

Am frühen Nachmittag des 8. März läuft die *Martha Geiß* in die Swine ein. In Swinemünde sind jedoch so viele Flüchtlinge angelandet worden, daß sie nach Stralsund weiterlaufen muß. Und während sie das Stettiner Haff durchqueren und dann langsam durch die Peene geschleust werden, steht den Menschen an Deck wieder das Bild vor Augen, das sich ihnen unauslöschlich eingeprägt hat, als sie vor der pommerschen Küste im ersten Tageslicht Kolberg passierten:

Kolberg – die schon aus vielen Wunden blutende, an allen Ecken brennende Stadt, von einem sturmzerfetzten Rauchpilz überlagert, und rings umgeben von dem Krachen der Bomben und Granaten, die auf die «Festung» niederstürzen.

*

Seit dem Vortage ist Kolberg, das als einziger Platz in Hinterpommern nach dem üblichen Klischeebefehl «bis zum letzten Mann» gehalten werden soll, von allen Landverbindungen abgeschnitten. Wenn man den Kommandanten der Stadt, Oberst Fullriede, nach seiner größten Sorge fragt, dann nennt er nicht das krasse Mißverhältnis seiner eigenen Truppen zu denen der Angreifer, nicht das Fehlen schwerer Waffen oder die niederdrückende Luftherrschaft des Feindes, sondern er denkt in erster Linie an die 85 000 Zivilpersonen, die er in Kolberg vorgefunden hat.

Man muß sich einmal die zeitliche Aufeinanderfolge der verschiedenen Flüchtlingsbewegungen vor Augen halten: Die erste große Welle, die der Ostpreußen, trug von Mitte Januar bis Ende Februar an die 800 000 Menschen in den Danziger Raum und zum Teil weiter nach Pommern hinein; dort aber verebbte sie allmählich, weil die Front ruhig blieb und die Menschen in den Dörfern und Städten Aufnahme fanden, um sich zunächst von den Strapazen der wochenlangen Flucht in bitterer Kälte zu erholen. Nur verhältnismäßig dünne Spitzen der Trecks ruhten nicht, bis sie die Oder überschritten hatten.

In den ersten Märztagen, bei Beginn des neuen russischen Angriffs, wiederholte sich daher die Tragödie Ostpreußens auf pommerschem Boden: Die Tragödie des zu späten Aufbruchs, des Steckenbleibens auf verstopften Straßen und schließlich des Überrolltwerdens durch die Panzer des Feindes. An vielen Stellen wurden die in der Ost-West-Richtung ziehenden Flüchtlingstrecks von den Panzern, die überall nach Norden zur Küste stießen, durchbrochen und abgedrängt. Eine heillose Verwirrung war die Folge. Manche versuchten weiter nach Westen durchzusickern. Andere machten kehrt und fluteten nach Osten auf Danzig zurück, weil es hieß, daß dort ein Brückenkopf gebildet werde. Und wieder andere liefen mit den Russen um die Wette an die pommersche Küste, in der Hoffnung, dort in den Häfen noch ein Schiff zu finden.

So strömten plötzlich, zusätzlich zu allen Flüchtlingen, die schon in Kolberg saßen, nochmals Zehntausende in die Stadt. Und nicht nur auf den Straßen. Als Oberst Fullriede am 1. März als neuer Festungskommandant in der Stadt eintraf, stauten sich im Bahnhofsgelände und von dort aus in langer Schlange bis weit vor die Stadt nicht weniger als 22 Züge voller Flüchtlinge. Sie konnten nicht weiterfahren, weil das ebenfalls von Überfüllung blockierte Stettin sich weigerte, die Züge abzunehmen.

Diese vielen ungeschützten Menschen also sind die größte Sorge des Kommandanten. Fullriede ist ein energischer Mann. Er braucht Platz für seine Truppe, wenn sie kämpfen und sich behaupten soll. Noch am Tage seiner Ankunft ersucht er den Kreisleiter, sofort für den Abtransport der Flüchtlinge zu sorgen. Der Kreisleiter erklärt jedoch, das könne nur sein Gauleiter anordnen, und der werde es nicht tun, weil Kolberg ja nicht aufgegeben, sondern gehalten werde. Am nächsten und übernächsten Tage beharrt der Kreisleiter auf seiner Weigerung. Da reißt dem Oberst die Geduld. Er pfeift auf die Zuständigkeit der Partei und wandelt seine Bitte um Abtransport in einen Befehl um. Er droht mit dem Standrecht, das ihm als Kommandanten zusteht.

Nun beginnen die Trecks nach Westen abzufließen. Doch an diesem Tage erscheinen schon die ersten Vorhuten des Feindes am Stadtrand. Eisenbahn und Hauptstraßen bieten keine Chance mehr zu entkommen. Die 22 Züge müssen endgültig in Kolberg entladen werden. Nur am Strand der Ostsee entlang besteht noch Aussicht, bis nach Dievenow durchzukommen und dort den Übergang auf die Insel Wollin zu schaffen.

So bildet sich die endlose schwarze Menschenschlange, die der Kapitän der *Martha Geiß* auf der Fahrt nach Stolpmünde am Strand entlanghasten sieht. Die meisten marschieren Tag und Nacht, solange sie sich auf den Beinen halten können. Sie kennen ihre hauchdünne Chance. Die Menschen laufen um ihr Leben, wenn russische Artillerie, aus Flugzeugen gelenkt, ihr Feuer über den Strand streut, oder wenn plötzlich oben auf den Dünen russische Panzer auftauchen und direkt in den Flüchtlingsstrom hineinschießen. Dann dauert es immer eine Weile, bis eigene Alarmkompanien und Panzervernichtungstrupps heran sind, und bis es ihnen gelingt, den schmalen Pfad am Meer noch einmal freizukämpfen. Schließlich erscheinen auch Zerstörer und Torpedoboote vor der Küste und halten die Spitzen des Feindes mit ihrer Artillerie nieder.

Jetzt geht es zügiger vorwärts. Die meisten erreichen glücklich Dievenow, von wo sie ohne Aufenthalt weitergeschleust werden. Das Loch nach Westen, dieser winzige Spalt unmittelbar am Rande der See, bleibt so lange geöffnet, bis der Zustrom von Kolberg aus versiegt.

Das geschieht schon am 7. März, als Oberst Fullriede einen Funkspruch vom Oberkommando des Heeres erhält, in dem ihm jedes Freikämpfen einer Ausbruchsstraße nach Westen untersagt und statt dessen befohlen wird, seine Kräfte auf den Verteidigungsring rings um Kolberg zu konzentrieren; die Flüchtlinge würden über See evakuiert.

Fullriede horcht auf. Hilfe über See – das könnte auch seinen Soldaten Auftrieb geben.

Noch am gleichen Tage stoßen die Sowjets beiderseits Kolberg endgültig zur Küste durch und schließen die Stadt ein. Immerhin sind etwa 15 000 Flüchtlinge nach Westen durchgekommen. Da jedoch gleichzeitig Tausende von Osten in die Stadt gelangen, bevor sich der Ring des Feindes schließt, drängen sich immer noch an die 75 000 Zivilpersonen in den Häusern und harren der kommenden Schlacht, schwankend zwischen Furcht und Hoffnung.

Die Truppe, über die der Oberst Fullriede verfügt, ist mehr als bescheiden: Ein Maschinengewehr-Bataillon der Festungspioniere, ein Ausbildungs-Bataillon und ein kaum bewaffnetes Bataillon Volkssturm, zu dem ein Werferzug gehört; ferner Reste einer Flakbatterie und schließlich ein Zug mit sechs reparaturbedürftigen Panzern, die meist von LKWs an den Einsatzort geschleppt werden müssen. Alles in allem 3300 Soldaten, fast zur Hälfte Knaben und alte Männer, die nun in einem mörderischen, elftägigen Abwehrkampf drei russisch-polnischen Schützendivisionen, mehreren Panzerverbänden und einem Panzer-Artillerie-Regiment im pausenlosen Feuerhagel aus 20 schweren Batterien und aus ungezählten Stalinorgeln und Granatwerfern die Stirn bieten.

Sie könnten es nicht, wenn ihnen nicht wenigstens die Schiffsgeschütze der beiden Zerstörer Z 34 und Z 43, die abwechselnd auf der Reede stehen, den Rücken stärkten. Und selbst dann würde ihre Kraft erlahmen, wenn sie nicht wüßten, um was es geht: Um die Rettung von 75 000 Menschen, die inmitten dieses Infernos brennender, zusammenstürzender Häuser, über von Kratern zerrissene Straßen Schub um Schub zu den Booten stürzen und die freie See gewinnen, aufatmend und noch kaum begreifend, daß sie dem Tod entronnen sind.

In der Nacht vom 11. zum 12. März streben zwei Fährprähme aus dem Hafen hinaus. Sie sind voll besetzt mit Verwundeten und Flüchtlingen. Glücklich bringen sie die Feuerzone hinter sich und halten auf den draußen liegenden Zerstörer zu.

Es ist Z 34. Der Kommandant, Korvettenkapitän Karl Hetz, beobachtet die Prähme durch sein Nachtglas und befiehlt eine kurze Feuerpause, bis sie aus der Schußlinie heraus sind. Er will die Fliehenden nicht erneut in Angst und Schrecken jagen, wenn die Vollsalven aus den fünf 15-cm-Geschützen seines Schiffes dicht über ihre Köpfe hinwegdonnern.

Dann nähern sich die Prähme in Feuerlee, der landabgewandten Seite, der Bordwand des Zerstörers und legen an. Über 800 Menschen, darunter viele Frauen mit kleinen Kindern, klettern furchtsam an Deck, während der Rumpf des Schiffes alle paar Sekunden von den krachenden Abschüssen der eigenen Geschütze erzittert und die Mündungsblitze grelles Licht auf die Szene werfen. Kräftige Seemannsarme packen zu. Sie heben die Kinder hoch und helfen den Müttern. Immer mehr Menschen drängen in die warmen, freundlichen Wohnräume, in denen sie trotz des anhaltenden Gefechtslärms zum ersten Mal seit langer Zeit wieder ein Gefühl der Geborgenheit empfinden.

Z 34 muß voll gefechtsbereit bleiben, die Artillerie feuert unaufhörlich weiter in einen an Land rollenden Nachtangriff des Feindes hinein. Endlich schweigen die Geschütze, die Infanterie bedankt sich in einem Funkspruch für die wirkungsvolle Hilfe. Um diese Zeit befinden sich zusätzlich zu der 320 Mann starken Besatzung fast 1000 Menschen an Bord, die den Zerstörer während seines Kampfauftrages bestiegen haben. Z 34 läuft von Kolberg ab. Er hat Befehl, nach Swinemünde zurückzukehren, während Z 43 bereits auf dem Marsch ist, um seine Feuerstellung einzunehmen.

Eine halbe Stunde vor Mittag passiert Z 34 einlaufend die Molenköpfe von Swinemünde. Jeder an Bord freut sich auf den Hafen. In diesem Augenblick geschieht etwas, das den Männern auf der Brücke des Zerstörers den Herzschlag stocken läßt. Am Mast der Signalstelle an Land wehen, hastig emporgezogen, drei bunte Flaggen aus: ein F, ein L und ein I.

Fliegeralarm! heißt das.

Gleichzeitig ertönt aus dem Lautsprecher des UK-Sprechfunks eine freundlich-drängende Stimme:

«An alle Schiffe: Verlassen Sie sofort den Hafen. Ein Verband schwerer feindlicher Bomber befindet sich aus Westen im Anflug auf Swinemünde. Ich wiederhole: Verlassen Sie sofort den Hafen...»

Auf der Brücke von Z 34, wo eben noch angesichts der glücklichen Rückkehr vom Einsatz Scherzworte hin und her flogen, herrscht betroffenes Schweigen. Die Männer starren geradeaus. Sie vermeiden es, ihren Kommandanten anzusehen. Hellwach warten sie auf seine Befehle. Er allein trägt die Verantwortung. Er allein muß jetzt blitzschnell alle Möglichkeiten erwägen und die richtige Entscheidung treffen.

Korvettenkapitän Hetz wäre vielleicht nicht so ruhig, wenn er das

Fahrwasser der Swine vom jahrelangen Ein- und Auslaufen und von ungezählten Übungen nicht so genau kennen würde. Dennoch ist die Lage verzweifelt genug. Der beginnende Luftangriff könnte den Zerstörer schwerlich in einer ungünstigeren Situation überraschen: mit einlaufendem Kurs, die Molen bereits passiert, im engen Fahrwasser, zu schmal zum Drehen und Kehrtmachen, und zu spät, um etwa zu stoppen und das Schiff über den Achtersteven wieder herauszuziehen.

Der Kommandant befiehlt, weiter nach Swinemünde hineinzulaufen. Er befiehlt ferner die Frauen und Kinder und alle, die nicht zur Besatzung gehören, unter Deck.

Er tut das nicht, weil er die vernichtende Gewalt eines Bombenteppichs aus den Schächten britischer oder amerikanischer Superfestungen unterschätzte. *Z 34* lag in Nordnorwegen, als überschwere Bomben den Panzer des Schlachtschiffs *Tirpitz* durchschlugen und dem Riesen den Todesstoß versetzten. Für die um vieles schwächere Hülle des Zerstörers würde ein dichter Bombenregen, wie er nun Tag für Tag über den deutschen Städten niederfällt, vollauf genügen; er würde ihn zerfetzen – und mit dem Schiff die 1300 Menschen, die sich, gerade erst dem Chaos in Kolberg entronnen, schon gerettet glauben.

Das sind die Gedanken, die Korvettenkapitän Hetz durch den Kopf jagen. Trotzdem läßt er seinen Zerstörer weiter in die Richtung des wahrscheinlichen Angriffszentrums vordringen. Darin sieht er seine beste, wenn nicht die einzige Chance: an einem bestimmten Punkt einzutreffen, bevor die ersten Bomben fallen.

Inzwischen hat eine Massenflucht von Schiffen und Booten aus Swinemünde eingesetzt. Schnell versuchen sie aus dem bedrohten Hafengebiet herauszukommen. Verständnislos sehen die meisten Besatzungen zu dem Zerstörer hinüber, der unbeirrt gegen den allgemeinen Strom fährt. Viele signalisieren und machen die Schiffsführung, die ja offenbar ahnungslos ins Verderben rennt, auf die Gefahr aufmerksam. Der Zerstörer bedankt sich nur... und läuft weiter.

Jetzt wäre ein Umkehren schon wegen der vielen Kleinfahrzeuge, die das Fahrwasser bevölkern, undenkbar. Es hilft nichts, *Z 34* muß warten, bis er wieder freie Bahn hat, und er muß den Punkt erreichen, an dem die Swine breit genug wird, um dem 127 Meter langen Schiff Platz zum Wendemanöver zu bieten.

Auf der Brücke herrscht nach wie vor atemlose Stille. In das Summen der eigenen Maschinen mischt sich jetzt ein neues, stark anschwellendes Geräusch, das durch die tiefhängende Wolkendecke dringt: Das sind zweifellos die Bomber des Feindes! Man sieht sie nicht; aber nach dem Dröhnen ihrer Motoren müssen es sehr viele sein.

194

Die letzten entscheidenden Minuten brechen an. *Z 34* ist nun allein, die anderen Fahrzeuge sind entflohen. Auf der Brücke weiß jeder, was der Kommandant vor hat. Der Zerstörer schert dicht unter das Ufer auf der Steuerbordseite, dort, wo das Freibad liegt. Dann endlich kommen die erlösenden Kommandos. Hart Backbord wird das Ruder gelegt, und die Backbordmaschine läuft voll zurück. Im selben Augenblick beginnt der lange Schiffsrumpf zu drehen. Der Schwung der Vorausfahrt treibt ihn noch ein Stückchen weiter, doch dann ziehen die gegeneinander laufenden Maschinen ihn herum. Das Heck bleibt um wenige Meter frei von der Grenze des Fahrwassers.

Das haben sie geübt, schon vor dem Kriege, immer und immer wieder, und gerade hier auf der Swine. Ein Glück, daß sie es geübt haben!

Schon liegt der Zerstörer quer zum Fahrwasser. Fast dreht er jetzt auf der Stelle, doch im letzten Teil der Schwenkung macht er wieder Fahrt voraus, wird schneller und zieht davon – der Ausfahrt zu, durch die er vor wenigen und doch endlos scheinenden Minuten eingelaufen ist.

Es ist höchste Zeit. Von der Stadt brüllen die Einschläge schwerer Bomben herüber. Mit rasender Geschwindigkeit breitet sich der «Teppich» aus, überdeckt den ganzen Hafen, läuft näher und näher heran. Dann kriecht den Offizieren auf der Brücke, die das furchtbare Schauspiel der Vernichtung hinter sich beobachten, ein kaltes Schaudern über den Rücken:

Dort hinten bei der Badeanstalt, wo sie gerade mit *Z 34* kehrtgemacht haben, wird das Wasser der Swine plötzlich in riesigen Fontänen in die Luft gerissen! Der Bombenteppich überdeckt ihren Wendepunkt! Hätte der Kommandant nur Minuten gezögert oder wäre das Wendemanöver nicht so glatt gegangen, wären sie dort steckengeblieben, dann gnade ihnen Gott...

Über das Aufatmen, nachdem sie der Tod um Haaresbreite verfehlt hat, berichtet der Kommandant selbst:

«Allmählich nur löste sich die lähmende Spannung an Bord. Als wir die Molen wieder auslaufend passierten, erschienen auf dem Außendeck zwei Flüchtlingskinder, die sich an den Händen hielten und ahnungslos fröhlich lachten. Dieses Lachen war für uns wohl der glücklichste Augenblick seit langer Zeit; es schien mir der unbewußte Dank für die Rettung aus höchster Gefahr, in der wir – Menschen und Schiff – nur Werkzeuge einer höheren Macht waren.»

*

Erst am nächsten Tag, dem 13. März, kann *Z 34* wieder das schwerzerstörte Swinemünde anlaufen und seine 1000 Verwundeten und Flüchtlinge landen. Dann werden Verpflegung und Munition, Treiböl und Wasser übernommen. Am Abend des 14. ist der Zerstörer bereit, erneut vor Kolberg einzugreifen. Korvettenkapitän Hetz weiß vom ersten Einsatz her, daß er den Landsern in den brennenden Ruinen der Stadt vor allem mit seiner Artillerie helfen kann. Deshalb läßt er zusätzlich zur vollen Munitionsausrüstung seines Schiffes 400 Granaten neben den 15-cm-Türmen an Oberdeck aufstapeln. Angesichts der feindlichen Luftüberlegenheit ist das ein gewagter Entschluß. Aber der Kommandant vertraut darauf, daß sich die Bordflak die Jagdbomber der Russen wie bisher vom Leibe halten wird.

Weithin leuchtet die Brandfackel des Krieges durch die Nacht, als *Z 34* um 3 Uhr früh am 15. März *Z 43* unter Fregattenkapitän Lampe wieder auf der Feuerstellung vor Kolberg ablöst. Seit einer Woche wird die Stadt nun von allen Seiten und mit allen Mitteln der Vernichtung angegriffen. Eine Stadt, in der immer noch Zehntausende schutzloser Menschen umherirren.

«Der Feind ist von Osten her bis zur Stadtmitte Kolbergs vorgedrungen», schreibt Kapitän Hetz in sein Tagebuch. «Es besteht große Gefahr, daß die Einschiffungspunkte am Hafen abgeschnitten werden. Gegen Abend kommt die alarmierende Nachricht, daß die Fährprähme wegen starken Beschusses nicht mehr die Hafeneinfahrt passieren können. Die feindlichen Geschütze und Werferstellungen sind aber noch nicht klar erkannt. Endlich, gegen 20 Uhr, erhalten wir durch die vorgeschobenen Beobachter genaue Positionen und Feueranforderung. Durch einen langen, wirkungsvollen Beschuß bis Mitternacht auf den Südteil des Hafens und die Molen sowie auf flankierende Strandstellungen wird der Feind gezwungen, sein Feuer einzustellen und zieht sich zurück. Die Hafeneinfahrt ist wieder frei für weitere Einschiffungen...»

Das war Hilfe in höchster Not! In dieser Nacht zum 16. März werden die letzten Frauen und Kinder an Bord genommen. Das erste Ziel des erbitterten Widerstandes ist erreicht. Nun warten noch einige tausend Männer ohne Waffen und schließlich die kämpfende Truppe darauf, aus der Hölle dieser Stadt herausgeholt zu werden.

Verzweifelt bemüht sich der Einschiffungsleiter am Hafen, Fregattenkapitän Kolbe, der andrängenden Menschen Herr zu werden und sie alle an Bord der kleinen Fahrzeuge im Hafen unterzubringen. Vom Stab des Festungskommandanten weiß er, daß die Kräfte erschöpft sind. Stündlich muß mit dem Durchstoß der Russen und Polen, dem Zusammenbruch der Verteidiger gerechnet werden.

In dieser Lage bittet Kolbe den Zerstörerkommandanten in einem Funkgespräch, noch einmal die Menschen von drei Fährprähmen an Bord zu nehmen, damit er die leeren Prähme zum zweiten Mal beladen könne. Sind es wirklich, wie angekündigt, nur 1200, die nun in Feuerlee – der dem Artilleriefeuer abgewandten Seite – auf das Deck von *Z 34* klettern? Oder sind es nicht viel mehr, da ein vollgepfropfter Fährprahm gut 600 bis 700 Menschen faßt?

«An Bord kann sich kaum noch ein Mensch bewegen», heißt es im Tagebuch des Kapitäns Hetz. «Nur der Platz um die Geschütze ist frei. Trotzdem geht alles in Ruhe vor sich. Die Flüchtlinge sind glücklich, endlich in ‹Sicherheit› zu sein und fügen sich gern in alle Einschränkungen...»

Einschließlich der Besatzung mögen jetzt über 2000 an Bord des Zerstörers sein, der eigentlich nur Platz für 300 hat. Mit dieser außergewöhnlichen Belastung tritt er aber nicht etwa die Rückfahrt an, sondern geht mit ihr in den letzten Tag des Kampfes um Kolberg hinein. Er bleibt auf der Reede. Greift mit seiner Artillerie von früh bis spät in die Landschlacht ein. Und deckt schließlich den Rückzug der letzten Verteidiger.

Am 17. März steht der Entschluß des Obersten Fullriede fest: Er wird versuchen, den Rest seiner Soldaten nach Einbruch der Dunkelheit am flachen Strand einzuschiffen und bittet die Marine um die nötigen Vorbereitungen. Er weiß genau, daß er damit gegen den Befehl seines Oberkommandos verstößt. Doch seine Aufgabe ist erfüllt. Wenn die Verteidigung Kolbergs, wenn das grausige Ende dieser Stadt überhaupt einen Sinn gehabt haben sollte, dann lag er in der Rettung schutzloser Menschen. Dieses zweifellos erreichte Ziel durch den geglückten Abzug der Verteidiger zu krönen, ist einer letzten übermenschlichen Anstrengung wert.

Als der Abend niedersinkt und als dem Oberst bald darauf gemeldet wird, daß außer *Z 34* nun auch *Z 43* und das große Torpedoboot *T 33* zur Feuerunterstützung eingetroffen seien, weiß er plötzlich, daß auch das letzte Rettungswerk gelingen wird. Jener schmale, verteidigte Strandstreifen – eineinhalb Kilometer breit und von der See gerechnet 400 Meter tief –, der seinen Soldaten als Todesacker bestimmt war, wird ihnen nun zum Absprung in die Freiheit dienen.

Am späten Abend des 17. März durchbricht der Feind in heftigem Ansturm die Waldenfelsschanze, an der er bisher immer abgewiesen worden war. In letzter Stunde wird der Abtransport noch einmal in Frage gestellt. Die Russen dringen an die Küste vor und feuern nun von beiden nahen Flanken mit Panzerkanonen auf das Stückchen Strand, von dem die deutschen Soldaten in die Boote gehen. Noch einmal werden die Schiffsgeschütze von Beobachtern eingewiesen und decken einzelne erkannte Stellungen des Feindes mit ihrem Feuer ein. Die Sturmtruppen vermögen den Sperrgürtel aus Feuer und Eisen nicht zu durchbrechen, den die Schiffe schützend vor die letzten Deutschen legen.

Darauf stellen die Russen Panzer bereit, die mit wuchtigem Flankenstoß zum Verladeplatz vordringen sollen. Indes macht ein verheerender Feuerschlag der schweren Artillerie von *Z 34* auch diesen Angriff zunichte, bevor er begonnen hat.

Um 4 Uhr früh ist der Strand geräumt – bis auf einen Zug Soldaten, die sich um den Festungskommandanten scharen und nicht weichen wollen, wenn sich der Oberst nicht selbst mit ihnen retten will. In dieser Nacht haben die Zerstörer ihre Verkehrsboote mit zum Abtransport an den Strand geschickt. Schließlich wird Oberst Fullriede als letzter Soldat seines Kommandos an Bord der Motorjolle von *Z 43* gezogen.

Als die Boote um 6.30 Uhr auf die See hinausstreben, kommt es noch zu einem dramatischen Zwischenfall. Der Motor der Jolle von *Z 43* setzt aus! Inzwischen haben die Russen Maschinengewehre und Granatwerfer am Strand in Stellung gebracht und nehmen das liegenbleibende Boot unter Feuer.

«Kehrtmachen», befiehlt Kapitänleutnant Hecht, der das Verkehrsboot von *Z 34* führt. Minuten später scheren sie an das hilflose Nachbarboot heran. Übernehmen eine Leine. Und schleppen die Jolle aus dem Hexenkessel der ringsum aufspritzenden Einschläge heraus – hin zu den ungeduldig wartenden Kriegsschiffen.

Kolberg ist endgültig verlassen und aufgegeben. Schweigend schauen die Tausende zurück über die bleigraue See. Zurück auf die Brandfackel der Stadt, auf den schweren Rauchpilz, der von Tod und Vernichtung zeugt.

Während der elftägigen Schlacht sind rund 70 000 Flüchtlinge, 2 000 Verwundete und in den letzten beiden Nächten nochmals 5 500 Nichtkämpfer und Soldaten aus der Stadt über See gerettet worden.

10

Danziger Bucht | **Das große Sammelbecken**

*März 1945: Brückenkopf Danzig–Gotenhafen – Die Schuppen in Neufahr-
wasser: «Umschlagplatz» für Menschenfracht – Ruhe und Zuversicht gegen
lähmende Angst – Schiffsgeschütze gegen Panzerkanonen – Der russische
Durchbruch auf Zoppot – Die letzten Tage von Gotenhafen – Zehntausende
drängen sich in Oxhöft – 25. März: Das Ende in Neufahrwasser – T 23
zwingt Gauleiter Forster zu einer menschlichen Tat – 25. April: Pillau
in russischer Hand*

Mit Beginn der sowjetischen Märzoffensive sind auch die Tage
von Danzig und Gotenhafen gezählt. Während Schukow Hinterpommern überrollt, dringt Rokossowski mit fünf Stoßarmeen gegen
die Danziger Bucht vor. Sein Ziel ist klar: Die großen Häfen sollen
ausgeschaltet werden. Damit wird das Rückgrat des deutschen Widerstandes gebrochen. Und die Schlagader der Massenflucht über See
wird unterbunden.

Die abgekämpften deutschen Divisionen, oft nur noch in Batail-
lonsstärke, in Kampfgruppen ohne festen Zusammenhalt, sind diesem
Ansturm nicht gewachsen. Sie müssen zurück. Eingekeilt in die
Flüchtlingstrecks. Unvorstellbar, was sich in diesen ersten beiden
Märzwochen hier in Westpreußen abspielt. Mitte des Monats stehen
die Russen 10 km vor Gotenhafen, 15 km vor Danzig. In der Mitte,
bei Zoppot, trennen ihre Angriffsspitzen nur noch 5 km von der
Küste.

Trotzdem fängt sich die deutsche 2. Armee, nunmehr unter dem
Oberbefehl des Generals der Panzertruppen v. Saucken, noch einmal
in dieser Linie. Sie baut einen Brückenkopf auf, der nördlich der
Oxhöfter Kämpe beginnt, im Bogen um die Häfen herumführt und
im Osten an das Frische Haff stößt. Außerdem befinden sich zu dieser
Zeit noch Königsberg und ein Teil des Samlandes mit dem wichtigen

Verschiffungshafen Pillau, die Frische Nehrung und die Halbinsel Hela in deutscher Hand.

Überall verläuft die Front jetzt im Feuerbereich der schweren Schiffsartillerie. In der Danziger Bucht steht Vizeadmiral Bernhard Rogge mit dem schweren Kreuzer *Prinz Eugen* auf wechselnden Kursen. Zu seiner Kampfgruppe gehören ferner das alte Linienschiff *Schlesien* und der leichte Kreuzer *Leipzig.* Vom 22. März an greift auch die Kampfgruppe des Vizeadmirals «Curry» Thiele mit dem schweren Kreuzer *Lützow* und mehreren Zerstörern wieder in den Landkampf ein.

Wo immer die Front in Not ist; wo die deutschen Linien unter den Panzerstößen der Russen zerreißen; wo dringende Hilferufe zu den Schiffen gefunkt werden – da schicken sie ihre schweren Granaten hinüber. Es gibt keinen Zweifel, daß die 2. Armee den wütenden Angriffen nicht so lange hätte standhalten können, wenn sie nicht die See im Rücken gehabt hätten. Wenn sie nicht immer wieder den wirksamen Feuerschutz der Schiffsartillerie erhalten hätte.

Und um keine Mißverständnisse aufkommen zu lassen: Auch über einen zweiten Punkt gibt es keinen Zweifel. Über die Frage nach dem Sinn dieses erbitterten Widerstandes einer deutschen Armee in aussichtsloser Lage. Die Generalstäbler mögen davon sprechen, daß jeder Widerstand sinnvoll sei, um Kräfte des Gegners zu binden und von anderen Teilfronten fernzuhalten. In diesem Falle, um den Stoß der Russen nach Mitteldeutschland und Berlin noch eine Weile hinauszuzögern. Aber das war es nicht. Theoretische Überlegungen konnten dem Soldaten vorn in der Front nicht die Kraft geben, auch jetzt noch standzuhalten. Im Gegenteil: Jeder Tag, jede Stunde, in der dieser Krieg eher zu Ende ging, mußte ein Segen für alle sein.

Und doch nicht für alle. Nicht für die Hunderttausende Frauen und Kinder und andere Flüchtlinge, die sich nun im Brückenkopf um Danzig und Gotenhafen zusammendrängten. Die nur eine Hoffnung hatten: herauszukommen, bevor alles zu Ende ging.

Das wußten die Landser. Sie erlebten es jeden Tag. Das allein gab ihnen die Kraft. Nicht strategische Erwägungen. Schon gar nicht Hitlers Befehl. Sondern der einzig vertretbare Sinn des Soldaten: die an Leib und Leben bedrohten eigenen Landsleute zu schützen. Selten stand ihnen diese Aufgabe unmittelbarer vor Augen als in diesen furchtbaren Wochen.

Danzig und Gotenhafen – bisher ein Durchgangsgebiet von gewaltigem Ausmaß, der große «Umschlagplatz» für Hunderttausende, die aus dem Osten noch entkamen und von hier weiter nach Westen geleitet werden mußten, wird nun selbst zur belagerten Festung.

Im Freihafen von Danzig-Neufahrwasser trifft die Hiobsnachricht ein, als gerade eine Anzahl kleiner Fahrzeuge am Südkai vor den großen Schuppen anlegt. Kriegs-Fischkutter und Fähren, kleine Küstendampfer und -motorschiffe, Minensuchboote und Artillerieträger, und was auch immer hier an der Küste fährt – sie alle pumpen sich in Pillau und an der Nehrung bei Kahlberg voller Flüchtlinge und Verwundeter und werfen sie in Neufahrwasser an Land, um sogleich wieder auszulaufen und neue Menschenfracht zu laden. Ununterbrochen seit Ende Januar geht es so, fünf Wochen schon.

Ergeben klettern sie an Land, oder sie werden, wenn sie selbst nicht mehr die Kraft besitzen, mit großen, an Kränen hängenden Plattformen von Bord gehoben und auf den Kai gesetzt. Dort reihen sie sich mit ihren wenigen Habseligkeiten in den Strom ein, der in einen der riesigen Lagerschuppen fließt. Sie rücken vor, stauen sich, wenn der Strom stockt, laufen wieder weiter und drängen sich schließlich in der Halle, froh, überhaupt ein Dach über dem Kopf zu haben. Eine neue Station ihres Leidensweges – was wird sie ihnen bringen?

Auf der erhöhten Galerie im Schuppen lehnt Kapitän Heinrich Schuldt am Geländer und schaut schweigend auf die Ansammlung der Tausende zu seinen Füßen. Der Dunst aus ihren nassen Kleidern steigt zu ihm auf, und ihr Stimmengewirr füllt den Raum. Ordner bitten um Ruhe, und der Kapitän beginnt zu sprechen. Er hat einen Schalltrichter, eine «Flüstertüte», zum Mund gehoben und heißt die Neuankömmlinge willkommen – ja, er heißt sie wirklich willkommen! Er sagt:

«Sie befinden sich hier in Neufahrwasser, im Bereich der Kriegsmarinedienststelle Danzig. Unsere Aufgabe ist es, für Ihren Weitertransport nach Westen zu sorgen. Wir tun alles, was wir können, damit Sie so schnell und so sicher wie möglich weiterkommen. Aber bitte: Helfen Sie uns! Halten Sie Disziplin! Folgen Sie den Anweisungen der Offiziere und Ordner! Unsere Schuppen sind keine komfortablen Hotels, das weiß ich. Aber sie bieten Platz für alle und Schutz gegen Kälte. Bitte drängen Sie nicht – jeder wird eine Matratze oder ein Strohlager erhalten...»

Dann weist er den verschiedenen Gruppen ihr Quartier zu. Er sagt den Leichtverwundeten und Kranken, wo für sie ein Sonderraum abgeteilt ist. Er gibt bekannt, wann und wo man sich anstellen muß, um einen Schlag warmes Essen zu bekommen. Wenn er es selbst schon weiß, sagt er ihnen auch, wann die nächsten großen Schiffe kommen werden, mit denen wieder Tausende nach Westen fahren können, und teilt ihnen mit, wo sie sich registrieren lassen müssen, bevor sie an Bord gelassen werden.

«Und dann noch eins», ruft der Kapitän hinunter, «wir brauchen noch 200 knusprige Mädchen oder junge Frauen ohne Anhang, zur Pflege und Betreuung der Verwundeten. Bitte, gleich hier unten melden...»

So geht es also Tag für Tag, seit fünf Wochen. Rund 36 000 Quadratmeter Grundfläche stehen Kapitän Schuldt, dem Einschiffungsleiter der KMD (Kriegsmarinedienststelle) Danzig, in den Schuppen an der Südseite des Freihafens zur Verfügung, und fast immer sind sie belegt. Jedesmal, wenn die großen Transportdampfer über See und die Eisenbahnzüge über Land viele Tausend fortgeschafft haben und es etwas Luft gibt, füllen die Menschen, die wiederum von den Kleinfahrzeugen der Marine herangefahren werden, bald die Lücken. So herrscht ein ständiges Kommen und Gehen. Es herrscht aber auch Ordnung. Jedermann sieht, daß hier nach bestem Vermögen geholfen wird und daß es wirklich vorangeht. Von Panikstimmung kann hier keine Rede sein.

Ende der letzten Märzwoche aber kommt die Hiobsbotschaft: Der Feind hat die letzte Landverbindung nach Westen, die durch Hinterpommern führte, abgeschnitten. Das heißt, daß auch die letzten Züge, die sie hinter den Schuppen in Neufahrwasser, mit Flüchtlingen beladen, abgeschickt haben, nicht mehr durchkommen werden. Einer dieser vollbesetzten Züge rollt bereits am Tage nach seiner Abfertigung wieder an den alten Platz im Freihafen; in Danzig hat man ihn nicht mehr passieren lassen, sondern ihn kurzerhand zurückgeschickt.

Schuldt sieht den Zug kommen, als im Hafenbecken erneut zahlreiche Boote mit Flüchtlingen angelegt haben. Er überläßt die Begrüßung einem anderen Offizier und eilt zum Telefon. Nur wenn es wirklich brennt, ruft er seinen Chef an.

Fregattenkapitän Bartels, der Leiter der KMD Danzig, ist schon unterrichtet.

«Wir werden noch mehr Züge zurückbekommen», sagt er, «und der Andrang von Einwohnern und Flüchtlingen aus der Stadt auf die Schiffe wird auch stärker werden.»

«Ich habe jetzt schon an die 40 000 Menschen hier, Herr Kapitän. Mehr kann ich mit dem besten Willen nicht unterbringen. Wir brauchen dringend Schiffe, große Transporter...»

«Die werden wir auch kriegen. Der Admiral östliche Ostsee hat auf Grund der neuen Lage angeordnet, daß große Seeschiffe vorläufig nicht mehr nach Pillau, sondern alle nach Danzig-Gotenhafen gehen sollen, um hier Luft zu schaffen.»

Kapitän Schuldt wischt sich nach diesem Gespräch den kalten Schweiß von der Stirn. Eins ist ihm klar: Die Schiffe müssen jetzt das Doppelte schaffen. Wenn die Russen von Land her gegen die Küste drängen, wird ein Sturm auf die Häfen einsetzen. Dann werden alle kommen, die sich bisher an Land und in den Städten sicherer fühlten und vielleicht auf die große Wende warteten; und alle, die schon viel weiter westlich waren und jetzt mit den zurückgehenden Truppen in den Brückenkopf hineingeschwemmt werden. Dann muß es sich zeigen, ob der Seetransport diesem neuen Ansturm gewachsen ist; ob sie genügend Schiffe und vor allem noch die Zeit haben, um der Massen Herr zu werden. Oder ob die ganze, mühsam aufgebaute Organisation nicht zusammenbrechen wird...

Es war gewiß nicht einfach, diese Einrichtungen hier in Neufahrwasser aus dem Boden zu stampfen, diesen gewaltigen Umschlagplatz für menschliche Fracht zu schaffen.

Kapitän Schuldt ist Handelsschiffer, ein Mann der christlichen Seefahrt. Während des Krieges hatte er selbst Truppentransporter und verschiedene Sonderkommandos geführt, die das Verständnis eines Nautikers erforderten. 1944 war er nach Danzig geholt worden und hatte sich hier mit allen Möglichkeiten des Hafens vertraut gemacht. Diese Kenntnisse sollten ihm nun zustatten kommen, als über Nacht die neue Aufgabe erwuchs, Menschen und nochmals Menschen zu retten. Am 1. Februar 1945 traf er, von einem Lehrgang zurückgerufen, in Danzig ein und machte sich sofort an die Arbeit.

«Am Eingang zum Freihafen von Neufahrwasser», berichtet er, «bot sich mir ein unbeschreibliches Bild. Der ganze, viele hundert Meter lange Südkai lag voller Küstenfahrzeuge und Fährprähme. Überall stiegen Flüchtlinge an Land. Dazwischen humpelten Verwundete. Auf dem Kai stand, saß und lief alles durcheinander. Wie in einem großen mittelalterlichen Heerlager. Später haben wir festgestellt, daß es weit über zehntausend waren.»

Es ist gegen 16 Uhr nachmittags, als Kapitän Schuldt ankommt. Aber sein erster Gedanke gilt der Nacht. Schon jetzt ist es bitter kalt. Nach Einbruch der Dunkelheit wird das Thermometer wieder weit unter den Gefrierpunkt fallen. Wohin dann mit den ganzen Menschen?

Wortlos läuft Schuldt an den großen Schuppen entlang. Rüttelt an den Toren. Sie sind alle verriegelt. Große Vorhängeschlösser davor. Er weiß, daß seiner Dienststelle, der KMD, nur ein Teilschuppen «zusteht», etwa ein Drittel des Raumes in einem der beiden großen Steinschuppen. Dieser Platz reicht kaum, um die Schwerverwundeten darin zu betten. Die Flüchtlinge, die Frauen und Kinder, bleiben weiter draußen. Schuldt weiß aber auch, daß die verschlossenen Schuppen nahezu leer sind. Nur hier und da, verloren in der riesigen Fläche, lagert etwas Wehrmachtsgut.

Also macht er sich auf die Suche nach einem dafür zuständigen Offizier. In der Hafenwache gerät er an ein paar Feldwebel und schließlich an einen Oberstleutnant. Er schildert die Lage vorn auf dem Kai. Bittet um die Schlüssel der Schuppen.

«Das kann ich nicht verantworten», sagt der Oberstleutnant.

«Wollen Sie die Toten, die Erfrorenen verantworten?» entgegnet Schuldt. «Wollen Sie Tausende von Frauen und Kindern heute nacht im Freien sitzen lassen?»

Der Offizier hebt die Schultern. «In dem einen Schuppen sind Lebensmittel eingelagert. Die liegen da ganz offen herum. Was meinen Sie, was geschehen würde, wenn wir die Leute da einfach 'reinließen?»

«Um so besser», sagt Schuldt, «dann brauchen sie wenigstens nicht zu verhungern.»

Das schlägt dem Faß den Boden aus. Eine Dienstauffassung hat dieser Marinemann! «Es ist wohl besser, wenn Sie jetzt gehen!» Ein kalter Befehl.

Aber Heinrich Schuldt ist kein Mann, der klein beigibt. Das hat er nicht gelernt. Er hat sich bei der «christlichen» Seefahrt vom Schiffsjungen bis zum Kapitän heraufgearbeitet. Das war nicht immer Zuckerschlecken. Vielleicht hat er auch nicht das richtige Gefühl für den himmelweiten Unterschied, der in der Militärhierarchie zwischen einem Oberstleutnant und einem kleinen Leutnant/Sonderführer besteht. Schuldt kennt seinen Auftrag, den Bartels ihm gegeben hat. Und vor allem hält er es ganz einfach für seine menschliche Pflicht, hier unverzüglich helfend einzugreifen. Seine nächsten Worte enthalten daher nichts weniger als ein Ultimatum:

«Entweder habe ich binnen zehn Minuten die Schlüssel – oder ich breche die Tore auf.»

«Dann werde ich Sie vors Kriegsgericht bringen!»

Schuldt zieht die Uhr, dreht sich um und geht. Einen Augenblick hat er das Gefühl, daß die Feldwebel hinter ihm herstürzen und ihn festnehmen wollen. Aber dann ist er schon wieder mitten unter den Flüchtlingen. Schuldt ist es klar, daß es jetzt auf Biegen und Brechen geht – im wörtlichen wie im übertragenen Sinne. Er rechnet nicht damit, daß der andere nachgeben wird. Er steuert schnurstracks auf die kleine Gerätekammer an der Seite eines der Schuppen zu und sucht sich einen schönen, schweren Vorschlaghammer heraus.

Das «Ultimatum» ist noch nicht ganz abgelaufen, da birst das erste Vorhängeschloß unter den wuchtigen Schlägen. Tausende strömen in den Schuppen. Für die meisten ist es die erste von vielen eisigen Nächten, in der sie wieder ein Dach über dem Kopf haben.

Am nächsten Tag kommt eine Kommission höchster Offiziere in den Freihafen. Geführt vom Oberbefehlshaber der 2. Armee, Generaloberst Weiß. Daneben der Admiral östliche Ostsee, Admiral Burchardi. Der Vizeadmiral Rogge. Der Kommandant von Danzig, General Specht. Der oberste Militärarzt der 2. Armee, Generalarzt Dr. Oehlmann. Und viele andere. Schuldt entdeckt im Gefolge auch den Oberstleutnant, mit dem er am Abend zuvor den Strauß um die Schlüssel ausgefochten hat.

Dann berichtet er in wenigen Worten, was geschehen ist und was er weiter vorhat. Der Oberbefehlshaber hört zu, klopft ihm auf die Schulter:

«Gut gemacht, Leutnant!» Stutzt über den niedrigen Dienstgrad. Und verbessert sich dann, nachdem der Chef der KMD ihm zugeflüstert hat, daß Schuldt auch Kapitän der Handelsmarine sei: «Gut gemacht, Herr Kapitän.»

Von Kriegsgericht ist keine Rede mehr.

Im Gegenteil. Generalarzt Dr. Oehlmann weist seine Sanitätsoffiziere an: «Den Anweisungen des Einschiffungsleiters hier in Neufahrwasser ist unbedingt Folge zu leisten.»

Das also war der Anfang. Aber damit war es noch nicht getan. Mit einem kleinen Stab von Mitarbeitern, nicht mehr als zehn Mann, die meisten ebenfalls Handelsschiffer, machte sich Schuldt an die Arbeit. Es galt, eine Organisation aus dem Nichts heraus zu schaffen. Binnen weniger Tage. Die Männer durchstöberten die Vorratsschuppen des Hafens. Sie fanden den großen Kohlenvorrat drüben im Freihafen der Westerplatte; denn die meisten Dampfer mußten ja für die Heimreise neuen Brennstoff bunkern. Sie fanden einen ganzen Schuppen voll Reis, Dosenmilch und Zucker. Davon gaben sie den Schiffen mit; denn wie sollten die jeweils Tausende auf einem Dampfer sonst in See verpflegt werden?

Andere bauten zwischen den Schuppen eine Großküche aus allen greifbaren Gulaschkanonen auf. Sie schafften aus den immer noch reichen Lagern und Beständen des Danziger Werders Kartoffeln, Rüben und Fleisch von notgeschlachtetem Vieh herbei. Eine Feldbäckerei begann, jeden Tag Lastwagen voller Brote in den Freihafen Neufahrwasser zu liefern.

Ärzte mußten herbei, um die Kranken zu behandeln. Schwestern, um die Verwundeten zu pflegen. Pfarrer, um die Sterbenden zu trösten. Denn auch in den Schuppen, in relativer Geborgenheit, starben immer noch viele. Besonders Kinder und Greise, die den Entbehrungen der hinter ihnen liegenden Fluchttage am wenigsten Widerstand entgegensetzen konnten.

Das Hauptgeschäft des Kapitäns Schuldt und seiner Helfer aber bleibt der «Umschlag» von Menschen. Täglich Tausende aufnehmen, viele der Erschöpfung nahe. Sie versorgen und ordnen. In Transporte einteilen, die einen mit dem Zug, die anderen mit Schiffen weiter nach Westen.

So beginnt das Kapitel der Schuppen von Neufahrwasser in der Geschichte dieser furchtbaren Flucht. Ein grausiges Kapitel, gewiß, grausig wie all die anderen. Und doch läßt es erkennen, wie Unerschrockenheit und Tatkraft weniger Männer selbst unter chaotischen Verhältnissen so etwas wie Ruhe und Ordnung schaffen können. Wie sie den Gehetzten ein Aufatmen schenken.

500 000 sind durch diese zwei Hafenschuppen geschleust worden. In knapp zwei Monaten, vom 1. Februar bis zum 25. März 1945. Eine halbe Million Menschen. Tag für Tag zehn-, zwanzig-, manchmal bis zu dreißigtausend.

Hier gebietet die übergroße Not aller. So viele wie möglich zu retten – darauf allein kommt es an. Gerade unter dem Druck äußerster Not beginnen die Menschen noch einmal zusammenzuhalten. Niemals haben die Besatzungen auf den zahllosen großen und kleinen Marinefahrzeugen deutlicher gespürt als hier, wie sehr man sie brauchte. Und sie haben wortlos danach gehandelt.

Es sind Schiffe fast aller deutschen Reedereien, die sich am Abtransport der Verwundeten und Flüchtlinge von Neufahrwasser beteiligen. Hier können nur einige wenige aufgezählt werden: Die *Deutschland* von der Hapag, die *Moltkefels* von der Deutschen Dampfschiffahrts-Gesellschaft Hansa, die *Vale* von der Seereederei Frigga, die *Mathias Stinnes*, *Goya* und *Wartheland*, die *Eberhard Eßberger* und *Walter Rau*, die *Potsdam* vom Norddeutschen Lloyd, der Hilfskreuzer *Hansa* (= *Hektor*), die *Ubena*, *Urundi*, *Askari* und *Wangoni* von den Deutschen Afrika-Linien. Und mit am treusten sind die kleineren und älteren Schiffe: die *Ida Blumenthal*, *Karin K. Bornhofen*, die *Duisburg* von Haniel, *Otterberg* von Bolten, *Söderhamn* von H. M. Gehrckens. Nicht zu vergessen die Lazarettschiffe, die *Pretoria*, *Posen*, *Glückauf* und *Pitea*. Und viele andere mehr.

Täglich macht Kapitän Schuldt Rundgänge durch seine Schuppen, die Reihen der dicht zusammen lagernden Menschen. Oft bleibt er stehen und gibt Antwort auf die Fragen, die ihm von allen Seiten zufliegen. Es ist immer dasselbe, was die Menschen bewegt:

«Wann kommen wir weiter? Kommen überhaupt noch Schiffe? Oder laßt ihr uns hier sitzen, bis die Russen da sind?»

Schuldt gibt Antwort. Ruhig und gelassen: «Ich warte natürlich selbst auf Schiffe. Große Transporter sind für morgen angekündigt.»

Er kennt die einzig wirksamen Mittel gegen das Fieber der Zehntausende. Aber er ist nicht der Mann, um sich ihr Ruhehalten durch propagandistisch gefärbte Lügen zu erkaufen. Er sagt, wie es ist. Und die Menschen, die plötzlich ein feines Gehör für falsche Töne bekommen haben, glauben ihm.

«Wie war das denn mit der *Wilhelm Gustloff*? Die ist doch untergegangen? Oder?»

Schuldt sucht den Frager mit den Augen. Dann sagt er:

«Eins weiß ich genau: Seit Wochen schicken wir vollbeladene Schiffe hier von Neufahrwasser nach Hause. Und die sind alle gut angekommen. Unsere Schiffe werden zu Geleitzügen zusammengestellt. Und von Kriegsschiffen gesichert. Das ist keine Lebensversicherung – aber bis jetzt ist nichts passiert.» Und fügt hinzu: «Das ist alles, was ich zu dem Punkt zu sagen habe.»

Der Kapitän geht weiter. Im nächsten Augenblick spricht er schon mit einer Mutter, die ihn für ihre Kinder um etwas Dosenmilch bittet. Dann mit einem alten Mann, der verzweifelt nach seinen Angehörigen sucht. Mit Verwundeten, die ihn fragen, ob sie denn gar nicht weitertransportiert würden.

«Keine Angst», sagt Schuldt, «ich selbst will schließlich auch nach Hause. Zu meiner Frau und meinen vier Kindern. Und ich muß noch viel länger als ihr alle dableiben. Bis auch der letzte abgefahren ist!»

Ruhe und Zuversicht gegen Gerüchte und Befürchtungen. Vertrauen gegen lähmende Angst. Das ist es, was Schuldt braucht, um seine Aufgabe zu erfüllen. Denn mit Panik können die Probleme bestimmt nicht gelöst werden.

*

Inzwischen schließt sich der Ring der Angreifer um Danzig und Gotenhafen und wird täglich enger. Schon am 10. März fällt schwere Schiffsartillerie zum ersten Mal in den Abwehrkampf ein. Zunächst ziehen ihre Granaten weit landeinwärts davon, um die anstürmenden Sowjets aufzuhalten und den deutschen Divisionen Gelegenheit zu geben, sich zu fangen und eine Verteidigungslinie zu bilden. Das Feuer der Schiffe wird zum Teil vom Beobachtungsstand einer Marineflak-Batterie aus geleitet, deren Stellung auf einer Anhöhe etwa 15 Kilometer westlich Gotenhafen liegt. Von hier aus können die Offiziere durch ihr Scherenfernrohr den nahezu ungestörten Aufmarsch der Sowjets in der Ebene westlich der Anhöhe überschauen.

Der Feind eröffnet den Angriff auf die «Festung» Danzig-Gotenhafen, aber die Deutschen bleiben ihm nichts schuldig. Zum ersten

Mal seit langer Zeit stößt er auf härtesten Widerstand. Die Batterien der Marineflak, die rings um Gotenhafen stehen, nehmen sich die Panzer aufs Korn, bis sie zu Dutzenden brennend liegenbleiben. Aber auch die schweren Küstenbatterien greifen, soweit sie ihre Geschütze umdrehen und die Rohre gegen die Landfront richten können, in das Feuer ein. Und schließlich wird aus den gepanzerten Beobachtungs-ständen der Flak das Feuer der Schiffsartillerie geleitet, das mit ver-nichtender Gewalt in die Bereitstellungen und rollenden Angriffe hineinschlägt.

Und doch: Die Sowjets sind auf die Dauer nicht aufzuhalten. Sie kennen ihre zahlenmäßige Überlegenheit und stürmen vorwärts, auch wenn sie schwerste Verluste erleiden. So liegen die Stellungen des äußeren Marineflak-Gürtels um Gotenhafen sogleich unter dem kon-zentrischen Feuer ungezählter Feldbatterien und werden ebenso von Schlachtfliegern und Bombern angegriffen. So tapfer sich die Marine-artilleristen hier auch zur Wehr setzen, so sehr sie ihre Geschütze schließlich im Nahkampf Mann gegen Mann verteidigen – sie werden überrannt, und die Höhen mit den Flak-Stellungen gehen verloren.

Kämpfend und unaufhörlich hart bedrängt, müssen sich die deut-schen Divisionen weiter zurückziehen, bis sich die Front bereits an die Vororte von Gotenhafen, Zoppot und Danzig anlehnt und nur noch der langgestreckte, wenige Kilometer breite Küstenstreifen in deutscher Hand ist. Ein sowjetischer Angriff, der auf die Weichselniederung östlich von Danzig zielte, bleibt im schweren Feuer des *Prinz Eugen* liegen. Zweifellos wollten die Russen die Verbindung von Pillau über die Frische Nehrung nach Danzig unterbinden – die einzige Land-brücke, über die sich in den letzten Wochen viele hunderttausend ost-preußische Flüchtlinge in das große Sammelbecken der Danziger Bucht gerettet haben. Kurz vor dem Weichseldelta kann der Vorstoß aufgefangen werden.

Schließlich aber gelingt es dem Feind, am 23. März, also 14 Tage nach Beginn seines Ansturms, die deutsche Front westlich Zoppot

---

Zu den Fotos rechts: In der Ostsee waren eingesetzt, oben: Torpedoboote der Serie T 13–T 21, vollausgerüstet 1100 t, eine 10,5 cm achtern (siehe z. B. Untergang T 18, Kapitel 6). – Mitte: Flottentorpedoboote, 1750 t, vier 10,5 cm, hier T 28, das einzige Boot, das nach der Invasion aus dem englischen Kanal nach Hause kam und in der Ostsee zusammen mit T 23 eine fast unzertrennliche Rotte bildete (Kapitel 7 und 10). – Unten: Zerstörer der «Narvik»-Klasse, 3600 t, fünf 15 cm, hier Z 34, der bei Kolberg und in der Danziger Bucht eingriff und schließlich von einem sowjetischen Schnellboots-Torpedo getroffen wurde (Kapitel 9 und 10).

aufzureißen und schwere Panzer in die Lücke zu werfen, die die wenigen Kilometer bis zur Küste ohne Halt durchrasen. Diesmal kommt auch die Schiffsartillerie zu spät. *Prinz Eugen* und die als Sicherung bei dem Kreuzer stehenden Zerstörer *Z 31* und *Z 34* erhalten zwar manche Feueranforderung und schießen auch auf einzelne, gemeldete Feindpanzer; doch die Verwirrung an Land ist offenbar so groß und der feindliche Vorstoß kommt so überraschend, daß die Gegenwehr von See nichts Entscheidendes mehr ausrichten kann. An diesem Morgen liegt zudem leichter Nebel über der Danziger Bucht. Die Schiffsführung und ihre Beobachter an Land können kein klares Bild der Feindlage gewinnen.

Als ein paar kleine Küstenfahrzeuge, die den Seeverkehr zwischen Gotenhafen und Danzig aufrechterhalten, an diesem Vormittag ahnungslos den Seesteg des Ostseebades Zoppot anlaufen wollen, erhalten sie plötzlich wohlgezieltes Feuer und erkennen, daß sie von Panzern beschossen werden, die wie große, schwarze Ungetüme über den Strand verstreut liegen. Sie haben Glück, daß es ihnen gelingt, unbeschädigt das Weite zu suchen. Der Nebel kommt ihnen dabei zustatten.

Auf ihre aufgeregten Funkspruch-Meldungen über den Vorfall hin erhält *Z 34* Befehl, nach Zoppot zu laufen und die Panzer im Direktbeschuß zu vernichten – oder sie doch wenigstens aus ihrer Feuerstellung unmittelbar am Wasser zu vertreiben. Der Zerstörer, der nach seinem aufreibenden Einsatz bei Kolberg zunächst, bis zum letzten Winkel mit Soldaten und Verwundeten beladen, nach Swinemünde gefahren war, ist gerade am Vortage als Begleitschutz des schweren Kreuzers *Lützow* in der Danziger Bucht eingetroffen.

Die *Lützow* unter Vizeadmiral Thiele greift mit ihren weittragenden 28-cm-Rohren als willkommene Verstärkung mit in die Landschlacht ein. Seinen zweiten Kreuzer, *Admiral Scheer*, hat Thiele allerdings nach Kiel entlassen müssen, weil seine Geschützrohre nach der starken Beanspruchung bei den letzten Einsätzen völlig ausgeschossen sind. So stehen nun Tag für Tag bis zum Ende des Brückenkopfes Danzig-Gotenhafen drei Kreuzer im Rücken der schwer ringenden deutschen Abwehrfront: *Prinz Eugen*, *Lützow* und *Leipzig*; außerdem in wechselnder Zahl Zerstörer und Torpedoboote, teils als Flak- und U-Boot-Schutz bei den größeren Schiffen, teils auch mit dem Auftrag, mit ihrer eigenen Artillerie in den Landkampf einzugreifen.

Gegen Mittag des 23. März stößt *Z 34* aus dem Nebel heraus vierkant auf Zoppot zu und nimmt die Feindpanzer mit dem vorderen 15 cm-Doppelturm unter Feuer, sobald sie in der Zieloptik zu erkennen sind. Bis zur Höhe des Seesteges braucht der Zerstörer keine

Grundberührung zu fürchten. Binnen einer Minute ist er daher auf tausend Meter an den Strand heran und schießt, was die Rohre hergeben wollen. Die überrumpelten Sowjets geben erst ein paar planlose Schüsse ab, doch dann suchen sie ihr Heil in der Flucht.

An diesem Tage zeigen sie sich nicht mehr am Wasser. Der deutsche Küstenverkehr kann noch einmal ungehindert Zoppot passieren.

An Land aber pumpt das russische Oberkommando immer neue Truppen in den Durchbruch bei Zoppot und festigt ihn von Stunde zu Stunde. Die erschöpften deutschen Verbände sind nicht mehr in der Lage, den Durchbruch im Gegenstoß zu bereinigen und die alte Frontlinie wiederherzustellen.

So werden Danzig und Gotenhafen endgültig voneinander getrennt, und ihre Stunden sind gezählt. Nach Norden und Süden einschwenkend, drängen die Russen die Verteidiger auf zwei enge Ringe dicht vor den Städten zurück. Von diesem Tage an schlagen Bomben und Granaten in die Häuser und legen einen Straßenzug nach dem anderen in Schutt und Asche. Die Menschen in den Mauern, die Flüchtlinge, denen es bisher trotz der Massen-Abtransporte nicht gelungen ist, mit einem Schiff zu entkommen, oder die Einheimischen, die in ihren Kellern ergeben auf den Einbruch der Russen warten – all diese Menschen werden nun erbarmungslos in den Strudel der Schlacht gezogen.

Am Nachmittag des 23. März geht das 13 700 BRT große Walfangmutterschiff *Walter Rau* nochmals im Hafenbecken IV von Gotenhafen an die Pier. Binnen weniger Stunden schluckt der mächtige Schiffsrumpf 6000 Menschen. Dann dröhnt die Schiffssirene, die Landebrücken werden abgeschlagen, und die *Walter Rau* schiebt sich inmitten eines heftigen Luftangriffs auf die Ausfahrt zu. Die klagenden und drohenden Rufe der Tausende, die zurückbleiben, schallen ihr nach. Doch schon legen Marinefähren an und pumpen sich voller Menschen.

In der Tat beginnt die Marine nun, die Menschen aus der engsten Gefahrenzone herauszuholen. Der Fährverkehr über das Haupthafenbecken hinüber nach Oxhöft läuft Tag und Nacht. Die Flüchtlinge, die ihre Hoffnung zunächst noch auf das Eintreffen weiterer Großschiffe gesetzt hatten, machen mehr und mehr von dieser Möglichkeit Gebrauch. Gemessen an der erwarteten Rettung nach Westen ist der Sprung nach Oxhöft nur klein und unbedeutend; doch mehr als einmal hat eine Nasenlänge Vorsprung vor den Russen schon genügt.

Oxhöft liegt an der Nordseite des Hafens, am Rande und auf dem Steilufer der hier fast senkrecht aus der Niederung aufragenden Oxhöfter Kämpe. Bald drängen sich Zehntausende von Menschen an der

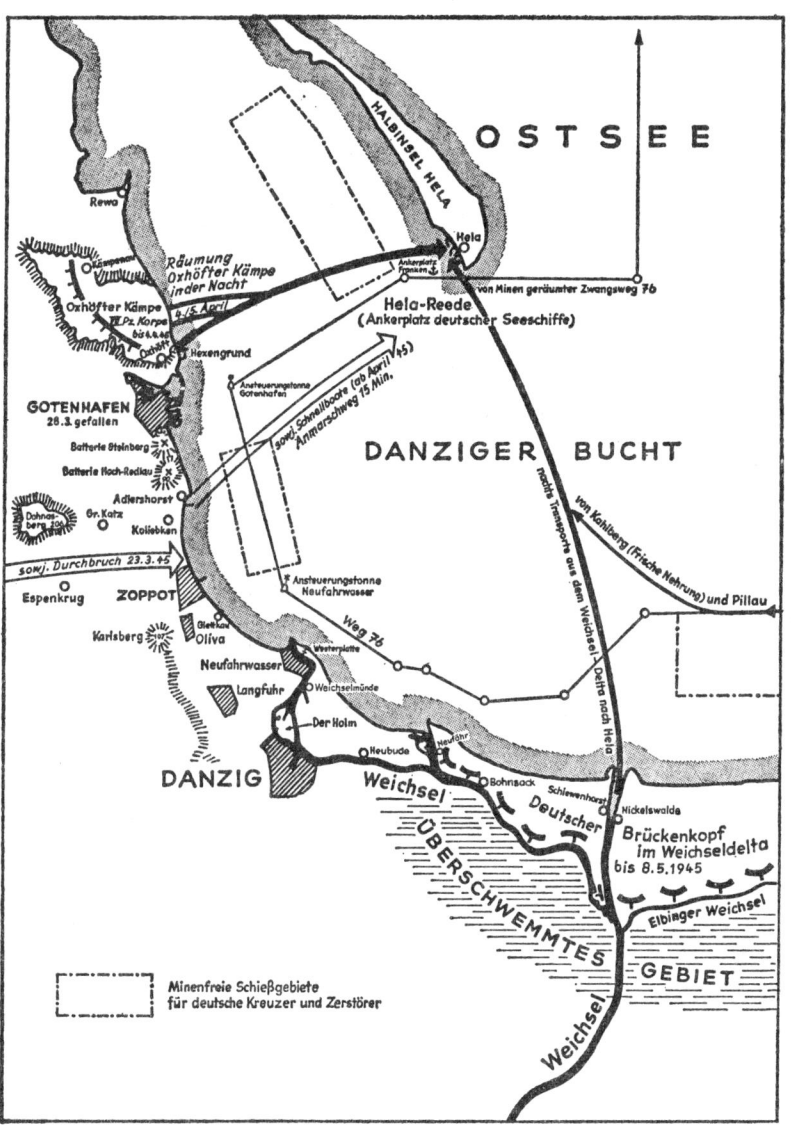

Die Situation in der Danziger Bucht Ende März/April 1945

Seeseite gegen den Steilhang, der sie bisher noch gegen den Einblick und den direkten Beschuß der Sowjets deckt. Plötzlich heißt es, daß die Marine alle Flüchtlinge mit kleinen Fahrzeugen von hier zur Spitze der Halbinsel Hela abtransportieren werde, und daß sie dort wieder auf große Schiffe umsteigen könnten. Ein neuer Hoffnungsschimmer leuchtet auf.

Der Palmsonntag des Jahres 1945, der 25. März, zieht als ein kalter, klarer Tag herauf. Er bringt den Höhepunkt des Kampfes um Gotenhafen. Das Artilleriefeuer steigert sich zu einem pausenlosen Beschuß der Stadt mit schweren Kalibern. Von der Landseite krachen die Granaten der Russen in das Zentrum und in den Hafen, und von See her antworten die Geschütze der Zerstörer und senden ihre 15-cm-Salven gegen den am westlichen Stadtrand stehenden Feind.

Trotz des Infernos irren immer noch Flüchtlinge durch die Straßen, und die Fähren nach Oxhöft sind nach wie vor voller Menschen.

An diesem Tag räumt auch die Kriegsmarine ihren Stützpunkt Gotenhafen. Der Kreuzer *Leipzig* verläßt seine Feuerstellung an der Pier, von der er 14 Tage in die Schlacht mit eingefallen ist, und fährt nach Westen. Sprengungen zerstören die Hafenanlagen. Gewaltige Brocken wirbeln durch die Luft und klatschen auf das Wasser. Schließlich ziehen Schlepper den ausgeschlachteten Rumpf der *Gneisenau*, die drei Jahre zuvor als stolzes Schlachtschiff am Kanaldurchbruch beteiligt war, in die Haupteinfahrt und versenken ihn dort als Barriere, um den Hafen für lange Zeit zu sperren.

Aber noch am 26. und in der Nacht zum 27. März laufen Kriegs-Fischkutter und Fährprähme zum Seebahnhof und holen dort Tausende von Versprengten ab. Der Marinepfarrer Schumacher ist unter den letzten, die im Sprung, die Pausen zwischen den Artillerie-Einschlägen nutzend, in den Hafen laufen und dort auch noch ein Boot hinüber nach Oxhöft erreichen.

Inzwischen haben die Russen dieses letzte Fluchtzentrum der Deutschen erkannt und schießen über den Höhenzug der Kämpe hinweg mit Granatwerfern und Stalinorgeln auf den Oxhöfter Strand, von dem aus die Verschiffung läuft. Noch einmal stürzen Menschen getroffen zu Boden, während sie gerade zu den Booten laufen. Andere hasten über sie hinweg. Es hilft nichts: Die Boote müssen trotz des Feuers beladen werden. Es ist die letzte Chance, der Freiheit wieder ein Stück näher zu kommen.

Allein am 25. März holt die Rettungsflotte der 9. Sicherungs-Division 35 000 Menschen herüber nach Hela. In den folgenden Tagen und Nächten sind es nochmals mindestens 40 000, und in der Nacht vom 4. zum 5. April werden schließlich noch die drei Divisionen des

VII. Panzerkorps abgeholt, die dem Ansturm des Feindes gegen die Oxhöfter Kämpe so lange widerstehen, bis auch der letzte Mann gerettet ist.

Gleich darauf schwärmen Russen über den Strand, der den Deutschen zehn Tage lang als Zuflucht gedient hat, nun aber leer und verlassen daliegt. Gotenhafen, Oxhöft und die Kämpe sind in ihrer Hand, doch die Menschen sind ihnen wiederum entkommen.

*

Ebenfalls am 25. März bricht eine unerwartete Katastrophe über den Freihafen Danzig-Neufahrwasser herein. Mit einem Donnerschlag endet die Tätigkeit dieses bisher größten Umschlagplatzes für Flüchtlinge in den deutschen Osthäfen. Aber der Schlag kommt gottlob zu spät, um noch ein Blutbad unter den Menschen anzurichten: Der letzte Flüchtlingsdampfer ist kurze Zeit vorher ausgelaufen.

Schon seit Tagen hat der Zustrom von Menschen aus Pillau und von der Frischen Nehrung nachgelassen und ist schließlich ganz versiegt. Die mit Flüchtlingen und Verwundeten beladenen Fahrzeuge laufen gleich weiter nach Hela – dem Fischerdorf mit dem kleinen Kriegshafen an der Spitze der gleichnamigen Halbinsel, die von Nordwesten weit in die Danziger Bucht hineinragt. In Neufahrwasser würden sie die Menschen nur neuer und größerer Gefahr aussetzen; denn der Hafen ist über Nacht zum Kampfgebiet geworden.

Zoppot, am 23. März von Sowjetpanzern besetzt, liegt nur 8 km entfernt. Am Abend desselben Tages sind die Russen an der Küste entlang schon bis zur Strandhalle Brösen vorgedrungen. Nun trennen sie noch ganze 1 500 Meter von den Schuppen des Kapitäns Heinrich Schuldt; den Flüchtlingsschuppen auf der Südseite des Freihafens, in denen zu dieser Stunde immer noch ein paar tausend Menschen auf ihren Abtransport warten.

Schuldt hat, mit den Russen buchstäblich vor der Tür, noch eine Galgenfrist, weil ein kampfstarkes Regiment den feindlichen Einbruch abriegeln konnte. Und der Kapitän hat an diesem strahlend schön heraufziehenden Tag gute Nachricht für seine Schützlinge: Der 9 500 BRT große Afrikadampfer *Ubena*, der in diesen Wochen Reise um Reise macht und zu einem treuen Freund der Flüchtlinge wird, läuft nochmals Neufahrwasser an. Die *Ubena*, ein Schwesterschiff der *Watussi*, war seit Mitte Februar unter tatkräftiger Leitung des Marine-Oberstabsarztes Dr. Stutz zu einem Verwundetentransportschiff ausgerüstet worden. Trotz der feindlichen Geschütze, die

213

die Einfahrt bedrohen, und trotz der Bomber und Schlachtflugzeuge steht die *Ubena* also plötzlich vor der Einfahrt.

Zum letzten Mal beginnt die Organisation zu spielen. Die Nachricht pflanzt sich von Mund zu Mund fort: Ein großes Schiff kommt! Daran haben sie nicht mehr geglaubt. Sie haben sich in den Kellern und den noch geschützten Ecken der Schuppen zusammengedrängt. Haben furchtsam durch die breit klaffenden Lücken der Artillerieeinschläge in den neuen Tag hineingehorcht. Andere haben sich in den Häusern von Neufahrwasser und Weichselmünde verborgen. Sie warten eigentlich nur noch auf das Eintreffen der Russen.

Doch nun kehren sie alle zurück zum Hafen. Der Funke zündet und springt weiter bis in den letzten Winkel:

«Ein Schiff kommt – nochmals ein großes Schiff!»

Heinrich Schuldt und seine Mitarbeiter begutachten die zusammengeschrumpften Verpflegungslager. Sie werden der *Ubena* gerade noch ein paar Säcke Reis und Zucker und kistenweise Dosenmilch an Bord geben können. Das ist alles. Aber es wird für ein paar warme Milchsuppen auf See für 4000 Menschen reichen. Schuldt ist schon froh, daß er sie wenigstens nicht ganz ohne Verpflegung auf ihre mehrtägige Reise schicken muß.

Alle fiebern der Ankunft entgegen. Und wirklich, die *Ubena* läuft ein. Als sei es für einen 10000tonner die selbstverständlichste Sache der Welt, 1500 Meter vor der russischen Front an die Pier zu gehen. Nur am Freihafenkai legt das Schiff nicht mehr an, weil es dort vom Feind direkt einzusehen wäre. Der Platz im Hafenkanal hat dagegen den Vorteil, daß die Schuppen die *Ubena* gegen direkten Beschuß decken können; denn drei bis vier Stunden wird sie immerhin dort liegen müssen.

Während die Trossen noch an Land gegeben werden und die Ladebäume bereits ausschwenken, um die erste Plattform mit Verwundeten hochzuhieven, klettert Kapitän Schuldt an Bord und drückt dem Zivilkapitän der *Ubena* stumm die Hand. Er weiß genau, daß dem Schiffsführer zahlreiche triftige Gründe zur Verfügung gestanden hätten, um das Anlaufen eines Hafens im Nahbereich feindlicher Geschütze abzulehnen. Niemand hätte ihn dazu zwingen können. Niemand hätte ihm auch nur einen Vorwurf gemacht. Seine Verantwortung für Schiff und Besatzung wiegt schwer. Trotzdem ist er gekommen.

Doch über diese Dinge verlieren die beiden Seeleute kein Wort. Sie verstehen sich auch so.

«Wieviel hast du denn noch für mich?» will der Schiffer der *Ubena* wissen.

«Vielleicht viertausend...»

«Wohl am Ende schon 'n paar Russen mittenmang?»

«Das wollen wir nicht hoffen.»

«Na, denn man los!»

Unten auf dem Kai drängt sich Kopf an Kopf. Andere warten am Ausgang des nächsten Schuppens. Über Landebrücken und Lotsentreppen klimmen die Menschen an Bord. Stunde um Stunde. Hunderte von Frauen und Kindern und sogar Säuglingen sind dabei. Ein ganzes Entbindungsheim wird eingeschifft. Auf dem Deck türmen sich die Kinderwagen zuhauf.

Die Front ist nah und unüberhörbar. Im Westen knattert Maschinengewehrfeuer. Mitunter krachen die Abschüsse und Einschläge der russischen Artillerie, die das Hafengebiet abstreut. Und im Süden, über Danzig selbst, steht der Rauchpilz der brennenden Stadt.

Schon sind Tausende an Bord. Jeder hofft, daß die Beladung ohne Verluste beendet werden kann. Da schießt sich eine sowjetische Werferbatterie auf den Liegeplatz des Schiffes ein.

Ehe die Menschen vor der Bordwand begreifen, was geschieht, ehe sie die Möglichkeit haben, in Deckung zu laufen, ist der Tod schon mitten unter ihnen. Die *Ubena* selbst wird nicht getroffen. Aber in den Kai vor dem Schiff schlagen die Granaten.

Ein Schrei des Entsetzens bricht aus. Die Menschen stieben auseinander. Nur die Getroffenen bleiben hilflos liegen. Vom Schiff herab stürmen die Sanitäter und bergen die Verwundeten. Dann tritt wieder Ruhe ein. Es bleibt bei dem einen Feuerschlag, als hätte es noch eines sichtbaren Beweises bedurft, wie sehr allen der Tod im Nacken sitzt.

Nach wenigen Minuten wagen sich die Flüchtlinge wieder hervor. Sie jagen auf das Schiff, auf dem sie sich sicherer fühlen. Und sie sehnen die Abfahrt herbei. Obwohl das Auslaufen, vollbesetzt, bei hellichtem Tage vor den Augen des Feindes, gewiß die größte Gefahr bedeutet.

Endlich ist es soweit. Der Kai ist menschenleer. Die *Ubena* nimmt die Leinen an Bord und schiebt sich auf die Ausfahrt zu. Heinrich Schuldt sieht ihr nach, bis der Beschuß des Hafens wieder stärker wird, und er selbst im Keller des Leuchtturms Zuflucht suchen muß.

Plötzlich beginnt der Feind, aus allen Rohren auf Neufahrwasser zu trommeln. Ringsum zittert die Erde von den Einschlägen schwerer Granaten. Schuldt vermag nur an eins zu denken:

Die *Ubena* ist draußen – gottlob, sie ist draußen!

Dann wird das Krachen des Artilleriefeuers von einem mächtigen Donnerschlag überdröhnt. Bald darauf folgt eine zweite, ebenso heftige Explosion. Ein Regen von Erdbrocken, Steinquadern und tonnenschweren Eisenstücken prasselt auf die geschundene Erde nieder. Danach herrscht unheimliche Stille.

Der Platz des kleinen Frachters *Weser*, der auf der Nordseite des Freihafens gelegen hatte, ist leer. An seiner Stelle gähnt ein schwarzes Loch in der Kaimauer. Das Schiff hatte Munition für Danzig geladen und war nach einem Volltreffer in die Luft geflogen. Im Freihafen an der Westerplatte ist ein zweites Munitionsschiff explodiert.

Kleinere Fahrzeuge im Hafen sind von diesen gewaltigen Schlägen mit in die Tiefe gerissen worden. Das Passagierschiff *Ubena* aber, mit etwa 4000 Menschen an Bord, ist von einem gnädigen Geschick kurz zuvor aus dem Hafen geführt worden. Sicher gelangt es nach Hela und fährt weiter in den Westen.

Auf dieser Fahrt haben die Ärzte und Schwestern an Bord alle Hände voll zu tun: Dutzende von Kindern werden geboren! Während Torpedoboote und andere Geleitfahrzeuge das Schiff gegen Luftangriffe schützen; während die *Ubena* die Stolpebank passiert, vor der die russischen U-Boote mit ihren Torpedos lauern, erblicken diese Neugeborenen das Licht der Welt. Nach Auskunft eines Besatzungsmitgliedes sollen nicht weniger als 80 Babys an Bord gewesen sein. Mehrere Mädchen erhalten auf Wunsch der Mütter den Vornamen Ubena – zum Andenken an das Schiff, dem sie ihr Leben verdanken.

Neufahrwasser aber ist leer, wie ausgestorben. Die letzten Flüchtlinge haben es zu Schiff verlassen – die letzten von einer halben Million, die diesen Hafen von Anfang Februar bis zum 25. März, dem Tage seines Untergangs, durchlaufen haben.

Kapitän Schuldt geht noch einmal an den zerstörten Schuppen entlang und schaut über den Kai, an dem in diesen Wochen Hunderte von Schiffen jeder Größe gelegen haben. Sein Auftrag, alle Flüchtlinge zu verschiffen, ist erfüllt. Der Kapitän sieht, wie der alte italienische Dampfer, der schon seit langem zum Versenken bereitliegt und die Explosionskatastrophe seltsamerweise überstanden hat, in die Hafeneinfahrt geschleppt und dort gesprengt wird.

«Danzig-Neufahrwasser», so heißt es anderntags lakonisch in den Kriegstagebüchern der deutschen Schiffe in der Bucht, «kann nicht mehr angelaufen werden.»

Statt sich nun selbst in Sicherheit zu bringen, sucht der Kapitän sein Lager auf dem Kellerfußboden eines der Schuppen auf und fällt – unter dem Schutz der eichenen Eisenbahnbohlen, die hier die ganze Zeit gelagert haben – in tiefen Schlaf. Erst mitten in der Nacht wird er geweckt, von einem kleinen Polenjungen, der schon seit Wochen

216

nicht von seiner Seite gewichen und von ihm wie ein Sohn gehalten worden ist. Der Junge radebrecht, die Russen kämen, aber er habe ein Boot besorgt, mit dem sie noch davonfahren könnten.

Sie gehen zu der Stelle, an der das Boot liegt, und der polnische Junge pullt den Kapitän über den Hafenkanal an das östliche Ufer. Dann laufen sie gemeinsam durch die Nacht, dorthin, wo sie die deutsche Front vermuten.

*

Die Danziger Bucht gleicht in diesen Tagen einem großstädtischen Hauptverkehrsplatz – freilich mit dramatischer Kulisse. Kriegsschiffe und Handelsschiffe aller Größen und jeden Alters kreuzen auf den Wegen. Das Bild, das einem Beobachter auf den ersten Blick recht wirr erscheinen mag, ordnet sich sogleich, wenn man die zahlreichen Fahrzeuge verfolgt und ihre Einzelaufgaben als Teile des großen Bemühens aller erkennt: der russischen Überlegenheit an Land ein Gegengewicht zu schaffen.

Hela wird über Nacht zum Mittelpunkt, zum Ausgang und zum Ziel des deutschen Schiffsverkehrs in der Bucht. Auf Hela-Reede ankern Tag für Tag die Passagierschiffe und Transporter, seit sie nicht mehr nach Danzig und Gotenhafen fahren können. Nach Hela bringt ein Strom von kleinen Marinefahrzeugen die Flüchtlinge und Soldaten, die sich am Strande von Oxhöft zusammendrängen. Hier trifft der Nachschub aus dem Westen ein, wird umgeladen und läuft nach Pillau und in die Weichselmündung weiter. Auf der Rückfahrt bringen die kleinen Dampfer erneut Flüchtlinge und Verwundete von der kämpfenden Front. Hela wird auch zum Stützpunkt der Kreuzer, Zerstörer und Torpedoboote, die von hier aus zum Einsatz an die Festlandsküste fahren. Hier liegen ihre Versorgungsschiffe, aus denen sie nachts Munition, Öl und Verpflegung ergänzen. In Hela formiert sich der Geleitschutz für die Konvois nach Westen und nach Osten. Von hier laufen die Minensuchboote aus, die die Zwangswege tagtäglich mit ihrem Gerät nach dem verborgenen Feind unter Wasser absuchen.

So pflügen Hunderte von Schiffen und Booten durch die Bucht; und immer wieder kreuzen sich die Kurse der Kampfgruppen, die feuernd vor der Küste stehen, mit denen der Flüchtlingsboote, die von ebendieser Küste zu entkommen suchen.

Am 27. März sichern die Torpedoboote *T 23* und *T 28* die *Lützow*, deren schwere Granaten an die Landfront südlich und südwestlich von Danzig hinüberorgeln. Schon seit mehreren Tagen geht es so.

Ab und zu verstärken Zerstörer den Schutz des Kreuzers gegen die wütenden Luftangriffe der Sowjets; doch die Zerstörer werden oftmals abgerufen und gehen dichter unter die Küste, um selbst feindliche Einzelziele zu bekämpfen.

Kapitänleutnant Weinlig, der Kommandant von *T 23*, sieht von der Brücke nach achtern über das Oberdeck seines Bootes. Überall sind die Männer dabei, die Spuren des eben beendeten Abwehrgefechts gegen die sowjetischen Jabos zu beseitigen. Acht IL-2-Maschinen waren es, die wie immer stur aus der Sonne heraus anflogen und sich auf die Kampfgruppe stürzen wollten. Doch schon die erste Barriere, das von beiden Torpedobooten vereinte Feuer der 10,5-cm, brachte ihre Formation zum Schwanken. Am Rande des Wirkungsbereichs der 3,7-cm-Flak drehten sie endgültig ab, warfen ihre Bomben ungezielt ins Meer oder suchten sich unter der Küste ein Opfer, das sich weniger wehren konnte.

Bisweilen dringen einzelne Maschinen durch und werden gefährlich, besonders dann, wenn Nebel oder Wolken ihnen erlauben, sich überraschend zu nähern. Manchmal greifen auch die Gardeverbände an; die halten besser durch und lassen sich nicht so leicht vom Abwehrfeuer erschüttern.

Die vergangenen Tage haben in stetem Wechsel Angriffe von Jabos und Pe-2-Hochbombern gebracht, die ihre Bombenlast nach schrägem Sturzflug aus etwa 2000 Metern Höhe abwarfen, aber nie etwas ausrichteten. Dagegen liegen die Einschläge der Granaten, die die russischen 17-cm- und 21-cm-Geschütze von der Küste herüberschicken, oft verteufelt nah. Noch am Vortage mußten *T 23* und *T 28* die *Lützow* einnebeln, um sie der Sicht der Feindbatterien auf Hoch-Redlau und auf dem Steinberg bei Gotenhafen zu entziehen.

Unablässig beobachten die Ausgucks auf dem Signaldeck ihre Sektoren. Die ganze Küste ist überlagert vom schmutziggrauen Rauch des brennenden Landes. Davor kriechen klein und geduckt die Fahrzeuge, die aus den verschiedenen Weichselarmen hervorkommen und hastig in Richtung Hela davonlaufen. Uralte Raddampfer sind dabei, Schlepper mit Flußkähnen, Ausflugsschiffe, ein Feuerlöschboot – und überall sind die Decks gedrängt voller Menschen.

Wenige Minuten nach dem letzten Luftangriff sichten die Männer auf *T 23* voraus ein Fahrzeug, das stark qualmend und offenbar bewegungsunfähig auf dem Wasser liegt. Beim Näherkommen erkennen sie, das es sich um eine Art Hafenfähre handelt und sie ein Notsignal gesetzt hat.

Das Schiffchen braucht dringend Hilfe. Es hat Maschinenschaden und kommt nicht von der Stelle. Einer der russischen Jabos, die von der deutschen Schiffsflak abgewiesen worden sind, hat sich auf die überfüllte Fähre gestürzt und sie mit seinen Maschinenwaffen beschossen. Verletzte liegen auf dem Deck. In der Kajüte ist ein Brand ausgebrochen, der mühsam eingedämmt und bekämpft wird. Aber das Schlimmste bleibt, daß das Schiff jedem weiteren Angriff bewegungslos preisgegeben ist.

Zur gleichen Zeit macht Kapitänleutnant Temming, der Kommandant von *T 28*, seinen Kameraden Weinlig auf dem Schwesterboot durch einen Blinkspruch darauf aufmerksam, daß sich von der Küste mit hoher Fahrt ein zweites, anscheinend leeres Fahrzeug nähert.

Leer von der Küste – jetzt, wo auch der letzte Flußkahn vollbesetzt ist?

Überrascht sehen sich die Torpedobootsfahrer diesen seltsamen Vogel an. Es handelt sich um einen kleinen Vergnügungsdampfer, wie sie in guten Zeiten zu Dutzenden zwischen den Städten und den Badeorten an der Küste verkehren. Hinter einer langen Reihe schmaler, hoher Fenster liegen der Salon und das Restaurant des Schiffes, und darüber erstreckt sich ein großes Sonnendeck. Doch bis auf wenige Personen, die breitbeinig über Deck stelzen, zeigt sich auf diesem gut und gern 1000 Menschen fassenden Dampfer tatsächlich keine Seele.

Das ist zwar unverständlich, aber um so besser, denn nun wird sich der leere Dampfer natürlich um das andere, hilflose Schiff kümmern. So denken wenigstens die Männer auf den Torpedobooten.

Bald jedoch zeigt es sich, daß der Dampfer von selbst keinerlei Anstalten trifft, an das liegengebliebene Schiff heranzugehen. Er fährt vielmehr, ohne auch nur anzufragen, ob er helfen könne, im großen Bogen daran vorbei.

Den Kommandanten von *T 23* packt gelinder Zorn. Er läßt den seltsamen Dampfer anrufen und hinübersignalisieren:

«Was halten Sie von Hilfeleistung auf See? Nehmen Sie die Fähre im Schlepp mit nach Hela!»

Prompt kommt die kaltschnäuzige Antwort: «Hier an Bord Gauleiter Forster. Sie haben uns gar nichts zu befehlen!»

Nach dieser verblüffenden Lösung des Rätsels drehen beide Torpedoboote auf den Dampfer zu und laufen rasch zu ihm auf. Die Richtschützen der Zweizentimeter-Flak kurbeln ihre Rohre seelenruhig herunter, bis sie genau auf den Salondampfer des Gauleiters zeigen. Drüben wird diese freundliche Geste offenbar richtig verstanden: Der Dampfer stoppt, und ein paar Herren in Stiefeln und langen Mänteln stürzen aufgeregt unter Deck.

Inzwischen melden die Kommandanten von *T 23* und *T 28* den

Vorfall in einem Funkgespräch ihrem Befehlshaber auf der *Lützow* und bitten um freie Hand. Vizeadmiral Thiele stimmt sofort zu. Der Dampfer solle mit allem Nachdruck und notfalls mit Gewalt zur Hilfeleistung gezwungen werden.

Als *T 23* auf Rufweite heran ist, läßt Kapitänleutnant Weinlig sich die Flüstertüte in die Brückennock reichen. Doch Forster, der inzwischen drüben auf dem Deck erschienen ist, kommt ihm zuvor:

«Hier spricht Gauleiter Forster von Danzig-Westpreußen! Ich werde Sie zur Rechenschaft ziehen!»

Der Kommandant gibt scharf zurück:

«Und hier spricht Kapitänleutnant Weinlig. Dies ist ein Befehl: Veranlassen Sie sofort, daß Ihr Dampfer die Fähre abschleppt! Sonst werden Sie beschossen!»

Den Seeleuten juckt es in den Fingern. Doch schon ist *T 23* vorbei und wendet zurück auf den alten Kurs. Aufmerksam wird der Dampfer im Auge behalten. Und siehe da: Er schwenkt herum und schiebt sich langsam auf die vollbesetzte Fähre zu. Der Gauleiter und seine Begleiter sind vom Deck verschwunden. Offenbar führt der Kapitän des Dampfers jetzt allein das Kommando. Schnell und umsichtig wird die Schleppverbindung hergestellt. Bald verschwindet der kleine Schleppzug in Richtung auf das rettende Hela zu.

So kommt es, daß der Gauleiter Forster, wenn auch wider Willen, eine menschliche Tat vollbringt. Bei der Flucht aus seinem zerstörten, brennenden Reich rettet er ein paar hundert Menschen das Leben, deren hilfloses Schiff den nächsten Luftangriff wahrscheinlich nicht mehr überstanden hätte.

Seltsamerweise versucht Forster gar nicht erst, seine Drohung gegen den Torpedoboots-Kommandanten wahrzumachen. Wochenlang sitzt er noch auf Hela, im ehemaligen Sonderzug Hindenburgs, dicht vor dem Bunker einer Befehlsstelle, in der sich der Gauleiter bei jedem Fliegeralarm und jedem Artilleriebeschuß «nach der Lage erkundigt». Erst in den letzten Kriegstagen läßt sich Forster einmal bei Vizeadmiral Thiele melden. Aber er will sich nicht beschweren, sondern gut Wetter machen, weil Großadmiral Dönitz gerade den schweren Auftrag zur Liquidation des zusammenbrechenden Reiches übernommen hat. Forster hofft dabei auf einen leitenden Posten.

«Ich habe», behauptet er, «immer sehr gut mit der Marine zusammengearbeitet!»

Bei diesem Satz kann sich der Admiral eines Lächelns nicht erwehren.

*

Am 9. April muß auch General Lasch in Königsberg kapitulieren. Zwei Tage später richtet Sowjetmarschall Wassilewski an die restlichen deutschen Truppen im Samland die Aufforderung, sich zu ergeben. In dem Flugblatt heißt es:

«Jetzt, nach dem Fall Königsberg, ist Eure Lage völlig hoffnungslos. Niemand wird Euch Hilfe erweisen. 450 km trennen Euch von der Frontlinie, die bei Stettin verläuft. Die Seewege nach Westen sind durch die russischen U-Boote durchschnitten. Ihr seid im tiefen Hinterland der russischen Truppen. Euch gegenüber stehen um ein Vielfaches überlegene Kräfte der Roten Armee. Die Kraft ist auf unserer Seite, und Euer Widerstand hat gar keinen Sinn...»

Der neuernannte Oberbefehlshaber der «Armee Ostpreußen», General der Panzertruppen v. Saucken, mag manches von dem, was sein Gegner behauptet, für richtig halten. Aber es stimmt nicht, daß russische U-Boote die Ostsee beherrschen. Hielte die deutsche Kriegsmarine nicht nach wie vor die Seewege offen, leistete sie nicht diese gewaltigen Transporte, dann wäre jeder deutsche Widerstand im Osten längst erloschen.

Saucken ist selbst Ostpreuße. Genau dort, wo jetzt der russische Angriff heranbrandet, in Fischhausen im Samland, ist er geboren. Seine engsten Landsleute sind es, die jetzt erneut – zum wievielten Male in diesen Monaten? – fliehen müssen. Ihnen den Rücken freizuhalten, so lange es irgend geht, ist der einzige Sinn. Saucken antwortet gar nicht erst auf die Kapitulationsaufforderung Wassilewskis.

Am 13. April schlagen die Russen los. In der Front finden ihre vorgehenden Panzer- und Infanterieverbände kaum noch Gegenwehr; denn die Front ist von einem Trommelfeuer und Bombardement ohnegleichen zermalmt worden. Erst in der Tiefe gelingt es deutschen Reserven, die Sowjets aufzuhalten. Noch einmal beginnt die Flucht zur Küste. Noch einmal wälzen sich Zehntausende auf Pillau zu. Diesmal spüren es alle: Der Russe mag noch ein paar Tage aufzuhalten sein; ihn zurückzuschlagen, wie im Februar, reicht die Kraft nicht mehr.

Schon am 17. April gehen Peyse und Fischhausen verloren. Nun ist nur noch die schmale Landzunge von Pillau in deutscher Hand. Vor dem Tenkittener Riegel formieren sich die Sowjets zum entscheidenden Stoß.

In dieser Lage trifft am Morgen des 20. April der neuernannte Seekommandant, Kapitän zur See Hellmuth Strobel, vor Pillau ein. Der Hafen, die Stadt und das Seetief – die Fahrrinne zwischen Pillau und der Frischen Nehrung – liegen unter so schwerem Feindfeuer, daß sich nicht einmal das schmale Minenräumboot hineinwagen kann.

Strobel springt in ein Schlauchboot und pullt an Land. Nur so kann er überhaupt sein neues Kommando antreten.

«In Stadt und Hafen», berichtet der Kapitän, «wüteten zahlreiche Großbrände. Die Zivilbevölkerung befand sich noch zu geringem Teil in der Stadt, und Flüchtlinge strömten nach wie vor herein. Ihre Fahrzeuge mit Hausrat, einfach stehengelassen, verstopften die Straßen und Zufahrtwege zum Hafen. Immer wieder mußten die Straßen entrümpelt werden. Den Verkehr über den Hafen abzuwickeln, war nicht mehr möglich. In der Einfahrt zum Haff lag ein gesunkener Dampfer. Er blockierte nicht nur die Fahrrinne, er zog auch die feindliche Luftwaffe wie ein Magnet an. Außerdem fielen die russischen Schlachtflieger natürlich auch über den sonstigen Hafenverkehr mit Kleinfahrzeugen her...»

Dennoch wird nichts unversucht gelassen, auch die letzten Nichtkämpfer aus der brennenden, im Bombenhagel zusammensinkenden Stadt herauszuschaffen. Hunderte von Schiffen mit Verwundeten und Flüchtlingen hat der Einschiffungsleiter von Pillau, Kapitän Karl Ernst Krüger, in den zurückliegenden Wochen und Monaten abgefertigt. Nach den genauen Aufzeichnungen, die der Direktor des Stadtbüros, Hugo Kaftan, gerettet hat, verließen vom 23. Januar bis zum 24. April 1945 nahezu 600 000 Menschen Pillau über See. Weitere 180 000–200 000 wurden in der gleichen Zeit über das Seetief auf die Frische Nehrung übergesetzt, wo sie ihre Flucht fortsetzen konnten.

800 000 also, die sich in den drei Monaten durch das Nadelöhr Pillau, eine Stadt von nicht einmal 10 000 Einwohnern, zwängten!

In den letzten Tagen liegen die Schiffe draußen auf See, weil sie nicht mehr in den Hafen hineinkönnen. Von den Behelfsstegen, vom Strand, von der Nordermole bringen Kleinfahrzeuge die Menschen hinaus zu den Schiffen. Unermüdlich sind auch die Pionierfähren und Landungsboote unter dem Befehl des Generalmajors Henke, Tag und Nacht die Marinefährprähme, Fischkutter und Küstenfahrzeuge des Fregattenkapitäns Brauneis im Einsatz. Für sie alle gibt es keine Pause, kein Verschnaufen. Denn kaum sind die Zivilpersonen, die letzten Alten, Frauen und Kinder, in Sicherheit gebracht, da fluten auch die Soldaten zurück.

In der Nacht zum 21. April durchbrechen die Sowjets den Tenkittener Riegel. Nun werden die Marinebatterien Adalbertskreuz und Lochstädt zum Mittelpunkt eines letzten, verzweifelten Widerstandes. Erst als die letzte Granate verschossen ist und die Rohre gesprengt sind, gelingt es den von allen Seiten anstürmenden Russen, in die Batterien einzudringen.

«Die Besatzung der Batterie Lochstädt», berichtet Kapitän z. S.

Strobel, «durchbrach unter Führung ihres schwerverwundeten Batteriechefs den Einschließungsring und schlug sich zur Burgruine Lochstädt durch. Von dort kamen erneut Funksprüche mit der Bitte um Ersatz bzw. Ablösung über das Haff. Die Männer mit Marinebooten abzuholen, war wegen des Tiefgangs der Marinefährprähme nicht möglich. Ich bat daher Generalmajor Henke um Hilfe, der mir ein Stoßtruppunternehmen mit seinen Sturm- und Landungspionierbooten zusagte. Vor der Burg Lochstädt aber erhielten die Pioniere auf die verabredeten Signale keine Antwort mehr. Die Burg stand in hellen Flammen. Nur wenige Soldaten der Batteriebesatzung konnten sich nach rückwärts durchschlagen.»

Am 22. April entbrennt ein ebenso erbitterter Kampf um die Batterie Neuhäuser. Am 23. dringen die Russen in Pillau selbst ein. Aus nächster Nähe wird der noch verteidigte Kern der Stadt mit Bomben und Granaten umgepflügt. Man fragt sich, was die eigenen Pioniere in diesem Hafen überhaupt noch zu sprengen haben; und doch sind inmitten des Infernos Sprengtrupps unterwegs.

Der nächste Tag bringt Straßenkämpfe in allen Stadtteilen. Die Batterie auf der Nordermole jagt Schuß auf Schuß gegen die über den Strand vorrückenden Panzer. Am Abend setzt Kapitän z. S. Strobel alle verfügbaren Fährprähme zum Abtransport der Truppen ein.

«Mit 800 Mann waren die Fähren bereits überladen», berichtet er, «aber es mußten 1200 hinauf. Mit letztem Einsatz und mit einer großartigen seemännischen Leistung haben diese Fahrzeuge in der einen Nacht 19200 Soldaten aus Pillau abtransportiert. 7000, zum größten Teil Verwundete, wurden direkt nach Hela gebracht, der Rest mit Waffen und Gerät, allerdings ohne Fahrzeuge, nach Neutief übergesetzt.»

Als auch das letzte Boot beladen ist, will sich Kapitän z. S. Strobel zu seinem Gefechtsstand bei der Batterie auf der Nordermole durchschlagen. Aber es ist zu spät. Der Feind hat auch die letzte Batterie Pillaus überrannt. Im Morgengrauen des 25. April steigt der Seekommandant in einen Schiffskutter und fährt, vorbei an den Sowjets auf der Nordermole, auf die Ausfahrt zu. Noch einmal passiert er die Molenköpfe, die ihm als früherem Kommandanten des Kreuzers *Köln* so vertraut sind.

Der kleine Hafen Pillau, der so vielen hunderttausend Ostpreußen zur Flucht verholfen hat, ist endgültig in russischer Hand.

11

Hela | Sprungbrett nach Westen

Zwei Ozeanriesen mit 18000 Menschen jagen durch die Nacht – Ein Tag auf Hela – Die Reste der deutschen Handelsflotte sind aufgeboten – Die Kreuzer verlassen die Danziger Bucht – Bombenteppiche über den ladenden Schiffen – Drei deutsche gegen neun sowjetische Schnellboote – Torpedotreffer auf Z 34 – Die «Goya» reißt über 5000 mit sich in die Tiefe – Das Ergebnis des April: 387000 Menschen von Hela abtransportiert

Am Abend des 1. April 1945 kommt in der Ostsee schweres Wetter auf. Wind und Seegang steigern sich von Stunde zu Stunde und treiben die kleineren Fahrzeuge bald unter den Schutz der Küste. Nicht so die beiden großen, die Hela-Reede in dieser Nacht verlassen. Ihnen kommt dieses Wetter gerade recht. Es kümmert sie nicht, daß die Sicht unter den tiefhängenden Wolken kaum ein paar hundert Meter beträgt. Dies alles hebt ihre Chancen, unbehelligt nach Westen durchzubrechen. Nur ein blinder, verhängnisvoller Zufall könnte sie in einer solchen Nacht ausgerechnet vor die Rohre eines sowjetischen U-Bootes treiben.

Abgeblendet, riesigen Schatten gleich, und oft von dem begleitenden Zerstörer nicht einmal mit dem Nachtglas zu erkennen, gleiten die beiden großen Fahrgastschiffe mit einer Geschwindigkeit von 16 Knoten durch die See. Es sind die *Deutschland* (21000 BRT) und die *Pretoria* (16660 BRT), und zur Stunde befinden sich allein an Bord dieser beiden Schiffe über 18000 Menschen auf der Flucht nach Westen: Auf der *Deutschland* 5000 Verwundete und 5000 Flüchtlinge, auf der *Pretoria*, die als Lazarettschiff fährt, 1500 Schwerverwundete, sogenannte «Lieger», 2700 Leichtverwundete oder «Sitzer» und weitere 3000 Flüchtlinge. Schließlich müssen noch die Besatzungen der Schiffe hinzugerechnet werden.

Die Verantwortung für das Geleit und für den Schutz so vieler

Menschen lastet schwer auf Korvettenkapitän Hetz, dem Kommandanten von *Z 34*. Der Zerstörer steht allein bei den großen Passagierschiffen. Ursprünglich war das Geleit mit drei Sicherungsfahrzeugen von Hela ausgelaufen. Doch die beiden anderen Boote, die *Z 34* erst mühsam in der stockfinsteren Nacht inmitten der großen Schiffsansammlung auf Hela-Reede aufstöbern mußte, erwiesen sich bald als Belastung statt als Hilfe. Es handelte sich um die Torpedoboote *T 151* und *T 158*, die so alt waren, daß sie schon unter der kaiserlichen Reichskriegsflagge gefahren waren, und die in den letzten Jahren nur noch als Torpedofangboote in den Übungsgebieten der U-Boote Verwendung gefunden hatten.

Die Parallele zu den Katastrophen der *Wilhelm Gustloff* und der *General von Steuben* drängt sich unwillkürlich auf: Auch dort sollten solche Torpedofangboote die Dampfer schützen, waren aber, trotz allen ehrlichen Bemühens der Besatzungen, gar nicht dazu in der Lage.

Sobald die freie See erreicht ist, bleiben *T 151* und *T 158* denn auch zurück. Der grobe Seegang macht ihnen zu schaffen. Sie können kaum den Anschluß an die großen Schiffe halten, geschweige denn die vielen Aufgaben zu erfüllen, die mit der Geleitsicherung verbunden sind. Sie melden Schäden über Schäden. Schließlich gibt es nur noch die Wahl, das ganze Geleit mit Rücksicht auf die alten Boote langsamer laufen zu lassen oder auf ihre Hilfe zu verzichten und sie nach Hela zurückzuschicken. Korvettenkapitän Hetz zögert nicht lange, und bald ist *Z 34* mit der *Deutschland* und der *Pretoria* allein.

Hier freilich hören die Parallelen mit dem Verlauf der Unglücksfahrt der *Wilhelm Gustloff* auf. Das KdF-Schiff hatte keinen modernen Zerstörer zur Seite, der es vor einem U-Boot hätte schützen können. *Z 34* aber steht unermüdlich mit hoher Fahrt vor oder neben seinem Geleit. Meist reicht die Sicht nicht, um die großen Dampfer zu erkennen. Doch der Abstand zu ihnen und ihre Richtung werden ständig auf dem Bildschirm des Funkmeßgerätes kontrolliert. Die Männer auf dem Zerstörer halten ihre Gefechtsstationen besetzt. Die wichtigste Zelle des Schiffes ist jetzt der Unterwasser-Horchraum und die wichtigste Waffe das S-Gerät, mit dessen Schallimpulsen ein

---

Zu den Fotos links: Die Zerstörer, die noch im März und April 1945 mit ihren 15-cm-Rohren in den Landkampf eingriffen (oben), transportierten schließlich Zehntausende von Soldaten zurück nach Westen (Mitte). – Minensuchboote (unten ein 43er M-Boot, auf dessen Deck sich die Flüchtlinge drängen) sicherten bis zum Schluß die Geleitzüge in der Ostsee.

unter Wasser lauernder Feind aufgespürt werden kann. Aber es bleibt alles ruhig. Nirgends auf der langen, gespenstischen Fahrt lassen sich die verräterischen Geräusche eines U-Bootes hören.

Die *Pretoria* fährt mit größerem Abstand seitlich achteraus hinter der *Deutschland* her. Auch hier suchen die Wachhabenden die Nacht mit den Augen zu durchdringen. Den Zerstörer können sie freilich nur dann entdecken, wenn er manchmal an ihrer Seite aufkreuzt und mit der Morselampe einen aufmunternden Gruß herüberblinkt. Kursanweisungen und andere Durchsagen des Geleitführers kommen stets über den Sprechfunk. Diese Möglichkeit, Kontakt miteinander zu halten, wird häufig genutzt. Man kann sich nicht sehen, aber die Stimme der andern sind in der Nähe.

Natürlich ist auch ein falscher Alarm nicht ausgeschlossen. Der Kapitän denkt an den schlechten Scherz, der ihnen auf einer der letzten Reisen einen gehörigen Schrecken eingejagt hatte. Das war am 8. März, als die *Pretoria* ebenfalls mit Flüchtlingen und Verwundeten von Gotenhafen nach Westen lief, damals sogar von drei modernen Kriegsschiffen – *Z 38*, *T 28* und *T 35* – gesichert.

Plötzlich gab es U-Boot-Alarm!

Die S-Geräte der Sicherungsfahrzeuge hatten den Feind unter Wasser erfaßt, und mehr als das: Es war deutlich zu erkennen, daß das Boot bereits zum Torpedoschuß auf die *Pretoria* anlief. Das Schiff drehte ab und jagte davon. Der Zerstörer und eins der Torpedoboote hielten mit äußerster Kraft auf die Ortung des U-Boots zu – die Wasserbomben klar zum Wurf. Doch kurz zuvor teilte sich auf einmal die Wasseroberfläche, der Feind tauchte auf – der vermeintliche Feind... Die Männer trauten zuerst ihren Augen nicht, und dann entfuhren ein paar besonders kräftige Seemannsflüche ihren Lippen:

Es war ein deutsches Boot!

Der Kommandant schwenkte fröhlich seine weiße Mütze vom Turm. Auf die zornige Frage des Geleitführers gab er zu, einen Schulangriff auf die *Pretoria* gefahren zu haben; sie sei so ein schönes, dickes Ziel... Ein ähnlicher Zwischenfall mit eigenen U-Booten droht jetzt allerdings nicht mehr, da die Übungsgebiete in die westliche Ostsee verlegt worden sind.

Stunde um Stunde verstreicht. Die berüchtigte Stolpe-Bank ist passiert, ohne daß sich ein Angreifer bemerkbar gemacht hätte. Die Schiffe stürmen dem neuen Tag entgegen. Am Morgen passieren sie Bornholm, und später am Vormittag werden sie von einem Sperrbrecher aufgenommen, der sie sicher nach Kopenhagen bringen wird. Das Geleit läuft nun in Kiellinie weiter: Voran der Sperrbrecher als Schutz gegen die Minen, die hier immer häufiger von britischen Flugzeugen geworfen werden und die westliche Ostsee verseuchen, dann dichtauf die beiden mächtigen Passagierschiffe, und am Schluß hängt sich auch *Z 34* an. Nach dem pausenlosen Kampfeinsatz in der Danziger Bucht und nach dem glücklich und erfolgreich überstandenen Geleit dieser Nacht gönnt der Kommandant Boot und Besatzung einen Ruhetag in der dänischen Hauptstadt, die im krassen Gegensatz zu den Erlebnissen der letzten Tage ein unwirklich friedliches Bild bietet.

*

18 000 Menschen sind an Bord der *Deutschland* und der *Pretoria* von der Halbinsel Hela abtransportiert worden. Damit beginnt ein Monat gewaltiger Anstrengungen. Ein Monat, der zu einem neuen Höhepunkt bei der Rettung der Deutschen aus ihrer verlorenen Heimat führen wird.

Schon in den letzten Märztagen geht es los. Straßenkämpfe toben in Danzig und Gotenhafen, die großen Häfen können nicht mehr angelaufen werden. Der Schwerpunkt des Schiffsverkehrs verlagert sich auf Hela. Die Ereignisse lassen keine andere Wahl. Der Sprung von den leistungsfähigen Häfen mit ihren Docks, ihren Werften und Kaianlagen herüber in das Fischernest an der Spitze der Halbinsel Hela ist einschneidender als nur ein geographischer Wechsel des Verladeplatzes. Gewiß, Hela hat neben den schwachen Holzstegen des Fischereihafens auch einen Kriegshafen. Dieser Hafen ist gerade groß genug, um ein Schiff bis zu 3 000 BRT aufzunehmen.

Draußen aber liegt die *Cap Arkona*, die neunmal so groß ist. Draußen auf der Reede trifft auch die *Unitas* ein, das mächtige Walfangmutterschiff – siebenmal größer als es der Hafen Hela erlaubt. Und das sind nur die beiden größten, die auf Abfertigung warten.

Die Reede ist an einem einzigen Tag von rund zwei Dutzend Passagierdampfern und Transportern verschiedenster Größe belagert. Diese ganzen Schiffe wollen ent- und beladen werden. Sie warten auf Order, wohin sie zu gehen haben und warten auf Geleit. Sie wollen schnell wieder fort; denn sie liegen hier wie auf dem Präsentierteller – den Batterien des Feindes auf den Höhen der Festlandsküste aufreizend nah vor den Rohren. Und die sowjetischen Bomber haben auch nur ein paar Minuten Flugzeit bis Hela.

Die meisten Schiffe haben Ladung mitgebracht, die hier ohne Hafenanlagen gelöscht werden muß. Das heißt, sie muß auf der Reede auf kleinere Schiffe und Boote umgeladen werden, die besser geeignet sind, in die Bestimmungshäfen – nach Pillau, in die Weichselmündung oder nach Hela selbst – einzulaufen. Nehmen wir wieder die *Cap Arkona*. Sie hat auf dieser Reise ganze 28000 Schwimmwesten mitgebracht. Die begehrten Rettungsmittel müssen auf die anderen Schiffe verteilt werden; denn sie alle nehmen ja, wenn sie zurück in die Heimat fahren, Verwundete und Flüchtlinge mit.

Auf der einen Seite des Schiffes werden also die Schwimmwesten in Bündeln auf die längsseits liegenden Schlepper und Kähne geworfen. Auf der anderen Seite legen bereits die Fähren und Leichter mit Menschen an. Nicht von einem festen Kai, sondern von schwankendem, ständig sich hebendem und wieder fallendem Boden müssen sie hier die Bordwand erklimmen.

Inzwischen fährt ein Beladungsoffizier an Bord der *Unitas* und schätzt das Schiff ab, wieviel Menschen es fassen kann. Außer den Tanks hat die *Unitas* drei große Arbeitsdecks, mit einer Grundfläche von zusammen rund 6000 Quadratmetern. Also wird sie auch 6000 Personen Platz bieten.

Das ist die Faustregel von Hela: Ein Mann pro Quadratmeter auf den Schiffen! Sonst läuft die schmale Halbinsel bald von Flüchtlingen über...

Täglich kommen Zehntausende, im Augenblick hauptsächlich von Oxhöft, dann aber auch aus den anderen Brückenköpfen, die noch auf dem Festland gehalten werden. Viele gehen gar nicht erst in Hela an Land, sondern steigen direkt von ihren Zubringerbooten auf die großen Transporter über.

Am 28. März zum Beispiel wird das kleine Lazarettschiff *Posen*, das gerade mit Verwundeten aus Pillau eintrifft, sofort zur *Unitas* dirigiert. Dort sind bereits etwa 1000 Flüchtlinge an Bord gestiegen, und nun folgen die Verwundeten, was natürlich mehr Zeit in Anspruch nimmt. Gerade ist die mühsame Beladung beendet, als die Dampfpfeifen und Sirenen einen sowjetischen Fliegerangriff ankündigen. Die *Unitas* wird mehrmals getroffen, ohne aber ernsthafte Schäden zu erleiden.

Bombentreffer, Brände an Bord, Verluste und Beschädigungen – das alles ist auf Hela-Reede Ende März 1945 noch kein Grund, die Beladung des Schiffes abzubrechen.

Hier aber hat der Kapitän eine größere Sorge: Zwei Bomben sind durch die Decks geschlagen und liegen als Blindgänger tief unten in den Tanks des Schiffes. Der Gedanke, daß sie während der Überfahrt explodieren könnten, ist alles andere als beruhigend. Also wird wieder umgeladen. Genau so mühsam, wie sie hinaufgehoben worden sind, müssen die Verwundeten nun wieder an der Bordwand heruntergelassen werden.

Diesmal nimmt die *Ubena* die von der *Unitas* ausgeschifften Menschen an Bord. Es ist dasselbe Schiff, das erst vor wenigen Tagen Danzig-Neufahrwasser mit Flüchtlingen verlassen hat. Heute, am 28. März, ist die *Ubena* schon wieder aus dem Westen zurück. Unermüdlich fährt sie hin und her und bringt jedesmal Tausende in Sicherheit. Über Seefallreeps, Lotsentreppen und über großmaschige Drahtnetze, die an der Bordwand herunterhängen, klettern Männer, Frauen und Kinder in die schwindelnde Höhe. An den Ladebäumen schweben die großen, aus Bohlen gefügten Plattformen auf und nieder, mit denen Schwerverwundete und Gebrechliche an Deck befördert werden. Schließlich hat die *Ubena* wiederum 4000 Personen aufgenommen.

50 Meter nach der einen und 100 Meter nach der anderen Seite die gleichen Bilder. Dort werden die großen Transporter *Neidenfels* und *Moltkefels* mit je 5000 Menschen beladen. Die kleinere *Robert Bornhofen* schluckt 2000, die *Tübingen* 3000 und *MRS 12*, ein als Wohnschiff für Minenräum-Flottillen verwendeter Handelsdampfer, ebenfalls 1500 Flüchtlinge und 1500 Soldaten.

Inzwischen sind weitere vollbeladene Schiffe aus Pillau eingetroffen. Für diesen Zwischentransport werden kleinere und ältere Dampfer eingesetzt. Meist sind sie zu langsam, um sie direkt nach Westen zu schicken. Es ist lohnender, sie zwischen Hela und Pillau pendeln zu lassen, während die großen, schnellen Transporter nur bis Hela gehen und die Gefahren eines längeren Aufenthalts in einem so feindnahen Hafen wie Pillau vermeiden.

Die Verwundeten von der *Posen* haben gerade erst auf der *Ubena* Platz gefunden. Da trifft schon das Lazarettschiff *Adler* auf Hela-Reede ein und bringt erneut 700 Schwerverwundete aus dem Samland mit. Der Kapitän wartet auf Order, ob sie auf eins der Großschiffe umgeladen werden sollen. Ärzte schalten sich ein, und es wird beschlossen, die *Adler* mit dem nächsten Geleit selbst weiter nach Westen zu schicken.

Andere kleine Schiffe, die keine Gelegenheit finden, ihre Flüchtlinge direkt auf der Reede abzugeben, gehen in den Hafen von Hela und setzen sie dort an Land. Die Gefahr eines plötzlichen Luftangriffs treibt zu größter Eile; die Menschenmenge auf der Pier wäre den Splitterbomben schutzlos preisgegeben. Immer neue Fahrzeuge kommen heran und suchen einen Landeplatz: das Binnenschiff *Kurisches Haff*, das einmal Passagiere auf dem Seekanal zwischen Pillau und Königsberg beförderte; mehrere Flußkähne voller Menschen aus Neufähr an der Weichselmündung; ein Bagger sogar, von einem Schlepper aus Pillau quer über die Danziger Bucht gezogen; und dann der Raddampfer *Expreß 3*, mit mächtigen Paddeln und hoch aufragendem

Schornstein, ein Veteran von der Weichsel, wohl 80 Jahre alt – auch er mit 350 Flüchtlingen und Verwundeten und dazu noch 200 t Nachrichtengerät an Bord.

Aber das ist noch lange nicht alles, was an einem Tage Hela anläuft oder verläßt, dort löscht oder ladet.

Die *Jersbek* trifft mit einer Kohlenladung aus dem Westen ein und wird als Depotschiff auf die Reede gelegt, damit andere Dampfer bei ihr bunkern können. Zu den Flüchtlingstransportern stößt noch die *Fangturm* und nimmt 1500 Menschen auf. Zwei Marinefährprähme werden mit einem ausgeruhten Marschbataillon Infanterie beladen und bringen es hinüber nach Neufähr, an die Front in der Weichselniederung. Die *Koholüt* will eine Ladung Munition in Hela an Land geben, hat aber kein eigenes Ladegeschirr und bittet um Arbeitskräfte. Ein Schlepper fährt mit leeren Leichtern in die Weichselmündung, um dort Mehl zu holen; denn auf Hela sind Bomben in die Verpflegungsschuppen geschlagen, und Zehntausende sind vom Hunger bedroht. Neue Schiffe kommen mit Verwundeten aus Oxhöft und von der Frischen Nehrung, andere mit Munition aus dem Westen, so die *Santander* mit 80 t «Panzerfaust» und «Panzerschreck» für Pillau. Sie alle wollen versorgt sein und weitergeleitet werden. Sie brauchen Öl oder Kohlen, Verpflegung oder Munition für ihre Flakwaffen und haben hundert andere Wünsche. So geht es den ganzen Tag hindurch.

Am Abend formieren sich die Sicherungsfahrzeuge und suchen sich aus der großen Ansammlung von Schiffen ihr Geleit zusammen. Wenn es dann Nacht geworden ist, gehen die Transporter ankerauf und folgen dem minenfrei gehaltenen Zwangsweg hinaus aufs Meer. Auf der Höhe von Rixhöft trennen sich die Geleite; die einen nehmen den Weg in der Nähe der Küste, die anderen halten weiter auf die Mitte der Ostsee zu und schwenken erst im tieferen Wasser nach Westen.

Für wenige Stunden tritt Ruhe auf Hela-Reede ein. Freilich: Die Kriegsschiffe gehen bei ihren Versorgern längsseits und ergänzen während der Nacht Öl, Munition und Verpflegung. Auch in der Geleitstelle der 9. Sicherungs-Division finden die Offiziere wenig Schlaf, denn kaum sind die Transporter auf dem Bildschirm des Funkmeßgeräts westwärts verschwunden, da kündigen sich schon die neuen Großschiffe an, die am nächsten Morgen vor Hela warten werden, und mit denen sich der Ablauf des Vortages in etwa gleicher Weise wiederholen wird.

Am 30. März nimmt die *Cap Arkona* zu den 1000 Schwer- und 3000 Leichtverwundeten noch 4000–5000 Flüchtlinge an Bord und tritt, gesichert von 5 Minensuchbooten, zum letzten Mal die Reise an. Dieser Ozeanriese allein hat auf seinen drei Fahrten über 30 000 Menschen in Sicherheit gebracht, bevor ihn, am Tage vor dem Waffenstillstand im Westen, vernichtende Bomben treffen.

Der Lloyddampfer *Wiegand* und die *Vale*, beides 6 000-Tonner, kommen mit Truppen, Munition und Nachschubgütern; und weil die *Wiegand* außerdem 50 t Heu geladen hat und täglich Hunderte von Treckpferden im Samland wegen Futtermangel notgeschlachtet werden müssen, wird sie gleich nach Pillau weitergeschickt. Die *Vale* dagegen gibt ihre Ladung auf Hela-Reede an kleine Schiffe ab, und auch die *Mathias Stinnes* ladet dort 500 t für Pillau um, während im Hafen schon die Fährprähme bereitliegen, um wiederum Tausende auf jedes der Schiffe zu bringen.

Außer den genannten Transportern sind es an diesem 30. März die *Mars*, *Askari*, *Minden*, *Neuwerk* und *Urundi* – die letztere nimmt allein 5 000 Flüchtlinge an Bord. Als der Tag zur Neige geht, haben wieder rund 25 000 Menschen Hela verlassen.

Am nächsten Morgen stehen, neben anderen Schiffen, die *Deutschland* und die *Pretoria* vor Hela, über deren glückliche Rückfahrt bereits berichtet worden ist. In den ersten Apriltagen folgen dann, um nur ein paar Große unter jeweils vielen anderen zu nennen: die *Walter Rau*, die etwa 3 000 Soldaten der 7. Panzer-Division und 2 400 Verwundete aufnimmt; der Woermann-Dampfer *Wangoni*; die *Eberhard Eßberger*, die mit 4 500 Menschen aus Pillau kommt und dringend um Verpflegung bittet; erneut die *Neidenfels* mit 6 000; und schließlich wieder andere große Passagierschiffe: die *Potsdam* vom Norddeutschen Lloyd, die am 6. April bereits 6 500 Menschen an Bord hat und mitteilt, daß sie noch für 2 000 Platz habe; die *Antonio Delfino* und *General San Martin* von der Hamburg-Süd, über die es in den schnell hingeworfenen Notizen der Beladungsoffiziere heißt:

«*Antonio Delfino*: ca. 3 000 Flüchtlinge. Genaue Angaben nicht möglich, da von allen Seiten gleichzeitig an Bord geklettert. Noch kleine Schiffe mit Verwundeten und Flüchtlingen längsseits kommen!»

«*General San Martin*: 3 000 Sitzer, 500 Lieger, 100 Frauen zur Betreuung – kann das Doppelte nehmen!»

Diese Aufzählung kann und soll nicht erschöpfend sein. Sie soll nur an Hand eines kleinen Ausschnitts aus jenen Tagen zwischen März und Mai 1945 zeigen, wie sehr die Reste der deutschen Handelsflotte für diese letzte Aufgabe eingespannt sind. Was immer fahren und vor Norwegen und in der Deutschen Bucht entbehrt werden kann, was noch Öl oder Kohlen für ein paar Reisen zu bunkern vermag, das eilt nun nach Osten, um bei der größten Rettungsaktion für bedrohte Menschen, der größten Evakuierung, die die Geschichte kennt, mit allen Kräften mitzuwirken.

*

Übermenschliche Anstrengungen nur führen zu der reibungslosen Organisation, ohne die der An- und Abtransport der Hunderttausende in einem Chaos zusammenbrechen müßte. Zu den Schwierigkeiten des Beladens in freier, ungeschützter See, der Angst der Menschen, die oft bei Sturm und Wellenschlag vom auf und nieder tanzenden Deck des einen Schiffes an die Bordwand des anderen hinüberspringen müssen, oft auch am Ladegeschirr festgebunden über dem Abgrund schweben; zu der ständig wachsenden Drohung der Luftangriffe und Überfälle russischer Artillerie – zu all dem treten erschwerend die Verhältnisse auf der Halbinsel Hela selbst, dieser schmalen Landzunge, die keinerlei Einrichtungen für die Aufnahme derartiger Menschenmassen besitzt.

Die wenigen Häuser des Dorfes Hela gruppieren sich hinter dem kleinen Fischereihafen, dessen hölzerne Landungsstege gewöhnlich den Flüchtlingstransporten vorbehalten sind. Der Kriegshafen liegt etwas oberhalb an der Westküste der Halbinsel und bildet mit seiner vorspringenden Pier ein nach Süden geöffnetes Hufeisen. An Land steht hier nur ein einziges Gemäuer: Der Bunker «Löwe», der den Hafenkapitän und die Geleitstelle der 9. Sicherungs-Division beherbergt.

Gleich dahinter beginnt der Wald – meist Kiefern und Kusseln, wie sie auf sandigem Boden wachsen, dazwischen Heide und niedriges Gebüsch, von freien Flächen durchbrochen. Hier wimmelt es überall von Menschen. Sie kauern in den Erdlöchern und Deckungsgräben, so gut es eben gehen will. Nach dem barbarischen Winter hat der Himmel ein Einsehen und schenkt schon im April einen milden Frühling. Wenigstens die Gefahr des Erfrierens ist nun gebannt, doch andere Gefahren gibt es genug.

Russische Tiefflieger fegen mehrmals am Tage über die Halbinsel hinweg. Wo immer sie Menschenansammlungen unter freiem Himmel entdecken, werfen sie ihre Bomben. Die Schlangen vor den Baracken, in denen Essen ausgegeben wird, sind solche Ziele. Der Wehrmachtstab unter Führung des Oberst Schöpffer, der für die Unterbringung und Verpflegung aller Nichtkämpfer auf Hela eingesetzt ist, läßt daraufhin die Badewannen aus den Häusern brechen und an geschützten Stellen im Wald so einmauern, daß man darunter ein Feuer anzünden kann. Aus solchen Trögen schöpfen die Menschen ihr Essen. Die Suppe wird von den Kesseln in großen Kübeln abgefahren und überall in die Wannen gegossen. Auf diese Weise kommen die Flüchtlinge wenigstens zu einer warmen Mahlzeit am Tage – ohne durch Schlangestehen gleich die feindlichen Flugzeuge anzulocken.

Alte und Gebrechliche erhalten zunächst Quartiere in den Häusern des Dorfes, doch bald verlassen auch sie den Ort, der von Bomben und Granaten häufiger heimgesucht wird als der Wald. Nur die liegenden Verwundeten finden noch ein Dach in den wenigen festgefügten Häusern, in der Schule und in den landeinwärts gelegenen Kasernen. Und alle, die von den unermüdlich wirkenden Ärzten transportfähig geschrieben sind, werden sogleich mit Vorrang auf die Schiffe verladen.

So sind also stets Zehntausende auf mehrere Quadratkilometer unübersichtlichen Geländes verstreut; sie harren und hoffen nur auf das eine Signal, das zu den Schiffen ruft. Dann kommen sie in Scharen hervor und hasten auf den sandigen Wegen oder mitten durch den Wald zum Hafen.

Jetzt kann es nicht schnell genug gehen. Der Fährverkehr zu den Schiffen auf der Reede darf keinen Augenblick leerlaufen. Andererseits dürfen sich die Menschen auch nicht direkt im Hafen versammeln, da sie dort schutzlos feindlichen Angriffen preisgegeben sind. Auf ein Zeichen laufen sie los, heraus aus der letzten Deckung, zu der schmalen Mole oder den Holzstegen, an denen die Fährprähme liegen. Rasch füllen sich die Boote, legen ab und machen den nächsten Platz. Die Menschen atmen schon auf, wenn sie diese erste Etappe der Einschiffung ohne Luftangriff überstehen. Sie schätzen sich glücklich, wenn sich ihre Familien trotz der Hast des Augenblicks zusammen auf demselben Boot wiederfinden.

Doch nicht immer geht es so glimpflich ab, und unvermeidlich treten Verluste ein. Die Flak auf Hela wird gerade in den ersten Apriltagen erheblich verstärkt. Im gleichen Maße aber wachsen auch Zahl und Heftigkeit der Angriffe feindlicher Flugzeuge.

In der Nacht zum 5. April verlassen die letzten deutschen Verteidiger die Oxhöfter Kämpe und werden nach Hela übergesetzt. Nun bleibt auch für die Schiffsartillerie nicht mehr viel zu tun. Die Kreuzer *Lützow* und *Prinz Eugen* haben den auf der Kämpe anstürmenden Feind seit Ende März mit allen Rohren beschossen. Sie haben dazu beigetragen, daß sich die eigenen Truppen aus der Front lösen und zum Strand hin absetzen konnten. Von der sowjetischen Luftwaffe von Tag zu Tag ausdauernder und wütender angegriffen, haben sie alle, einschließlich der Zerstörer und Torpedoboote, leichte Treffer erhalten, oder Schäden durch die Splitter der nahe auf dem Wasser explodierenden Bomben erlitten. Auch das Feuer der sowjetischen Küstenbatterien hat ihnen zu schaffen gemacht, aber sie sind den Einschlägen immer wieder ausgewichen, ohne ihre Feuerstellung zu verlassen.

Am 31. März, einem Tag mit rollenden Luftangriffen, die alle 45 Minuten gleichzeitig von Hochbombern, Sturzkampfflugzeugen und tiefliegenden Jabos geführt werden, schlägt schließlich eine Raketenbombe auf *Prinz Eugen* ein und fordert Tote und Verwundete. Doch die Gefechtswerte des Kreuzers sind nicht beeinträchtigt, und so bleibt er auf seinem Posten.

An diesem Tage wagen sich die Russen manchmal so dicht an die deutschen Schiffe heran, daß die sichernden Zerstörer neben dem Feuer der Flak ihre neuen Raketenwerfer in die Abwehr einspannen müssen. Diese «Ofenrohre» dienen nur dem Nahschutz der Schiffe bis zu 2000 Metern. Mit scheußlichem Knall jagen die 8,6-cm-Raketen hinaus und zerplatzen nach kurzem Flug in der Luft – meist weit vor dem Feind, jedoch mit einer so gewaltigen schwarzen Sprengwolke, daß die Jabos zu schwanken beginnen und abdrehen.

Jetzt also, am 5. April, schweigen die Rohre der schweren Schiffsartillerie. Die Kraft der Kreuzer ist erschöpft. Der Treibstoff-Vorrat geht zur Neige, und mit der Munition sieht es noch schlimmer aus: Ein kleiner Kriegs-Fischkutter bringt dem *Prinz Eugen* die letzten vierzig 20,3-cm-Granaten, die in Deutschland aufzutreiben waren.

Wenige Tage noch stehen die Kreuzer in der Danziger Bucht auf und ab, um sich der Luftangriffe besser zu erwehren. Am 8. April erleben die Besatzungen, wie ihr großes Versorgungsschiff *Franken,* wenige hundert Meter entfernt, von Bomben getroffen und vor ihren Augen in den Grund gebohrt wird. In den Wochen ununterbrochenen Einsatzes in der Danziger Bucht haben sie oft in den Nächten längsseit der *Franken* gelegen und sich aus ihren Beständen für den kommenden Tag versorgt und gerüstet. Der 10000 Tonner hat auf seinem Posten ausgehalten, solange ihn seine Aufgaben dort festhielten. Am gleichen Abend verlegen die Kreuzer endgültig nach Westen. *Lützow* geht in die Kaiserfahrt bei Swinemünde, *Prinz Eugen* über Saßnitz nach Kopenhagen, wo das Schiff bis zum Ende des Krieges liegen bleibt.

Die schweren Kaliber in der Danziger Bucht sind verstummt. Sie haben den Verlust des großen Brückenkopfes um Danzig und Gotenhafen wohl verzögern, nicht aber verhindern können.

Außer der Halbinsel Hela befinden sich nun in diesem Raum nur noch in deutscher Hand:

1. Die Weichselniederung mit den Verschiffungsplätzen Neufähr,

Bohnsack, Schiewenhorst und Nickelswalde. Hierhin haben sich die Reste der Verteidiger Danzigs zurückgezogen. Die Russen greifen nicht weiter an, seit die Deutschen die Weichseldeiche durchstochen haben und sich ein breiter Sperrkreis überfluteten Landes schützend vor ihre Stellungen legt.

2. Die Frische Nehrung und damit die schmale Landverbindung nach Pillau.

3. Der Samland-Brückenkopf, der sich wie eine Sichel, eng an das Meer gelehnt, vor seinem einzigen Hafen Pillau erstreckt. Dort beginnt gerade der Endkampf um Königsberg, das am 9. April in die Hand der Russen fällt. Dem übrigen Samland bleibt noch eine letzte Frist von 14 Tagen (siehe Schluß des 10. Kapitels).

Doch der Abzug der Kreuzer hat noch eine weitere Folge. Jetzt, da diese gefürchteten, mit Rohren aller Kaliber gespickten Schiffe das Feld geräumt haben, stürzen sich die sowjetischen Bomber und Schlachtflieger um so häufiger auf das einzig verbliebene Ziel: auf Hela – den Hafen, das Land, und auf die Schiffe, die nach wie vor auf der Reede erscheinen. In Hela beginnen die Wochen, in denen die Rettung der fliehenden Menschen manchmal im Bombenhagel zusammenzubrechen droht und trotzdem fast täglich Zehntausende auf den Schiffen nach Westen entkommen.

*

Es ist noch Nacht, als die Männer im Salon der *Wilnius* aus dem Schlaf fahren: die Lotsen und Einschiffungsoffiziere von Hela. Die Meldung, daß sich von See her vier Großschiffe nähern, bringt sie auf die Beine. Ihre Aufgabe ist es, die Ankommenden auf den richtigen Ankerplatz zu führen und mit den Kapitänen gleich die Einzelheiten der Beladung zu besprechen.

Im trüben Schein einer Petroleumlampe macht sich auch Kapitän Schuldt fertig, der hier, wie in Neufahrwasser, Einschiffungsleiter ist. Die *Wilnius* liegt in einer Ecke des Kriegshafens und dient den Offizieren, die täglich den Strom der Flüchtlinge und Verwundeten auf die Schiffe verteilen, als Wohnung. Der alte Raddampfer hat einmal als Yacht des litauischen Staatspräsidenten bessere Tage erlebt. Doch die Vorstellungen, die man im allgemeinen mit dem Begriff einer Yacht verbindet, treffen in diesem Falle nicht zu. Der Präsident muß, jedenfalls an Bord, ein spartanisch einfaches Leben geführt haben – wenn er auch nicht gerade auf dem blanken Deck geschlafen haben wird, wie es die jetzigen Bewohner seiner Yacht gezwungenermaßen tun. Denn irgendeine Inneneinrichtung war nicht mehr vorhanden, als die *Wilnius* Ende März voller Flüchtlinge von Pillau nach Hela herüberkam.

Im Osten dämmert das erste Licht des 15. April, als der Kapitän mit seinen Offizieren auf einem Fischkutter den Schiffen entgegenfährt. Der Himmel ist wolkenlos und verspricht einen klaren, sonnigen Tag. Das sind ungünstige Vorzeichen. Je besser die Sicht, desto mehr werden die Russen zum Angriff verlockt. Die großen Schiffe auf der Reede liegen dann zu deutlich vor ihren Augen.

Der letzte Tag dieser Art, der 11. April, hat die bisher schwersten Verluste an Menschen und Schiffen gebracht. In immer neuen Wellen flogen die feindlichen Bomber an. Gegen Abend gelang es ihnen, zwei Schiffe vernichtend zu treffen: die *Moltkefels*, die zu dieser Stunde schon 4500 Menschen an Bord hatte; und das kleinere Lazarettschiff *Posen*, das nicht weit davon vor Anker lag. Die Bomben richteten ein furchtbares Blutbad an. Obwohl der schwere Artillerie-Träger *Soemba* bei der *Posen* längsseit ging und 250 Schwerverwundete bergen konnte, riß das sinkende Lazarettschiff noch zahlreiche Hilflose, die nichts zu ihrer eigenen Rettung tun konnten, mit sich in die Tiefe.

Die *Moltkefels* wurde gleich von mehreren Bomben getroffen. Von Splitterbomben, die an Deck Verwüstungen anrichteten. Und von schweren, die gleich mehrere Decks durchschlugen. Die schlimmsten Treffer erhielt das Schiff in die Maschine. Die *Moltkefels* lag unter Dampf. Sie wartete nur noch auf Geleit, um ihren gefährdeten Liegeplatz verlassen zu können. Aus der Maschine ist niemand lebend herausgekommen. Dort unten brach das Feuer aus, das bald das ganze Schiff erfaßte.

Der III. Offizier der *Moltkefels*, Spreckelsen, hatte gerade in der achtern liegenden Proviantlast zu tun, als die Bomben einschlugen. Aber er kannte das Schiff. Er hatte eine bessere Chance. Im Nu war er oben an Deck. Schwarzer Qualm trieb ihm ins Gesicht. Er sah die Flammen mittschiffs schon über die Aufbauten zügeln. In diesem Augenblick wußte der seemännisch erfahrene Offizier, daß der steife Nordwest, der genau von vorn kam, das Feuer in wenigen Minuten über das ganze Achterschiff ausbreiten würde.

«Los, kommt mit, nach vorn!» schrie er den Nächststehenden zu. Aber die verstanden das nicht. Sie wollten nicht einsehen, daß sie in den Brandherd hineinlaufen sollten, um sich zu retten. Der III. Offizier fand noch einen Weg: seitlich an den Booten hangelte er sich vorbei. Dann hatte er es geschafft. Er stand auf dem Vorschiff, er war gerettet.

Bald war die *Moltkefels* von mittschiffs bis achtern in Rauch und lodernde Flammen gehüllt. Dort war für die zahlreich herbeieilenden

Boote bei dem starken Wind weder an Löschen noch an Abbergen zu denken. Nur wer rechtzeitig den Sprung ins Meer gewagt hatte, entkam dem rasenden Feuer. Die Retter holten vor allem die Menschen herunter, die auf das nicht betroffene Vorschiff gelangt waren. Als brennendes Wrack wurde die 7860 BRT große *Moltkefels* an der Ostküste Helas auf Grund gesetzt und glühte dort aus.

Die Zahl der Opfer? Man konnte sie nur schätzen; und Kapitän Schuldt schätzte sie auf eintausend...

Heute, am 15. April, ist wieder so ein Tag, der die Russen nicht ruhen lassen wird. Sorgenvoll sehen die Offiziere den Schiffen entgegen. Es sind die Transporter *Askari*, *Eberhard Eßberger*, *Mathias Stinnes* und das große, weiß gemalte Lazarettschiff *Pretoria*.

Doch es tut sich auch noch etwas anderes, während die Schiffe ihre Liegeplätze auf der Reede einnehmen. Aus vielen Richtungen dampfen kleine Kriegsfahrzeuge herbei. Die 9. Sicherungs-Division bietet alles auf, was sich mit eigener Flak an der Luftabwehr beteiligen kann. Minensuchboote, Kriegs-Fischkutter und Artillerieträger bilden zwei Halbkreise zum Schutz der Reede, den ersten nahe bei den ladenden Schiffen, den zweiten weiter vorgeschoben als den ersten Sperrgürtel. In diese Gruppe reihen sich auch die beiden zur Zeit stärksten Kriegsschiffe in Hela ein: der Zerstörer *Z 34* und das Torpedoboot *T 36*; ihre weitreichenden Waffen sollen die anfliegenden Bomber schon weit vor dem Ziel erschüttern. So gerüstet sieht Hela den Ereignissen des Tages gefaßter entgegen. Die Beladung der Schiffe beginnt.

Der Morgengruß der feindlichen Artillerie läßt nicht lange auf sich warten. Auf dem Oxhöfter Steilufer blitzt es auf. Eine Minute später stehen die Aufschläge mitten zwischen den Schiffen.

Zur Abwehr läuft der Zerstörer *Z 34* mit hoher Fahrt auf das Festland zu. Er hat schon an den Vortagen zwei russische Batterien niedergekämpft. Seine Meßgeräte fixieren die Mündungsblitze der feindlichen Geschütze. Ruhig werden die Entfernungen durchgesagt:

«Einhundertzwanzig Hundert.»

Das sind noch 12 Kilometer zum Ziel. Der Kommandant gibt Feuererlaubnis. Die erste Salve verläßt die Rohre. Beim nächsten Abschuß ein ohrenbetäubendes Krachen. Eine Qualmwolke überdeckt das dritte 15-cm-Geschütz. Der Fahrtwind zerreißt den Rauchschleier. Und dann kommt auch schon die Meldung:

«Drittes Geschütz durch Rohrkrepierer ausgefallen.»

Solche Zwischenfälle sind jetzt die Regel. Untersuchungen, Verhöre, Meldungen, Tatbericht... ein Papierkrieg wird entfesselt. Aber die Ursachen bleiben dunkel. Wahrscheinlich ist es Sabotage in den Munitionsfabriken.

Die Verwundeten werden geborgen. Und die drei gefechtsklaren 15-cm-Rohre, darunter der Zwillingsturm auf der Back, setzen das Feuer fort. Heftige Explosionen an Land zeugen von der Wirkung der deutschen Granaten. Nach wenigen Minuten schweigt die feindliche Batterie. Der Zerstörer stellt das Feuer ein und kehrt auf seinen Platz im Luft-Abwehrring vor Hela zurück. Die erste Gefahr für die auf Reede ankernden Schiffe ist beseitigt. Wenn erst die Bomber wieder angreifen, wird es nicht so glimpflich abgehen.

An diesem klaren und sonnigen 15. April 1945 fliegt kurz nach 9.30 Uhr der erste geschlossene Bomberverband an. Etwa 40 Maschinen sind es. In dreitausend Meter Höhe. Gleichzeitig springen Schwärme von Jagdbombern über die Höhenzüge der Küste. Dicht über dem Wasser fliegend fallen sie die sichernden Kriegsschiffe an.

Die Absicht ist deutlich: Die Jabos sollen die Schiffsflak in Einzelgefechte verwickeln. Dann können die Bomber den Abwehrgürtel durchstoßen und sich auf die Handelsschiffe stürzen. Zum Teil gelingt das auch. Einzelne Maschinen dringen bis zur inneren Reede vor und setzen zum Sturzflug an.

Bald ist zu erkennen, daß der Feind seinen Angriff nicht auf die verschiedenen Schiffe verteilt, sondern sich auf ein einziges Ziel konzentriert: auf die *Pretoria*. Das größte Schiff auf der Reede, aber auch das einzige, das deutlich als Lazarettschiff gekennzeichnet ist: leuchtend weiß gemalt, mit einem grünen Längsstreifen und großen roten Kreuzen auf Bordwand, Decks und Schornsteinen. Die *Pretoria* ist ein international anerkanntes Lazarettschiff. Nicht nur ein nationaler Verwundetentransporter, wie etwa die *Ubena*, die nicht unter dem Schutz des Roten Kreuzes steht.

Trotz des Flakfeuers stürzen sich die sowjetischen Pe-2 auf die *Pretoria* nieder. In etwa 2000 Meter Höhe klinken sie ihre Bomben aus. Ein wahrer Hagel prasselt rings um das Schiff in die See. Wasserfontänen und hochgeschleuderte Gischt hüllen es ein. Es sind bange Sekunden für alle, die ringsum diesen Angriff beobachten.

Doch die *Pretoria* schwimmt. An mehreren Stellen sind Bomben eingeschlagen. Löschboote eilen herbei. Die Besatzung hat das Feuer schon unter Kontrolle. Boote über Boote kommen, um die Verwundeten von Bord zu bergen. Der Chefarzt ruft ihnen nur zu:

«Schafft mir lieber weitere Verwundete heran! Los, los, damit wir hier fertig werden! Die Einschiffung geht weiter.»

Der erste von mehreren Luftangriffen des Tages ist überstanden. Die Russen kommen mit der Regelmäßigkeit eines Uhrwerks wieder. Und jedesmal ist ausschließlich die *Pretoria* ihr Ziel. Das Schiff wechselt den Standort; der nächste Angriff gilt wieder ihm. Das kann kein

Versehen mehr sein. Die *Pretoria* geht schließlich näher an Hela heran. Dort genießt sie den zusätzlichen Schutz der Flakbatterien an Land. Und die Nähe des Hafens läßt auf eine schnellere Bergung der Verwundeten hoffen, sollte das Schiff wirklich vernichtend getroffen werden.

«Um 14.30 Uhr – wir arbeiteten gerade im Promenadendeck – erfolgte der nächste Angriff», berichtet Pfarrer Klaus Gronenberg, der damals als Sanitätskadett an Bord war. «Alle verließen schnellstens das Oberdeck. Wer es nicht tat, wurde vom Detonationsdruck glatt über Bord gefegt oder von Splittern getroffen. Ich kam bis in den Küchengang im C-Deck, als die Bomben detonierten. Diesmal machte das immerhin 16000 Tonnen große Schiff einen Satz. Eine Bombe war direkt neben der Bordwand detoniert und hatte den fünften Laderaum an Backbord unterhalb der Wasserlinie aufgerissen. Durch einen etwa 5 Meter langen und 50 cm breiten Riß strömte das Wasser herein.

Mehrere Bombentreffer hatten das achtere Aufbaudeck in Brand gesetzt. Der Brand schlug nach unten durch und konnte erst nach anderthalb Stunden schwierigster Arbeit gelöscht werden. Ein Feuerlöschboot aus Hela leistete dabei mit seinen Wasserkanonen gute Dienste.»

Die Brücke hat einen Treffer erhalten, das Schornsteindeck deren zwei. Brände flackern an mehreren Stellen. Die Rettungsboote sind bis auf wenige von Splittern durchsiebt. Auch in die Luken III, IV und V sind Bomben geschlagen.

Aber das Schiff schwimmt. Es hat nicht einmal Schlagseite, trotz der Wassermassen, die gegen die Brände hineingepumpt werden. Verbissen kämpfen sich die Männer im beißenden Qualm gegen die Brandherde vor. Man fragt sich, wie es bei diesem ständigen Ringen um die Rettung des Schiffes noch möglich ist, Verwundete an Bord zu nehmen.

Doch es geschieht!

Der Andrang auf Hela läßt es nicht zu, daß auch nur ein Schiff, das noch schwimmen und fahren kann, leer nach Westen geht. Nach jedem neuen Angriff und jedem Treffer folgt regelmäßig die Fahrbereitmeldung der Schiffsführung.

So viele Wunden der Feind dem Lazarettschiff auch schlägt – die Maschine bleibt intakt, und Kompaß und Ruder sind ebenfalls klar. Die Hauptsache aber ist, daß es dem seemännischen Personal und den Festungspionieren gelingt, das Schott zwischen dem Laderaum IV und dem vollgelaufenen Laderaum V so abzustützen, daß die *Pretoria* fahrbereit bleibt.

Schließlich befinden sich 2000 Verwundete und 200 Flüchtlinge an Bord. Mehr kann das Schiff nicht fassen, denn an vielen Stellen ist das Oberdeck zerstört. Und in den Gängen nahe den Brandherden steht kniehoch das Wasser.

Gegen 17.30 Uhr verlassen die vollbeladenen anderen Schiffe die Reede und nehmen die angeschlagene *Pretoria* in die Mitte. Erfahrungsgemäß fliegen die Sowjets ihre heftigsten Angriffe kurz vor Anbruch der Dämmerung. Sie wollen noch zum Schluß einen Tageserfolg erzwingen. Diesem letzten Bombensegen versucht der Geleitzug mit hoher Fahrt zu entkommen.

Der Zerstörer *Z 34* und die Torpedoboote *T 23* und *T 33* sichern die Transporter und das Lazarettschiff. Eine Stunde mögen sie mit nordwestlichem Kurs davongestoben sein, als in ihrem Rücken die sowjetischen Flugzeuge auftauchen. Die Sturzbomber fehlen diesmal. Es sind «nur» noch etwa 20 Jabos, die sich im Tiefflug heranwagen. Zerstörer und Torpedoboote schleudern ihnen aus allen Rohren einen Hagel von Geschossen entgegen. Die Maschinen schwanken, bäumen sich auf und drehen ab. Ihr Angriff, der wiederum der *Pretoria* und der mit 7000 Menschen beladenen *Eberhard Eßberger* gegolten hat, schlägt fehl. Die Bomben klatschen ins Wasser, und nur ein paar Splitter verirren sich auf die Decks der Schiffe.

Der 15. April geht zu Ende, wie er begonnen hat: als ein strahlender, klarer Frühlingstag. 20 000 Menschen haben Hela an diesem Tage verlassen. Das Krachen der Bomben und der ohrenbetäubende Lärm der eigenen Flak haben ihren Weg zu den Schiffen begleitet. Viele danken Gott, daß sie der Tod verschont hat. Daß sie diesem Hexenkessel entronnen sind. Das Geleit – und mit ihm die *Pretoria* – läuft am nächsten Tag wohlbehalten in die westliche Ostsee ein und geht weiter nach Kopenhagen.

Bald nach Einbruch der Dunkelheit, als Luftangriffe nicht mehr zu erwarten sind, verläßt *Z 34* das Geleit und kehrt nach Hela zurück. Unheimliche Ruhe herrscht auf der am Tage heißumkämpften Reede. Kleine Fahrzeuge liegen überall vor Anker. Die Männer auf der Brücke von *Z 34* müssen höllisch aufpassen, daß ihr Schiff nicht einen dieser schmalen Schatten rammt. Mit ganz geringer Fahrt gleitet der Zerstörer voran – auf der Suche nach seinem Tanker, der ihn noch in dieser Nacht mit neuem Öl versorgen muß.

Die letzte Stunde vor Mitternacht ist angebrochen. Auf der Backbordseite der Brücke hält der Chef der 4. Z-Flottille, Kapitän zur See Freiherr von Wangenheim, mit Ausguck. Doch statt des erhofften Tankers entdeckt er plötzlich durch sein Nachtglas etwas höchst Alarmierendes:

Zunächst zwei schwache, kaum wahrnehmbare Schatten, die er erst durch das blinkende Kielwasser als fahrende und drehende Boote erkennen kann. Und gleich darauf, nicht weiter als 500 Meter entfernt, zweimal ein Aufblitzen, wie beim Ausstoß von Torpedos.

Das bedeutet höchste Gefahr! Kommandos schallen, die Maschinen springen an, und das Ruder wird auf hart Backbord gelegt. Doch das lange Schiff steckt noch wie gelähmt in der schleichenden Fahrt. Schwerfällig dreht es an, während die beiden Torpedos auf seine lange, ungeschützte Flanke zujagen.

*

Bombenflugzeuge, Küstengeschütze und U-Boote bedrohen schon den deutschen Schiffsverkehr; nun setzen die Russen noch eine weitere Waffe ein: ihre Schnellboote.

Seit den erbitterten Gefechten im Kampf um den östlichen Finnenbusen und später noch um die Halbinsel Sworbe ist es still um die sowjetischen Motor-Torpedo-Boote geworden. An Aktivität hat es den kleinen, schnellen Benzinbooten freilich nie gemangelt. Dagegen bringt es die Frontlage mit sich, daß sie längere Zeit keine geeigneten Stützpunkte finden, von denen sie bei ihrem geringen Aktionsradius mit Aussicht auf Erfolg operieren könnten. Das ändert sich, als die Russen Ende Januar 1945 Memel in Besitz nehmen und sehr bald S-Boote in diesem Hafen stationieren. Der paradoxe Fall tritt ein, daß die sowjetischen S-Boote ihren Stützpunkt auf deutschem Gebiet haben, die deutschen S-Boote dagegen weiter nördlich in Libau – innerhalb des Kurland-Brückenkopfes – auf sowjetischem Gebiet. Die deutschen Flottillen stoßen bisweilen nach Süden, geographisch gesehen also gegen die eigene Heimat vor, und umgekehrt die sowjetischen Flottillen nach Norden.

Bei einer solchen getrennten Aktion in der Nacht vom 26. zum 27. März treffen sie plötzlich aufeinander.

Die Nacht ist klar, ein herrlicher Vollmond scheint vom Himmel, und Wind und Seegang sind völlig eingeschlafen. Die 2. Schnellboots-Schulflottille ist mit den drei Booten *S 64*, *S 69* und *S 81* zu einer «freien Patrouille» aus Libau ausgelaufen. Der Flottillenchef, Kapitänleutnant Klose, hat seinen Stander auf *S 64* gesetzt. Seine Männer werden von dem Gefühl beherrscht, eine bittere Rechnung begleichen zu müssen; gegen Mittag des Vortages sind nämlich drei deutsche Minenräumboote, gar nicht weit vor Libau, von den hartnäckig angreifenden Schlachtfliegern des Feindes versenkt worden. Drei Boote mit einem Schlag verloren!

Die deutsche Flottille passiert die Höhe von Memel, wendet dann und steuert nördlichen Kurs. Fast lautlos gleiten die Schnellboote durch das glitzernde Meer. Sie laufen mit Schleichfahrt, bei der nur die Mittelmaschine die Boote treibt und der Auspuff dumpf unter Wasser verhallt. Schon sieht es so aus, als werde auch dieser Vorstoß ergebnislos enden, wie so viele andere Fahrten vorher.

Dann aber sichten sie auf einmal den Feind: Backbord voraus nähern sich sowjetische Schnellboote, die von Westen kommen und offenbar ihren Stützpunkt anlaufen wollen. Wenn beide Gegner ihren Kurs beibehalten, müssen sie bald aufeinanderprallen.

«Anton rot!» befiehlt der deutsche Flottillenchef über UK-Sprechfunk, und seine drei Boote bilden eine 10°-Staffel an Backbord. Der Winkel ihres eigenen zum feindlichen Kurs wird dadurch etwas spitzer, und sie steuern so, daß sie alle Waffen gleichzeitig zur Geltung bringen können.

Die Russen dagegen trotten ohne Marsch- oder Gefechtsformation in einem wilden Pulk dahin. Zuerst fällt es schwer, sie zu zählen; doch als sie immer näher kommen und sich ihr tiefes Schwarz deutlich in der hellen Nacht abzeichnet, sind neun Boote zu erkennen. Auf 1000 Meter Entfernung haben sie offenbar noch nichts von ihren Gegnern bemerkt. Das mag daran liegen, daß die matt weißgrau gemalten deutschen Boote nachts mit dem Hintergrund des Meeres zu einem schwer unterscheidbaren Ganzen verschwimmen.

Eine Minute noch – dann bricht mit einem Schlage der Feuerüberfall der Deutschen los. Er trifft auf einen völlig überraschten Feind. Trotz ihrer großen Zahl wenden die Russen und suchen ihr Heil in der Flucht. Mit unerhörter Fahrt stieben sie davon – bis auf ein Boot, ein erstes Opfer, das brennend liegenbleibt.

«Laßt ihn, den holen wir später!» befiehlt Kapitänleutnant Klose und nimmt mit seinen Booten die Verfolgung auf. Mit äußerster Kraft jagen sie ihren Feinden nach, den Bug hoch aus der schäumenden See erhoben. Das haben sie sich lange gewünscht, ein Nachtgefecht unter Gleichrangigen, Schnellboote gegen Schnellboote – statt des ewigen zermürbenden Abwehrkampfes gegen die überlegenen feindlichen Flieger. Doch die Erfahrung, die schon die Finnen stets gemacht haben, bestätigt sich auch hier: Kaum gestellt, reißen die sowjetischen Boote aus. Sie spielen damit ihren besten Trumpf aus; denn sie sind schneller als ihre Verfolger. Bald hört der Schußwechsel auf. Die Entfernung war schon zu Anfang ziemlich groß. Die Russen entschwinden nach Nordwesten. Und so, wie man im Laufen plötzlich innehält, wenn man die Zwecklosigkeit der Verfolgung sieht, fallen die Deutschen ab und kehren zu ihrem ersten Opfer zurück.

Das Boot liegt schwarz und bewegungslos am alten Platz. Den Russen ist es gelungen, den Brand zu löschen, aber die Motoren springen nicht mehr an. *S 64* schert heran, und mit gezogenen Pistolen springt ein Enterkommando hinüber auf das feindliche Boot. Ein Offizier und vier Mann geben sich ohne Widerstand gefangen.

Der deutsche Flottillenchef faßt daraufhin den Plan, das gekaperte Boot – das übrigens *TK 199* heißt – unversehrt in den eigenen Stützpunkt zu bringen. *S 64* und *S 69* unterfangen es mit starken Leinen, während das dritte Boot, *S 81*, etwas abgesetzt die Sicherung des schwerfälligen Transports übernimmt.

So macht sich die 2. S-Schulflottille mit ihrer Beute auf den Weg nach Libau. Doch *TK 199* wird von Minute zu Minute schwerer und reißt immer mehr an den Leinen, bis sie mit einem berstenden Knall zerspringen. Funk-Unterlagen, Karten, Waffen – und amerikanische Konserven mit russischer Schrift sind schon vorher auf *S 64* gebracht worden. Nun sinkt das russische Boot, und alle Mühe war vergebens.

Im letzten Augenblick klettert drüben noch ein Mann an Deck und stürzt sich mit einem lauten Aufschrei ins Wasser. Ein Russe, den man übersehen hatte, und der zweifellos die Zwischenzeit benutzte, um die Ventile aufzudrehen oder auf andere Weise die See in das Boot eindringen zu lassen, damit es den Deutschen schließlich doch nicht in die Hände fällt. Dieser Mann wird als sechster Gefangener aus dem Wasser gefischt und zu den anderen unter Deck gebracht.

Kapitänleutnant Klose läßt die anderen Boote auf Rufweite herankommen und erwägt mit den Kommandanten, was nun geschehen solle. Alle versichern auf seine Frage, daß sie noch genug Munition hätten, um ein zweites, vielleicht längeres und härteres Gefecht durchzustehen. Mit dem erfolgreichen Einbringen eines gekaperten Bootes hätten sie sich wohl zufrieden gegeben. Nun aber, da es gesunken ist, fragen sie sich, ob der Erfolg nicht noch erweitert werden könnte. Eine zweite, wichtige Überlegung bestimmt den Entschluß des Flottillenchefs, noch einmal umzukehren. Die bisherige Erfahrung lehrt, daß die Sowjets so etwas wie «Rottentreue» besitzen. Meist kehren sie, wenn die Gefahr vorüber ist, an den Schauplatz des Gefechts zurück, um nach überlebenden Kameraden Ausschau zu halten. Damit wächst die Wahrscheinlichkeit für die deutschen Boote, daß sie ein zweites Mal auf den Gegner treffen werden.

Das kurze «Palaver» ist beendet, und der Flottillenchef entscheidet, daß ein neues Zusammentreffen mit dem Feind gesucht werden soll. Mit «Mitte Lucie Fritz» – das heißt: Mittelmaschine langsame Fahrt voraus – gleiten die deutschen Boote erneut nach Süden. Und genau das Erwartete geschieht: An der Stelle, an der vor einer Stunde *TK 199* liegengeblieben ist, sichten sie den Feind, der offenbar suchend über die See streift. Abgesehen davon, daß die Deutschen diesmal von Norden kommen, spielt sich dieses zweite Treffen fast genauso ab wie beim ersten Mal. Die sowjetischen Boote sind längst erkannt, ahnen selbst aber nichts von der Gefahr, in der sie sich befinden.

Mit einem Kurzsignal läßt Klose zunächst die Meldung nach Libau funken, daß die Flottille im Quadrat... ein Gefecht mit feindlichen S-Booten führe. Dann nimmt er seine beiden Rottenboote an die Kandare:

«An Bernd und Eberhard: Feuer eröffnen nur nach Vorgang Führerboot.» «Bernd» ist *S 81*, «Eberhard» *S 69* – die Boote werden im Funksprechverkehr mit den Vornamen ihrer Kommandanten angerufen. Der Flottillenchef will es diesmal darauf ankommen lassen und noch näher an den Feind herangehen, selbst auf die Gefahr hin, daß seine Boote ebenfalls entdeckt werden; das Überraschungsmoment aber bleibt auf seiner Seite, und das Feuer wird je näher desto wirkungsvoller sein.

500 Meter trennen die Gegner noch. Kapitänleutnant Klose gibt die Zielverteilung durch. Dann korrigiert er den Kurs 2 Dez nach Steuerbord.

300 Meter... Jetzt sind schon Einzelheiten auf den sowjetischen Booten zu erkennen. Unglaublich fast, daß der Feind die größeren deutschen S-Boote nicht bemerkt. Die Richtschützen haben den Finger am Abzug ihrer Maschinenwaffen. Eine Zweizentimeter vorn in der «Wanne», ein 2-cm-Zwilling hinter der Brücke und eine Vierzentimeter auf dem Achterdeck, dazu mehrere Maschinengewehre – das ist die Bewaffnung dieser deutschen Schnellboote, die sie neben ihrer Hauptwaffe, den Torpedos, tragen. *S 81* hat an Stelle der Vierzentimeter einen 2-cm-Vierling. Und all diese Waffen sind auf den nun greifbar nahen Feind gerichtet.

150 Meter... Drüben beim Russen ist eine plötzliche Bewegung zu erkennen. Sofort gibt Klose das Feuer frei.

Die Hölle bricht los. In Sekundenschnelle stehen zwei der drei beschossenen Boote in Flammen. Die übrigen sechs machen förmlich einen Satz und brechen nach hinten aus. Heftig feuernd jagen *S 69* und *S 81* der aufgescheuchten Herde nach. Nur das deutsche Führerboot bleibt abwartend 40 Meter vor den beiden vernichtend getroffenen feindlichen Booten liegen.

Doch hier gibt es nichts mehr zu bergen oder zu entern. Das eine Boot, *TK 166*, sinkt nach wenigen Minuten. Und auf dem anderen, *TK 181*, auf dem im hellen Feuerschein deutlich der Flottillenstander zu sehen ist, drängen sich die Russen auf der vom Feuer allein noch nicht erfaßten Back zusammen.

Kapitänleutnant Klose läßt darauf ein Schlauchboot klarmachen und zwei der bisherigen Gefangenen vorführen. Mit wenigen russischen Brocken und vielen Gesten wird ihnen klargemacht, sie sollten hinüberfahren und ihre Kameraden von dem brennenden Boot retten. Nach einigem Zögern klettern sie ins Schlauchboot und paddeln los. Als sie schließlich zurückkommen, sind sie elf: Außer den beiden noch 4 Offiziere und 5 Mann, die sich scheu zur Seite drücken, Mißtrauen in den Gesichtern, den Versicherungen ihrer beiden Kameraden nicht glaubend, daß ihnen hier kein Haar gekrümmt werde.

Einige sind verwundet und wimmern vor Schmerzen. Doch den deutschen Flottillenarzt, der ihnen eine Betäubungsspritze geben will, stoßen sie erschrocken zurück. Es dauert eine Weile, bis die Männer begreifen, daß diese Deutschen, in deren Gewalt sie sind, ihnen persönlich gar nicht nach dem Leben trachten; daß sie sie nicht mehr als Feinde, sondern als Schiffbrüchige und Verwundete behandeln und ihnen helfen wollen.

Auch der sowjetische Flottillenchef, Kapitän 3. Rg. Tschubuikin, der sich unter den Geretteten befindet, sitzt seinem deutschen Gegenspieler mit verschlossenem Gesicht gegenüber. Er ist am Oberschenkel verwundet. Klose bringt ihn am nächsten Tag selbst in das deutsche Marinelazarett in Libau, wo der Russe operiert wird, und besucht ihn dort häufig. Er kommt mit kleinen Geschenken, mit Zigaretten und Alkohol. Eine lettische Dolmetscherin versucht ein menschliches Gespräch zwischen dem Deutschen und dem Russen in Gang zu bringen. Aber es dauert lange, bis Tschubuikin sich aus der feindlichen Starre löst, weil er immer glaubt, er werde verhört, und man wolle Geheimnisse aus ihm herausbringen.

Dann endlich geht er aus sich heraus und beklagt sich bitter, daß seine Schnellbootwaffe, der er mit ganzem Herzen angehört, so geringe Übungs- und Ausbildungsmöglichkeiten gehabt habe. Daher seien sie auch von dem deutschen Angriff völlig überrascht und überrumpelt worden. Tschubuikin vergißt freilich nicht, stolz hinzuzufügen: Aber Deutschland hat den Krieg schon längst verloren...

Das Gefecht der 2. S-Schulflottille ist eines der ganz wenigen, die in dieser letzten Phase des Krieges noch von gleichrangigen Seestreitkräften in der Ostsee geführt worden sind. Denn im allgemeinen weichen die Sowjets solchen Treffen aus, und die deutsche Marine hat keine Gelegenheit mehr, sich im Kampf mit sowjetischen Flotteneinheiten – außer mit ihrer Luftwaffe – zu messen.

Drei feindliche Motor-Torpedo-Boote sind vernichtet, zwei weitere wahrscheinlich im Verfolgungsgefecht aus dem flüchtenden Pulk versenkt, ohne daß hierfür der «Mützenband-Beweis» angetreten werden kann. Das ist ein großer Erfolg.

Doch weniger die Zahl der versenkten Boote als ihr Verhalten vor und während des Gefechts, das ihr eigener Flottillenchef als «ungeübt und schlecht ausgebildet» beklagt, vermag zum Teil Aufschluß darüber zu geben, warum diese Boote nicht zu viel größeren Erfolgen gegen den unausgesetzten Strom deutscher Schiffe in der Danziger Bucht gelangen. Dies um so mehr, da ihr Stützpunkt Ende der ersten Aprilwoche von Memel direkt in den Brennpunkt des Kampfgeschehens, nach Adlershorst bei Gotenhafen, verlegt wird.

Dort haben sie den deutschen Schiffsverkehr unmittelbar vor den Rohren. Von Adlershorst bis Hela-Reede, wo nachts die Schiffe oft so dicht gestaffelt vor Anker liegen, daß ein Torpedo sein Ziel kaum verfehlen kann, brauchen die Sowjets höchstens eine halbe Stunde Anmarschweg. Ihr bisher einziger Angriff – gegen ladende Fährprähme vor der Nehrung bei Kahlberg – wird abgeschlagen und endet damit, daß zwei Boote brennend auf den Strand getrieben werden.

Dann aber, in der Nacht, nachdem die *Pretoria* trotz aller Luftangriffe Hela mit ihrem Geleit verlassen hat, schleichen sich zwei sowjetische S-Boote zu den vielen Ankerliegern auf Hela-Reede und halten Ausschau nach einem lohnenden Ziel.

*

Immer noch dreht der Zerstörer nach Backbord. Die leichten Waffen bellen los und nehmen die Angreifer aufs Korn. Die Schnellboote nebeln sofort und jagen davon. 30 Sekunden sind erst vergangen, seit der Flottillenchef die verräterischen Blitze beim Ausstoß der Torpedos entdeckte. Der erste schnarrt um wenige Meter hinter dem Heck vorbei. Dann aber erhält *Z 34* einen heftigen Stoß – nicht etwa begleitet von lautem Krachen, sondern sanfter und dumpfer, wie eine Ohrfeige von behandschuhter Hand.

Torpedotreffer Backbord achtern!

Mit einem Schlage erlischt das Licht. Die Maschinen setzen aus, der Zerstörer neigt sich zur Seite und treibt. Die Telefone bleiben stumm, die Funkanlage ist ebenfalls ausgefallen. Der Kommandant ist auf der Brücke wie abgeschnitten – vom eigenen Schiff und von der Außenwelt. Doch die Besatzung rappelt sich wieder hoch. Die Männer kriechen aus den Ecken, in die sie der Stoß geschleudert hat.

Sie untersuchen und melden die Schäden, zuerst von Mund zu Mund und durch batterieloses Telefon. Sie setzen wieder in Gang, was durch die Erschütterung nicht allzusehr gelitten hat. Hilfe kommt jetzt auch von anderen Schiffen. Langsam wird der Zerstörer zur Hela-Nordreede verholt und wirft seinen Anker.

In dieser Nacht melden die Sowjets, sie hätten einen deutschen Kreuzer durch Torpedotreffer versenkt. Indes greifen sie dasselbe Schiff am nächsten Morgen nochmals mit 16 Sturzbombern an, ohne das vorhergesagte Ergebnis zu erzielen. Im Laufe des Tages tritt *Z 34*, im Schlepp eines Minensuchbootes und von *T 36* gegen weitere Angriffe gesichert, die Fahrt nach Swinemünde an. Dort wird der Zerstörer eingedockt und das scheunentorgroße Loch in der Bordwand notdürftig ausgebessert. Schließlich hilft er noch bei der Räumung von Swinemünde, fährt mit Soldaten nach Kopenhagen und läuft nach der Kapitulation gespickt mit Flüchtlingen nach Kiel.

Die Männer auf Hela sehen dem nach Westen entschwindenden Schleppzug mit sehr gemischten Gefühlen nach. Denn mit *Z 34* und *T 36* verlassen der letzte Zerstörer und das letzte Torpedoboot – und damit auch die letzten Schiffe der eigentlichen «Flotte» – die Reede, die so dringend des Schutzes ihrer Flak bedürfte. An diesem Tage schreibt der Führer der Zerstörer, Vizeadmiral Leo Kreisch, in sein Kriegstagebuch, daß die Brennstofflage den weiteren Einsatz der Flotteneinheiten, abgesehen von einzelnen Ausnahmen, nicht mehr erlaube.

Nun bleiben allein die Flottillen der 9. Sicherungs-Division in der Danziger Bucht. Sie holen Nacht für Nacht viele Tausende – jetzt meist Soldaten, da der Strom der Flüchtlinge langsam versiegt – von der Nehrung und aus der Weichselmündung herüber nach Hela. Sie errichten um die Transporter auf Hela-Reede, so gut sie es mit ihren kleinen Booten vermögen, einen Schutzgürtel gegen die rollenden Angriffe des Feindes. Und schließlich sichern sie die zahlreichen nach Ost und West laufenden Geleite gegen Flugzeuge, U-Boote und Minen.

In diese Zeit fällt der letzte und schwerste Schiffsverlust während der großen Flucht über See – der schwerste gemessen an der Zahl der Menschen, die bei dieser Katastrophe ihr Leben lassen müssen. Das schnelle, ursprünglich norwegische Motorschiff *Goya*, 5230 BRT groß, wird im Laufe des 16. April neben anderen Schiffen auf Hela-Reede beladen. Die heftigen Luftangriffe des Feindes stehen denen des Vortages, als die *Pretoria* ihr Ziel war, nicht nach. Eine vollbesetzte Fähre sinkt dicht neben der Bordwand des Transporters. Die *Goya* selbst erhält einen Bombentreffer im Vorschiff, und Splitter durchschlagen ihr Heck. Trotzdem sticht sie am Abend voll beladen in See.

Nach den Listen der Einschiffungsoffiziere befinden sich an Bord: 60 Schwerverwundete, 325 Leichtverwundete, 1 500 Soldaten – Restverbände des VII. Panzer-Korps, das in den letzten Tagen in aller Eile nach Mecklenburg verschifft worden ist, um von dort «zum Entsatz Berlins» anzutreten – und 3 500 Flüchtlinge. Insgesamt also 5 385 Menschen.

Einer der Soldaten, Carl Adomeit aus Heilsberg, berichtet, daß sich die *Goya* um 20 Uhr in Bewegung setzt. Sie fährt mit anderen Schiffen im Geleit von zwei Minensuchbooten. Um 21 Uhr sitzt Adomeit noch mit Kameraden zusammen.

«Zum ersten Mal waren wir richtig froh, der drohenden Gefangennahme durch einen siegesberauschten Gegner entgangen zu sein.»

Dann treibt ihn eine innere Unruhe zu einem Rundgang. Soweit das überhaupt geht auf dem überfüllten Schiff: «Es ist dunkel geworden. Wir haben eine sternklare Nacht. Überall, in den Gängen, Kabinen, Laderäumen, stehen, sitzen und liegen Soldaten und Flüchtlinge. Man kann sich kaum bewegen. Im Unterdeck liegen die Schwerverwundeten, und trotz aller Schmerzen liegt über allen eine gewisse Ruhe...»

Adomeit klettert wieder nach oben an Deck. Er hat nirgendwo ein Plätzchen für sich finden können. Das rettet ihm wahrscheinlich das Leben. Draußen ist es jetzt empfindlich kalt. Er wickelt sich in eine Decke und legt sich auf eine große Gerätekiste. Einmal bellt die Flak der *Goya* los. Es gibt einige Aufregung, weil querab vom Geleit Schatten gesichtet werden. Doch nichts geschieht. Schließlich schläft Adomeit ein.

Etwa zehn Minuten vor Mitternacht wird er von zwei dumpfen Schlägen geweckt: «Das Schiff erbebt. Zwei gewaltige Wassersäulen steigen empor und klatschen aufs Deck hernieder. Was ist geschehen? Sind es feindliche Schnellboote? Sind wir auf Minen gelaufen oder torpediert worden?»

Adomeit muß an die Szenen vom Vorabend, bei der Einschiffung, denken: Nur jeder vierte Mann erhielt eine Schwimmweste. Es waren kaum 1 500 Schwimmwesten an Bord... Und jetzt?

«Das Licht ist erloschen. Zuerst einzelne Rufe. Kommandos. Dann Totenstille. Plötzlich höre ich das Rauschen. Das Wasser stürzt in die gewaltigen Löcher der Torpedotreffer. Dann bricht die Panik los. Auf Deck laufen die Menschen hin und her. Alles schreit durcheinander. Keiner weiß, was nun geschehen soll. An den Treppen der unteren Decks müssen sich fürchterliche Szenen abspielen. Dort entspinnt sich ein Kampf auf Leben und Tod. Hunderte versuchen gleichzeitig, die Treppen zu stürmen. Kranke und Schwache werden unerbittlich niedergetreten...»

Die Katastrophe der *Goya* vollzieht sich in wenigen Minuten. Die beiden U-Boot-Torpedos, die das Schiff auf der Höhe von Rixhöft-Leba getroffen haben, reißen es in die Tiefe.

«Das Deck neigt sich von Minute zu Minute. Flakmunition, Kisten, Gepäckstücke – alles schiebt sich über die Planken und klatscht ins Wasser. Überall halten sich Verzweifelte an der Reling fest. Unheimlich dieses Gurgeln und Getöse der Wassermassen. Plötzlich ein Beben, ein Zittern und Aufbäumen des ganzen Schiffes: Es ist in zwei Hälften gebrochen. Nun geht alles unheimlich schnell. Es neigt sich ganz, und schon stürzen wir ins Wasser. Wir werden von einer gewaltigen Welle fortgetragen, fort von dem in die Tiefe rauschenden Schiff. Das ist unsere Rettung...»

Adomeit kann sich mit letzter Kraft auf ein Rettungsfloß ziehen. Über eine Stunde treibt er im Wasser. Dann nimmt ein Boot der Kriegsmarine den Erschöpften auf. Er ist einer von den 165, die gerettet wurden. Über 5000 versinken mit der *Goya* in der See. In einem Augenblick, in dem sie sich schon in Sicherheit glaubten.

Trotz dieser Katastrophe geht auf Hela der Kampf um die Verschiffung der flüchtenden Männer, Frauen und Kinder weiter. Es ist nicht mehr nur ein Kampf gegen die Bomben und Granaten des Feindes, sondern mehr und mehr ein Kampf gegen die Zeit. Die Transportzahlen gehen zurück. Die Schiffe können nicht mehr. Brennstoffknappheit hält sie im Westen fest. Nun gibt es schon Tage, an denen keine Transporter auf der Reede stehen. Selbst die treuesten Schiffe, die bisher alle vier bis fünf Tage wiedergekommen sind, bleiben plötzlich aus. Die Massenlager auf Hela füllen sich wieder. Nacht für Nacht stoßen noch Tausende aus der bedrohten Weichselmündung zu den Wartenden.

Als der April zu Ende geht, haben allein in diesem Monat über 387 000 Menschen Hela, das letzte Sprungbrett nach Westen, verlassen. Doch im selben Zeitraum sind vom Festland weitere 265 000 auf der Halbinsel eingetroffen – alle mit der Hoffnung, so rasch wie möglich weiterzukommen.

Am 28. April laufen nochmals sieben Schiffe mit 24 000 von Hela aus. Am 29. ist die Reede verwaist. Auch am 30. bleiben die Transporter aus. Hela funkt dringend um Hilfe und bittet um weiteren Schiffsraum. Oder sollte die Kraft schon erlahmt, der Wille erloschen sein, um vor dem endgültigen Zusammenbruch wenigstens dieses Rettungswerk zu vollenden?

12

Mai 1945 | **Das letzte Aufgebot**

Der Sinn der Teilkapitulation im Westen – Noch 250000 warten in der Danziger Bucht – Die Räumung Swinemündes – Aufbruch von Kopenhagen – «Abtransport mit höchster Beschleunigung» – Fünf Minuten vor zwölf – Das letzte Aufgebot läuft von Hela aus – Die Leistung der Marine

In den ersten Tagen des Mai 1945 überstürzen sich die Ereignisse. Hitler ist tot. Überraschend hat er keinen seiner ehemaligen Getreuen, sondern den Oberbefehlshaber der Kriegsmarine, Großadmiral Dönitz, zu seinem «Nachfolger» bestimmt. Dönitz übernimmt die Verantwortung in einem Augenblick, da die völlige militärische Niederlage allen sichtbar geworden ist und sich der größte Teil des deutschen Reichsgebietes bereits in alliierter Hand befindet. Nach seiner Auffassung hat Hitler schon durch seinen Tod kapituliert. Dönitz sieht den Grund für seine eigene Ernennung zum Staatsoberhaupt in der Vermutung, die Sieger würden sich eher zum Verhandeln mit einem politisch unbescholtenen Soldaten als mit einem aus der Partei hervorgegangenen Manne bereitfinden. Er setzt sich zwei Aufgaben, die von nun an sein ganzes Handeln bestimmen:

1. Den sinnlos gewordenen Widerstand und damit weiteres Blutvergießen so schnell wie möglich zu beenden.

2. Die Rettung deutscher Menschen aus dem Osten mit allen Mitteln bis zur letzten Stunde fortzuführen.

Um diese beiden Ziele miteinander in Einklang zu bringen, versucht Dönitz, zunächst nur gegenüber den Westmächten zu kapitulieren, während der hinhaltende Widerstand im Osten noch weitergehen soll, bis die Masse der Fliehenden über See gerettet ist und auch die Armeen an der gesamten Länge der Landfront hinter die zwischen den Westmächten und der Sowjetunion für die Besetzung Deutschlands vereinbarte «Demarkationslinie» zurückgegangen sind.

Am späten Abend des 2. Mai schickt Dönitz Generaladmiral v. Friedeburg mit dem Kapitulationsangebot zum Hauptquartier des britischen Feldmarschalls Montgomery. Die Engländer verlangen die bedingungslose Übergabe für den gesamten nördlichen Kampfraum: Holland, Nordwestdeutschland und Dänemark. Sie verlangen, daß kein Kriegsgerät vernichtet werden dürfe, und daß im Kapitulationsgebiet auch alle Schiffe und Fahrzeuge der deutschen Marine unversehrt ausgeliefert werden müßten.

Über diese Bedingung kommt es im letzten deutschen Hauptquartier in Flensburg-Mürwik zu einer erregten Diskussion. Der Chef des Oberkommandos der Wehrmacht, Generalfeldmarschall Keitel, hält sie für «unvereinbar mit der Ehre der deutschen Waffen». Dönitz selbst, dem vor allem die Übergabe der mehr als hundert einsatzbereiten neuen Elektro-U-Boote bitter sein muß, meint demgegenüber, daß «der Ehre wirklich genug getan» sei. Er befürchtet jedoch, daß das Hauptziel, das er mit dieser Teilkapitulation verfolgt, in Frage gestellt sei; denn wer soll den Abtransport von Flüchtlingen und Soldaten aus Kurland und von Hela weiterführen, wenn die Schiffe in den westlichen Zielhäfen von den Engländern festgehalten werden? Friedeburg hält dem entgegen, die Engländer hätten ihm zu verstehen gegeben, daß sie auch nach der Kapitulation weitere Rücktransporte nicht verhindern würden.

Dönitz atmet auf. Gewiß widerspricht die Auslieferung der noch intakten Waffen, widerspricht besonders die Übergabe aller Schiffe der militärischen Tradition. Und ebenso gewiß werden viele seiner Untergebenen, die auf den Großadmiral eingeschworen sind, einen solchen Befehl unverständlich finden. Doch diese Bedenken müssen zurücktreten vor den beiden Hauptaufgaben: Schluß mit dem Blutvergießen, und die Rettung fortsetzen.

So wird die Kapitulationsurkunde am 4. Mai unterzeichnet, und um 8 Uhr in der Frühe des 5. Mai tritt die Waffenruhe für den Kriegsschauplatz im Nordwesten Europas in Kraft. Das OKW wirft den bestehenden Grundsatz um, daß alles Kriegsgerät, alle Waffen und alle Schiffe vernichtet werden müßten, bevor sie in Feindeshand fallen, und befiehlt stattdessen:

«Keinerlei Zerstörungen, Schiffsversenkungen und Kundgebungen. Sicherung aller Vorräte.» Und ferner: «In See befindliche Transporte der Kriegsmarine laufen weiter.»

Während also in Kiel und Kopenhagen schon kampflos die britischen Truppen einrücken, während Dönitz' Unterhändler v. Friedeburg auf dem Wege nach Reims in das alliierte Hauptquartier ist, um General Eisenhower für die Ausdehnung des Waffenstillstandes auf alle westlichen Streitkräfte zu gewinnen, gehen in der Ostsee nochmals viele Schiffe Anker auf, werfen die Leinen los und fahren nach Hela, um das begonnene Rettungswerk fortzuführen.

*

Erst vor wenigen Tagen, am 28. April, ist Vizeadmiral Thiele als neuer «Admiral Östliche Ostsee» in Hela eingetroffen. Vor dieser Kommandoübernahme hat ihm gegraut. In den zurückliegenden Monaten schwerer Einsätze war er stets an äußerste Disziplin bei den Besatzungen der von ihm geführten Kreuzer gewöhnt. Nun aber fürchtet er, in eine allgemeine Auflösung und Disziplinlosigkeit hineinzugeraten, wie er sie bereits einmal, zu Ende des ersten Weltkrieges, in Kiel erlebt hatte. Wäre es denn verwunderlich, wenn die geschundenen und betrogenen Menschen inmitten dieses noch viel größeren Niederbruchs aller hergekommenen Ordnung zu offenem Aufruhr übergingen?

Der Admiral trifft auf Hela ein noch umfangreicheres Heerlager, und er trifft es in verzweifelterer Situation an als er vermutet hatte. Von der Spitze der Halbinsel bis hinauf nach Heisternest stauen sich die Menschen. Jeden Augenblick müssen sie damit rechnen, von einer Bombe oder Granate niedergestreckt zu werden; jeden Tag, doch noch den Russen in die Hand zu fallen. Erstaunt zunächst und dann mit wachsender Genugtuung sieht der Admiral, wie sich diese Menschen trotz der ständigen Bedrohung ihres Lebens und völliger Ungewißheit über ihr persönliches Schicksal das bewahren, was man, nicht nur beim Militär, die «innere Haltung» nennt. Und er erkennt, daß es die gemeinsame, echte Aufgabe ist, die ihnen allen die Kraft dazu gibt: die Aufgabe, zu retten, was zu retten ist.

Da sind die zahlreichen Angehörigen der Kriegsmarine, auf deren Wirken sich die Hoffnung der anderen richtet. Die Besatzungen der kleinen Fahrzeuge, die unermüdlich den Pendelverkehr zur Weichselmündung aufrechterhalten. Die Männer der Minensuch- und anderen Boote im aufreibenden Geleitdienst. Die Angehörigen der Stäbe, die in Tag- und Nachtarbeit für die Einschiffung, die Organisation und Sicherung der Geleite Sorge tragen. Sie alle erfüllen mehr als ihre Pflicht, sie kämpfen und schaffen bis zum Umfallen für das große Ziel.

Vizeadmiral Thiele erkennt aber auch die große Gefahr plötzlichen Leerlaufs nach wochenlanger Anspannung, die Gefahr grenzenloser Enttäuschung, wenn die Schiffe ausbleiben. So muß man sein Drängen und Mahnen verstehen, als er am 3. Mai nach Flensburg funkt: «Infolge fast gänzlichen Aufhörens des Ostgeleitverkehrs auf Hela

in Kürze über 200000 Menschen massiert. Herauf beschwört zwangs-
läufige Zusammenbruchserscheinungen. Erbitte sofort großzügige
Inmarschsetzung von Schiffsraum für Abtransport. 2. und 3. Mai nur
je ein Dampfer nach Westen. Abhilfe dringend erforderlich!»

In einem weiteren Funkspruch wird die Zahl derer angegeben, die
noch in der Danziger Bucht die Brückenköpfe halten und auf Schiffe
warten:

«Es sind abzutransportieren aus Bereich AOK Ostpreußen insgesamt 225000 Soldaten und 25000 Flüchtlinge. Hiervon bereits über
175000 auf Hela, Rest noch in der Weichselniederung.»

Die beiden einzigen Schiffe, die Vizeadmiral Thiele in seinem Funkspruch erwähnt, sind die *Sachsenwald* und die *Weserstrom*, die Hela in
der Nacht zum 3. Mai mit 8550 Menschen an Bord verlassen. Aber
was bedeutet diese Zahl schon angesichts der dreißigfachen Menge
der Wartenden?

Noch weiß niemand, wie lange für die Rückführung noch Zeit
bleiben wird, niemand, daß nicht einmal mehr eine Woche zur Verfügung steht. Aber daß höchste Eile geboten ist, wird aus der katastrophalen Lage an allen Fronten immer deutlicher. In diesen Tagen
erhält der Admiral auf Hela bei seinem Bemühen um den Abtransport
einen Mitspieler am anderen Ende der Ostsee, und es wird sich zeigen,
daß sich beide die Bälle noch manches Mal zuwerfen, um den best-
möglichen Erfolg zu erzielen.

Am Abend des 4. Mai verlassen die letzten deutschen Kriegsschiffe
auch die Reede von Swinemünde. Sie unterstehen dem Befehl des
Führers der Zerstörer, Vizeadmiral Kreisch. Der Feind ist schon weit
im Nordwesten nach Greifswald, Stralsund und auf die Insel Rügen
vorgestoßen. Die Inseln Usedom und Wollin, und damit auch der
Flottenstützpunkt Swinemünde, müssen geräumt werden.

Der Tag war voller dramatischer Ereignisse. Mit Bombern, Tor-
pedo- und Schlachtfliegern griffen die Russen immer wieder Stadt
und Hafen, die auf der Reede liegenden Schiffe und die auslaufenden
Räumungstransporte an. Schon in der Nacht mußte der Kreuzer
Lützow, der von schweren britischen Bomben getroffen in der Kaiserfahrt zwischen Swinemünde und dem Stettiner Haff festgelegen, aber
gegen die anrückenden Sowjets weitergefeuert hatte, von seiner Rest-
besatzung selbst vernichtet werden. Das gleiche Schicksal wurde nun
dem alten Linienschiff *Schlesien* bereitet, das am Vortage auf eine Mine
gelaufen war, sich gerade noch auf die Reede zurückgeschleppt und
dort auf Grund gesetzt hatte.

Ein furchtbares Schauspiel bot der Hilfskreuzer *Orion*, der am Vormittag, vollbeladen mit Truppen, mehrere Bombentreffer erhielt und

sofort hellauf brannte. Als Fackel trieb er auf der See. Fährprähme, Minensuch- und Vorpostenboote konnten die meisten Soldaten von Bord bergen, bevor die *Orion* sank. Dicht neben dem Tender *Jagd*, auf dem der Führer der Zerstörer selbst eingeschifft war, erhielt auch das Torpedoboot *T 36* einen Minentreffer im Vorschiff. Obwohl die Back abgeknickt war, blieb das Boot fahrbereit und wurde mit Truppen auf den Weg nach Kopenhagen geschickt. Doch damit nicht genug, erhielt es auf See auch noch drei Bombentreffer von sowjetischen Schlachtfliegern, mußte nun endgültig aufgegeben und gesprengt werden.

Das sind die Ereignisse der letzten Stunden, als Vizeadmiral Kreisch in der Nacht mit dem Tender *Jagd*, *Z 38*, *Z 39* und *T 33* – alle bis zum letzten Winkel voller Menschen – auf dem Wege nach Kopenhagen ist. Er kennt den Hilferuf aus Hela, und seine Absicht steht fest: So schnell wie möglich die eingeschifften Truppen in Kopenhagen an Land zu geben und dann alle noch fahrbereiten Zerstörer und Torpedoboote nach Osten zu schicken.

Kurz nach Mitternacht aber geht ein Funkspruch ein, der ihn darüber unterrichtet, daß an diesem eben angebrochenen 5. Mai ab 8 Uhr Waffenruhe im Nordwesten eintritt, und daß mit der sofortigen Landung von Engländern in Kopenhagen gerechnet werden müsse.

Was nun? Die Zerstörer müssen ja erst ihre jetzige «Besatzung» loswerden, bevor sie beim Abtransport von Hela helfen können. Wenn sie aber Kopenhagen anlaufen, werden sie dort womöglich schon festgehalten.

Vorsichtshalber läßt der Admiral seine Zerstörer daher auf dem Ankerplatz «Nanny» südlich des Drogden, der Einfahrt in den Sund, zurück und läuft zunächst allein in Kopenhagen ein. Dieser Ankerplatz liegt außerhalb der dänischen Hoheitsgewässer, also auch außerhalb des Gebiets, das bereits von der Kapitulation betroffen ist. Ob es gelingen wird, genügend Schiffe aufzutreiben, die den Zerstörern hier draußen ihre Menschen abnehmen können?

Inzwischen wird der Ruf nach Transportraum in der Ostsee immer dringender. Wenn das vorläufige Hinauszögern der Gesamtkapitulation seinen Sinn behalten soll, sind jeder Tag und jede Stunde verloren, in der nicht alle Schiffe, die noch fahren können, nach Hela oder Libau eilen. Die Seekriegsleitung befiehlt daher:

«In Kopenhagen liegende Zerstörer, Torpedoboote, Dampfer *Linz*, *Ceuta*, *Pompeji* sofort nach Osten für Osträumung in Marsch setzen. Ebenfalls Hilfskreuzer *Hansa*. Zusatz für Marineoberkommando Ost: Zielhafen durch Funkspruch übermitteln.»

Nun zögert niemand mehr, die letzten Brennstoffreserven anzubrechen. Noch einmal dröhnen die Turbinen der Zerstörer, die allein wegen des zu knappen Öls in den westlichen Häfen stillgelegen haben. Die 5. Z- und die 3. T-Flottille, die bisher Geleite über das Skagerrak nach Norwegen sicherten, stoßen ebenfalls hinzu. Die Besatzungen hatten sich schon bereitgehalten, um ihre Boote zu vernichten, als gerade rechtzeitig ein Funkspruch eintraf, der das Stichwort «Regenbogen» und damit den Zerstörungsbefehl widerrief und ihnen ihre neue Aufgabe nannte.

So läuft aus dem überfüllten Kopenhagen in den Morgenstunden des 5. Mai noch einmal ein eindrucksvoller deutscher Flottenverband aus. Neben den bereits genannten Dampfern sind es die Zerstörer *Karl Galster* und *Z 25, Hans Lody, Theodor Riedel, Friedrich Ihn* und die Torpedoboote *T 17, T 19, T 23* und *T 35;* aus seinem Liegehafen Rönne auf Bornholm auslaufend, schließt sich auch *T 28* dem nach Osten steuernden Verband an.

Zum ersten Mal in diesem Krieg begegnen sich deutsche Kriegsschiffe und britische Kampfflugzeuge, ohne daß ein Schuß fällt. Ebenfalls zum ersten Mal setzen sowjetische Schnellboote gegen eine solche Zahl lohnender Ziele zum Angriff an, werden aber schon weitab von Funkmeß erfaßt, durch Leuchtgranaten geblendet und schließlich davongetrieben. Eins dieser Boote bleibt brennend liegen. Aber die Deutschen kümmern sich nicht darum, sie haben keine Minute zu verlieren. Erst auf dem Rückmarsch von Hela stoppt *T 28*, als es erneut auf das hilflose Schnellboot des Feindes trifft, und setzt einen Kutter aus. Mehr als 1000 gerettete Landser auf dem Deck des Torpedobootes erleben das seltene Schauspiel, und viele murren über diese «unzeitgemäße» Großzügigkeit des deutschen Kommandanten: Vier Russen, die nun seit 20 Stunden als Schiffbrüchige auf den Wellen treiben und mit einem großen weißen Laken schwenken, um die Aufmerksamkeit auf sich zu lenken, werden aus Seenot gerettet und ebenfalls an Bord genommen.

Am Nachmittag und Abend des 5. Mai trifft die Rettungsflotte vor Hela ein. Diese freudige Nachricht befreit Vizeadmiral Thiele und die Einschiffungsstäbe aus einer langen, drückenden Ungewißheit. Noch einmal beginnt das Räderwerk der Organisation ineinanderzugreifen. In unübersehbaren Kolonnen schieben sich die Soldaten und Flüchtlinge an Land geduldig voran zu den Verladeplätzen. Und wieder pendeln die Scharen der kleinen Fahrzeuge in ständigem Hin und Her zwischen Hafen und Reede, zwischen der Anlegebrücke an Land und der Bordwand der großen Schiffe. Die meisten Torpedoboote legen selbst an der Mole des Kriegshafens an, um die Beladung zu beschleunigen. *T 35* zum Beispiel wird von Soldaten geradezu gestürmt; Hunderte springen gleichzeitig von der Mole auf das Deck herunter. Das Boot bekommt sofort Schlagseite und droht unter der plötzlichen einseitigen Belastung fast zu kentern, so daß es schleunigst wieder ablegen muß.

Im Laufe der Nacht wird die Einschiffung beendet, und als der Morgen des 6. Mai dämmert, fährt die Flotte der Kriegs- und Handelsschiffe seewärts. 43000 Menschen verlassen Hela – die größte Tages-Transportzahl, die bei der Räumung des deutschen Ostens erreicht worden ist, und das fünf Minuten vor zwölf.

Doch diese Menschen sind noch nicht in Sicherheit. Noch weiß keiner der Schiffskapitäne oder Kommandanten, wo er sie wieder an Land setzen kann. In Frage kommt nur ein Hafen der westlichen Ostsee. Aber diese Häfen wehren sich mit Händen und Füßen gegen die Aufnahme weiterer Flüchtlinge. Bereits seit Wochen sind sie das Ziel der Transporte und sind dadurch so überfüllt, daß sie keinen einzigen Menschen mehr aufnehmen, unterbringen und verpflegen können. Unhaltbare Zustände herrschen vor allem in Kopenhagen. Hier hocken die Flüchtlinge in den Hafenschuppen wie Heringe im Faß. Viele sind noch gar nicht von den Schiffen heruntergekommen, weil nirgends Platz ist. Zudem sind die Engländer in der dänischen Hauptstadt eingetroffen und passen auf, daß die Deutschen sich auch an die Kapitulationsbedingungen halten.

Bedauernd lehnt der britische Rear-Admiral Holt die Bitte seines deutschen Verhandlungspartners, Vizeadmiral Kreisch, ab, Kopenhagen dadurch zu entlasten, daß die Flüchtlingsschiffe nach Kiel geschickt werden. Holt mag die Notwendigkeit einer solchen Aktion noch so sehr einsehen – die Bestimmungen lassen sie nicht zu. Sie sagen ganz klar, daß kein deutsches Schiff, das sich einmal in den dänischen Hoheitsgewässern befindet, diese wieder verlassen dürfe. Es ist eine verzweifelte Situation.

Verzweifelt um so mehr, als sich auch noch jene neuen Rettungsschiffe nähern, die die 43000 aus Hela bringen und nicht wissen, wohin sie mit ihnen fahren sollen. Doch als sei es mit diesen Schwierigkeiten noch nicht genug, wird am 7. Mai bekannt, daß auch die Kapitulation gegenüber den Russen dicht bevorstehe.

General Eisenhower hat sich nicht, wie Montgomery, auf eine Teilkapitulation eingelassen. Er erklärt, daß er weiterschießen und weiter Bomben werfen lassen werde, wenn die Deutschen nicht sofort auch vor den Russen die Waffen niederlegten. An dieser Entschlossenheit des amerikanischen Oberkommandierenden zerbricht Dönitz' Plan. Das einzige, was die deutschen Unterhändler im alliierten Hauptquartier erreichen, ist ein Aufschub für den Beginn der allgemeinen Waffenruhe bis zum 9. Mai, 1 Uhr deutscher Sommerzeit. Sie begründen diese Verzögerung mit den schlechten Nachrichtenverbindungen zur eigenen Truppe; in Wirklichkeit aber denken sie an eine letzte Frist zur Rettung deutscher Menschen.

In Kopenhagen erhält Vizeadmiral Kreisch den folgenschweren Funkspruch der Seekriegsleitung, als er gerade von seiner Verhandlung mit dem britischen Admiral Holt zurückkommt. Der Funkspruch lautet:

«An alle in der Ostsee befindlichen Schiffe: Infolge Kapitulation müssen alle See- und Sicherungsstreitkräfte sowie Handelsschiffe die Häfen in Kurland und Hela bis 9. Mai, null Uhr, verlassen haben. Transport deutscher Menschen aus dem Osten daher mit höchster Beschleunigung durchführen.»

Das heißt, daß sofort neuer, leerer Schiffsraum nach Hela fahren muß. Das heißt weiter, daß die Zerstörer und Torpedoboote gar nicht erst Kopenhagen anlaufen dürfen, weil sie sonst zu einer weiteren Fahrt nicht mehr herausgelassen werden. Es bleibt keine andere Wahl, als die vielen vollbeladenen Boote wiederum auf dem Ankerplatz «Nanny» südlich der Einfahrt nach Kopenhagen festzuhalten. Dort ist es gerade gelungen, *Z 38*, *Z 39* und *T 33* von den Truppen zu befreien, die sie noch von der Räumung Swinemündes an Bord hatten. Kreisch schickt sie sofort nach Hela, wo sie in der Nacht zum 8. Mai eintreffen und wiederum jeder an die 2000 Soldaten an Bord nehmen.

Wird es gelingen, auf dem Ankerplatz «Nanny» wenigstens einige Zerstörer und T-Boote von ihrer Menschenfracht zu befreien, damit sie ein weiteres Mal nach Hela gehen können? Nur diese schnellen Kriegsschiffe schaffen die Fahrt noch vor der Stunde der Kapitulation. Und tatsächlich: Von irgendwoher kommen ein paar Küstenschiffe, die auf ebenso rätselhafte wie wunderbare Weise noch nicht von Flüchtlingen überquellen. Erleichtert werden die Menschen einmal mehr umgeladen, und schmunzelnd empfangen die Kommandanten einen in offenem Text – wie es die Engländer nun vorschreiben – gefunkten Befehl ihres Admirals aus Kopenhagen:

«Sofort alles zu Curry, was bis 8. Mai abends da sein kann. Führer der Zerstörer.»

Curry – das kann den Briten nicht allzu verdächtig in den Ohren klingen. Und die Zerstörerkommandanten wissen, wer gemeint ist. Als sie, im tiefen Frieden, noch die Bänke der Marineschule drückten, hatten sie einen Lehrer, dessen persönliche «Bibel» ein Büchlein von Manfred Curry «Die Kunst des Regattasegelns» war. Seither hatte dieser Offizier seinen Spitznamen in der Marine; es war kein anderer als der jetzige Admiral Thiele. «Curry» also heißt Thiele, und Thiele bedeutet Hela.

Karl Galster, *Friedrich Ihn*, *Z 25*, *T 23* und *T 28* sind somit die letzten, die am 8. Mai nochmals nach Hela eilen. Die Männer verschwenden keinen Gedanken an eine Überlegung, die so naheliegend wäre; denn immerhin hat das Gebiet, von dem die Reise ihren Ausgang nimmt, bereits vor dreimal 24 Stunden kapituliert. Lägen sie nicht südlich des Drogden, sondern nur ein paar Meilen weiter nördlich in Kopenhagen selbst, dann hätten sie jetzt schon auf Befehl der Engländer die Flagge endgültig niedergeholt. Doch ob sie nun persönlich schon davon betroffen sind oder nicht, es ändert nichts daran: Der Krieg ist aus. Und der Gedanke, daß sie ihn überlebt haben, gewinnt plötzlich an Bedeutung. Aber da sind noch jene Menschen zwischen Bangen und Hoffen im Osten. Jene Soldaten, ob verwundet oder nicht, denen nun das harte Los der russischen Gefangenschaft bevorsteht. Sie oder wenigstens so viele von ihnen, wie man fassen kann, zu retten, in letzter Stunde – dieser Gedanke allein läßt weder zweifeln noch zögern, nochmals eine Kriegsfahrt in alle damit verbundenen Gefahren, eine Kriegsfahrt drei Tage nach der Kapitulation, anzutreten.

*

Als die Zerstörer vor Hela erscheinen und kurzerhand an die Mole des Kriegshafens herangehen, ist es bereits Abend. Niemand hat mehr mit ihrem Erscheinen gerechnet – nicht einmal der Feind, denn er stört diese Aktion nicht mehr. Wahrscheinlich denken die Russen, daß ihnen diese Schiffe ohnehin nicht mehr entgehen können und ihnen die Beute sicher ist. Die Kapitulationsbedingungen bestimmen, daß alle Fahrzeuge, die um Mitternacht noch östlich Bornholm stehen, umkehren und einen sowjetisch besetzten Hafen anlaufen müssen. Und natürlich kann niemand, der Hela erst bei Dunkelheit verläßt, schon wenige Stunden später Bornholm passiert haben.

Im Kriegshafen Hela werden die Zerstörer und Torpedoboote freudig begrüßt. Noch nie sind Schiffe so schnell und bis zum äußersten Winkel besetzt worden. Für Tausende bedeuten sie unverhoffte Rettung – in einem Augenblick, in dem das Los der Gefangenschaft unausweichlich schien.

Doch es ist nicht etwa so, als hätte die Marine in Hela nur auf das Eintreffen dieser Schiffe gewartet. Den ganzen Tag über dauern Beladen und Ausladen der vielen kleinen Fahrzeuge an, die bisher in der Danziger Bucht, beim Pendelverkehr zwischen den Brückenköpfen und zu den Schiffen, selbstlos ihre Pflicht getan haben.

Nun werden sie zum letzten Aufgebot der Kriegsmarine nach über fünfeinhalbjährigem Kampf.

Niemals wird mit nur annähernder Genauigkeit festgestellt werden können, wie viele Menschen noch am 8. Mai mit allen nur denkbaren und selbst den unmöglichsten Fahrzeugen von der Halbinsel Hela aus in See stachen. So schwanken denn auch die Angaben über die Zahl der Zurückgebliebenen sehr stark; in amtlichen Unterlagen wird von etwa 60000 Soldaten gesprochen, die nicht mehr den Sprung nach Westen schafften. Doch dann müßten an diesem letzten Tag rund 80000 Hela auf dem Seeweg verlassen haben; und das ist bei dem Fehlen großer Transporter denn doch eine utopische Zahl.

Fest steht, daß die gesamte kämpfende Truppe, die die beiden Brückenköpfe Hela und Weichselmündung bis zur Schlußminute dieses furchtbaren Krieges verteidigt, geschlossen in sowjetische Gefangenschaft gerät, und daß auch kleinere Reste von Flüchtlingen und Nichtkämpfern in dem Fischerdorf und in der Heide von Hela zurückbleiben, als kurz vor Mitternacht die letzte Transportmöglichkeit erschöpft ist.

Um 23 Uhr legen der Zerstörer *Karl Galster* und ein Torpedoboot voll besetzt von der Mole des Kriegshafens ab. Nun liegt nur noch ein größeres Schiff in Hela: Der alte Bäderdampfer *Rugard*, der in den letzten Monaten als Führerschiff der 9. Sicherungs-Division diente. 1300 Soldaten befinden sich an Bord. Sie warten ungeduldig, daß auch ihr «schwimmender Untersatz» sich endlich in Bewegung setze.

Da geschieht etwas gänzlich Unerwartetes.

Ein Schlepper kurvt mit einer offenbar sinkenden Schute in den Hafen, bugsiert sein lästiges Schlepp dicht vor der *Rugard* an die Mole und macht sich sofort wieder davon, der Ausfahrt zu. Den Landsern gehen die Augen über: Die Schute ist bis zum Rand mit den herrlichsten Sachen – Broten, Würsten, Konserven, Zigaretten in rauhen Mengen – beladen. In diesem Augenblick gibt es kein Halten mehr, und die prekäre Lage eine Stunde vor der Kapitulation scheint völlig vergessen.

Dutzende, wenn nicht Hunderte von Soldaten, gerade mühsam verladen, springen wieder von Bord und machen sich über die Schätze her, die sie seit Wochen entbehren. Daß dieser Verpflegungskahn vor ihren Augen versinken soll, während ihnen selbst der Magen knurrt – das können sie einfach nicht mit ansehen! Sie wollen retten, was sie noch irgend fassen können. Noch nie sind Kisten und Kartons so schnell an Land geworfen und weitergeschleppt worden. Doch es wird höchste Zeit. Schon legt die *Rugard* ab. Die Proviantmeister aus eigenem Willen riskieren plötzlich etwas Schlimmeres als die ungestillte Befriedigung leiblicher Genüsse – sie riskieren es, zurückgelassen zu werden! Mit knapper Not gelangen sie über das Heck, das noch kurze Zeit gegen die Mole stößt, wieder an Bord ihres Dampfers.

Um Mitternacht ist der Krieg auch hier im Osten zu Ende. Zu dieser Stunde dampft eine Armada von vielen hundert Fahrzeugen aller Art über See nach Westen: Vom seetüchtigen Minensuchboot bis zum Hafenschlepper, der noch Leichter oder gar Flöße voller Menschen hinter sich herzieht, und vom Schnellboot bis zur Binnenfähre, so der alten *Frauke* aus Pillau, die eigentlich nur für den kurzen Weg vom Hafen bis hinüber nach Neutief gebaut war.

Am Morgen des 9. Mai haben viele dieser über die See kriechenden Fahrzeuge nicht einmal Rixhöft, geschweige denn Bornholm passiert. Aber ihr Wille und ihre Zuversicht, nach Westen durchzukommen, scheinen unerschütterlich. Immer wieder stoppen die größeren Boote, um Beistand zu leisten. Viele Landser sind buchstäblich, auf einem Baumstamm sitzend, auf das Meer hinausgeritten und werden nun aufgelesen. Manche Fahrzeuge bleiben mit Schäden aller Art hilflos liegen, und die anderen haben keine Wahl als sie abzuschleppen oder die ganzen Menschen von Bord zu bergen und auf unbeschädigte Boote zu verteilen.

Ein Teil der «Armada» kommt nicht aus Hela, sondern noch weiter von Osten, aus Libau. Auch dort werden alle verfügbaren Fahrzeuge bis zum äußersten Winkel beladen. Der Platz reicht freilich nur, um von jeder Division an der Kurlandfront ein paar hundert Familienväter und besonders ausgesuchte Soldaten einzuschiffen.

In Libau liegen auch die 19 Schnellboote der 1., 2. und 5. S-Flottille in langer Reihe geschützt hinter der Außenmole. Jedes dieser Boote, die normal einen Kommandanten und 24 Mann Besatzung haben, nimmt bis zu 180 Soldaten an Bord! Unvergeßlich wird den Seeleuten die Disziplin der Feldgrauen in dieser bitteren Stunde bleiben. Ganze Einheiten, die keinen Platz mehr auf den Booten finden, machen auf Befehl ihrer Offiziere kehrt und marschieren ohne ein Wort davon – in die Gefangenschaft. Manche Heeresoffiziere kommen mit den Listen ihrer Soldaten auf die Boote und bitten die Kommandanten, diese wohl für lange Zeit letzte Unterlage über ihr Schicksal mit in die Heimat zu nehmen. Das Angebot, selbst mitzufahren – «in meiner Kammer ist bestimmt noch eine Ecke frei» – lehnen sie stets ab, weil ihr Platz selbstverständlich auch jetzt an der Seite ihrer Soldaten sei.

Die Sowjets versuchen mit allen Mitteln, den Heerzug über See aufzuhalten und in ihre eigenen Häfen zurückzuleiten. Obwohl längst Waffenruhe herrschen soll, greifen sie die zahlreichen deutschen Kleingeleite den ganzen 9. Mai hindurch mit Bomben und Bordwaffen an. Treffer und Verluste treten ein – aber den Zug nach Westen vermögen sie nicht aufzuhalten.

Am Nachmittag erleben auch die Soldaten auf der *Rugard* noch einen dramatischen Zwischenfall. Das Schiff fährt bereits westlich Bornholm, als es von drei sowjetischen Schnellbooten aufgebracht und mit Waffengewalt zur Umkehr gezwungen wird. Nach einem erregten Wortwechsel von Bord zu Bord folgen die Deutschen zunächst scheinbar den Befehlen der Russen; doch dann nimmt der alte «Blechdampfer» mit seiner einzigen 8,8-cm-Kanone das Gefecht mit den drei wendigen Kriegsschiffen auf, rettet sich durch harte Rudermanöver vor ihren Torpedoschüssen und treibt sie schließlich in die Flucht.

Am 9. und am 10. Mai treffen alle Zerstörer, Torpedoboote und Schnellboote mit den Menschen, die sie bei ihrer letzten Fahrt geladen haben, in der Kieler und der Flensburger Förde ein. Manche von den ungezählten kleinen Fahrzeugen, dem letzten Aufgebot der Kriegsmarine, sind jedoch noch Tage später nach Westen unterwegs.

Einer der letzten ist ein in Danzig beheimateter Binnenkahn. Im Schlepp eines Fischkutters hat er Hela kurz vor Mitternacht zum 9. Mai verlassen und die weite Fahrt mit geringster Geschwindigkeit, jedoch unbehelligt, zurückgelegt. Der Kahn trägt den Namen *Hoffnung*, und er bringt 75 Verwundete, 25 Frauen und Kinder und 45 andere Begleiter noch am 14. Mai, eine Woche nach der Kapitulation, in die ersehnte Freiheit.

*

So plötzlich, wie die Notwendigkeit der Rettung über See erwuchs, so jäh ist jetzt das Rettungswerk durch höhere Gewalt beendet. In einem letzten Einsatz ohnegleichen haben die Schiffe und Boote der deutschen Handels- und Kriegsmarine und die Männer, die sie fuhren, versucht, der Flüchtlingsnot zu steuern und sie abzuwenden.

Es wird wohl stets ein unwägbares Spiel mit Zahlen bleiben, zu ergründen, wie viele Menschen denn nun wirklich über See nach Westen kamen. Zwar gibt es Zahlen, und sogar bis auf den Mann genau, doch sollte man dieser Exaktheit einige Skepsis entgegensetzen, wenn man weiß, unter welch dramatischen Umständen die Beladung oft vor sich ging.

Mit hinreichender Sicherheit steht freilich fest, daß zwischen Januar und Mai 1945 über 2 Millionen Deutschen ihre Flucht – oder doch ein wesentlicher Teil der Flucht – über See gelungen ist. Die in die Heimat transportierten Soldaten und Verwundeten sind in dieser Zahl bereits mit enthalten. Demgegenüber ist die Zahl von etwa 300 000 Menschen, die aus den gleichen Gebieten – Ostpreußen, Danzig-Westpreußen, Hinterpommern – noch auf dem Landweg entkommen sind, nur gering.

Das Wirken der letzten deutschen Kriegs- und Handelsschiffe in der Ostsee lebt als größte Rettungstat unserer Geschichte in der Erinnerung fort. Eine schlichte Gedenktafel im Marineehrenmal Laboe kündet vom Dank der Heimatvertriebenen an die deutschen Seeleute.

Nachwort

Seit dem Erscheinen der ersten Auflage dieses Buches habe ich immer wieder zahlreiche Briefe von Lesern erhalten, die ihre eigenen Erlebnisse von der Flucht über die Ostsee 1945 hier erstmals zusammengefaßt und bestätigt gefunden haben. Viele teilten mir aber auch neue Tatsachen und Einzelheiten mit, die ich bisher nicht berücksichtigen konnte.

So war es mir vor allem durch die rege Anteilnahme und Mitarbeit meiner Leser möglich, die zweite Auflage völlig neu zu bearbeiten, und um wesentliche Teile zu ergänzen – so etwa um die Flucht der Memelländer über See, um die letzten Tage von Pillau, um den genauen Ablauf der Räumung der Oxhöfter Kämpe wider Hitlers Durchhaltebefehl, und um viele weitere Mosaiksteine, die sich nun zu einem echten Bild der großen Flucht übers Meer runden.

Allen, die mir aus der Fülle ihrer eigenen Erlebnisse berichtet, die mir ihre Tagebücher und sonstigen Unterlagen zur Verfügung gestellt haben, gilt mein ganz besonderer Dank. Denn sie alle haben dazu beigetragen, daß eine der größten Rettungstaten der Geschichte dem Vergessen entrissen worden ist.

Wenn aus den Berichten über einzelne Kampfhandlungen manchmal eine gewisse Geringschätzung der Russen als Gegner zur See spricht, so war dies wohl immer auf mangelnde Ausbildungsmöglichkeiten und fehlende Erfahrung der sowjetischen Seestreitkräfte zurückzuführen. Die sowjetische Marine hat ganz offensichtlich die Lehren aus dem Verlauf des Ostseekrieges 1941–1945 gezogen. Heute hat sie den größten Teil dieses wichtigen Binnenmeeres unter Kontrolle, wie es seinerzeit, in umgekehrter Richtung, von der deutschen Marine beherrscht wurde.

Wie wertvoll diese auch 1945 nur geringfügig eingeschränkte Beherrschung der Seewege war, zeigen Ausmaß und Erfolg des Rücktransports über See. Hela wird mit Recht als das «Dünkirchen der Deutschen» bezeichnet. In beiden Fällen – bei Dünkirchen 1940 und bei Hela 1945 – geschah das Unerwartete, daß der jeweilige Sieger das Gros der Geschlagenen an der Küste ganz wider seinen Willen entweichen lassen mußte. Sowohl die Deutschen 1940 als auch die Russen 1945 versuchten, den Abtransport durch den Einsatz überlegener Luftstreitkräfte zu verhindern. Beide Male gab es dadurch bei den Geschlagenen Verluste, doch ihre Seeherrschaft erlaubte es ihnen, auf «wunderbare» Weise Hunderttausende zu retten – bei den Engländern zu Anfang des Krieges, um sie neu auszurüsten und entscheidend wieder einzusetzen, bei den Deutschen im Augenblick des Zusammenbruchs, um den Zivilpersonen die Heimsuchung durch die Sieger und den Soldaten Tod oder Qual einer bis zu zehnjährigen Gefangenschaft zu ersparen.

Niemand von den Millionen, die damals vor den Kriegsschrecken Haus und Hof verließen und nach Westen flohen, glaubte daran, daß er seine Heimat endgültig verloren habe. Alle hofften vielmehr, daß dies nur ein vorübergehender Auszug sei und daß sie bald nach dem Ende des Krieges würden zurückkehren dürfen. Seither sind fast 20 Jahre vergangen; doch die Erfüllung ihres Wunsches nach der Heimat, der wohl jedem Menschen in Ost und West innewohnt, scheint nach wie vor in unerreichbarer Ferne zu liegen.

Hamburg, im Frühjahr 1964   *Cajus Bekker*

Rettung über See

Von Pillau:

25. Januar bis 25. April 1945	451 000 Flüchtlinge	
	und 141 000 Verwundete	
		592 000

Von Danzig – Gotenhafen – Hela:

Im Januar 1945	62 000 Flüchtlinge	
Ende Januar bis Ende April	900 000 Flüchtlinge	
und mindestens	300 000 Verwundete u. Truppen	
2. Mai bis 8. Mai 1945	etwa 85 000 Menschen	
		1 347 000

Von Kolberg:

Mitte März 1945	70 000 Flüchtlinge	
	und 7 500 Verwundete u. Soldaten	
		77 500

Von Libau – Windau:

Januar bis April 1945	etwa 75 000 Verwundete	
8. Mai 1945	25 000 Soldaten	
		100 000

Von Swinemünde:

April bis Mai 1945	etwa 70 000 Menschen	
		70 000

Bemerkungen: Es ist nicht möglich, diese annähernden Transportzahlen einfach zusammenzurechnen, um die Gesamtzahl der über See nach Westen Geretteten zu erhalten. So liefen z. B. die Schiffstransporte aus Pillau nur zum Teil direkt nach Westen, zum andern Teil aber nach Danzig und Hela. Dort wurden die Flüchtlinge und Verwundeten entweder auf größere Schiffe umgeladen und dabei erneut gezählt, oder sie fuhren (bis Ende Februar) noch mit der Eisenbahn weiter.

Die reinen Transportzahlen aller mit Kriegs- und Handelsschiffen 1945 transportierten Menschen liegen dagegen wesentlich höher. Hierzu sind z. B. noch zu rechnen: 4 ausgerüstete Heeres-Divisionen von Kurland nach Westen; etwa 100 000 allein im März nach Hela; 265 000 im April aus den Brückenköpfen der Danziger Bucht nach Hela, usw.

Verluste in der östlichen Ostsee Januar bis April 1945

Beim Abtransport von Menschen aus der Danziger Bucht nach Westen gingen verloren:

Datum	Schiff	Ort und Ursache der Katastrophe	an Bord	gerettet	untergegangen
30./31. 1.	Wilhelm Gustloff 25 484 BRT	Stolpebank, U-Boot	etwa 5 000	904	etwa 4 100
9./10. 2.	General v. Steuben 14 660 BRT	Stolpebank, U-Boot	etwa 3 000	300	etwa 2 700
12. 3.	Androß 2995 BRT	Swinemünde, Bombe	etwa 2 500	etwa 2 300	etwa 200
9. 4.	Albert Jensen 5446 BRT	Hela-Reede, Bomben	noch nicht beladen		
11. 4.	Moltkefels 7862 BRT	Hela-Reede, Bomben	etwa 4 500	etwa 3 500	etwa 1 000
11. 4.	Posen 1062 BRT	Hela-Reede, Bomben			
13. 4.	Karlsruhe 897 BRT	Küstenweg Pommern, Bombeu.Lufttorpedo	etwa 1 000	etwa 150	etwa 850
16./17. 4.	Goya 5230 BRT	vor Rixhöft, U-Boot	5 385	165	5 220
25. 4.	Emily Sauber 2475 BRT	Hela-Reede, Bomben und Artillerietreffer	etwa 2 000	1 950	etwa 50
					etwa 14 120

Selbst wenn man die Verluste bei der Einschiffung und auf Zwischentransporten hinzurechnet, haben weniger als 1 v. H. von insgesamt über 2 Millionen transportierten Menschen den Tod in den Wellen gefunden.

Quellen

Bücher:

Karl Dönitz: Zehn Jahre und zwanzig Tage.

Erich Gröner: Die Schiffe der deutschen Kriegsmarine und Luftwaffe 1939 bis 1945 und ihr Verbleib.

Walter Lüdde-Neurath: Regierung Dönitz.

Jürg Meister: Der Seekrieg in den osteuropäischen Gewässern 1941 bis 1945.

Friedrich Ruge: Der Seekrieg 1939 bis 1945.

Theodor Schieder: Dokumentation der Vertreibung der Deutschen aus Ost-Mitteleuropa, Band I/1.

Heinz Schön: Der Untergang der «Wilhelm Gustloff».

Jürgen Schröder: Die Geschichte der pommerschen 32. Inf.-Div.

Kurt v. Tippelskirch: Geschichte des zweiten Weltkrieges.

Cajus Bekker: Kampf und Untergang der Kriegsmarine.

Zeitschriften-Beiträge und unveröffentlichte Manuskripte:

*** Das Vordringen der Sowjets in der Ostsee 1944/45.

Walter Luth: «Prinz Eugen» half aus der Klemme.

Karl Hetz: Warum Zerstörer?

Helmut Meyer-Abich: Zerstörer und Torpedoboote im Großen Krieg 1939 bis 1945.

Jürgen Rohwer: Die sowjetische U-Boot-Waffe in der Ostsee 1939 bis 1945 (in «Wehrwissenschaftliche Rundschau» X/1956).

Jürgen Rohwer: Die Russen als Gegner zur See (in «Die Rote Flotte», Hrsgb. M. G. Saunders).

*** Die Seeschlacht von Groß-Tütters.

*** Geleitdienst östliche Ostsee.

Paul Schmalenbach: Schwerer Kreuzer «Prinz Eugen».

Ferner standen dem Verfasser zahlreiche Auszüge aus Kriegstagebüchern, private Aufzeichnungen, schriftliche Erlebnisberichte sowie seine Notizen aus den Gesprächen mit den Beteiligten zur Verfügung.

FLUCHTWEGE ÜBER SEE UND AN DER KÜSTE JANUAR BIS MAI 1945

OPERATIONEN DER RUSSEN:

(1) Abschnürung Ostpreußens durch Vorstoß auf Elbing und das Frische Haff 14 Tage nach Beginn der Offensive (12.1.1945).

(2) Gleichzeitig Vorstoß von Osten auf Königsberg und das Samland (bis Ende Januar). Königsberg eingeschlossen. Durch russische Zangenbewegung (1) und (2) deutsche 4. Armee in Ostpreußen eingekesselt, deutsche 3. Armee an die Küste des Samlandes geworfen.

(3) Ab Ende Februar Angriff von Süden gegen Hinterpommern. Ostseeküste überall bis 10.3. erreicht. Nur Kolberg wird bis 18.3. verteidigt. Flüchtlingstrecks über Land nach Westen endgültig abgeschnitten. Beginn des Angriffs auf Danzig/Gotenhafen.

AUF DEUTSCHER SEITE:

(1) Reste der 4. Armee im Brückenkopf um Heiligenbeil und Balga (Ende Januar bis 28. März). Von hier Trecks über das Eis des Frischen Haffs (450000 Flüchtlinge) zur Nehrung und über Danzig weiter nach Westen.

(2) Von Danzig/Gotenhafen Flüchtlingstransport über See bis zum Verlust beider Städte Ende März.

(3) Brückenkopf im Samland, in dieser Form (mit Einschluß Königsbergs) nur vom 19.2. bis 6.4. Abtransport von Pillau über See (bis 25.4.): etwa 600000 Flüchtlinge, Verwundete und Soldaten, über die Frische Nehrung etwa 200000.

(4) Brückenkopf im Weichseldelta (bis 9.5.). Ständige Fährverbindung von Schiewenhorst/Nickelswalde nach Hela. Abtransport aller, die noch im April über die Nehrung kommen.

(5) Brückenkopf Kolberg (7. bis 18.3.) Abtransport von 77500 Deutschen über See.

(6) Halbinsel Hela bis zur Kapitulation am 9.5. in deutscher Hand. Seit Ende März Zentrum des Abtransports über See. Teiltransporte von Pillau, Kahlberg, Weichseldelta, Oxhöft nach Hela. Insgesamt aus der Danziger Bucht (ab Danzig/Gotenhafen/Hela) Januar bis Mai 1945 etwa 1,35 Millionen Menschen mit Schiffen nach Westen.

(7) Libau, Haupthafen des Brückenkopfes Kurland. Rücktransport von 4 Divisionen und etwa 75000 Verwundeten. Am 8./9.5. nochmals 25000 Soldaten.

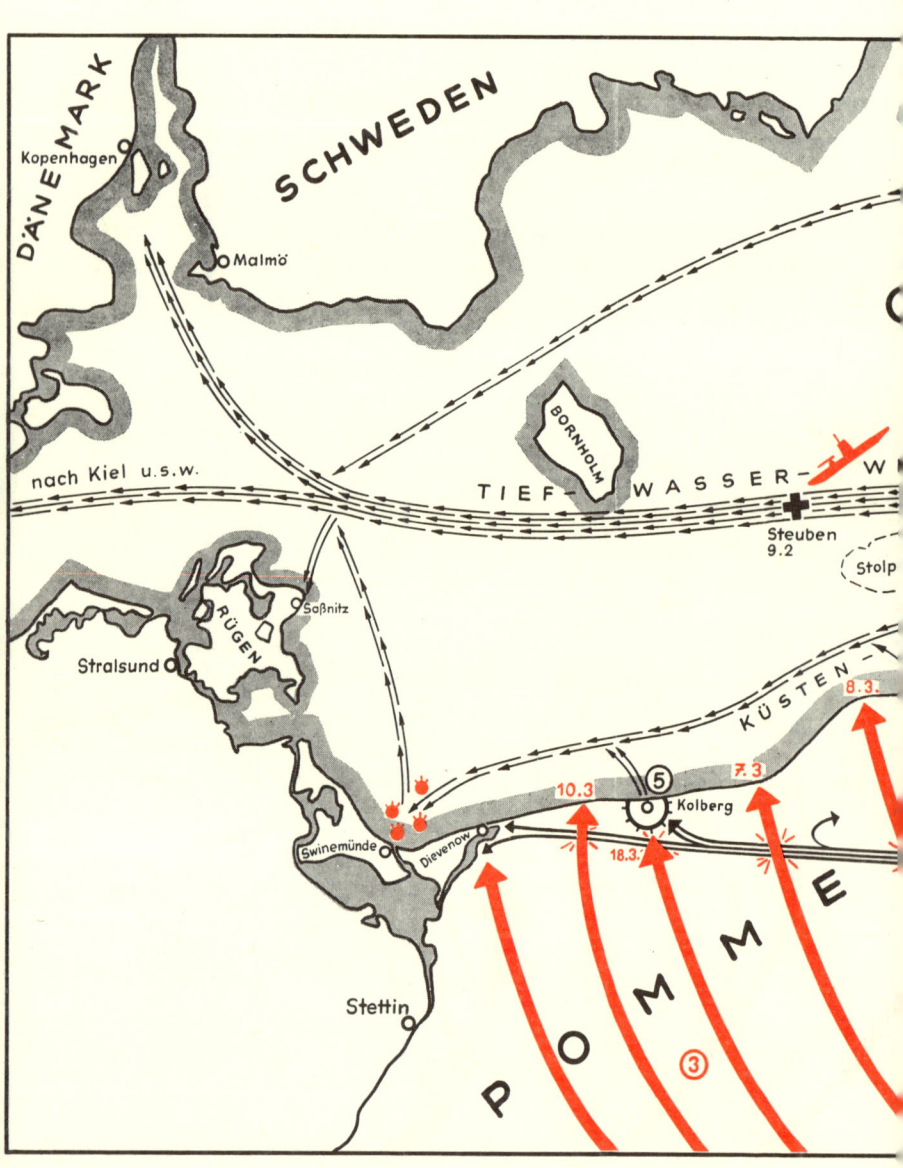